中国当代作家研究丛刊

墨白研究

刘海燕 编

大象出版社

总 序

中国的新文化运动是以改革语言为肇端的，这也呼应了西方20世纪前后的语言学革命。然而，20世纪西方文学的主流是现代派文学，在中国，20世纪的文学主流则是现实主义。中国现实主义的哲学基础是庄子，是以象为本。这种以象为本的认知方式就是故事决定论，以事载道是现实主义小说叙事的本质，作品的旨意是对社会的批判，这种以社会学为主导的文学观限制了作家在叙事学上的创造力和想象力。

新时期以来，西方现代、后现代哲学与以此为思想基础产生的现代主义、后现代主义文学大量传入中国，被我们广泛接受并对我们的文学观产生影响。同时，20世纪50年代以来，在我们的现实生活中出现的荒诞、暴力、无政府主义倾向、集权主义以及生存环境对人的生命本体、人与人、人与社会、人与环境的异化等等，已经构成了滋生现代派文学的土壤。西方现代派文学的传入使我们认清了这种存在，所以中国新时期的现代派文学的产生既是自然的，也是必然的。我们的文学现实无论是小说还是诗歌都日益重视叙事语言，重视对生命的神秘性与未知性的认识，重视对人的欲望与死亡的认识，重视对时间、记忆与语言的认识，并由此进入人的生存境遇与精神困境。

基于以上因素，“中国当代作家研究丛刊”的入选者，与20世纪80年代茅盾先生倡导，并由多家出版社参与出版的“当代作家研究资料集”、21世纪初期天津人民出版社出版的“中国当代作家研究资料丛书”略有差别，入选的对象为新时期以来，对叙事语言与艺术形式不断进行探索与创新，以此呈现中国社会本质并产生影响的作家。“中国当代作家研究丛刊”计划出版若干辑，每辑入选作家10位，每位入选者独立成册，五年内陆续编辑出版。从体例上，我们尊重每部研究文集编选者的编辑结构与意图，文集以研究论文、作家的生平与创作谈、研究论文总目、作家创作年表或作品总目等为主体，从总体上全面反映对入选作家的研究成果。

为了推动中国当代文学的发展与研究，我们真诚地希望得到广大读者和文学研究者的支持。

“中国当代作家研究丛刊”编委会

2013年6月

2004 年，墨白

墨白简介

墨白，本名孙郁，1956 年农历十月初十出生于河南省淮阳县新站镇。1964 年读小学，五年级起学习绘画，开始务农。1972 年读初中，1974 年读高中。1976 年出外流浪，其间做过装卸工、搬运工，拉过长途运输，上山烧过石灰、打过石头，当过漆匠。1978 年考入淮阳师范艺术专业学习绘画，1980 年毕业，分配到新站小学，任教十一年。1991 年年底调入周口地区文联，任《颍水》文学期刊编辑。1998 年 1 月调入河南省文学院，为专业作家。20 世纪 90 年代以来开始在《收获》《钟山》《花城》《大家》《山花》《十月》《上海文学》《人民文学》等刊物发表作品，对小说的叙事语言进行探索，以崭新的艺术形式创造了他的文学王国——颍河镇，用现代的文学观念再现了本土社会生活的丰富图景。至今已出版长篇小说六部，发表中篇小说四十余部，短篇小说一百余篇，随笔、散文近百篇，出版中短篇小说集十余部，主要作品有长篇小说《梦游症患者》《映在镜子里的时光》《欲望三部曲》，中篇小说《重访锦城》《光荣院》《事实真相》《讨债者》《风车》《局部麻醉》《白色病室》《幽玄之门》等。作品被译成俄文、英文、日文等。

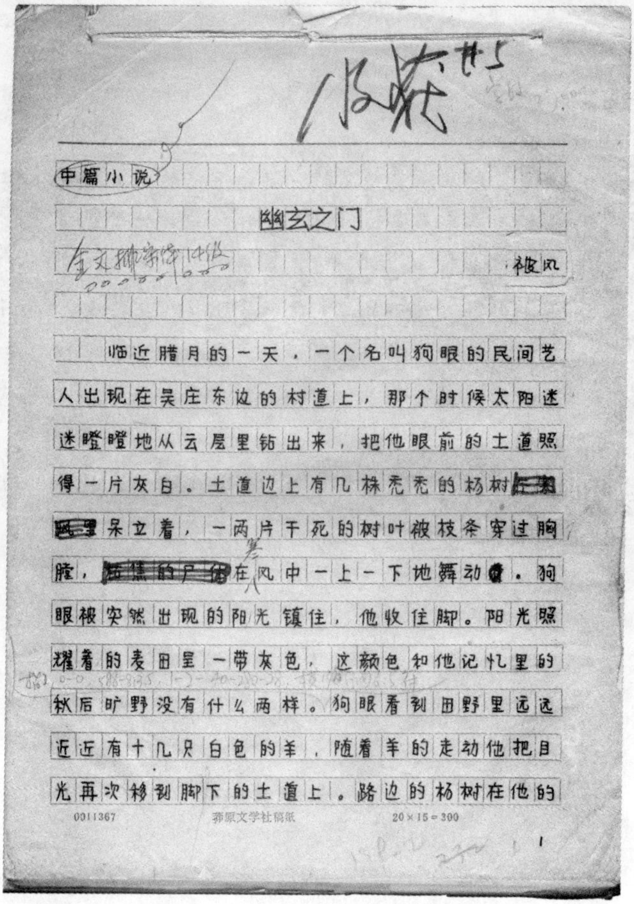
中篇小说

幽玄之门

被风

　　临近腊月的一天，一个名叫狗眼的民间艺人出现在吴庄东边的村道上，那个时候太阳迷迷瞪瞪地从云层里钻出来，把他眼前的土道照得一片灰白。土道边上有几株秃秃的杨树呆立着，一两片干死的树叶被枝条穿过胸膛，在寒风中一上一下地舞动。狗眼被突然出现的阳光镇住，他收住脚。阳光照耀着的麦田呈一带灰色，这颜色和他记忆里的秋后旷野没有什么两样。狗眼看到田野里远远近近有十几只白色的羊，随着羊的走动他把目光再次移到脚下的土道上。路边的杨树在他的

0011367　　莽原文学社稿纸　　20×15=300

墨白手迹

墨白作品：《秋雨·颍河》（油彩写生·1982 年）

1974 年 6 月，颍河镇。墨白（中）中学时期

1976 年，颍河镇。墨白（前排左二）高中时期

1977 年，驻马店

1978 年 8 月，淮阳。墨白（后排左）和大哥孙方友、二哥孙方朋（后排中）、四弟孙方平（后排右）

1980 年 7 月，淮阳师范。墨白（后排右）

1981 年 5 月，上海。墨白和夫人雷秀芝

1988 年，在故乡小学任教时期

2005 年 5 月，威尼斯。墨白和李洱（左）、蓝蓝（右）

2008 年 8 月，圣彼得堡。墨白和大哥孙方友（左）

2008 年，颍河镇。墨白的父亲孙多喜和母亲王学芝

2009 年，鸡公山。墨白和田中禾

2008 年 8 月，普希金故居，莫斯科

2010 年 5 月，布达拉宫

2011 年 4 月，北京。墨白和残雪（右）

2011 年 7 月，杭州创作之家

墨白作品：《颍河镇港》（摄影 · 2012 年）

目　录

第一辑　访谈、对话录

第二辑　研究论文选

第三辑 墨白印象记

第四辑 附录

第一辑

访谈、对话录

以梦境颠覆现实

——墨白书面访谈录

林　舟[1]

墨白的小说伴随我度过了今年春节前后的假期,他颇具特色的写作给我留下了深刻的印象。我感到,他一方面从没有脱离给了他丰富写作资源的现实土壤,另一方面也从没有放弃过在这个土壤之外获得重新进入它的视角。他在这篇访谈中更清楚地让我们看到,难以想象的丰富且不乏残酷、凶险和苦难的个人经历,如何构成了他写作的最深层的底色。但是,他显然并不满足于这种底色的还原和传达,用他自己的话来说,他的写作是对他经历的生活的"逃离"。他每每借助于回忆、梦境和心理的剖析,刺入质感很强的乡镇生活,重新构造他如此熟稔而又神秘的生存空间,揭示出人的存在的诸多方面。他将具有浓郁的地方色彩和充分口语化的语言嫁接到西方现代小说叙述技巧的运用之中,将非常丰富、感性、印象鲜明的生活积累纳入现代观念的阐释框架中,这当然改变了我们看待生活的方式,同时又多少有些让人担心,这样会不会以某些本源的艺术因素的牺牲为代价——墨白的谈话让我们感受到他在这方面的自信。显然,这篇访谈给我和所有对墨白小说感兴趣的人们带来许多富有启迪性的东西,而对墨白个人来讲,除了这是一次艺术上的自我总结以外,可能还有一个意外的收获,那就是在访谈进行的过程中,他学会了收发电子邮件以及对不同文本格式

---

① 林舟(1963～),安徽宣城人,原名陈霖,文学批评家、苏州大学教授,20世纪90年代中期在《花城》杂志开设专栏,对新时期以来重要的先锋作家进行访谈,结集出版《生命的摆渡——当代作家访谈录》。

进行转换。

林舟:从你的小说中我感到你对乡村生活非常熟悉,但你并不愿意重蹈20世纪80年代的乡土小说的老路,即从社会的文化的角度进入乡村生活的描摹。那么乡村生活的经验在你的小说中主要起到什么作用呢?

墨白:描摹,你用的是"描摹"这个词。可我的写作从来不是描摹。我的写作是从我所熟悉的那些人中间逃离出来,然后再来对他们进行关注和审视,而且这关注和审视是在我小说里的主人翁的内部来进行的。如果我不依靠他们,那我将一事无成。我的写作始终都贯穿着这样一个视角:那就是对我所熟悉的那些个体生命进行关注和审视。

林舟:你觉得是什么促成了你上述视角的选择?

墨白:1976年的春天,我高中没毕业就外出独自谋生。而在这之前,在家乡的颍河岸边,在那座我出生的小镇上已经接受了苦难对我最初的洗礼。我父亲在1966年因为"四清"运动中的所谓经济问题,曾经被判过三年徒刑,这就决定了当时我们家的社会地位。为了生存,我在幼小的年龄就会干许多农活。我的童年和少年时代是在恐慌和劳苦之中度过的。在我出外流浪的几年时间里,我当过火车站里的装卸工,做过漆匠,上山打过石头、烧过石灰,被人当成盲流关押起来。那个时候我身上长满了黄水疮,头发纷乱,皮肤肮脏,穿着破烂的衣服,常常寄人篱下,在别人审视的目光里生活。我师范毕业之后又回到了那个偏僻的小镇,在那个只有十个班级的小学里我一待就是十一年。所以我的青少年时代是在孤独和迷茫之中开始的。苦难的生活哺育并教育我成长,多年以来我都生活在社会的最下层,至今我和那些仍然生活在苦难之中的人们,和那些无法摆脱精神苦难的最普通的劳动者的生活息息相通,我对生活在自己身边的那些人有着深刻的了解,这就决定了我写作的民间立场。我可能是这样一种人:对世间苦难的人类充满了同情心,或者悲悯之情。我想这应该是我的本质,一个作为具有人道主义精神的普通人应该具有的一种品质。但是当我作为一个写作者出现的时候,我需要的是用另一只眼睛来正视人类真正的苦难和精神的迷惘,而不应该是一般意义上的悲悯和同情。这就是我必须从他们身边逃出来的原因。我希望世上的每一个人都生活得幸福,正因为这一点我的写作才正视苦难,正视我过去的乡村生活。我应该记住人类的苦难,人类肉体和精神上的苦难,并以小说的形式使这苦难固定下来,使我们已经麻木的心灵慢慢地觉醒。当然，我不是从所谓的宏大叙事，从历史的、社会的、政治的角度来“描摹”我过去生活的，相反，我是以鲜明的姿态来关注和审视那些我所熟悉的个体生命经历的。很显然，如果没有我的乡村生活经验，那也就不可能有我现在的这些小说。

林舟：你的小说中常常会出现叙述的中断，插入大量的分析性的文字，你这样做是出于什么考虑？

墨白：我不知道你所说的在叙事中插入大量的“分析性文字”是指的“写作者”还是“小说中的我”。我的小说有一部分是以第一人称的叙事角度来完成的，如果是第一人称叙事，那么我就会严格地要求自己按照小说里的主人翁的心理、性格来观察和对待他所看到的一切，我从来不去干预他的职责。就是在运用第三人称或者别的叙事形式的时候，我采用的也是内视角的叙事策略，这和用第一人称的叙事方法是相同的，只是换了一种叙事角度而已。如果在叙述的过程中插入了分析性的文字，那也应该是小说里的人物对事物进行分析，这好像和我的关系不大。

林舟：读你的《梦游症患者》，可以很明显地看到，你比较多地书写了特定年代的种种疯狂和苦难，但是，当追问你是从什么立场和视角进入这疯狂和苦难的世界的时候，我感到了你设立的文宝这个视角的意味，你似乎要让他痴人说梦般的语言消解着那个世界，在他这里世界呈现为一种纯净的特质，这是对现实的抗拒，还是另一种屈从和体认呢？是以一种痴傻展示一种混沌，还是以这种痴傻消弭一切界限？抑或文宝就是凝滞的时间，见证着历史的流逝？

墨白：在那个人人失去精神自我的年代，文宝无疑是个智者的化身。他看上去混混沌沌，却对万事万物进行着自己的发问。文宝是清醒的，在《梦游症患者》中七个以文宝为第一人称的叙事的章节里，文宝都是以一个天真可爱的孩子形象出现的，他对生活是那样的向往，他和他的姥爷在一起，一次次经历着乡间那些美好而神奇的事情。而在现实之中，他在那些患有梦游病症的颍河镇人的眼里却是另外一种形象，又总是游离在人们的梦境之外。在人们所看到的现实里，三爷到处寻找着文宝，可是却始终没有见到他。三爷对他的关心是从伦理道德上出发的，而他的二舅母对他的兴趣却来自他的肉体，文玉对于他的关心是来自一种亲情。可是却没有人知道他在想什么。文宝是一个不可言说的形象，我们只能去感悟他。我们可以说他是用痴人说梦般的语言来消解着那个世界，可以说他是以一种纯净的心灵来与肮脏的现实对抗，可以说他是以清醒来矫正人世间的混沌，可以说他是用痴傻来消弭人生现实与梦境的界限，可以说他是我们记忆里凝滞的时间，他是一个不可忽视的存在。可是，《梦游症患者》里的颍河人却偏偏忽视了他。一个忽视了智者对世界进行发问的年代应该是对人类精神自我丧失的事实的一个补充说明。

林舟：《梦游症患者》在很大程度上可以看作一个家族溃散和消亡的故事，除了其社会化、政治化的指向，你更感兴趣的是不是另一种更为隐秘和神秘的力量？

墨白：梦境本身就是神秘的。生活在那场噩梦里的人们的行踪无疑都充满了隐秘的事件、行为和神秘的现象。现实就是梦境，这是我在《梦游症患者》里所要展示的。但现实中的隐秘和神秘是不同的。神秘的力量来自我们自身，是自然的，是一种生命现象；而隐秘的行为和事件则来自社会、政治和文化，是人为的。作为一个自然的人，首先我们不能主宰自己的出生，我们也不知道在我们的生活中将会遇到一个什么样的女人并和她恋爱，不知道在未来的时光里自己会突然间碰到什么样的天灾人祸，也不知道在现实的生活里会突然出现一个什么意外的事情，所以我们无法把握自己的未来。一切都是偶然的，一切又是必然的。我们无法把握自己，更无法把握别人，于是这个世界上就到处充满了玄机。命运、生死，这些我们都没有把握，这是自然的，然而社会、政治和文化带给我们的是另外一些东西，那就是人为的隐秘的事情。比起自然的神秘，那些人为的隐秘的事情更使我们感到困惑。在《梦游症患者》里，我所要展示的就是形成这种人为的隐秘事件的原因。在《梦游症患者》里，我们首先应该注意到三爷这个人物。三爷出身贫寒，但在他主张要过一个大家族的念头上，不难找出儒家思想对他的影响。君君臣臣父父子子，在那个大家庭里他要过一过掌权的瘾。三爷是一个明白人，他从一个乡间拾粪的农人成为颍河镇上有声望、有地位的名人，靠的是什么？他知道没有人们歌里唱的救世主就没有他王老三的今天，所以他要感恩。他没有文化，他整天想着自己的救世主，可是独独把自己给忘记了。在那个年代，我们的一切都是救世主给予的，救世主就是我们的精神，我们每日都是为救世主而活着，救世主的思想就是我们的思想，我们丧失了自我，我们没有了灵魂，我们都是一些没有个性的奴隶。在这样的世界里，隐秘的事情就接连不断地出现了：三爷的一个孙子死于一场武斗，可是没有人知道他的另一个孙子也死于那场武斗，那个冤魂在夜间的呼号被颍河镇人误认为是冬季里从河道里刮过来的寒风；他的大儿子乘坐木排沿着颍河顺水而下，到远方去调查他三弟的反革命罪行去了，从此就没了音讯；三爷亲手把他通奸的三儿子和二媳妇沉到了河水里，那条被沉入河底的船只有三爷一个人知道，但他这一辈子再也不会对任何人讲起；三爷的一个孙女出去串联，再也没有回到过颍河镇。在那个冬季来临的前夕，三爷先后失去了他的三个儿子，一个女儿，一个女婿，一个媳妇，两个孙子，还有一个孙女下落不明。打水的老鸡在一天夜里把几个疲劳过度的少女奸污了，老鸡突然发现了革命的好处，他感慨道，怨不得人人都闹着要革命，这革命能使人做上一夜皇帝。可是三爷的孙女燕子由于疲劳对此却一无所知，直到三爷发现她怀了身孕。三爷真是悲痛欲绝，最后他只有让大儿媳妇带着那个没有结婚就怀孕的孙女远走他乡，现在三爷孑然一身，就连他的两个外孙也下落不明。在一场大雪来临的日子里，凄伤的三爷拄着拐杖离开了家门……

在《梦游症患者》里，所有的隐秘事件都是人为的，都发生在思想领域里。可是却没有人对发生这一切事件的原因提出丝毫的怀疑：三爷是基于传统的伦理道德来惩罚自己的小儿子和二儿媳妇的。文玉折磨死了自己的父母是基于父亲是个右派，但是他自己并没有弄明白右派到底是什么。救世主说右派是敌人，那你就是敌人，救世主的任何一句话都是真理——颠扑不破的真理，就是面对自己的亲生父母也不行。但是这些人为的隐秘事件最终又都归于自然，归于那些我们不可把握的神秘。

林舟：《梦游症患者》是否也可以说是你的个人记忆的书写，因为我感到其间的许多细节描写是那样真切，仅仅靠想象或者间接经验很难获得这样的效果。

墨白：首先，小说里的所有场景都是我记忆里的场景：绵延不断的河流，被水浪吹打得呱咚作响的木船和像梦一样的白帆，充满泥泞的码头；长而狭窄的街道，街道两边那些房顶上生长着翠绿色瓦松的门面房子和木质的阁楼；那座由关帝庙改建而成又充满了神秘气息的学校；散发着刺鼻气味的酒厂和高大的酒楼；潮湿的院子里摆满了巨大的陶瓷釉缸的酱菜厂；那座深邃而阴森的由地主雷九少留下来而变成了公社的大院等等。小说里的事件同那些场景一样也都来自我记忆的深处。小说里的那些人物大多也都有原型，但是那些人物的原型最初在我的脑海里却是一群模糊不清的影子,那些模糊不清的身影在我动笔之前不停地在我的眼前晃来晃去,直到我用文字把他们很清晰地固定下来为止。现在对于我来说还有重要的一点,那就是我已经根据那些记忆写出了《梦游症患者》,但是《梦游症患者》不仅仅是一部描写个人经历的小说,也不单单是一部描写"文革"的小说,这是一部关于民族苦难经历、关于人类的生存状况、对人类自身进行拷问又具有形而上的宗教精神的小说。

林舟:你觉得就家族历史的叙述而言,《梦游症患者》为当代文坛提供了哪些新鲜的叙事因素?

墨白:让艺术情境的神秘化和隐秘化,用梦游病症的象征性来击醒现实中的肉体和灵魂,用含有诗性和情绪化的语言描写道德的毁灭、人性的丧失和正常生活的颠覆,用开放性的结构来展示事件。

林舟:与《梦游症患者》不同的是,《寻找外景地》更多了一些现实感。但是,你在对现实场景的叙述中,不断通过另外的文本——《雨中的墓园》和《风车》——的介入打碎它、肢解它,这是不是你的艺术旨趣所在?

墨白:从物理的时间来看,《寻找外景地》里的故事发生在不到一天的时间里,就是从头一天下午他们开车驶向目的地开始,到第二天的那个阴雨的上午。但是这部小说的时间跨度却是四十年,这个时间跨度来自这部小说里所包含的相对独立的文本《风车》。《风车》讲述的是发生在1958年"大跃进"那个特殊年代的故事,地点就是现实中的人们要去的颍河镇。这个小镇上的人们要在北方的土地上建造一架南方才有的风车,用来车水。但事情的结果是在干涸的北方土地上只留给人们一个经久劳作后空洞的土坑,无水可车的风车竖起的只是一个意味深长的寓言故事。在这个文本里,我所运用的语言通篇都是那个特殊时期的语言,狂热而又充满激情,脱离现实而又有着美好的幻想。而《寻找外景地》这个小说的心理时间就更为长远,这个小说里的心理时间来自小说里的另外一个文本《雨中的墓园》。《雨中的墓园》这个小说讲述的故事看似是现代人的生存状况,但这里面却没有具体的物理时间,这个文本里所讲述的是一个对历史的真相产生怀疑的故事:一群人在同一天遭遇死亡,而有关这群人的死亡方式却有三种说法。这三种说法分别来自文本里的主人翁所遭遇的三个人:黑衣老者、守扳网的妇女和渠首里的那个瞎子,他们都是那群死亡事件的见证人,但从这三个人嘴里说出的死亡就有三种结局。在这里,历史因为一个人的情感、好恶而产生,胜者王侯败者寇,历史失去了它本来的面目。《风车》和《雨中的墓园》这两个独立的故事和现实的联系是:那群现实里的人所要拍摄的电视剧就是用这两部小说改编而成的,于是这两个故事就成了这群人的现实基础。而另一个不可忽视的事实是,现实中的两个重要人物丁南和浪子都曾经在小说里所描写的颍河镇生活过。在他们接近颍河镇的时候,在颍河岸边的那个神秘的渠首里,在颍河的两岸,《风车》《雨中的墓园》里的人物和环境又出现在现实之中,这就提醒我们,我们在现实生活中所看到的人物和事件也不过是别人眼中的一个故事而已。这样,这部小说的结构就有了三个层面:第一个层面是《风车》里的故事,第二层面是《雨中的墓园》的故事,第三个层面就是《寻找外景地》的故事。在这里,小说的主干故事往往只是起一种线索的作用,在这样的一条线索的串联之下,小说中的大量的子情节和具体细节大都是无规则地派生出来的,都不是为主干故事的最后结果而做某种铺垫或者必要环节的。《寻找外景地》里的主干故事是无结果的,或者说寻找的过程就是结果,叙述的整个过程也是发散性的、无中心和非闭合的,小说的全部意义也就在于其整体的叙述过程之中,其中的全部细节又都各自承担着某种经验的意义。同时,我在《寻找外景地》里让所有现实中的人都出来在现实的基础上对自己的往事进行纷乱的回忆,丁南、浪子、夏岚、艺术家小罗,还有那个始终都没有出场的小说作者方舟,加上《风车》和《雨中的墓园》里众多的人物,这就构成了文本的开放结构,从而对传统的叙事方法和结构方式进行一次彻底的颠覆。

林舟:《寻找外景地》执着于对历史、死亡和时间的表现,并且揭示着艺术与其密切的关联。当丁南、夏岚们寻找象征着历史的虚无缥缈的“外景地”的时候,他们的寻找也成为历史,那么这种寻找本身也就进入一种时间的循环之中。作品的结尾向我们暗示着夏岚对丁南的重复,“丁南”则在向前延伸,但是他的“延伸”未尝不是在重复。我感到,小说这样的处理充满着自我指涉的意味,它在说明着小说叙述与世界的关系。

墨白:或许这就是小说的意义。实质上,我们现实生活中的生命都是在重复着已逝的生命,只是重复的形式不同而已。我们的生命过程是在寻找各种各样的人生意义的过程中慢慢消失的。一方面,小说对一些我们比较关心的人类的现实生活进行观照,并对我们所看到的历史产生怀疑,对生命和时间的意义产生自己的看法;另一方面,小说是为了让我们重新得到一种新的生活。通过小说,可以使一些我们没有经历过的、我们没有能力去实现的、我们想象中的情景得以实现。我们可以选择一个人物在小说里去填补我们现实生活中的空白,我们可以选择一个人物来重演我们的人生遭遇,可以让那个人说出我们想说的话,也可以通过这个人来回忆我们所经历的事件和流逝的时光,并以此来表达我们的情感。我们的现实生活历来都是建立在回忆之上的,可回忆对于我们来说是没有时间秩序的,回忆是建立在虚无之上的,而能把这些固定下来的,只有小说这种艺术形式才能全面地担当得起,因为小说距离浩瀚的人的内心世界最近。于是,小说就成了我们精神生活的一部分。已逝的时间、已逝的岁月,我们只有通过文字把它固定下来,而小说是最有人情味的文字,它能感动我们,它能重新创造生命和时间。

林舟:在你的《寻找旧书的主人》《讨债者》《重访锦城》等作品中,也能创造各种各样的历史。这就是我理解中的小说叙事和现实世界的关系。我总是看到一种虚无的气象。你似乎喜欢从一件具体的事件叙述入手,最终将读者带到一个若有若无、虚幻缥缈的世界,在这个世界里有许多形而上的意味漂浮着。

墨白:在这个虚无气象的后面隐藏着更让人心酸的真实。《寻找旧书的主人》里面的主人翁能找到那个深藏在内心里的偶像吗?不能,如果找到了,那么现实就可能变得虚假。在我们每个人的内心世界里,都埋藏着对美好事物的向往,我们在一段时间里,或者我们的一生,可能都在回忆和寻找着那个我们向往的美好的事物,这是我们的精神,这是我们活下去的理由,他的一生或许都是在寻找那个美好的事物的过程中度过的,这种寻找才是最真实的。《讨债者》里的那个没有姓名的农民,他讨债的过程就是他人生命运的缩影,他在现实中所遭遇的就是那样的情境,他恐慌、迷茫,不能把握自己的命运,他心酸的经历是那样的让人同情,他在白茫茫的大雪里,在走投无路的时候仍然想着怎样才能拿到他应该得到的劳动报酬,然后回到他的妻子和孩子身边,还有什么是比这更真实的呢?在《重访锦城》里,我们所看到的是死亡就在我们身边这样一个看似虚无而又无可争议的事实,只是生活在现实中的人不愿意去正视罢了。在《重访锦城》里,我们还看到岁月和生活对“我”的那几个女同学无情的摧残,岁月流逝这是一个在我们每一个人的人生历程中更大的事实的存在。实质上,用这种虚幻缥缈来涵容人们的现实生活和真实的精神面貌,就是我在小说里努力要做的。

林舟：颍河镇是你绝大部分小说故事展开的空间，你对颍河镇的创造的最初的动机是怎样的？

墨白：我小说的故事几乎都是以颍河镇为背景的，就连描写那些在城市和异乡的漂泊者的时候，他们的人生经历也都与颍河镇有关。这样做的目的，就是想建造一个属于自己的文学家园。一个作家建造一个属于自己的文学家园，是十分重要的。譬如福克纳的约克纳帕塔法，譬如马尔克斯的马孔多镇。我有意设置“颍河镇”这个符码，就是想借助“颍河镇”这个在地理学上具有坐标意义的虚构的地名，来接近我的文学目标。颍河镇里的每一条街道，每一所房屋，每一棵小树，每一个存在或者存在过的人，都是我建造的材料。当然，要说这个镇子，我们首先要注意那条颍河，那条像血液一样流在我身体里的河流，我对那条河充满敬畏之情，颍河是那个镇子的灵魂。从我出生，我一直在那里生活了三十多年。我的童年时代，我的少年时代，我的青年时代，都是在那里度过的。每个懂文学的人，都会知道童年和少年的经历对一个作家后来的写作起着什么样的作用，所以我对那里的一草一木都充满深情。建造这样一个文学世界，是出于我的本能。最初的时候我只是出于本能地对自己所熟悉的那个镇子，对生活在那里的人进行关注。后来或者是在我读书的时候，书中某句话突然使我茅塞顿开，那种意识也就明朗起来，我突然从那个镇子里跳了出来，这样使我更清楚地看到了我所创造的这个镇子对我写作的重要性，我之所以要写她，是因为她和我血肉相连，是因为她给予了我生命，并哺育我长大成人。同时，我想使每一个读过我小说的人都记住颍河镇这个地方，一个作家是不可能与他的文学家园分开的。当然，颍河镇并没有明显的地域性，没有明显的民俗特色，她和中原大地上的许多村镇一样，是的，颍河镇和那么多类似的村镇放在一起是没有明显的特别之处，但是，没有特别之处不正是她的特别之处吗？那她不是就更具有地域性吗？她不就更具有涵盖力和象征性吗？她不就更具有典型性和普遍性吗？

林舟：在我看来，《民间使者》这部小说显示了你对民间艺术的热爱，你的小说中的“民间”的血液由此可见一斑。

墨白：那些不朽的民间艺术，是民间的精神结晶。剪纸、面人、糖人、核雕、泥泥狗、泥埙、版画、木刻面具、皮影等深深地影响着我们祖先的精神。从小的时候，在我们生活的那个小镇上，随处都可以见到这些民间艺术的出现。后来我在艺术院校里接触了大量的西方油画作品，这是我在艺术认识上的一个升华阶段。绘画艺术历来都是最为先锋的一种艺术，她的先锋精神对我的影响很大，对我后来的小说创作，特别是我的叙事语言和文本的结构都产生了影响。就像马奈、莫奈他们学习巴比松画派的时候，不是成为了巴比松画派第二，而是成为了印象派；当塞尚、凡·高、高更他们学习印象派的时候，没有成为印象派，而是成为后印象派一样，我从民间汲取的是民间的艺术精神。

林舟：《事实真相》中的前半部分引人注意的是城乡对抗的内容，后来随着来喜在回家途中的事件和心理的描述，逐渐走出了这种单一的模式，而变为对作为个体的人的心理内容的揭示，其间的转换对你来说是否非常自觉？

墨白：不是我的转换是否自觉，而是来喜的转换是否自觉。在《事实真相》里，除去来喜的第一人称的叙述，另外的那个"我"的叙述方式也是内视角。从城市与乡村的对抗转换到对回家途中的事件和心理描述，那是从固定的环境往移动的环境转换的过程。随着环境的变化，人的心理也会跟着发生变化，这对于在那个环境里生活的来喜来说，应该说是很自然的事情。

林舟：我感到你的小说叙述中，人物语言的方言味很重，口语色彩也很突出，这是不是你刻意追求的效果？

墨白：口语化在小说写作中的运用是一种吃力不讨好的写作行为，但在小说写作中是否能运用好口语，对于一个有追求有个性的小说写作者来说是极其重要的。我所选择的方法就是让自己从小说的叙事当中退出来，让小说里的人物放到他们的身份、修养、个性、生存的环境中去自我表现自己，这是我解决口语化写作的一个根本原则。

林舟：你怎样看待文人化（书面化）语言的叙述与人物口语叙述之间的关系？譬如，你在《事实真相》这篇小说中除了来喜的第一人称叙述（自述和他对小巧的倾诉），还有第三人称对来喜的叙述，前者是充分口语化的，而后者相当书面化，如此所达到的一种叙述形态，对你来说意味着什么？

墨白：书面化和口语化在一个文本里出现的时候，就像一幅黑白木刻，空白之处是艺术的形式，而线条就是所要表现的内容。写作的书面化语言是最能体现艺术形式的语言，而写作时的口语化则是最能体现生活本质的语言。内容的现实感与艺术的探索性，历来都是小说写作中一对难以调和的矛盾。这两种特征在我的小说里都很明显，这也是我小说写作的基本方式：用书面化语言来进行艺术形式的探索,用口语化来体现现实的生活。

林舟:你能够谈谈你的日常生活与你的文学写作之间的关系吗?在你的小说中,像《重访锦城》和《进入城市》这样的作品,是否相对更倚重于你自身的生活体验,而像《讨债者》和《局部麻醉》这样的作品则偏重于向外搜罗故事?

墨白:小说家通过现实生活中的感受和情绪唤醒回忆之神的时候,就是进入写作的时候。现实生活是一把打开写作之门的钥匙,回忆是进入文学内部的通道,我们的整个写作都是建立在现实之上又通过回忆来完成的。那些陈旧而清新的我们在现实生活当中经历过的画面、事件、人物、声音都被回忆所过滤,然后在我们的脑海里移植搬动,颍河镇里那些古老的街道、老式的建筑、许多不可猜测的神秘或者锦城里的一些场景都将形成文字变成另外一种现实。《重访锦城》和《进入城市》就是这样产生出来的。《讨债者》和《局部麻醉》则是对人性恶的警觉。对人性恶的警觉应该是一个真正的写作者的必备条件。一个作家在描写人性恶的时候不能把这种恶当作生活中的常数,在小说里,光有对恶的认识是不够的,还必须让读者认识到恶的来源,然后去瓦解它。

林舟:在《局部麻醉》这样的小说中,最初激发你的是什么?或者说你的兴奋点在于什么?我感到其中的一些意象过于密集,让人应接不暇,难以把握。白帆令人同情的命运似乎颇多地归因于“性”和“权力”的压迫,你是不是有意识地将性与权力并置起来,探询其间的关系?

墨白:《局部麻醉》是通过梦境来颠覆和解构现实。梦境给我们带来一些非凡的想象力,梦也使我的小说生出一种奇特的情景。在生活里我们每个人都会和梦相遇,在梦里,我们会做出一些伤天害理的事情:我们会杀人、我们会强奸一个陌生的女人、我们会没命地逃亡。但这些在我们的现实生活中都是会出现的,只不过那不是我们的亲身经历。性对于人类的压迫丝毫不弱于权力对于人类的压迫。在动物世界里,性就是一种权力的象征。在人类社会里,性同样是权力的象征。常言说的“淫威”就是性和权力的结合,封建帝王可以有三宫六院七十二妃。在《局部麻醉》里,外科大夫白帆就像生活在梦境里,他对性的恐惧来自人本身那些难以满足的欲望,他对权力的恐惧来自现实社会的本质,所以白帆的梦境是真实而可怕的。

林舟:《爱情的面孔》中的“爱情测试”本身就包含着一种价值尺度,它建基于性与爱的分离。在我看来,你在小说之外对这种价值尺度似乎持一种犹疑和困惑的态度,这投射于小说叙事之中,形成了一种带着伤感的反讽。

墨白:在“爱情测试”的过程中,“我”的道德观已经丧失,露出人性的本质来。所以说现实的社会已经被各种各样的欲望所统领。在欲望的旗帜之下,现实中的人做的又是那样的不彻底。既想当婊子,又想立贞节牌坊,这就是现实中人的精神状态。《爱情的面孔》所展示的就是现实之中的人在欲望与道德之间摇摆不定的尴尬局面。

林舟:你的创作一直很勤奋,并且也没有显得汲汲于文场名利的样子,你是靠什么作为你写作的内在支撑?你担心自己创作的源泉有一天会干涸吗?

墨白:不是做样子,因为写作而带来的名利对于我来说真的不重要,重要的是我在写作。春节里我回到故乡,一些我所熟悉的人悄悄地离开了人世,他们的死勾起了我的许多回忆。父亲对我有一句没一句地讲着那些人的一些往事,讲讲也就过去了,随着时间的推移,那些人就会慢慢地被人所忘记。而我可能就会在某一天把他们写进我的小说,他们会通过我的手变成文字重新存活下来。我不讲这些文字会存活多久,重要的是我已经这样做了。这就是支撑我写作的力量。我是一个靠生活激情而写作的人,如果哪一天我不再热爱生活了,那么我的写作也就终止了。

林舟:你是怎么看待文学写作的先锋性的?

墨白:我意识里的文学写作的先锋性应该是这样的:他的写作能提供一种新的认识世界的视角,或者是对生命的一种独到的感受;他的叙事或文本常常颠覆读者的阅读经验,把读者带到一个陌生的境地里去,读者在他那里看到了隐藏在自己身边的一些没有察觉或感受到的东西。刚刚过去的20世纪,在福克纳那里,在普鲁斯特那里,在乔伊斯和卡夫卡那里,我们都可以看到有划时代的文学事件的产生。在这些文学先锋那里,我们一再看到传统的规范的叙事方法的消亡,看到新的叙事艺术的产生。我们从他们那里不断地接受认识世界的新视角,他们对个体生命日常生活的关注和叙事方式引导读者对传统的叙事进行反抗。

林舟:这样的写作与读者的关系是否处于紧张的状态?

墨白:他们在写作的时候从来不去迎合读者,他首先考虑的是怎样去表达自己对这个世界的真实感受和思考,他首先要求自己是真诚的,他不是读者的精神领袖,因为我们每一个人都是相对独立的,世界上从来没有过什么救世主。

他也不是读者的奴隶，大众的口味只能使一个小说家变得庸俗不堪。艾特玛托夫说："大众读物不能使人变得进步，它只能使人开心和逗乐，使人停留在原处。"一个只会写出所谓的畅销小说的作家不会给人类带来思考，只能给读者带来惰性，只能使读者变得更加庸俗。文学的先锋是把读者放在和自己平等对话的位置上，他要把自己的心灵毫无保留地亮在读者面前。所以他也不会去在意自己的书能在书店里卖出去多少。1940年乔伊斯在给朋友的信中曾经谈到在那年整整半年时间中他的作品销售的情况："《流亡者》零本，《青年艺术家的画像》零本，《都柏林人》六本。"难道这是乔伊斯的不幸吗？我并不这样认为，乔伊斯该做的已经做了，他已经为我们写出了《青年艺术家的画像》、《都柏林人》和《尤利西斯》，我们不去认识他那是我们的不幸。时间已经证明，乔伊斯是一个有着广泛影响的作家。我认为，先锋性的写作始终代表着人类最为珍贵的精神品质。

林舟：你认为现在有不在意自己的书卖多少的先锋作家吗？

墨白：我相信会有的。真实情景也是这样，比如布尔加科夫。布尔加科夫当年在写作的时候压根就没考虑他的书能卖出去多少本，因为当时他的书出版都很困难。你想，在这样的情况下他能去考虑自己的书能卖出去多少吗？他是一个用写作来观照自己心灵的人，他以写作来实现自己的梦想。同样，卡夫卡也是一个例子。卡夫卡在遗嘱中交待自己的朋友烧毁他的手稿，这也表明他对写作的一贯态度。我想，无论到什么年代，历史都是应该有它的相似之处的。

林舟：你认为近年来文坛上发生的一切对你产生最大影响的是什么？

墨白：好像我和近年来文坛上发生的事情没有什么关系，文坛上所发生的事情对我也没有什么影响。要说对我有影响的事情，一是我自己不断地阅读，二是像《收获》《花城》《钟山》《大家》这样的刊物一直在办下去，并能发表我的小说。多年以来我都对编发过我小说的各个文学期刊的老师们怀着一种感激之情，可是我一直没有机会对他们表达过我的这个心愿。请你允许我在这里向为我付出过辛勤劳动的编辑们深深地鞠上一躬：诸神在上，墨白这厢有礼了。

根据2001年2月15日—2月25日的通信整理

（原载《花城》2001年第5期）

有一个叫颍河镇的地方

——与墨白对话

刘海燕[①]

上

时间:2005年2月7日,下午三点半

地点:郑州大学工学院模具大楼

穿红色羽绒衣的墨白在路边高高的台阶上站着,几十米远处,我就看到了他。这是郑州的文化路,一年中拥来拥去的行人突然间都不见了,再过一天就是2005年春节了。我的手机传来墨白的声音,我说:"我看见你了。"我的脚步居然迟疑起来,因为我感到他仿佛在等待他小说中的某一个人物,一本旧书的女主人,或者一个少年时代的恋人?他喜欢的那个老博尔赫斯曾说:"作家以为自己在谈论很多事情,但他留下的东西,如果他运气好的话,是一幅他自己的形象。"

我们进入身后的大厦。在第九层灯光暗淡、悄无声息的长廊里,墨白突然说:"这有点进入科幻电影里的味道。"走进宽敞的办公室后,我才说:"也有些你小说的味道。"

---

① 刘海燕(1966~),女,河南太康人,文学评论家、中州大学教授,著有评论集《理智之年的叙事》《如果爱,如果艺术》等。

墨白:是吗?

刘海燕:是的,你小说里所弥漫的那种气息。

墨白:哦,什么气息?

刘海燕:神秘。(墨白笑了,他随后来到宽大的窗子前,远眺着被冬季灰色的天空所笼罩的城市)要茶叶吗?

墨白:要一点吧。(我知道,眼前的城市使他对我的话有些心不在焉。这时他转回身来)每次从高处看城市,我都有一种感慨,在我们那儿,没有一处可看这么远的地方。

刘海燕:你说的是颍河镇吗?(我打开电脑。墨白在我的对面坐下来)

墨白:可以这样说。我曾经把这种感觉写进一篇小说里。这篇小说的主人叫呈祥,他是从我们那儿出来的一个落榜青年,来到城里打工,麦收农忙的时候,大家都回去收麦子了,把他一个留在城里看工地。他就像我这样,站在楼顶上远望着家乡,最后他把自己幻想成一只会飞翔的小鸟,从楼顶上飞了下去。

刘海燕:我没有读过这一篇。

墨白:是一个短篇,很短,不到三千字,叫《飞翔》。我是想对你说,这片无边无际的楼群,对一个有着乡下生活背景的人来说,构成了一种压力。

刘海燕:是不是也构成一种欲望?他们希望拥有这里的一切。《欲望与恐惧》里,吴西玉和他的同学钱大用,就曾经对着像树林一样的楼群发过感慨。

墨白:这是我突然冒出来的一种感觉,现在我想,这楼群不但对进城谋生的乡下人构成压力,而且对他们生活的那片土地也构成了压力,对所有像颍河镇一样的村镇都构成了压力。前几天我回了一趟老家,我二哥的儿子结婚,我在家住了几天,等回来的时候,突然就对自己的身份发生了怀疑,走在街道上,我突然间就没有了自信。当时怎么都没有想明白,现在我有点明白了,这就是我刚才说的压力,城市给农村所带来的压力。为什么会有这样的压力?我住在城市里为什么还会有这种感觉?我想,可能是我的根不在这里吧。你和我有着同样的乡村背景,不知道你有没有这样的感觉?

刘海燕:这不仅仅是你我的问题,空间感的剥夺使每一个敏感的城市人都会感到压抑。这种压抑和你说的压力还不太一样。这一段时间我一直在读你的作品,有的是重读,有的是初读。你最近出版的《霍乱》里的几部中篇,都是第一次读,其中《母亲的信仰》和《父亲的黄昏》在情感上触动了我,还有收在《重访锦城》里的《进入城市》。三十五岁以后,我喜欢有心理能量、不那么被技巧缠绕的作品。对一部作品,一个读者可以说“喜欢”,而一个评论者,就要公正地分析。这几部作品很本色,能看得出来,是你命运中的东西。就像读《欲望与恐惧》一样,像是在读你的自传。当然我知道那不可能是你的自传。因为小说的最大特征就是虚构,但看不出你小说里哪些是真实的部分,哪些是虚构的部分。今冬的第一场大雪过后,重读《欲望与恐惧》又有一些新的感受。当时给你联系,你好像在平遥。

墨白:是的,记得是傍晚,接你电话的时候,我就走在平遥古城的街道里。那天我就住在明清一条街,那个很有名气的市楼边上,那是一所明朝洪武年间留下来的院落。黄昏来临的时候,我独自行走在平遥古老的街巷里,由于天气的寒冷,街道上很少有外地的游客。隔着一家茶社的窗子,我看到了一个白人姑娘趴在八仙桌上,歪着头写什么东西。夜幕降临后我才回到客栈里,在那家客栈里我还见到了两个高个子卷头发的黑人。真的,天气很冷。我记得入冬的时候气象部门预测今年是暖冬,可恰恰相反,今年的天气非常的冷,而且持续了这么长的时间,到现在也没有见那个做出这种不准确的预测的人出来做点解释,可能他也不愿意为此做出反省。我这是说笑话,人家做出这样的预测,肯定是有自己的根据的,我想说的是,这有点像我们20世纪后半叶的种种荒诞经历一样,为此我们都不愿多做解释。不愿意做解释,也就是不愿意对自己过去的错误行为进行忏悔。反正我们都是一些没有宗教信仰的人,不忏悔也不会有谁指责我们。但我当时在平遥却想到了另外一个问题。(墨白停顿下来,他起身往我们各自的杯子里加了一些热水)为什么像平遥这样的一些古老的城池,像丽江那样古老的村镇能保留下来?陕西师大出版社出过一套《中国古镇游》,收有浙江、江苏、上海、福建、广东、四川、重庆、安徽、江西、贵州、云南、广西等省(市)的古镇……

刘海燕:南海出版社也出过类似的书,是单省为卷的,我印象里有山西和湖南。

墨白:我在想,河南能不能出一本这样的书?据我所知,是不能的。在我的阅历里,我只见过商丘的归德府,那也只是保存一座城墙而已,看着城里那些重新建起的仿古建筑,真的使我心痛。是历史上没有吗?不是,你看一看张择端的《清明上河图》就知道了,如果这样的城池和村镇都保留下来了,在中原像平遥这样的古城应该遍地都是。别的不说，就我出生和生活过的镇子，在1949年以前还有高大的城墙，青石板街道，街道两边都是两层的木结构的阁楼，可是后来都给扒掉了。我记事的时候，我们家的厨房和鸡窝还都是用城墙上扒下来的砖垒成的，那都是一些很大的砖，我小时候搬都搬不动。现在想来，那应该是明朝烧制的砖块。

刘海燕：我在《霍乱》和《同胞》里读到过你描写颍河镇城墙的文字。

墨白：问题是为什么都给扒掉了，在我们豫东，产生过像老子和庄子这样尊重自然的大哲学家，可为什么会有这么大的破坏力？当然，这不是我们现在要谈论的话题，我们为什么要争取民主？道理很简单，因为只有民主，才能培养人的独立意识，才能滋养优秀的民族精神。文学也是这样，一个什么样的民族，就会产生出来什么样的作家。你看俄罗斯，产生了多少伟大的作家。

刘海燕：我有同感。像19世纪的契诃夫、托尔斯泰、陀思妥耶夫斯基这些大师不说，20世纪的俄罗斯（苏联），产生了多少了不起的作家和诗人，像曼德尔斯塔姆、阿赫玛托娃、茨维塔耶娃等，这些诗人都很有力量。

墨白：北岛去年在《收获》上开过一个专栏，介绍了一些国外的诗人，其中就有你说的曼德尔斯塔姆。今年第一期的《收获》上，北岛写的是帕斯捷尔纳克。他在五十六岁写《日瓦戈医生》之前，是以诗人著称的。

刘海燕：还有蒲宁、肖洛霍夫、索尔仁尼琴等这些小说家，也都是重量级的。

墨白：我喜欢普拉东诺夫和布尔加科夫。20世纪80年代我在《苏联文学》上读到普拉东诺夫的《坑基》和布尔加科夫的《狗心》时，真地给了我很大的冲击，那个时候我还在故乡的小学里任教，像普拉东诺夫这样的作家，深刻地影响了我的文学观，我从他那里学会了怎样看我们所处的社会。还有巴别尔，一位短篇小说大师。说实话，他的一些名篇，像《盐》，我读过不下五遍。我是在不同的杂志和版本上读到的，他的《骑兵军》最早是花城出版社出的，如果我没有记错的话是1992年。最近人民文学出版社又出了一本新的。

刘海燕：我见过，书出得很漂亮，后面还附有大量的图片。

墨白：巴别尔是一个生活在矛盾之中的人。你想，一个对哥萨克有着敌对情绪的犹太青年，却投身到哥萨克的骑兵队伍中，那该是一种怎样的心情和处境？巴别尔的叙事是冷酷的，一种带有强烈的情感色彩的冷酷，但这种情感是极端个人化的，这种个人化指的不是作者，而是作品里人物的个人化。作者严格地把自己包含在小说的人物和事件里，真正地进入了小说人物的生存环境，进入了小说人物那有着强烈的主观意识的精神世界，让我们感受到了切肤的疼痛，同时又让我感受到作者对世界的态度和看法。像巴别尔这样的作家，在经历了漫长的时间考验之后，为什么仍然具有这么大的魅力？我想，一方面是他与自己民族的命运有着不可分割的关系，他的作品深刻理解和表达着这个民族的命运和情绪；另一方面，是他对以往的文学形式的叛逆，正是这种叛逆，文学才有了新的生命。还有20世纪八九十年代的一些俄罗斯电影，像《烈日灼人》，像《小偷》，当然还有塔尔科夫斯基的《牺牲》《镜子》和《乡愁》，这些电影，每看一部，我的心情久久不能平静。我们中国同时期的电影，和他们比较起来，不在一个重量级。俄罗斯这个民族在20世纪也经历过斯大林时期，可是为什么仍然产生了这些伟大的艺术家？原因就是，无论在什么时候，他们都保持着独立的人格。我说这些的意思是，一个民族要有优秀而健康的精神来滋养。

刘海燕：从你的话语里我能感受到你对民族命运的关注。

墨白：扯远了，刚才咱们说到哪了？

刘海燕：颍河镇。

墨白：海燕，我们的镇子是一个非常有意思的地方。在新中国成立前的私塾里供着孔子的牌位，学生学的是四书五经；在镇子西街的山陕会馆里，供的是关帝爷的牌位；在镇东的道观里，则供着玉皇大帝；在镇子西边不远处的河岸上，还有一座延庆寺。

刘海燕：延庆寺在你的小说《失踪》里出现过。

墨白：是的，这是我以这座寺院为背景的一篇小说，写的是抗日战争。在《光荣院》里，我也提及过这座寺院，不过那时这座寺院已经成了一座废墟，被一座盐业仓库代替了。还有，我们镇上的居民有三分之一是回族，在镇西的一条街道里还有一座清真寺。

刘海燕：我没有读到过你有关清真寺的小说。

墨白：我写过，你可能没见到，也是一个短篇，叫《太阳》，写的是一个盲人妇女感受阳光的故事。她在阴暗潮湿的空气里仍然能感受到阳光的存在，她在从清真寺里传来的“除了安拉，再没有神……”的祈祷里走出家门。在颍河对岸，还有一座天主教堂，你看，我生活过的那个镇子的文化背景有多么的复杂。你说，哪一教派的信仰不是教人向善的？我总是在想，在这片杂和了儒家、道家、佛教、伊斯兰教、基督教各种教派的地方，为什么我们就没有了自己的信仰，或者说信仰为什么这样混乱？为什么就存不住能见证历史的东西，为什么会有这么大的破坏力？难道一座旧时代的建筑，真就影响了我们在新时代的生活？我们真的是一个很注重外在形式的民族，比如新中国成立初期都穿列宁服，"文革"时期都穿中山装，比如破"四旧"立"四新"，比如一个接一个的运动。能从根本上解决问题吗？现在我们不得不承认，不能。现在我们镇上的古建筑只有清真寺了，清真寺也不算久远，只是清朝末年的建筑。其他所有的建筑都给扒掉了，延庆寺、道观、山陕会馆……

刘海燕：你在《梦游症患者》里，对山陕会馆有着很详细的描写。

墨白：是的，那个时候的山陕会馆已经改成了小学，但会馆里的大殿和东西厢房还都存在着。

刘海燕：你说的这种破坏力，确实值得我们思考。我在读你小说的时候，总想理出一个思路，由此进入你的小说所构建的世界里去。譬如，我想从物理时间的角度进入你的小说，像前面我们说到过的《失踪》《霍乱》和《同胞》，这些小说的背景是抗日战争或者是解放战争；像《黑房间》和《风车》，写的是五六十年代；《梦游症患者》写的是"文革"；《局部麻醉》《告密者》《光荣院》和《七步诗》写的都是当下的现实生活，等等，这样由远及近推下来。

墨白：挺有意思，这个思路挺有意思。

刘海燕：可是，读着读着就发现在你的小说里理出一条这样的线索来是十分困难的，你小说里的背景清晰，可物理时间却是模糊的。我想，这可能与你的叙事有关。你常常用现代或者是后现代的叙事方法和观念来表达你对现实生活的感受，譬如你在《雨中的墓园》里所表达出来的历史观，在《映在镜子里的时光》里所表达的时间观。

墨白：有关时间的三维空间，在佛教里早就有认识。洛阳龙门石窟的宾阳三洞里，有释迦牟尼佛分别代表着过去时、现在时和未来时的三座佛像。2004年秋天，在敦煌莫高窟，我见到了同样内容的壁画，我当时就对同行的何向阳和蓝蓝说，这不就是海德格尔关于时间的理论吗？应该说，我小说的叙事大都建立在当下的一维里，一些时间跨度很大的小说，比如《映在镜子里的时光》，小说里的时间跨度将近四十年，可实际的物理时间只是两天一夜。这一点，可能影响了你想从物理时间进入我小说的构想。

刘海燕:因此,我又换了一条思路,我想用颍河镇里的具体的机关来定位。譬如出现在《白色病室》《局部麻醉》和《讨债者》里的医院,还有出现在其他小说里的学校、派出所、邮电所、供销社、兽医站、仓库、工厂、农机站、电灌站、码头、清真寺、教堂等这些有具体形体的机关来定位。当然,还有那条颍河。这条常常流经你小说的河流,那些挂着白色帆篷的商船,那些顺水而下的木排,那些回荡在河道里的颍河调子,令人怀念。你小说里的那些人物,沿着这条河流出走或回归,或在岸边张望,这条河流本身,包括它的背景,都在发生着不可逆转的变化,这条河是有历史的。这条河仿佛一直在你的生命里流淌……

墨白:我插一句。童年的时候,颍河对于我来说是神秘的,我不知道她从何处来,也不知道她流向哪里,那个时候颍河对我来说是一个很大的谜团。很早我就有沿着颍河走下去的想法,直到2001年的秋天,我的这个愿望才得以实现。我独自沿着颍河一路走下去:槐店、纸店、界首、税镇、旧县、太和、行流、阜阳、日孜、江口、颍上、赛涧,一直走到颍河流入淮河的正阳关。随后我又顺着淮河走下去,凤台、淮南、怀远、蚌埠、凤阳、五河,我就一直这样走下去,走到洪泽湖,走到高邮湖,走到大运河,我看到颍河和淮河的各种各样的面孔,她就像我身上的血管一样,流呀流呀。应该说,颍河是从我的精神里流过的,她带给了我对外部世界太多的幻想。同时,这条河流也是我的小说和外部世界沟通的一个重要渠道,对颍河的了解应该是对我自身的了解。不好意思,打断了你的思路,你继续说。

刘海燕:我本想从你的小说里清理出一些和这条河流有关的故事,各个时期河上的、岸边的人,是怎样的命运或表情。或者用小说里面的故事把上面我说到的那些学校呀、医院呀等这些串联起来,用这些有形体的机关来构成颍河镇的外部世界,然后再通过这个外部世界进入她的内部。可是我发现仍然不行,你小说里的故事大多是难以复述的。这使我想起了吴尔芙的一句话,她说,复述的困难是现代小说的一个重要特征。你觉得你的小说不能复述的原因在哪里?

墨白:我想应该是小说的结构。不知你看没看过安东尼奥尼的《云上的日子》?

刘海燕:看过,讲的是一个电影导演去某地寻找题材的故事。

墨白:在这部电影里,他一共讲了五个故事,第一个故事是这个导演听来的。两个陌生的男女偶然相遇，并产生了爱意。那个女孩等了男青年一夜，可是那个青年却睡着了，等第二天他去找她的时候，那个女孩已经不见了。过了两年，他们异地相逢，但一切都发生了变化。

刘海燕：这有些你小说中的“寻找”情结，一个男人一直在寻找一个幻想中的女性。寻找只是一个过程，目标似乎从来就不能接近，这也意味着一次性生命的不可挽回。譬如你的《重访锦城》，谭渔重访锦城，寻找曾经和他相爱过的女人锦，锦已不在人世。《寻找旧书的主人》中那个叫陈平的女人始终也没有找到。我比较喜欢这类作品。你还写了另一类迎面而来的女人，譬如《欲望与恐惧》中的尹琳，肉欲气息就比较重，也可能是性别、经历的差异，我认为一个现代知识女性，无论是对待性还是别的，都不会那么缠得太紧，不留空间，应该会更微妙一些。当然这仅仅是一个女性的立场，我希望你对于这类女性能写得更细致、入心一些，这样表达好像也不准确。

墨白：还说《云上的日子》。那个导演就是为了寻找这个故事的发生地才来到了这里，导演在寻找这个故事发生地的时候，在这个海滨小城里遇到了一个女孩，这个女孩和他相爱并给他讲述了杀死自己父亲的经历。接下来又有三个爱情故事发生，这些故事都与灵魂和肉体的诱惑有关，导演思考着生活中的偶然，偶然中的必然。

刘海燕：你们讲述故事的方法有些相似。他的故事有亲身经历的，有听来的，有从报纸上看来的，还有他幻想出来的。他把那些三维空间的故事都控制在导演亲身经历这一维上，虚构和真实、过去和现在，而把未来作为一个想象的空间留给了观众。你的小说，也是打破了物理空间，呈现出这样的开放性的结构。

墨白：希腊导演安哲罗普洛斯也拍过一部类似结构的电影，叫《永恒的一天》。这是一部充满诗意的电影，讲述一个老人在生命的最后一天，他的告别和回忆。你想想看，在美丽的爱琴海边，一个老人和他的狗在孤独地漫步，没有情节的起伏，没有剧烈的感情，但却使我泪流满面。一切有关童年和往事的画面，都来自他的记忆，而让人吃惊的是，在有关往事的画面里，这个老人都是穿着现实中的那件风衣出现的，无论是和他童年时的朋友，还是和他年轻的妻子，时间和生命的对比，是那样的强烈，那样的震撼人心。他使我想起了我自己，如果我到了那一天，该是个什么样子？所以，这样的结构，你真的很难叙述清楚，你只有去感受。

刘海燕:产生这样的结构,可能还和你的视野有关,譬如你的绘画经验。在你的小说中,能看出视觉艺术对你的影响,你一开始就用现代主义的“画面”,而不是现实主义的“线条”,来表达人生经验,所以这就使你的小说有一种氤氲的气氛。记得你的一篇后记里讲,你前期的短篇小说写作,训练了两方面的能力:一是叙事语言的能力,二是虚构的能力。对于小说写作,这两个都是有意思的话题。

墨白:说到叙事语言,对于一个作家来说确实很重要。前几天我回老家,去看望我家的一个邻居,是一个老太太,今年八十岁,我喊她娘。在我们那儿,称呼家庭关系近一点的长辈女性都喊娘。我每次回去都要去看她,给她说话。她是一个语言表达能力很强的老人,在同她的对话里,你能感受到生命的流逝,感受到历史,感受到人物的命运和个性,什么都在里面了,一个作家要诚心向民间学习语言。

刘海燕:有不少朋友谈起过你的叙事语言,现代感的书面语言和野味的口语交互运用。

墨白:我认为,叙事语言是有结构的。我说的不是小说里的故事结构,也不是小说形式上的结构,我是说语言本身的结构。

刘海燕:在你的小说里,这个语言结构是什么?

墨白:由两个方面构成:一是小说人物的视角与意识的有机结合和转换,二是叙事者的外视角和小说人物的内视角的承接与转换。这两点就构成了小说的语言结构,这当然是就我的小说而言。我的小说,从结构到语言,可能都给你想通过颍河镇里的一些机关进入我小说的想法带来了障碍。

刘海燕:所以后来我又想到从家族入手,或者从人物入手,譬如《同胞》里的马家,《梦游症患者》里的王家。还有你那些有自传性质的小说,或者说是成长小说,譬如《父亲的黄昏》《母亲的信仰》,包括《进入城市》和《欲望与恐惧》,这些小说里常常可看到你的影子。

墨白:哦……不知你看没看过托纳多雷的电影《天堂电影院》?

刘海燕:看过,还有他导演的《西西里的美丽传说》。

墨白:对。《西西里的美丽传说》还译成过另外的名字,叫《玛莲娜》,是以女主人公的名字命名的。托纳多雷和安东尼奥尼同是意大利人,意大利真是个天才导演辈出的国度，像导演《巴黎最后的探戈》的贝托鲁奇，导演《我的回忆》的费里尼，导演《美丽人生》的妮可丽，他们都给我们带来了启示。像《天堂电影院》里的故事，就勾起了我的童年往事。你想，托纳多雷的故事讲述的是西西里岛上一个孩子的童年，为什么能勾起我的许多往事？是因为他写了人类的精神，写了人类生存的共同命运。作为小说，我觉得对人的精神世界的展现，应该是区别其他艺术形式重要的一点。2003 年的 10 月，或者是 2002 年，我记不太清了，李陀的一个朋友来到了河南，他是一个旅美华人，一位人类社会学家，在芝加哥大学任教，他通过李洱想从河南农民的医疗状况入手，对中国农村目前的政治经济状况做一个梳理。由于李洱忙些其他事务，由我陪他到我的老家做了一个社会调查。有趣的是，在这次调查的过程中，我们接触了各种各样的人物，党委副书记、信用社主任、个体企业家、基督教徒，他们都是我的同学或在一起工作过的同事，第一天一块吃饭的还有我们县博物馆的馆长。我在故乡小学任教的时候，这个馆长和我都是文学爱好者，在小学里他还做过我的顶头上司。第二天我们先去见了一个乡村医生，他是我本家的一个堂兄，是从部队转业回来的，他在部队上做卫生员。接下来是几家农户，一个是个体户，以榨油为生。一个汽车司机，他是我中学时的同学。那个时候他父亲是我们镇搬运队里的工人，他接了父亲的班，到搬运队开车，搬运队破产以后，他自己买了一辆东风汽车，到外地往我们镇上拉鸡蛋。还有一个是木匠，木匠的父亲外号叫“朝廷”，我们的这位“朝廷”却种了一辈子菜。别看他是木匠，可是个高智商，他的话语里充满了幽默，而且是冷幽默。当然，他现在已经不做木匠活了，改做砸白铁了。

刘海燕：就是《重访锦城》里的汪丙贵从事的那个职业吗？

墨白：对。我说的这些都是我的街坊邻居。那天我们还见到了一个外号叫“小眼”的街坊，他是我小学时的同学，他的女儿和儿子都在深圳打工，时不时给他寄些钱来。我每次回老家的时候都会遇见他手拿一包方便面到我父亲的小铺里去，他拿的方便面不是我们平常见到的那些食品，是一些假冒产品。到了铺子里，不用他说话，我父亲都会从酒瓮里掏二两烧酒来递给他。他接过盛酒的杯子，在门口蹲下来，看着街道里的行人，喝一小口酒，吃一口方便面。有人从街道里走过，说，小眼，你真兴呀，见天都弄二两晕晕，像过年一样。小眼说，那当然！快乐而满足。

刘海燕：有点像鲁迅笔下的孔乙己。

墨白:有一点。那天我们见到他的时候,他夸夸其谈,但我心里却十分的沉重。那一天我们还见到了另外两个人,一个是我的小说《讨债者》里那个没有露面的个体户老板的原型,他整天到外地跑着去要账。他现在流落他乡,听我父亲说,他很少回来。人们知道他回来了,就会到他家里去要账。他以前做皮革生意,欠了人家十几万的货款。他不敢睡在家里,偶尔睡在家里,一听到外边有动静就会起身翻墙而逃。那天他对我说,他在上海某个企业做推销员。据我的经验,他说的话就像我写的小说一样,十有八九是虚构的。另外一个是我初中时的同学,他是我们班里的体育委员,管着班里的排球。当年参加排球训练的时候,我站在队伍里,多想让他把球传给我一个,可他就是不传。后来他去北京参军,在总政的某个教导营里,他转业的时候分到了县里,因为他是志愿兵。后来听说他掏了一万多块钱在城里买了一套房子,一九八几年,一万多块真是不得了的。他回镇上的时候,常常一只胳膊上挂着一件藏青色的风衣,一手提着皮包,走起路来都带风,盛气凌人。但是现在他却回到了我们镇上去做市管会的主任,每天和那些小商小贩打交道,收钱的时候,就是他亲娘老子,他也会把手里的票据一撕,黑着脸说:五十!海燕,你说这些形形色色的人物和我的写作有着什么关系呢?如果我不进入他们的精神世界,就很难把握他们。

刘海燕:你背后有这么多有意思的人,我时常感叹学院化生活的单一与乏味,我想这不仅仅是生活本身的问题,和我们自身肯定有关,你以一个小说家的眼睛,才看见了他们。

墨白:这使我想起了凡·高,想起了凡·高的自画像。就我所熟悉的画家里,凡·高可能是给自己画像最多的一个。在1886至1889年间,我所见到的凡·高的自画像就有近三十幅,这些自画像都产生在1890年7月凡·高自杀身亡的前几年,在我看来,他的每一幅自画像都与他的精神有关。我看过一个描写凡·高的影片,讲述的是他在生命的最后几个月的经历。他在巴黎出院后,接受弟弟提奥的资助,到巴黎北郊的奥维接受加歇医生的监护。在这段时间里,他给人类留下了七十多幅珍贵的绘画。凡·高是一个极端孤独又无比热情的艺术家,他在绘画中注重独立个性和人的情感的表达。这里有两个方面:一方面是对生活与命运的独特体验,凡·高尽管有弟弟的资助,但仍然过着穷困潦倒的生活。另一方面是对绘画本质的认识与表现,成了他生命与精神的寄托,成了他情感和个性的载体。在他的绘画里,一个劳动者的形象,耕地上的一条犁沟，一片沙滩，一片云彩，一片夜间的天空，都成了他精神世界的载体，更不要说他的那些自画像了。在那些自画像里，色彩强烈，热情、奔放、迷茫、忧伤、激动、狂热，各不相同，表达出了一种强烈的生命张力。凡·高的经历给我带来了启示：一个艺术家，如果不把自己的生命融入自己的作品里，那么他就很难使我们感动。同样，如果在一个作家的作品里看不到他强烈的生命气息，那么这样的作品也就很难打动我们。可是，想把别人的精神融入自己的血液，那是多么的不容易。我认为要想进入他们的精神世界，就不能把他们当外人，就要把他们当成自己。如果这样，那我就是那个逃债者，整天无家可归；我就是那个胳膊上搭着风衣盛气凌人的市管会主任；我就是那个手拿一包方便面蹲着喝酒的“小眼”；我就是那个乡村医生；我就是那个博物馆馆长；我就是那个榨油的个体户……我就是他们之中的任何一个人，我得变成他们，设身处地为他们着想，像他们一样去思考问题。

刘海燕：你先是那所有的人，最后你是你自己。就像博尔赫斯说过的，作家以为自己在谈论很多事情，但他留下的东西，如果他运气好的话，是一幅他自己的形象。

墨白：我们常常说，一个作家的写作最重要的是要面对自己，可有人在疑问，这样他写作的资源会不会干涸？我认为不会，一个作家为什么会有写不完的东西？那就是他善于把他看到的或者听到的别人的故事和经历，视为自己的经历和感受，同时，他还善于把整个社会看作是以自己为中心的场。实际上，我们每个人都生活在一个磁场里。前几天我二哥的儿子结婚时，我感触就很深。本来我那个侄子在深圳工作，对象是重庆的姑娘，他们完全可以不回来办婚事，可是我二哥坚持在家办。为什么？我二哥这些年一直在地方上做事，随了许多朋友和同事的礼，红白事没有少过，不知已经出去了多少钱。你不在家结婚，这些钱别人怎样还你？另外，你孩子结婚不告诉人家，人家会觉得你看不起他。什么叫朋友，只有到了事上才能看出来是不是？我侄子农历二十二结婚，农历十八就开始待客，第一天是县上的，第二天是二哥工作过的几个乡镇的干部，第三天是我们本镇上的干部、教师，最后一天才是我们街坊。你看，这就是一个场，很难跳出来。作家就要强烈地感受到这个场的存在，但不同的是，你既要有能力从这个场里走出来，从外部对这个场来观察，又要有能力走进去，把自己变成场中的人，要切身地去体会这个场的存在。所以，我一直认为我都是在写自己，写我对生活的恐惧与困扰，写我对生活的渴望与向往，写我对生活的迷茫和无助，写我的孤独和悲伤。

刘海燕：写作真的在帮助你，诸如此类很麻烦的事情，你讲起时，总像在讲一个有趣的故事，你把那些现实之重变成了你的故事。

墨白：一个人能写透自己，并不是一件容易做到的事儿，你想写透一个人就这么不容易，那么你想写透这个小镇，就更不容易了。有时我就在想，我对我的小镇了解吗？我对这个小镇了解得还很浮浅，对这个小镇里的许多东西我还没有潜下心来研究，如果你看到小镇上的人只是一些灰头灰脑的面孔，那么你就已经大错特错了，这座小镇的丰富远在你的想象之外，生活在这个小镇里的每一个人物都有着丰富而复杂的内心世界，有时候你可能觉得他们是闭塞的，可他们的闭塞与我们人类之于宇宙有什么两样呢？对于宇宙，自作聪明的人类仍然是闭塞的；同样，颍河镇人对于外部的世界来说是闭塞的；可同人类之于宇宙是相同的，颍河镇应该是人类的一个缩影。所以说，这个小镇太丰富了，丰富得就像一个海洋，我对这个海洋的了解还远远不够。颍河镇对于我的写作来说，就像博尔赫斯之于他的图书馆。博尔赫斯所管理的国家图书馆对于他来说是浩瀚的，颍河镇对于我来说也是浩瀚的。所不同的是，那个国家图书馆每个人都可以进去阅读；而从某个角度来说，颍河镇只属于我自己，只有我带着一把开启她的大门的钥匙。颍河镇对于我来说，永远都是一座取之不尽的矿藏。

刘海燕：在张钧和林舟对你的访谈里，还有你自己的一些文章里，总有两个词组被强调，一个是神秘和隐秘，一个是偶然性，这两个词也是你进入历史的钥匙。这种强调有时会遮蔽某种历史事件发生的必然性，譬如《梦游症患者》，它展示了这样的现实：在闭塞的乡间，生活极其单调，人们渴望新鲜的刺激、放纵，某种野性的东西在暗处激荡；蒙昧的人们没能看清自己的命运，他们跟着潮流和沿袭的“脸面”走，这就是“文革”发生的土壤，人们的疯狂心理在迎合。历史事件的触发是偶然的，充分展开不可收拾则有其必然的现实基础。我认为这是《梦游症患者》最有价值的一个维度，就是它展示了“文革”发生的心理环境。同时，你在进入历史时，没有忘记自己是在写小说。譬如《雨中的墓园》，“我”偶然乘上一辆前往青台的中巴车，一步步地滑入一个类似梦境的地方，沉重的历史事件如装在瓶子里的魔鬼，每次打开瓶盖都冒出一股不同的青烟。有浓郁的小说气氛，这是前提；然后才是你进入历史的方式——历史的隐秘是被我们偶然遇见的，这种小说性的东西和历史隐秘其实是相通的，是这样吗？

墨白：小说应该创造一种生活，一种能使我们更加清晰地认识历史和现实的生活，因为它们的本质相同。正是你刚才说的自然的神秘性，人为的隐秘性，还有生活的偶然性，才构成了我们现在所看到的历史。同时，也正是这种自然的神秘性和人为的隐秘性，还有生活的偶然性，又构成了我们认识历史真面目的障碍，比如《霍乱》里的霍乱事件。

刘海燕：《霍乱》这个中篇纹理很密实，你以人物为小标题，一个一个地写，这些人物之间又互为牵连、互相展开，写得很从容，里面有种很阴冷的东西，譬如青龙风借口那个村子流行霍乱，用子弹和大火灭了那个村庄，其实是为了得到一个女人。

墨白：因为自然的霍乱而遮住了人为的事件，这就是一个形成历史的过程，一个遮住了历史真相的过程。

刘海燕：还有《同胞》，同样是一个从偶然到必然的形成历史的过程，而在这个过程中，我们看到了人为的隐秘性有多么的强大，又给我们造成了太多的历史假象。你小说里所表达的历史观，给我们重新认识历史带来了新鲜而有益的视角。

下

时间：2005年2月7日，傍晚6点半

地点：文化路与红专路交叉口，迪欧咖啡馆

由于到了晚饭时间，我们的谈话场地转到了附近一个名叫迪欧的咖啡馆里。咖啡馆里弥漫着一支由小号伴奏的曲子，墨白说，阿姆斯特朗。那个黑人歌手的名字。墨白对不同种类的艺术有着普遍的热爱和感受力。在咖啡馆里，我们由音乐谈起，又从港台演艺界说到了他的小说。

刘海燕：原来我没有太注意过港台的歌星和演员。前些日子，在《艺术人生》节目里看到张学友，还有梁朝伟、王家卫和成龙，发现他们坐在那里都是很真诚的人。像梁朝伟，甚至有些羞涩，语调缓慢，或不流畅，没有那种滔滔不绝的报纸语言，他们在自己的情绪状态里，不怎么受主持人的煽动，不像大陆歌星那么会领会游戏的规则。

墨白:大陆演艺界的明星都很自信,夸夸其谈,却缺少真诚。这就像我们身边的生活,你很少能听到真诚的交谈,包括一些作品研讨会,套话连篇。我想,这跟我们文学的经历有关。我们的文学从五六十年代就已经成了政治的附属,到了今天,就我本人的阅读经验来说,这种状况从本质上仍然没有多少改变。实际上我们的写作是在无意识地回避,甚至是有意回避我们所实际遭遇的现实,我们表达的往往与现实生活里的经历不一致。我们写作的标准,更多依据的是某种社会标准,而文学本身的标准反而被忽视了。你刚才说到王家卫,我很喜欢他的东西,从《春光乍泄》到《重庆森林》,还有《阿飞正传》,他十分关注底层社会的生存状态,关注他们的精神世界,并在叙事手法上有着自己独到的视角。在这方面,越南的陈英雄导演的《三轮车夫》,还有伊朗影片《樱桃的滋味》《天堂的颜色》,还有基斯洛夫斯基的《十诫》,都给我的小说写作带来了新的启示。我在想,为什么像越南和伊朗这样的地方就能拍出这样了不起的影片,我们为什么就不能?回头看 20 世纪三四十年代的中国电影,像《乌鸦与麻雀》《十字街头》《马路天使》这些影片,和当时的世界电影是同步的。可到了后来为什么就不行了?不是我们不聪明,我想更多的还是观念的问题。

刘海燕:这几天,我一直在清理你小说的思路。除了前面我想从物理时间,从颍河镇里那些具体的机关,或者从家族来进入你的小说之外,还有一个思路,就是抛开颍河镇,从另外两个方面来解读你的小说。

墨白:另外两个方面?

刘海燕:是。一是从颍河镇走出去的,到外地,到城里去打工,去谋生,或者去做别的事情的那一类人那里。这些人就像你说的那样,他们有着乡村的生存背景,说具体一些,就是他们有颍河镇这样一个背景。像《重访锦城》《寻找旧书的主人》《爱情的面孔》《错误之境》《进入城市》《寻找乐园》《欲望与恐惧》《事实真相》等,都是这一类的。还有一个方面,就是从外部进入颍河镇的人,像《航行与梦想》《映在镜子里的时光》《讨债者》《民间使者》等,包括《霍乱》和《同胞》,也都应该归入这一类的小说里。在这些小说里,有些人不但有着颍河镇的背景,还给颍河镇带来了外部的生活经验。这样,我就发现了一些很有趣的现象,从颍河镇走出来,和从外部进入颍河镇,这两条线丰富了你的小说世界,使你有关颍河镇的小说变得庞大起来。

墨白:有意思。

刘海燕:从乡村进入城市是你小说的主要话题之一。《进入城市》表达了一个敏感的文学青年从乡村到城市的境遇,那是 80 年代末 90 年代初,写作者通过写作改变命运,由乡村进入城市,虽然面临感情动荡,尊严受伤,但毕竟在城市里有了一张书桌,一扇窗口。90 年代末至今天,大量的进城者是民工,他们是改变不了命运的。两年前,张宁我们和郑大中文系研究生的那次座谈,学生们对于你的《事实真相》的解读有些令我吃惊,原来以为他们太年轻,对于苦难、对于现实会缺乏痛感的,后来发现这和年龄没有必然关联,而是和一个人的心性、敏感有关。从《事实真相》那个民工的眼里,我们看到了一个不同的世界,除了肉体的苦难以外,他内心漂泊无依,无法确认身边的事物和自己感觉的真实性,这个世界把他搞得很恍惚以致疯狂。《寻找乐园》里,开头就是"哎,厕所在哪?"一个初入城市的乡下人,面临的全是狼狈的问题。你主要写他们进入城市的遭遇,他们的被动与慌乱,不像一些作家去写他们如何算计、获得位置什么的,你是用爱的眼睛看他们,在陌生的城市里,一切都不依他们的习惯运行着,一切都和他们无关,又随时可能会管辖他们、伤害他们。

墨白:我认为,这是我们所处的社会面临的一个重大的现实问题。在我们的身边,有无数的农民离开自己的家乡和土地,涌入中国版图上大大小小的他们可能涉足的城市,有一丝可以生存的空间就会有民工们低弱的声音,有被我们所忽视的身影。不说别处,就我老家的左右邻居,几乎家家都有人在外打工,或者全家都搬到异地,包括我的亲人。我家东边那一家姓孙,是我本家,他家弟兄四个,老大和老三都搬到新疆察布查尔,在那儿打烧饼,他的三弟全家也都搬去了。他家的老四前几年来郑州打工,在卸啤酒的时候被突然破裂的瓶子扎瞎了眼睛,他女人来找我,我就给他跑前跑后。我家西边的姓张,张家的老二比我大一岁。他女人是个理发的,他整天同人赌博,女人一气就去了新疆,他在家里混不下去,也跟了去,在那里搞电焊。临走的时候,把他家仅有的两只老母鸡都宰吃了,三年前他父亲去世的时候他都没有回来。前几天我回老家,见到了他,是因为他父亲要过三周年,人还是那个样子,喷起来还是野马溜缰。我家南边住着我的几个堂兄弟,我那个堂哥在昆明开出租车;我那个二堂弟带着一家人在北京卖菜。我家北边那一户姓赵,他家老大最初在焦作入股和人家一块儿开煤窑,煤窑没有开成欠一屁股债,没办法跑到广州去给人家当门卫,不知因为啥事儿结果把腿给摔残了，整天坐在轮椅上。前几天我回去见到他，一脸的麻木。我们镇上有太多的人都在外边打工，出来打工是好打的吗？不容易！就他们的观念，在家能好一点没有谁愿意出来。他能在家做一点小生意，能有一口饭吃，他就不会出来。能行一点谁会背井离乡？我知道他们目光短浅、思想狭隘，可他们确实就是那样想的，他们就那样来看待世界，你有什么办法？由于生存的困境，我们那儿有太多的人从那片土地上走出来，他们的向往和梦想，他们的痛苦和欲望，他们的尴尬和无奈，他们的幸福和欢乐，他们的爱和恨，等等这些，我们不能视而不见。所以前面我说，城市给我们有着乡村生活背景的人构成了压力，给我们祖祖辈辈赖以生存的那片土地构成了压力。

刘海燕：无论怎样，商业时代还是比你小说中那个苦难的时代要进步。那个时代，农民被囚禁在土地上，困苦、闭塞，有种很可怕的野性的东西，如你《模拟表演》中所写的，它会给一个人的一生带来难以言状的不幸。今天农民有了选择的可能，生活空间毕竟大了，虽说心理上的漂泊无依的确存在，但毕竟更多的人在做事。

墨白：这是一个痛苦的蜕变过程。我们所有有着乡村背景的人，来到城市，做人的尊严都会受到挑战。在过去的城乡二元对立的国策里，农民失去了作为人应有的尊重和尊严，多年的不公形成了他们自卑的心理。现在他们来到了城里，他们的价值观、道德观都受到了强烈的冲击，他们会感到无所适从。在我们中国的历史上，从来没有像今天这样有这么多的农民离开自己的家乡和土地，这个社会是一个动荡的社会，面临着巨大的心理混乱。这个心理混乱，一方面是由于生存的困境带来的，另一方面是由精神的困惑所带来的。

刘海燕：记得前两年你的作品研讨会上，大家就讲你写了太多的苦难。这些苦难，在某个20世纪70年代出生没有乡村生活背景的读者或者评论者看来，甚至是虚假的。

墨白：怎么会是虚假的呢？在现实里，在我们任何一个可以目击到的地方，到处都在生长着苦难和痛苦。

刘海燕：所以你一直在固执地写这些，譬如《讨债者》。那个没有姓名的农民，在大雪纷飞失去时间感的苍茫里无措地寻找和等待他的债主，等待的过程却节外生枝，使他一次次远离等待的目标，误入梦境一般不可把握的命运里。关于苦难，这个话题可能是你命中注定要写的。

墨白:说起苦难,这使我想起了《耶稣受难记》。在晚餐之后,耶稣被犹大出卖了。这个电影讲述的就是他被钉在十字架上的生命经历,在生命最后的十二小时里,耶稣经受了人间种种的苦难,耶稣扛着沉重的十字架,艰难地走过耶路撒冷的街巷,他不时地摔倒在地,市民疯狂地向他拥来,发泄着他们的无知和怨恨,他们向耶稣扔着石块,吐着唾沫。耶稣的头上套着铁刺头罩,无声地承受着死亡前最后的痛苦,长铁钉一根一根地刺进了他的四肢,鲜血从钉孔里流出来,流过血肉模糊的皮肤,滴落在泥土里。那个时候,我真的深深地被震惊了。可以这样说,自从有了人类,苦难从来没有离开过我们,过去没有,现在没有,将来也不会离开我们。所谓的欢乐世界,永远都只存在于我们的幻想里。我曾经写过这样的话,因为生命的短暂,人生再大的欢乐的背后,都存在着孤独和绝望。当然,我说的苦难是来自肉体和精神的两方面,我们可以把人类生存的困境称为苦难,把人类精神的困境称为痛苦。

刘海燕:关于民族记忆,关于苦难,要由你们这些50岁以上的作家来清理。在今天,有必要重提"文学的使命感"。在全球化的语境中写作,而不是在自己的历史情境中写作,已成时尚。还有一种隐匿的时尚,就是作家去迎合批评家的理论期待,这比迎合市场更可怕,因为老百姓看不明白,其实中文系毕业的人也并非都有眼力。你认为一个作家,就说你自己吧,当今最该坚守的是什么?

墨白:我明白,你是在指我的写作。其实关于这个话题我今天已经说得太多,对叙事呀、语言呀、结构呀,等等。但我觉得对社会底层人的生存困境和精神困境的关注,我不能放弃,因为我和他们有着共同的经历和命运。我刚才说,苦难就在我们的目击之处,绝不是作秀。前段有个同事告诉我,他去了我们老家,去调查艾滋病的情况。我知道他说的是哪里,他去的那个艾滋病村就离我们镇子不到十里地,是我们镇上管辖的一个行政村。我前面说的那个卸啤酒被扎瞎了眼睛的,他的姐姐就嫁到了那里,我也应该喊姐的。我那个姐夫就因为卖血得了艾滋病,你说……前几天我回去,在我侄子结婚的头一天,我们镇上的街坊不是都来喝酒吗?我去给他们敬烟,在灰暗的灯光下一溜站着二十多个青年人,他们当中有些是我教过的学生。他们都没有正式的职业,如果不出去打工,农闲的时候就是在家里打打麻将、看看电视,不读书,不看报,他们很少思考自己的命运,过着麻木的生活。别说他们,就连我所熟悉的那些乡村教师,又有多少人在追求上进呢?你怎么让他们求上进?环境就是那样的环境,这还是在我们镇上,要是在乡下呢?一个人整天在为生存而奔波,用什么来滋养精神?真的让人担心。

刘海燕:我一直感到你是20世纪60年代的人,尽管你的作者简介处写着"生于1956年",直到读了你的《母亲的信仰》,发现你承受了几倍于我们的苦难;还有你对底层人命运的关注,确实要比我强烈得多,我才感到我们不是一个时代的人。这使我对你和你的小说都有了一些新的认识。

墨白:谢谢你有耐心把我的小说读下去。

刘海燕:感谢我?还是感谢上苍吧。(玩笑?夸张?还有静穆)

晚上八点后,这家咖啡馆的顶灯熄灭,每张桌上送一盏铜制镂花的小烛灯。由于烛灯的出现,我们的谈话停顿下来。我们看着眼前飘忽的烛光,突然感受到了时间的存在。这一年就剩下最后一天了。

(2005年2月10至15日,根据录音整理)

(选自《理智之年的叙事》,作家出版社,2007年5月版)

灵魂栖居的地方

——与墨白对话

江 媛[1]

2010年3月下旬，清明节的前几天，我以一个异乡人的身份，同墨白先生前往他的故乡，去领略他小说里创造的那个充满魅惑的颍河镇，去倾听他笔下那条神秘灵动的颍河。我第一眼看到颍河，内心立刻变得明澈而宁静。那是一条随日光流转、变化莫测的河流。她流过漫长的岁月，流进一座座瞬息万变的信息市镇，似在述说又似在涵养千年的幽雅。

我们寻迹河流，走进锦城，仍然能凝望古老的建筑，感受历史从遥远的地方穿过时空像阳光那样照在身上，发出沉默的邀约；我们搭乘红色的渡船，进入颍河镇，仍然能感受到河流两岸遗存着生命力顽强的民风民俗，渗透着情韵十足的百姓生活；我们乘车寻访陈州，仍然能流连于历史悠久、万人云集的国际性民间庙会，欣赏到各种各样和民众生活息息相关的民间艺术……

在旅途中，我同墨白先生在三个不同的地方，就他小说所引起我们关心的话题进行了交谈……

2010年3月27日下午两点，周口关帝庙

3月27日上午，我和墨白先生在郑州火车站广场会合，一同搭乘8点40分

---

① 江媛（1974～），女，喀什莎车人，当代诗人，著有诗专著《喀什诗稿》，评论专著《精神诊断书——墨白小说的政治阅读》等。

出发的大巴，从郑州前往周口。我坐在窗前，看到广袤的豫东平原在明媚的阳光下染绿了春天，染红了花朵。她那茸茸如绿毯的麦田，明艳如少女鹅黄的油菜花，风情如少妇回眸的粉色桃林……无一不令人神清气爽，得失两忘。仰望淡蓝色的天空，你偶尔能看到一只飞翔的风筝，忍不住发出一声轻叫，心生一阵狂喜。我们乘坐的客车沿着京珠高速公路往南，与右侧正在修建的京珠高速铁路并行，一同延伸着脚下的路。11点40分，班车到达周口，我们下车后走进汽车站东侧的一家餐馆，一位头戴伊斯兰白帽的回族男人正站在热气腾腾的羊肉锅前拉面，我恍若回到故乡莎车，按捺不住内心的激动。餐后，我们打车前往位于颍河北岸的关帝庙。这座关帝庙原名山陕会馆，始建于清朝康熙年间，是全国重点文物保护单位。我穿梭于关帝庙的雕梁画栋之间，不禁为那精湛完美的建筑艺术惊叹不已。我一遍遍抚摸着关帝庙正殿门前石柱上雕刻的图案，极力猜测着其中的故事。一位学生见我入迷，他收起手中的相机对我说："我小时候家就住在关帝庙附近，我刚学会走路就常常笨拙地爬上那些高高的石阶，把关帝庙前一根根廊柱石墩上雕刻的造型全部抚摸一遍，我转累了就依着廊柱不知不觉地睡下，直到妈妈找我回家。"我看着那张青春的面孔，仿佛看到那个用心抚摸每一根廊柱石墩雕刻的小孩。如今他长大了，回到这里寻找自己学步的时光，寻找母亲童年的呼唤。我走出正殿，穿过回廊，走向关帝庙后院的一条长椅，与墨白先生一同坐下来休息。在正对着我们的西厢房的山墙上，还保留着"文革"时期留下的经多年风倾雨蚀变得有些斑驳的马恩列斯毛[①]的巨幅壁画……

墨白：马恩列斯毛，现在很少能见到这样的壁画了。

江媛：是难得，"文革"的见证。对了，你是什么时候认识关帝庙的？

墨白：十几岁的时候，我第一次到关帝庙是和我大哥一块儿从老家往这儿送麦子。那个时候这里被改造成了面粉加工厂。刚才我们看过的大拜殿里、春秋阁里，包括花戏楼下面都堆满了粮食。这里之所以能完整地保留下来，跟这有很大关系。"文革"的时候这里的雕像全都被推倒了，现在你看到的都是后来重新塑造的。1998年以前我在这儿居住的时候，关帝庙前面全是清末、民国时期遗留下来的小街道，房子里住着商户和市民，曲曲折折，充满了生活气息，隐

① 马恩列斯毛：指马克思、恩格斯、列宁、斯大林、毛泽东。

藏着许多秘密。可现在全都扒掉了，从关帝庙山门前到颍河边这么大的空间变成了一个广场，只在靠近颍河边上建了几幢水泥楼房，这刚才你都看到了。这里变得单调，没有一点内涵。以前从山门这儿往河边去，是一条幽深的街道，两边都是古老的建筑，街道的尽头是一道高大的河堤，顺河的街道从颍河大桥外侧的引桥下的桥洞里通过，构成一个十字。引桥两侧是五六十年代风格的建筑，商店、旅社，街道弯曲，富有几何构图，桥梁房屋高低不等，富有层次感。1996 年我的第一部电视剧《船家现代情仇录》在这儿拍摄的时候，剧组就住在颍河大桥西北角的国营旅社里，有几场戏就是在贾鲁河汇入颍河的入口处拍摄的。

江媛：离这儿远吗？

墨白：不远，就在这西边不远。从这再往西两公里，就是沙河和颍河汇合的地方。民国时期周口被称为小武汉，首先是地理上的概念，武汉那儿是三江汇流，这儿是三河汇流。那个时候你走在弯曲的街道上，迎面而来的是商贩的叫卖声。可现在这些全都扒掉了，变成了一片等待建筑的空地。

江媛：我的故乡喀什也有类似的现状。很多外地人到了喀什老城都无法相信，那里依然保存着两千多年的古巷，吹送着古老的风声。那里的居民依然保留着上千年的传统习俗，住在中国唯一的具有伊斯兰特色的迷宫式传统街区里。喀什老城是一个什么概念呢？就是保留着中世纪原貌的维吾尔族街区。这条街区古巷幽深，阳光错落，民间艺人常常坐在高高的屋檐下沉醉地演奏自己心爱的弦琴，对来者和去者皆视若不见。每到艳阳七月，当你走进喀什老城，时空仿佛发生了错位，老土墙苍凉坚实地挺立在幽深的古巷里，散发出阵阵凉气；纵横的古巷时而笔直深长，时而蜿蜒曲折地让你突然迷失方向。你偶尔会遇见一位头顶褐色面纱的维吾尔族女人步履从容地迎面走来，她拍动着粮食和鲜花的气息经过你身旁，袅娜地走进深巷，在半明半暗的墙影里摆动着鲜艳的裙裾，转眼没入深巷不见。你也能看见眼眸明亮的孩子依偎着白帽端戴、鹤发白髯的老人，伸出小手指着木雕高檐上的斑鸠，说些天真的话。时光在这里放慢了脚步，两千年岁月的沉淀给这里的居民留下优雅的生活姿态、从容的生活韵味。你走进古巷，几经辗转于高大的木雕建筑群里，感觉两千多年前的气息似乎趁着砖木的味道悠然回来，轻轻抚摸你疲惫的心房，让你变得沉静而愉悦。这里的居民有的已经有上百年的家族居住历史，他们大多居住在土木和砖木结构的建筑里，将自己的居所代代相传。他们前代人住过的房子，后代人再往上盖一层，使得房子越盖越高，形成一种独特的建筑记忆。你根本无法想象，喀什老城究竟有多古老，它似乎储存了时光，只让时光在偶尔的时候飘出那群神秘的街区。如果你去过喀什、英吉沙或莎车这些地方，你时常能遇到一些民间艺人聚在一起形成的民间乐队，他们有人弹冬不拉，有人演奏都它尔，有人敲击蛇皮手鼓，还有姑娘小伙、老人孩子随着音乐翩翩起舞。去年，我的同学打电话来说喀什老城扒掉了，不再有了，我当时感觉自己身上的一根筋似乎被人抽掉了，非常疼痛。我觉得对故乡的记忆就在影响你生活的建筑里，就在你曾经用自己的情感抚摸过的、热爱过的建筑里。当你回到那里再也无法找到它们的时候，你觉得自己是一个无家可归的人，一个找不到回家路径的人。即使你曾经在那里出生，在那里成年。在2004年我从喀什走下飞机，打车来到昔日经常玩耍的人民广场，不由得左顾右盼。那里出现了类似温州或广州的街道建筑，我找不到回家的路，非常想哭，我看着来来往往的人们，不得不坐在路边等人接我回家。

墨白：那些能勾起我们对过去生活回忆的，和历史相连的，隐藏着无数秘密，飘荡着生活气息的实物都消失了，我们很惆怅。当然，我并不是说时代不可以根据自己的理解和观念来改变自己的生活，我是说当这些建筑消失之后，那些曾经经历过的人，还有他们的后代，怎样才能回到那个时代的生活场景里去了解我们的经历和过去。你说，现代人不需要回忆那些吗？需要。这就像一个人，他没有道理拒绝回忆自己的童年、少年和青年时代。一个时代和一个民族也是同样。可是当这一切都消失之后，我们拿什么回忆那些已经流逝的时光呢？难道我们有一些照片就够了吗？难道我们有一些那个时代的物件就够了吗？不够，我们已经失去了那个时代本质性的东西，我们曾经聆听过的东西，我们曾经闻尝过的东西，我们的爱和恨，我们的愁和乐，这些灵魂深处的东西，我们去哪儿寻找呢？

江媛：是这样，时代的变迁是无法阻挡的，问题是我们用什么来把生命中的短期记忆转化成长期记忆，或者把短期记忆转换成永久记忆。

墨白：这里你涉及了叙事学的话题。或许这时我们才突然意识到，小说作为一种记载人类生活状况的艺术形式，跟我们的生活有着密切的关联。对人类精神的再现，对人类的生存环境的再现，对我们个体生命的再现，小说这种艺术形式凸显出了它的重要性。

江媛:小说是尊重个体生命的一种手段,它能使生活在社会底层的,那些没有话语权的人发出自己的声音。由于官僚体制的存在,实现对个体的尊重非常困难。再说,以后随着安葬形式的改变,地下没有了被埋葬的历史之后,我们只有指望文字了,在这些文字中,小说的功能是不可代替的。

墨白:是最好的形式。那些文字能带领我们进入已逝的生活,能进入我们那个时代的精神世界,并与我们的当下生活构成对话。可是,现在读小说的人越来越少了,这让人感到有些凄凉。这并不是因为我是个写小说的人。如果是明白人,他会意识到,如果没有小说对人类精神的佐证,对人类精神生活的呈现和记录,这是对人类精神构成的一个不可弥补的损失。这让我想起了太多的作家,比如舒尔茨①。如果不是舒尔茨,不是他的小说,我们很难知道在波兰有一个名叫德罗戈贝奇的小城,我们很难感受到在他笔下出现的那些几乎无法复述的充满神秘的房子和院子,还有他那个一生充满了绝望和失败、悲哀和不幸的父亲。你说得对,小说首先是对我们自身认识的一种方式,我们可以从人类优秀的小说那里看到我们自己的生存状态。你可以说没有小说我们可以通过别的艺术形式,比如图片、比如电影或者电视剧,可是我们不能忽视的是,小说是这些艺术形式的母体。没有作家深入地对人类灵魂的探寻,我们进入人类的精神状态是很困难的。

江媛:电影和电视剧都无法代替小说的作用,小说对人类精神生活和现实生活的探索更深入,也更全面。当你走进建筑和格局变成千城一面的城市里,当你摸不着属于个体生命曾经存在过的感动和温暖的时候,你就得靠小说的寻迹或预言得到安慰。小说不但可以让那个时代各种各样的人物活动起来,还能承担精神层面的东西。比如,我认识的颍河镇就是从你的小说开始的。你小说里描写过的那些东西,常常会在我的眼前晃动。如果没有你的小说,我是无法进入你那个我从来没有听说过的小镇的。我通过你的小说认识了在那里生活过的人们,比如《裸奔的年代》里的谭渔,《欲望与恐惧》里的吴西玉。我还可以

---

① [波兰]舒尔茨(1892~1942),波兰籍犹太作家,死于纳粹枪杀,生前出版过《肉桂色铺子》《用沙漏做招牌的疗养院》两本小说集。这位生前默默无闻的小说家被越来越多地认识到其作品的巨大价值,被誉为与卡夫卡比肩的天才。

通过这个小镇了解中原文化的精髓，了解她周边的城镇和人们，比如你小说里的锦城。

墨白：我小说里的锦城就是现在我们所在的周口。

江媛：噢，是这样。你小说里围绕着颍河镇还常常出现另外两个城镇，一个是陈州，一个是项县。我不太明白，这几个城镇在地理和行政区划上到底是一种什么样的关系？

墨白：首先，颍河镇处在这三个城镇的中心，锦城在颍河镇的西方，距离二十公里；项县在颍河镇的下游，向东十公里，这三个城镇同在颍河的岸边，稍微呈现出西北——东南的走向；颍河镇隶属陈州，是它下属的一个镇，陈州和项县之间由 106 国道相连，相距三十公里，西北东南走向，同隶属锦城，是县级。锦城是一个地级市，和陈州呈东北——西走向，相距也是三十公里。我小说里的人物离开颍河镇就要通过这三个城镇中的某一个。

江媛：现在我有些明白了。《霍乱》里的米陆阳一行人，《同胞》里的老二马仁武，《梦游症患者》第一章里的姥爷和文宝，都是从项县方向逆流而上的；《光荣院》里的虾米，《航行与梦想》里的萧城则是从锦城的方向顺水而下；而《母亲的信仰》里的母亲，《父亲的黄昏》里的父亲都是从颍河镇出发往北到陈州去。这么说来，颍河镇就构成了一个小说人物的磁场，他们从其他地方来到颍河镇，或者从颍河镇出发到其他地方去。

墨白：对，锦城、陈州、项县的地理位置构成一个三角，而颍河镇正好在它们的中心偏东南一点。

江媛：《讨债者》里的讨债者进入颍河镇，谭渔过河离开颍河镇，他们走的显然不是水路。在锦城和项县之间还有公路吗？

墨白：对，有一条高等级公路，往东一直通往安徽，和这条公路并行的是一条连接洛阳和上海的高速公路，还有一条连接京广线和京九线的铁路。这就是颍河镇的地理位置，是背景，小说的本质是在企图呈现时间的概念又体现历史意义的同时，还原人的情感、语言细节、精神面貌，还原那个时代的生活环境。比如我们现在身处的关帝庙，如果被扒掉了，我们拿什么去追寻关于这个建筑，关于那些从山西和陕西来的商人在我们不熟悉的那个年代书写的历史呢？

江媛：在新疆，我没见过关帝庙。我来到内地看到不少关帝庙，觉得挺吃惊。这种信奉好像永远不会被改变，有人推倒，再有人竖起来。可是，如果被扒掉呢?

墨白:就像你刚才说到你的故乡,喀什那些被人扒掉的古巷纵横的老城,就像我们刚才路过颍河大桥时看到的那条大道,它已经变得一览无余。过去那些曲曲弯弯的街道、高高低低又错落有致的沿街建筑消失了。它们存在的时候,我们可以找到回忆我们曾经拥有的那些生活的入口。如今这里被扒掉了,被建成和别处没有差别的建筑了。

江媛:个性没有了。

墨白:现在我们又回到小说上。尽管小说存在的形式是纸媒的,是文字的,但它有自己的功能,它有人物、有故事、有情节,不像我们眼前的这座关帝庙,是无言的。当然,建筑是有自己的言语形式的,它一年一年地站立在这里,任凭风雨、任凭时光在它的身上留下痕迹。但文字的东西是传播的,它是活动的。中国这么大,世界这么大,不可能所有的人都来到锦城看一看关帝庙,如果是一部关于关帝庙的小说,就可能走得更远,人们通过小说在远方就能感受到这里的一切,就像我们通过巴尔扎克感受巴黎,通过乔伊斯感受都柏林,通过布尔加科夫感受莫斯科,通过纳博科夫感受圣彼得堡,通过博尔赫斯感受布宜诺斯艾利斯一样。我们可以通过《红楼梦》感受荣国府,可以根据《红楼梦》里的文字建筑大观园,我觉得这就是小说的价值。只要人类存在,小说里所描述的东西就会存在。

江媛:小说是丰富的,比如它能激活人的想象力。没有到过颍河镇的人,通过你小说的描述,就会产生想象,萌发想到这里看一看的愿望。我就是通过对你小说的阅读接受颍河镇的。当然,每一个读者的想象里会出现不同面目的颍河镇。小说是个性的存在,颍河镇是个性的存在。小说成就了一些人,也成就了一些建筑。比如卡夫卡的旧居后来变成一个书店,人们因热爱卡夫卡,因而把他的居所保存了下来。

墨白:是这样,比如你到了莫斯科,会发现有很多作家的故居被保存下来,并成为纪念馆。普希金、布尔加科夫、契诃夫、高尔基、莱蒙托夫、列夫·托尔斯泰、阿·托尔斯泰、安德列·别雷、陀思妥耶夫斯基等,当然还有艺术家和诗人的故居,比如马雅可夫斯基,比如茨维塔耶娃。

江媛:作家们的文学成就不仅保护了建筑,还赋予建筑以独特的个性和文化意蕴,使建筑散发出作家独特的精神力量,传递出这个作家所特有的文学魅力。我觉得小说是门经久不衰的艺术,小说为此承担了太多的东西。

墨白:小说对文化的传播不是单一的。世界这么大,在我们之外,有太多人的生活为我们所不知,比如现在我们说到莎车,说到在喀什那边人的生活,内地人怎样去了解?如果不是鲁迅,不是鲁迅的小说,绍兴能走多远呢?如果不是沈从文,我们又有多少人知道凤凰这个地方呢?

江媛:是的,这种力量来自小说。沈从文赋予凤凰城迷人的个性色彩,使我们从中知道了凤凰城的历史,凤凰城的演变过程。这让许多心灵找到了可以栖息的地方。小说其实是一种创造,是一种大胆的冒险和尝试,比如你小说里创造的颍河镇就很有意义。在中国,小说相对于西方来说还是新生事物,我并不为小说担忧,我只担心没有好的小说出现。好的小说和我们的生活有着密切的关系,好的小说也许就凸现在生活的细节里。我觉得小说不仅间接地记录了历史,还反映出特定时期的伦理关系、建筑美学以及服饰和饮食文化。一部小说不仅能反映出某一特定时期人们的精神面貌、学养修为,还能表现出那一时期人们的兴趣、爱好、游戏、风俗等。你看《红楼梦》里就详细叙述了人们怎样娶亲怎样待客以及如何行住坐卧。小说应该是一门综合艺术。如果历史构成一个人的骨骼的话,小说应该是他的血肉、灵魂甚至毛发。小说有太多的东西能为人们的好奇心提供愉悦,从你的《梦游症患者》里,我就读出了那个时代人与人相处的方式、婚丧嫁娶等习俗,这些与其他地方完全不同。你小说中底层人物的生活态度非常可爱,他们非常善于自嘲,是那种心酸式的自嘲,这是在别处看不到的。当然,在你小说中出现的建筑、山陕会馆、酒厂、酱菜厂以及那里的气息和味道,都构成了一种独特的存在。

墨白:如果我们不看重这个,就是不看重我们的精神构成,我们不能忽视这个。

江媛:但这需要过程,需要从我们自身开始做起。几年前一个从国外回来的朋友对我说国内没有大学教育,我感到震惊。教育重要的是对人的心灵与精神素质的培养,我们太注重生存的技能教育。我读过一本小说叫《生死朗读》[1],小说中的一个女人,她虽然不认字,但她对情感的把握、对情感的珍惜,都需要具备一定的修养才能够达到,尽管她不识字,但她已经具备了欣赏小说、理

---

① [德国]本哈德·施林克:《生死朗读》,姚仲珍译,译林出版社,2000年3月版。

解小说的能力。我就不明白,我们中国人为什么就这样难于获得阅读和审美的情趣?还是浮躁吧,还是实用主义吧。

墨白:实用主义是我们文化的精髓,它体现在我们生活中的各个方面。你看这堵墙壁,如果不是关帝庙,这幅马恩列斯毛恐怕早就消失了。

江媛:希望我们下次来这些古建筑还在,并为我们进入今天提供一个回忆的入口。

2010年3月28日晚上9点,颍河岸边

3月28日这天上午,在颍河镇,我有幸参加了墨白先生侄子的婚礼,这真是一次有趣的经历。这次婚礼中的迎亲,待客,人来人往,礼炮和唢呐声一直进行到夜晚才停下来。等这些结束后,墨白先生陪我一起沿着街道走出安静下来的镇子,去看被月光笼罩着的那条神秘的河流……

江媛:这是一条温文尔雅的河流,她和我故乡的叶尔羌河相比,显得悠然自得,清新含蓄。叶尔羌河是一条野性的河流,它是塔里木河上游的支流。说起来不怕你笑我,我知道这条河流的名字时都快二十岁了,在这之前,当地人总是叫它大河,我从来不知道这条河流日夜陪伴着一个浩瀚的塔克拉玛干沙漠,我也从来没有意识到我居然和中国这样有名气的河流和沙漠生活在一起。这种经历就像我从来不知道你小说里写过的民间艺术一样。它们在我的生活里默默地存在,默默地影响着我,就像维吾尔族的十二木卡姆,喀什的百姓每天都在葡萄园里弹唱,我却不知道人们唱的就是十二木卡姆。它们就像种在人们花园里的一棵棵树木和玫瑰花,天天与人们厮守相处,感觉是件自然而然的事。后来,我来到内地,才发现十二木卡姆的名气非常大。当然,河南豫剧的名气也非常大,哈。我面前的这条颍河总是透露出一股温情,她总在不经意间变幻着色彩,让人在回眸一刻露出惊讶的表情。我家乡的那条河可不这样,你站在很远的地方就能听到它哗哗的流水声在四野里传荡。她自昆仑山奔流而下,两岸除了竖起一堆堆加固的木桩和野生树木你再看不到别的建筑。那条河究竟流淌了多少年我也弄不清楚,她不像我们眼前的这条河,你在春秋战国时的地图上就能找得到,她在你的小说里也无处不在。对了,你是从什么时候开始意识到

这条河流的存在呢?

墨白:我在这个小镇上生活了三十多年,我的童年,我的少年,我的青年,我几乎天天都同颍河相伴,白天,你站在我家的阳台就能看到她。你看这河滩地,在不远处就是我曾经耕种过的农田。它就像血液一样在我的体内流淌,它成为我小说的背景是自然而然的事情。在交通不发达的时代,它是我连通外部世界的一个主要的通道。这你知道,颍河是我们省有名的内航河,五六十年代的航运十分繁忙。那个时候经常有陌生人通过颍河来到我们的生活里。

江媛:在闭塞的年代,可以说这条河是你和世界沟通的隐喻,可是我发现,今天的颍河镇完全被打开了,它不再闭塞,各种各样的人物穿梭来往,比如重庆人呀,深圳人呀,哈尔滨人呀,厦门人呀,不同方向的人都汇集到这里,颍河对你来说已经是一条开放的河流,现在它对你的写作有什么象征意义?

墨白:对于我小说里的颍河镇来说,首先,它的地理位置不可动摇;其次,它仍然是我小说的一种象征,是呈现我小说内容的母体。当然,随着时间的推移,小镇已经发生很大的变化。

江媛:但古老的习俗还保存着。在今天你侄子的婚礼上,我看到在拜天地的桌子上放着一个斗,斗里放着五谷杂粮、桂圆红枣、秤杆大葱之类。我不明白,就向身边的一个大妈请教,她给我说的头头是道。你看接新娘的时候不再用花轿,全用轿车,十几辆,好几个地方的牌照,北京的、深圳的、天津的,奇怪的是新娘下轿的时候还有三个孩子挑着犁铧,烧着麻秸火围着轿车转了三圈,尽管我不明白这是为什么,但我知道那一定是很古老的习俗。

墨白:是这样,都有讲头,回头我给你找一本这方面的书,各种各样的民俗都在上面,婚礼的、葬礼的,你可以慢慢地研究。我在这个小镇上生活的时候,镇上很少有人能走出去,这当然是跟六七十年代的社会背景有关,那个时候一个人想出去是很困难的,首先你没有身份的保证,没有公社派出所给你开证明,你可能就会被当成地富反坏右遣送回来挨批斗。尽管这样,我们小镇上仍然有人要偷着跑出去,因为那个时候生产队里一年分的口粮不够半年吃,为了生存,人们冒着被批斗的危险还要往外走,可有意思的是,我们镇上的人要去的地方都是新疆。

江媛:为什么呢?

墨白:或许那个地方更容易生存。

江媛:这很让人吃惊。实际那个时候新疆的生存环境还是很恶劣的,怎么觉得那个地方更容易生存呢?

墨白:这就说明当时我们小镇上的生存环境比你们那儿更恶劣,在你那儿起码能吃饱肚子。

江媛:我们那个地方是可以随意开荒种地的,没人管你。

墨白:其实也不光是为了吃饭,还有精神层面的东西。那个时候偷着跑出去的大多是出身不好的人家,或许他们到那里可以隐名埋姓,精神上相对自由。我们小镇是个非常有意思的地方,一个四千多人的小镇,那个时候就有将近五百口人在新疆谋生,而且有很多人都和我有血缘关系。我大伯一家十几口都在新疆,当然,他是新中国成立后随着部队去军垦,属于农七师,在奎屯。后来,我大哥孙方友去新疆当过盲流。我四弟后来也因为经商的事情到那里躲过一阵子。今天不是我四弟的儿子的婚礼吗,这个新郎官现在还在新疆阿勒泰服役。今天下午我父亲给掰着手指一户一户地算,光我们东街,到现在还有几十口人在新疆。

江媛:小时候,我认识一些从内地过去的人,我把他们当成异乡人。因为你能从他们的神色之间读出苦楚来。那些人非常聪明,比如他们会做卤肉什么的,但当地人不会。当地人先是有禁忌,他们只吃牛羊肉,内地人一去,就打破了这种禁忌。他给你做卤肉,猪耳朵、猪蹄什么的。我每次都跟在那些人后面,他们显得很神秘,在一间小屋里捣弄捣弄东西就出来了,什么冰棍呀,什么豆腐呀,你必须承认,这些人的生存能力特别强。后来去的人越来越多,把新疆人的饮食习惯都改变了。新疆人不吃蘑菇,不吃鱼,不吃茄子,也不知道什么叫茄子。你别笑,我小的时候,河里的鱼比我还长,就是没人吃,不知道吃。内地人教会了当地人怎样吃鱼,现在新疆人都吃鱼,河里的鱼自然也就少了。原先不是有水葬吗,西藏那边的风俗,新疆也受了影响。但这帮人非常聪明,他们把许多东西都打破了,比如盖房子。新疆人以前住的是那种泥垛起来的房子,内地人去了就改成平房了,因为他们会烧砖。他们会想着法弄钱,什么都能干,居然还有卖糖人的,就像你小说里写的那种,我小时候见过,五分钱一个,他搞得神神忽忽的,不让你看清,一会儿一个糖人就捏出来了,像变戏法一样。

墨白:那么封闭的年月,我们小镇上的人出走的愿望还是那么强烈,等到改革开放,那就更不用说。可以这样说,在中国所有的省份都可以找到我们颍河镇人。不说别人,就我自己家,我给你算一算,我大哥的儿子在哈尔滨的司法警官大学读的研究生;我二哥的两个儿子毕业后进的都是外企,一个在深圳,一个在海南的三亚,他们的业务大多在国外,整天飞来飞去;我四弟的另一个儿子在无锡打工;我有个妹夫高中毕业,现在在清华大学下面的一个化工厂里做开发,他懂化学;还有我的两个堂兄,我的姨表兄弟、姑表兄弟,全国各地哪儿都有。生活是很苦,但他们肯动脑子,会使用自己的智慧。有些时候聪明得让人不可捉摸。正因为这样,有时也给他们的生存带来了阻力,人家有时候不相信聪明人。

江媛:是这样。我记得小时候,我家靠着盐湖,有一个打鱼人,也是从内地过去的。

墨白:他很有可能是我们颍河镇人。

江媛:不是没有这种可能,即便不是,你也可以在小说里把他变成颍河镇人,这我知道。每天他天不亮就划着自己做的木船出去打野物,什么都有,回来后他会挨家挨户去送,有一种动物叫水老鼠,有这么大,他说你吃吧,吃后把皮留给我就行了。我们高兴呀,可以呀,我们吃肉你收皮。后来我才知道,那是什么?水獭。

墨白:那皮比肉值钱。

江媛:就是,太聪明了,你想想,那是80年代呀,一张皮子顶两块钱,你说他发了多少财?其实,你们这个小镇早就走出去了。你的小说让我想起了汉代,在西汉我们那儿有一个国王叫延,他在西汉元帝时,作为侍子久居长安,受到了高度发展的汉朝文化熏陶,逐渐喜欢上了中原文化。延继承莎车国王位以后,不但推行汉朝中央政府的政令,还依照汉朝的各种典章制度来治理国家,也就是说,当时新疆和中原的关系已经很密切。后来,我听到了伏羲和女娲的神话,他们在洪荒岁月跑到昆仑山,躲过了洪水。我觉得这非常有意思,这个神话的隐喻性特别强,这说明中原和新疆是有着紧密的精神联系的。《山海经》中曾用百姓丑陋、少教化来形容莎车那个地方,当时我看了很伤心。当时那个叫延的莎车国王到中原生活很多年,学习中原文化,确实说明了当时的情景。我在你的小说里看到一个奇怪的现象,你小说里人物一有困境就要流浪到新疆去,最初我一点也想不通。我想,中国这么大,为什么偏要去新疆呢?

墨白:是呀,这就是文化。我给你举个例子,在郑州你去一个澡堂里洗澡,你问搓背的人是哪的,他可能会告诉你他是周口郊区的;你再到另外一个澡堂去问,那里搓背的人可能还是周口郊区的。如果你深究,他们很有可能是来自同一个村庄。有一阵我们镇上做皮革,呼啦一下就起来十几家皮革厂。有一阵做蒜片挣钱,仿佛一夜之间到处都是脱水厂。

江媛:你不止在一部小说里写到过脱水厂,《告密者》《秋日辉煌》《仲夏小调》,这些小说里都写过。

墨白:对,你看,一旦知道某种生意能挣钱,就会一哄而上。只要有一个人带头,别人都会跟上来,这就是文化培养的结果。缺少个性,缺少独立思考,缺少自由精神。我小说里的人物为什么会动不动就去新疆,就是这个原因。也有例外,《隔壁的声音》里的我四叔,他就去了东北。为什么去了东北?最初他也是准备去新疆,他扒的火车在路过郑州的时候他睡着了,等到地方下来一看,怎么是北京呀?没有办法,四叔就跟着一个山东人去了长白山伐木。这恰恰说明了文化的力量,缺少审视和怀疑,缺少独立思考,什么都是一哄而上。

江媛:我在《梦游症患者》里看到了这种现象。镇上的人们看到游行,他看到那些熟悉的人,会根据自己和那个人的关系不问根由地跟上去,或者为了自己的利益加入进去,可他从来不问一问为什么。他们确实吃苦耐劳,但他们聪明却精神萎缩,他不会像新疆人那样见事不平就从腰里抽出刀子往桌上一拍,要死要活就这样,内地人不会。

墨白:内地人缺少阳刚和血性,很少反抗,这是中国正统文化培养的结晶。即便是反抗,他也会换一种方法,所以内地人看上去不像新疆人那样直接、有血性。

江媛:这就是内地人和新疆人的明显差别。说内地人忍辱负重,其实是软抗。新疆人看不惯这种东西,嫌内地人圆滑。你说的有道理,这是中国传统文化的教化,讲究中庸之道,提倡君君臣臣父父子子,这跟文化环境有关。

墨白:从这里你能看到我们民族的劣根性在哪里,体现出可怕的一面,把人压塑成这个样子,面对生活他感到茫然,所以有的地方出厨师,叫厨师之乡;有的地方出玩猴的,叫杂技之乡。就连淮阳的太昊陵庙会上的泥泥狗,也出在一个地方。明天到了庙会上,见到那些卖泥泥狗的你去问,他们都是来自县城北边一个名叫金庄的地方。

江媛:可你小说里的泥泥狗是在颍河镇上做出来的呀?

墨白:对呀,这就是小说。我不知道你看没看过吴冠中的画,他有一幅是画高昌故城的,他把火焰山搬到了高昌故城作背景,这你知道,根本不是一回事,但你看了以后特别信服。我写小说,可以把许多在外地发生的事件搬到颍河镇来。虚构叙事,这是小说的精髓。

江媛:今天在你忙事的时候,我去寻访了一些你小说里故事的发生地,比如这河边不同地段的码头,东边的那个渠首,镇子里的清真寺、医院、粮库,还有你工作过的小学,那个已经被扒掉改成中学的山陕会馆的旧址,尽管有些建筑已经消失,但你小说里描写的情景还是一下子在我的脑海里活动起来,我一眼就认出了《梦游症患者》里老鸡挑水的酱菜厂,认出了王家老二被三眼铳炸死的那个地方,对了,还有那条船,你看。

墨白:码头边上那一条吗?

江媛:对,你看,月光下它显得更神秘,那一会儿我自认为那条船就是当年三爷沉下了他小儿子王洪涛和他二媳妇伊素梅的那一只。我想,从现实生活到小说,肯定有一个神秘的过程,现实生活里摸得着的东西,到了小说里可能就成了一种精神的隐喻,而不再仅仅是物质上的,而是和精神、肉体构成了某种关系。在中原生活了这些年之后我发现,物质、精神和肉体之间的关系十分复杂。读你的小说有时我就想,这其中很可能有你个人的自传在里面,无论它怎样虚构,怎样搬移,它都躲不开。比如两性关系,你在写到这里的时候,想没想到过要躲闪,或者说要在技巧上躲闪?

墨白:我同意你的观点,小说首先是作家对生活的感受,有生活的经历在里面,但由于记忆决定了小说的虚构性质,就是我刚才说的虚构叙事。作家的写作是从记忆开始的,他只不过是想极力地把小说里故事还原到那个时候或者那个时代的物理时间的状态里去。具体到某个个体,首先我要尊重小说里的人物的生存环境、生活状态、文化背景等,真正的小说家要敢于面对自己的灵魂,自己灵魂深处最灰暗的那一部分。在我们每一个人的灵魂深处,都存在着复杂的潜意识,小说家有责任切到这个人物的内心世界里去,我觉得这不是躲闪的问题,而是要有能力赋予作品里人物灵魂深处闪光的东西,那种最难以表达的东西。

江媛:在你的小说里有着强烈的反抗精神,可我怎么也联系不到现实生活中的你,这是件很奇怪的事情。你有点温和。

墨白:一个小说家的外部生存环境和他的内心世界是两个层面上的东西。就说我自己吧,对于母亲我是个儿子,对于妻子我是个丈夫,对于儿子我是个父亲,在日常生活中的待人接物我有我自己的原则,同时我也有自己的精神活动。比如我对民族文化的认识,对民族劣根性的反思,对人性恶的痛恨,这些精神层面的认知被我赋予给了小说里的人物,让他来代替我说出我想说的话,所以一个小说家的现实生活和他在小说里所表达的东西是不矛盾的。比如纳博科夫,他在小说里呈现的作为一个成人面对少女的心情,拿出这个东西需要有很大的勇气。

江媛:《洛丽塔》应该在中国出现,但遗憾的是没有人能把它写出来。实际上对少女侵犯最严重的是中国男人,而《洛丽塔》却被一个俄国人在美国把它写了出来。从这里,你就能看出我们中国男人在面对自己内心的时候,力量多么弱,敢做不敢当,这很可怕。在中国,对少女的性侵犯是高于外国的,这一点只有纳博科夫承认了。这是我多年之后看得泪流满面的一部小说,它还原了一个对小女孩的性侵犯的男人的内心世界。以前我认为这样的男人是魔鬼,我不知道在他的内心世界里究竟想些什么,但我在纳博科夫这里看到了。

墨白:所以说,一个作家的伟大,就在于他敢于面对自己的内心世界,如果一个作家连他自己的内心世界都不敢面对,那还有什么话可说呢?

江媛:是呀,我们要有勇气来面对,来用我们手中的笔,把那些丑陋的东西,把那些肮脏的灵魂来埋葬。

墨白:把一切归还给寂静,就像这月夜。

江媛:刚才我们出来的时候,我看到了被月光笼罩着的道路,它两边生长着高大的杨树,我突然有一种回到故乡莎车的感觉。

墨白:真的吗?

江媛:真的,那一刻我真的很激动。

墨白:走走走,我们回去,你也让我去感受一下异乡的月夜,那个能让人想起自己故乡的月夜,一定很美,充满幻想。

2010年3月29日下午1点,淮阳龙湖边一家小餐馆

这天早晨,我们一早就乘上了中巴车从颍河镇前往淮阳,去逛太昊陵

庙会。太昊陵始建于明朝初年,陵园占地八百多亩,建筑雄伟,殿宇巍峨,为全国重点文物保护单位。整整一个上午我们都在随着人流走动,太多的东西像空气一样被我呼吸着,我们走累了,在龙湖边一家小餐馆里坐下来,在混杂了各种气味的空气里,我们透过窗子,还能看到当年伏羲画八卦的地方。我们一边等待着饭菜一边闲聊……

江媛:上午我在庙会上看到泥泥狗的时候,就想起了你的《民间使者》。在这部小说里,你想要表达的是艺术与爱情的关系还是艺术与生命的关系,是艺术与历史的关系还是别的什么?

墨白:对此我也想过许多次,可都没有一个准确的答案。我相信萧伯纳曾经说过的那句话,要求一个作家解释其作品的意义是荒谬的,因为这种解释可能就是他的作品所要寻找的。

江媛:我理解。但在你写作的时候,我想一定有一种强烈的情绪在推动着你,读这部小说的时候我能感受到。我就在想,民间艺术对于我们这些生活在现实生活中的人们来说,到底意味着什么?

墨白:《民间使者》这部小说有两种结构,内部的和外部的。外部的比如你在小说里读到的那些民间艺术,就像我们刚才在庙会上看到的泥泥狗、布老虎、桃刻艺术、糖人等,还有前天我们在周口关帝庙的民间艺术展览室里看到的剪纸、土布等。我觉得民间艺术首先是一种时间的象征。比如泥泥狗,传说它起始于人祖伏羲和女娲。在洪荒年代,天地间只有他们兄妹了,他们就用泥造人。这当然是神话传说,是在没有科学的古代,人类对自己的来历的一种想象,但这也是对时间和历史的隐喻。比如剪纸、木版年画,过去民间结婚、春节的时候都要用,一年一年这样延续下来,这和人们的日常生活有着密切的关系。泥泥狗为什么会流传保存下来?因为我们有这样一个庙会,每年的农历二月二到三月三,整整一个月。无数的香客来到这里给人祖烧香,他们会把泥泥狗作为一种信物、作为一种礼品买下来。民间有一种风俗,小孩子都会到公路上拦住香客要泥泥狗,那时候香客就会撒一把泥泥狗给他们。同时,泥泥狗也是一种简单的乐器,你拿出来看看,每一个都能吹得响,还有你买的泥埙。

江媛:最初我是在你小说里看到这泥埙的,在《民间使者》里有一个你自己画的插图。现在我终于看到真的了,我来试一试。是的,声音很古朴,不过要吹成曲调还需要有功夫。

墨白：你说这些东西同我们的生活有什么关系呢？比如小说里写到过的桃核雕刻成的艺术品，你在会上也见到了。在中原，民间有桃树能避邪的说法，所以孩子的手脖上都要戴一个桃核刻成的艺术品。这个庙会就是民间艺术交易的场所，就这样一代一代地流传下来。由于与日常生活有关，所以就得到了延续。在没有电影、没有电视的时代，文化的传播就依靠这些民间艺术，当然还有别的形式，比如戏剧和皮影。民间逢年过节，或者红白喜事，有钱的人家就会请一个剧团过来，生活稍差一些的也要请一场皮影戏。从外表上你看它只是唱戏，但是那是由许多艺术门类构成的。比如皮影，它首先是一种造型艺术，是绘画艺术。皮影的制作过程需要很高的艺术造诣。

江媛：在我们那儿从来没有见到过皮影，也没见到过泥泥狗，剪纸我倒是见到过一些，因为我母亲爱剪着玩。但是我们那儿也有自己的民间艺术，比如英吉沙小刀，比如和田玉，还有艾德莱斯绸。

墨白：不同的地域，产生出来的民间艺术也不同，但有一点相同，它们都和日常生活有关联。

江媛：是这样。刀子是要随身带的，玉器也是随身带的。玉器这东西还有许多文化内涵在里面。其实玉器实现了中原和西域的文化交流：在西域的古墓里，能挖出汉代的东西；在内地的汉墓里，也能发现和田玉、昆仑玉。丝绸和玉器一样，也是一种文化交流，丝绸之路走这么远。可遗憾的是，这种古老的艺术快消失了。前两年我回去的时候，艾德莱斯绸已经开始工业化生产了，这就很麻烦。工业化生产失去了以前那种缓慢的、悠长的、细致的、天然的本质，民间艺术应该是手工的，它的图案是有讲究的，它的染色也全部采用植物染料。所以我来到这里，看到这些民间艺术我很感动。其实一个国家一个民族的魅力不在于你的建筑和别人一样，你要有自己独特的艺术形式。我相信，那些在海外的华人在看到各种各样的泥泥狗时一定会想，自己是从哪里来的？这就像《圣经》里创世记里开篇所写的那样。我这个从新疆来的人看到这些就感到十分神奇，人总是要问一问自己是谁，自己从哪里来，最终要到哪里去。随着这些东西的消失，我们可能有找不到自己的那一天。今年我有个朋友从温哥华回来，她说家里要是没有那个老宅子，她就没有必要再回来了。虽然母亲已经去世，但住在那所老宅子里她就能感受到母亲的气息。在颍河镇也好，在叶尔羌也好，我们都一样。一个人出去,再回来,他有点像一个离家的孩子渴望重新回到母亲的怀抱。所以文化的个性和艺术的个性是相通的,比如新疆民歌,那些民间艺术家,他坐在街头,在快乐的时候、痛苦的时候,他都会弹起乐器在那里唱。有时你也听不懂他唱些什么,但他们很用心地歌唱,这些人在收获的季节,在田间地头围成一圈,弹琴歌舞。许多人觉得新疆歌舞非常美,非常迷人,其实新疆歌舞就是排解自己情绪的一种方式。

墨白:这让我想起了蓝调音乐。蓝调音乐起源于劳动,起源于黑人在日常生活的痛苦和快乐。

江媛:是这样。在那种环境里,说实在的,个人要时常面对一种彻底的孤独。在辽阔空间里行走的时候,你必然会排解一些恐惧呀、寂寞呀、思念呀,你就会唱,他们歌唱没有那么严格的要求,就是随心所欲,就是倾诉内心的快乐与痛苦。后来我来到内地,才发现新疆民歌这么有名。过去一些人到那里采采风,回来一下子就弄得名利双收,他们只来索取,却未想到回报。现在我回去之后,随着电子音乐的进入,新疆民歌已经被改变了。我听到长途客车上播放的新疆民歌,除了语言还是少数民族的,乐器和伴奏已经和内地的一样。这非常可怕,所以我就想问你,现在你看到的泥泥狗和以前的有什么不同吗?

墨白:有,你看这泥泥狗,它的底色不再是墨,为了市场,已经换成了黑漆,在阳光下你能看出光泽,这就坏了。这样的泥泥狗已经失去了它的精神本质。

江媛:噢,那应该用什么?

墨白:墨。

江媛:噢。那个时候人们为什么要把泥泥狗的底色染成黑色呢?

墨白:是为了色彩对比的强烈。泥土本身是黄的,为了色彩的强烈,他就染成了黑色。因为墨是我们传统文化的一个重要部分。你看《民间使者》里有一个细节,冷姨的父亲回到满是战争创伤的桃园,他什么也没说,就拿着刀去砍桃树的树干,把树干砍得遍体鳞伤,让桃树的液体流出来结成胶,然后用这个烧制染料。把泥泥狗染成黑色,这与我们的祖先对色彩的认识有关。你看这个泥坝,就是黄土本有的颜色,如果泥泥狗像它一样不染成黑底,就很难突出另外的几种颜色,黑色上面画上黄、红、白,你看这有多么的醒目。

江媛:是的,很大胆。

墨白:这是色彩学上的话题,就像印象派绘画,印象派绘画就是对色彩的研究和实践，是对光的研究。你看这个泥泥狗，你看着平常，其实它不简单，首先它是造型艺术，是微型雕塑，其次是色彩的艺术。

江媛：我看了以后很吃惊。就中原文化来说，这有些超出了常规，有些像西域的用色，就是用大红大绿，我第一眼见泥泥狗就愣住了，我想怎么会这样着色？

墨白：所以故乡的概念不光是土地和房屋，也不光是老宅子的问题，更重要的还是精神层面的东西，它有让你留恋的东西，这就是我刚才要说的《民间使者》里的内部结构。比如民间艺术，这些东西看似不重要，其实它里面凝聚了我们太多的喜怒哀乐。

江媛：是这样，它凝聚了人们日常生活中的情感，成为一种象征。比如泥泥狗，它有神话在里面，它有女性生殖崇拜在里面，它有情爱在里面，无论你接受的是什么样的教育，无论你是当官还是为民，看到它你就会接受和喜爱。我第一眼看到泥泥狗就非常吃惊，一个黑色的泥猴身子上涂着五颜六色，画着女性生殖器，这让我震惊，它的造型和着色是那样的收放自如，不受常规的约束。如果一个小说家能以这样具有生命力的东西作为书写对象，那肯定很有分量。在我看来，你的小说在很大的程度上不仅传播了民间精神，还在很大程度上保护了民族文化的传承。民间艺术同时也是一个地方文化的符号和象征。如果我从这里离开，回到新疆，我给那里的朋友谈到你的颍河镇，你猜我说什么？我当然会说颍河，一条河流，它就是一座城镇的血液，它赋予这个地方的人们以特别的气质。接下来我就会说这些民间艺术，这些把自然和人类的情感凝聚在一起的艺术。这种东西让人容易记住，而且经久不忘。

墨白：民间艺术是一种带有情感的东西。比如你这次送我一把从新疆带来的手工制作的英吉沙小刀，你看，它有多么的精美。它不仅仅是一把能够使用的小刀，它的意义已经远远溢出了这把小刀之外。首先它来自西域，那么遥远的地方带给你的是无穷的想象，我不知道制作这把刀子的是一个什么样的人，他是在什么样的状况下制作这把刀子的，他制作的过程是怎么样的我也不知道，这一切都在我的想象之中。

江媛：如果加入这样一个人，加入这个人的情感，这就是小说。

墨白：对，如果有人物进来，有故事进来，还有这个人行动的地点和时间，那么这个刀子背后的一切都活了起来。还有买这把刀子的人，他为什么会从遥远的地方带上这样一把刀子,这把刀子最后的流向和下落,都是小说要关注的。你看它是一个简单的工艺品,但却会成为一部小说的纲,它可以把存在于我们记忆里的东西穿起来。比如《民间使者》里的民间艺术,这些就成了我这部小说的切口。

江媛:你讲到了小说的结构问题。小说里总有一些魔法器,作家的头颅就是这样一个魔法器。我想问,这个你熟悉的盛大的庙会,你能用什么样的魔法使它进入你的小说?

墨白:这个我还没有想。

江媛:噢,你看,那么多人来到人祖的陵墓前烧香、跪拜、倾诉。

墨白:更多的是乞求。那些来这里烧香的人,不是乞求自己升官发财就是乞求保佑家人平安,不是求子就是希望能消除家人或自身的疾病。这就是与西方宗教不同的地方。西方的宗教是向上的,是关于时间和灵魂的;而我们的宗教信仰是向下的,是关于空间和实用的。西方人进教堂首先可能和灵魂有关,是忏悔。来这里烧香的人只有乞求。你也看到在人祖的陵墓前烧香的情景,那么一大堆在燃烧的香火,你离很远就能感受到香火的热浪扑面而来,有一种威慑的力量,所有的人都站得远远的把手中的香投进去,敬拜人祖是以大地为香炉的。一方面是我们这个民族对祖先有崇拜的习俗,就这样一代一代地延续;另一方面是有目的而来,就像你说的是倾诉,这个倾诉当然有苦难和痛苦的成分在里面,比如自己没有孩子,自己家人和自己的病痛,自己的命运渴望改善,他们都很实际,乞求的内容和自己的生活有着密切的关联。但他们是茫然的,在画卦台那儿刚才你也看到了,有人随便在那儿立上一个塑像,称为财神爷或者药王爷,就有人下跪,很虔诚,没有怀疑。无边的苦难就存在于民众之中,看到他们跪在那里你会有一种酸楚的感觉。

江媛:是的,他们几乎是在哭诉。这也说明普通老百姓无处诉求的现实。他来到这里,感觉有一个人在认真地听他倾诉,而且这个人不会打断他,并对他的倾诉给予默认和认同。或许这正是我们生存的社会对个人的言说极端忽视的结果,个人的声音得不到倾听造成了各种各样的心灵病痛。

墨白:所以就有了宗教信仰。不是说中国人找不到信仰的形式,能找到。昨天在我家你也看到了,我姨和我妗子都来参加我侄子的婚礼,她们和我母亲坐在一起说话。我母亲初一十五都给老天爷烧香,我姨到处跑着去拜佛,每个星期我妗子就要带着她的几个儿媳妇去基督教堂里诵经。这还不算，昨天来参加婚礼的还有我大哥的亲家，他是我们镇上的回民，信奉伊斯兰教，我们镇上的清真寺昨天你也看到了。我相信，无论信奉什么，人们内心都有一个美好的愿望，是在精神上找到一个依靠。因为一个人在世上，当他面对孤独、面对恐惧、面对疾病、面对死亡的时候会感到茫然无助，不知道怎样排解，所以他要寻找一个比自己强大的认为能帮助自己的神灵。但是，你从我的亲人那里可以看到，几乎所有人类的宗教都在我们小镇上出现了，可是你要让他们讲出个一二三，他可能说不出来，他们信奉的条件首先是实用，他要下跪的那个不知道面目的对象首先是万能的，是能给他带来好处的，而不是从精神和灵魂出发。从这一点说，其实我们是没有自己的宗教的。就像我母亲，无论到了什么地方，只要看到有烧香的地方，她老人家都要去拜一拜。

江媛：这恰恰是社会现实的象征，她是考虑个人的力量太小了，那个左右她命运的力量太强大了，这个时候她就不敢忽略任何一方。现实生活也如此。我当时感到奇怪，在你们那个小镇上，为什么会出现这么多的宗教呢，而且彼此也说不清楚，彼此都想让自己信仰的神领导对方信仰的神。

墨白：这就是可怕的地方，中国正统文化历来都压制个性的成长，所以没有独立思考问题的观念，缺少独立判断事物的能力。在这种情况下，如果你再造出一种宗教，照样有人相信。前些年的法轮功就是一个很好的例子，法轮功为什么那样顽固地存在着？就说明了这个问题。我们这个民族现在应该做的就是个性的觉醒、精神的自由和人格的独立，是精神的修养和重建。

江媛：有时候我觉得中原人在人性和人格压抑方面比我们喀什人严重得多。在叶尔羌汗国第二代苏丹阿不都热西提汗时代，那位收集十二木卡姆的王妃阿曼尼莎汗，其实是个樵夫的女儿。她的父亲打柴人马合木提，每天一边赶着毛驴，一边愉快地和女儿唱歌。有一天阿不都热西提汗化装成农民外出打猎，晚上没有地方住，樵夫接待了他，并让自己十三岁的女儿出来为客人唱歌。少女阿曼尼莎汗会弹琴善歌舞，甚至会作诗。阿不都热西提汗很喜欢，立即赶回驻地，戴上王冠，带上十只羊和茶叶、绸缎，由官员陪同返回马合木提家中，先送上礼物，然后恭敬地恳求主人把女儿嫁给他。这种求婚在内地是不可能的，皇族的婚嫁要讲门第，打柴人的女儿顶多被选做宫女就不得了了，怎么还能做王妃？那是不可能的。有意思的是，这个樵夫以前也是宫廷里的大官，后来不干到民间去了，去做樵夫了。这是很有意思的事，他对生命的选择是靠自己的意愿，而不是去乞求谁。就像你说的，在这里，让人感觉到的更多的是乞求，刚才我们在太昊陵前，我有一种听到无数心灵在哭泣的感觉。这个地方的文化教化就是让你做一个顺民，让你无条件地去热爱当权者，这样个性就没有了。我们生活中的权力意识过于强大，大到了让老百姓已经形成了恐惧的阴影。

墨白：由于权力意识的存在，在这里的等级观念是很强烈的。西方也有阶层，但他们讲的是格调，是生活习惯的不同，一个月收入一万美金的人和一个月收入两千美金的人坐在一起，他们绝对不会感受到人格上的不平等，不像我们是真正的有阶层。前一段报纸上刊登了一则消息，说的是广西烟草专卖局销售处一个姓韩的处长的"香艳日记"的事，不但关系到他的性丑闻，还有受贿的事儿，最后给他的处分是什么呢？开除公职、开除党籍，就是把他降为一个普通的老百姓，那普通老百姓有了过错往哪儿降？拿纳税人钱的公职身份成了挡箭牌，党员身份成了挡箭牌，这就是人格的不平等、法律的不平等，这就是阶层。同一件事，身份地位的不同会得出不同的结果，这就是权力意识造成的。在我们小镇上，一个老百姓是不敢随便走进镇政府的大门的，他站在镇政府的大门前自己的双腿就可能会哆嗦。他看到的不是一个大门，而是权力对他产生的威慑。

江媛：因为那里把握着你的命运。

墨白：我小时候见到生产队长就感到害怕，我总希望自己的家人能和队长家搞好关系，如果能和大队里的干部说上话，我就觉得生活有希望。就像你说的，因为他们能左右我们的命运，那个时候你就会把自己的命运和他们手里的权力联系在一起，当兵呀，推荐当工人呀，有机会出个公差呀。所以这种权力意识和你的生活密切相连，它制约了我们的精神自由和人格独立。说中原是中国的缩影那不是简单说的，也不光光是因为有黄河在这里，它同时在我们民族的劣根性上也达到了极致。在现实生活里，它确实体现了我们文化最本质的东西。其实，权力意识渗透在我们老百姓之中，任何人都有这种权力意识，几乎我们每个人都是参与者，因为你也企图从中获得好处。我们都有责任，我们是罪恶的同谋，因为你信奉这个东西，你信奉它就是支持它、纵容它。你站在镇政府门口腿就哆嗦，为什么要哆嗦？从另外一个角度来说，这就是你对官本位的认可。你说你是受害者吗？可能就是受害者，恰恰是你对它的恐惧成全了它。我们回头来看“文革”，“文革”为什么能进行？而且那样彻底？就是我们每个人都觉得“文化大革命”最好，五体投地，毛主席太伟大了，你是发自内心的，你没有对它提出疑问，那你就是纵容它。文化本身也是这样，所以说小说，我们的文学作品，它能让你看清这些。当小说再现了我们当年的生活以后，你会大吃一惊，噢，原来我们就生活在这样一种环境里。

江媛：你的《梦游症患者》让我第一次看到中国人开始反思了。中国人太不注重反思了，而且盲目自大。这本书就是一本关于反思的书，所以我希望这本书走得越远越好。在我们身边能写出反思作品的作家我不敢说太多，能写出敢于真正彻底反思和自我批判作品的作家更是凤毛麟角，现在已经有这样的作品出现，这就很棒，这就说明我们进步了。一个国家，经济的发展固然重要，但更重要的是精神的成长。你在物质上不论有多富有，那都不是彻底的进步，要想彻底实现民主和自由，就不能忽视精神的自由和独立。当然，要做到这一点很难。

墨白：尽管艰难，我们还是要往这个方向努力。我们以前口口声声赞扬自己的文化传统多么优秀，其实我觉得一个不能深刻反思自己行为的民族，这本身就是一个很大的缺陷。20 世纪 50 年代初，新的政治体制出现以后，我们有太多的经历应该反思，“大跃进”、“文化大革命”，我们缺少的就是回头反思这些经历的勇气。“二战”过后将近七十年来，西方不断有关于“二战”的文学作品出现，比如你谈过的《生死朗读》。前天我们在关帝庙里看到马恩列斯毛的壁画时，我就想到了斯大林，想到了卡廷惨案。春节前我看过一部根据穆拉奎克的作品改编的波兰电影《卡廷惨案》[①]，让我特别震惊。1937 年 9 月苏联入侵波兰，1940 年 4 月苏联红军在斯摩棱斯克市附近的卡廷森林里，用残忍的手段杀害了两万多名波兰军官和平民。1943 年德军占领这一地区发现了屠杀现场，“二战”后苏联方面一直隐瞒事实真相，直到 1992 年的叶利钦时代才承认了这一事实。一方面，斯大林主义者在人性的丑陋上和法西斯没什么两样；另一方面，尽管拖了将近半个世纪，俄罗斯人还是站出来承认了自己的罪行，敢于反思，这就像后来的德国敢于反思自己的罪行一样，让我们感到在邪恶之外还存在着道义的力量。法西斯的后代都能对自己民族的罪行进行反思，我们为什么

① 《卡廷惨案》，导演安杰依·瓦拉达，2009 年出品。

就不能对“文革”从灵魂深处进行反思？20世纪在中国发生的“文革”事件，最典型地体现了封建体制的精髓，同样也体现了我们这个民族的劣根性。要彻底地认识“文革”，我们首先要有勇气面对，如果不敢回头看，那就说明我们身上的疾病根本就没有好，我们仍然重病在身。我们要有自我审判的意识，我认为小说恰恰是能认识人类自身的一种艺术形式。现代人对小说的冷漠是一种遗憾，一个民族要想提高自己的精神修养，小说是必不可少的。实际上我们的精神成长同小说、同文学作品有着密切的关系。从小学到大学，到后来的阅读经历，可以说都跟小说有关系，因为我们课本上有，所以说小说已经进入了我们精神生活。一个人养成良好的阅读习惯很重要，我说的是那种不带任何功利性的精神修养上的阅读。当然，一个民族也是这样。

江媛：现在的阅读都是功利的，干什么都是实用主义，连宗教信仰都建立在实用主义的立场上，从来没有从精神层面上来考虑问题，我觉得这与我们的教育失败有关系。好的阅读不仅仅反映出一个人的精神修养，也反映出一个民族的精神修养。20世纪90年代我有一个朋友在莫斯科读书，那时俄罗斯正在经历着叶利钦时代切肤之痛的变革，他告诉我，莫斯科的芭蕾舞场馆照样场场爆满，人们排队买票，有些人宁可饿着肚子也要去看芭蕾舞。我们为什么说俄罗斯人有希望？就在这里。我相信中国人不会有这样的傻瓜，你让他饿着肚子去看芭蕾舞，可能吗？他吃饱肚子后会去想三宫六院，会想一夫多妻，实用主义，为了精神享受，谁肯放弃权力给的好车和洋房？

墨白：饭来了。哎，你看，我们怎么办？是看泥泥狗还是吃饭？

江媛：当然要吃饭。

墨白：看看，要想改变这些很困难。

江媛：是呀，要不怎么说我们的路途还很遥远呢。

（原载《时代文学》2012年第3期）

中国社会产生现代派文学的土壤

——与墨白对话

张延文[1]

时间:2013 年 2 月 19 日

地点:郑州·河南省文学院

张延文:墨白老师,2010 年的 7 月间,我曾经到鸡公山和你以"人文环境与文学精神"为话题做过一次交谈,我们这次谈话准备以"新文学以来,产生现代文学与后现代文学的人文环境和社会土壤"为题。

墨白:这个我们多次在电话里沟通过。

张延文:2012 年中国社会文化生活当中有一件大事,那就是莫言获得了本年度的诺贝尔文学奖。莫言早期的创作深受拉美魔幻现实主义文学的影响,他于 1981 年开始创作生涯,成为 20 世纪 80 年代中期崛起的先锋小说的代表性作家之一。莫言的获奖,正是中国先锋小说进入发展成熟阶段的标志,也同时说明中国当代先锋文学开始进入了世界文学的主流阵地,并且在其前沿占据了一席之地,发挥着重要的影响力。莫言的小说,是东西方文化交融后的产物,顺应了国际化的时代主题,同时,也是中华民族这个古老的东方文明焕发出了新鲜的生命力的象征。莫言 1955 年出生于山东高密,那里不仅是中国儒家文化的发祥地,还产生了一个叫蒲松龄的文学大师。蒲松龄创作的《聊斋志异》是中国文言短篇小说的巅峰之作。而你 1956 年出生于河南淮阳,淮阳是中国先秦时

---

① 张延文(1970 ~),河南方城人,文学博士,就职于郑州师范学院,主要从事诗学、社会学方面的研究,著有《新时期(1978 ~ 2011)诗群流派研究》等。

代重要的文化发祥地，从伏羲、神农，到老庄哲学，都和这块神奇的土地息息相关。你的兄长孙方友同样出生于20世纪50年代，他以《陈州笔记》为代表的“新笔记体小说”是继蒲松龄的《聊斋志异》之后的中国笔记体小说创作的又一座高峰。这其中的文化蕴含颇耐人寻味。传统和先锋，地域文化和世界文化，其中的关系是水乳交融的。

墨白：也是一个复杂的文学现象。现在我们已经习惯把从20世纪80年代后期以来产生的现代派文学称为先锋文学，但我认为先锋文学的命名，由于太多的因素，很难准确地概括这种文学现象。20世纪西方文学的主流是现代派文学，在中国，20世纪的文学主流则是现实主义。在小说方面，如鲁迅、张爱玲、沈从文、老舍、钱锺书、巴金、茅盾等，这些代表着中国现代时期文学成就的作家，虽然有的具有现代派文学的因素，比如鲁迅的《故事新编》，但从根本上讲还都是现实主义；即便是20世纪30年代在大都市上海风靡一时的以施蛰存、刘呐鸥、穆时英为代表的新感觉派，虽然引进了心理分析、意识流、蒙太奇等新的创作方法，但其内在还是没有真正脱离现实主义的窠臼。从新中国到20世纪80年代的小说更是如此，即使到眼下，现实主义仍然占有主导地位，你稍微注意一下茅盾文学奖和鲁迅文学奖的获奖篇目，就可以明白这一点。在戏剧方面，像曹禺、老舍、郭沫若等人的戏剧也都是现实主义的，因为他们作品的旨意是对社会的批判，而他们的批判精神又是那么的强烈与自觉。中国现实主义的哲学基础是庄子，是以象为本。这种以象为本的认知方式，就是故事决定论，以事载道是现实主义小说叙事的本质。西方现代文学的思想来源是尼采、弗洛伊德、柏格森、康德与萨特的哲学；即便是后现代主义，也有一批像福柯、德里达、德勒兹这样的哲学家。西方现代派小说的叙事同时深受海德格尔的“语言学转向”的影响，日益重视小说的叙事语言。有了这种差异，就使以现实主义为主导的20世纪中国文学失去了和世界文学对话的基础。有评论说，莫言的获奖是中国文学的胜利。这话不准确，应该是中国的现代派文学在世界范围内得到了认可。

张延文：海德格尔在西方思想史上是一个划时代的人物，他经历过两次世界大战的洗礼，以及“二战”后西方资本主义发展的黄金期，接受过基督教神学、现象学等多方面的影响，对于存在主义有着深入的思索。存在主义在西方有着深刻而广泛的社会基础，同时能被有神论者、无神论者和一部分的马克思主义者接受，关键应该就在于西方人对于个人自由的尊重，理性的意识比较鲜明。

这也是海德格尔的存在主义哲学的基础。这和我们中国的文化传统是相背离的。中国传统文化有两个大的特点:一是“家天下”的儒家伦理,二是诗教导致的诗性思维。在中国漫长的文化序列里,小说一直是稗类,不登大雅之堂,只是到了近代社会之后,才开始慢慢进入到主流文化之中,甚至到了新中国成立之后,有不少迷恋于国学的老先生,在编写中国文学史时,小说还是没有占据一席之地。儒释道都同时具备现实主义和浪漫主义两种元素,只是说儒家学说更为经世致用,应该说更加倾向于现实主义。“象”最早是来自《易传》,《周易·系辞传》有“在天成象,在地成形”的说法。诗性的精神是一种原始思维,神秘主义、集体主义和理想主义并存,带有人类童年时期文明的色彩,和现代社会的理性主义、个人主义、现实主义是格格不入的。每个时代都有适合自己的文体,比如诗和戏曲就更加适合原始社会和农业文明,小说和影视剧属于工业社会,而后工业社会应该是虚拟的网络游戏的天下。海德格尔的“语言学转向”是对西方的哲学传统的一次彻底的决裂,他反对那种功利主义的认识论。在海德格尔看来,语言不再是言说的工具,语言是“存在的家”,本真的语言是通向本源的场域。海德格尔的表述接近于老庄哲学里谈论的“道”,海德格尔对于中国道家的哲学传统是有所吸收的。应该说,庄子的思想当中,更为接近于后现代的成分,而非现代精神,他是海德格尔哲学想要企及的那一部分。我们可以说,后现代主义,在本源上和人类文明的源头是有着一种同质性的关系,人类文明的发展是有着一种大的循环的,当然这种循环是螺旋上升的还是圆环的,这个不好说。

新文化运动是以改革语言为肇端的,这也呼应了西方 20 世纪前后的语言学革命,而新诗是新文化运动的先行者。新诗表面看起来是一种形式上的变革,但其内在却是以西方文化作为标的的,大量吸纳了西方诗歌的元素,其内在精神是具备了现代文学因素的,比如鲁迅的散文诗集《野草》,在鲁迅的作品里,显然更加具备现代主义的元素;在新诗的草创期,象征主义就出现在李金发、戴望舒等人的诗作里。而新时期朦胧诗的出现,我们称之为新诗潮,其内在的现代主义元素是相当突出的。比如北岛、顾城、多多、芒克等人的诗作,我们可以从中找到具备鲜明的个人主体性意识的现代主义精神,诗歌文体在这方面再次走到了小说的前面。

墨白:是这样,中国的现代派文学到了 20 世纪的 80 年代后期才开始发出了自己的声音。

张延文:像残雪、余华、莫言、格非、阎连科,还有你的文学创作,都应该归入现代文学或者后现代文学的阵营里。但不可否认,你们的创作大多都受到西方现代派文学的影响。

墨白:我认可你的观点。我们接受的十分混杂,像我刚才提到过的西方现代与后现代哲学,新时期以来,不但像萨特、加缪、卡夫卡、乔伊斯、吴尔夫、普鲁斯特、福克纳这些作为现代主义西方经典小说家的著作大量地传入中国,而且被归入后现代主义的小说家比如博尔赫斯、纳博科夫、昆德拉、卡尔维诺、贝克特、福尔斯与莱辛的小说,马尔克斯的魔幻现实主义,法国新小说代表的罗布-格里耶、西蒙,元小说的巴塞尔姆,黑色幽默的品钦与海勒的小说,也都被广泛接受并对我们的文学观产生影响。当然,现代和后现代文学在中国的传播是全面的,比如在诗歌方面,象征主义诗人瓦雷里与里尔克,超现实主义诗人阿波利奈尔,意象派诗人庞德,垮掉派诗人金斯堡以及斯蒂文斯、叶芝、艾略特等人的诗歌;在戏剧方面,作为存在主义的萨特,象征主义的梅特林克,荒诞派的贝克特,表现主义的斯特林堡、奥尼尔、皮蓝德娄、达里奥·福的戏剧等,这些都对我们的文学观产生了影响,这是事实。但还有一个事实,那就是在我们的现实生活里,实实在在地存在着滋生现代派文学的土壤,是先于我们的西方现代派文学使我们认清了这种存在,所以中国新时期的现代派文学的产生,是自然的,也是必然的。我之所以用现代派这个概念来概括那个时期产生的现代和后现代的文学现象一是我认为一直以来先锋小说的说法太模糊,二是我们已经没法把我们的文学现实,用现代文学和后现代文学这种不同的观念明晰地区分开来。比如余华,他既接受卡夫卡,又接受博尔赫斯;比如莫言,他自认是受了福克纳和马尔克斯的影响。刚才我说过,在西方,卡夫卡、福克纳是被归入现代文学,而博尔赫斯和马尔克斯则是被归入后现代文学的。所以我认为,用现代派文学来命名这个文学现象才是准确和全面的。

张延文:对于现代和后现代一直有争议,也有人认为后现代只是现代主义的一个新的发展阶段。现代主义的核心是进步的理念,一种技术理性在其中起着作用,它是资本在工业社会的产物;而后现代则是后工业社会出现在信息社会的产物,它的核心理念是无中心的多元价值倾向,相对主义和怀疑主义成为老生常谈。而文学,只是人类社会文明体系里的一个组成部分,现代主义和现代主义文学未必是同步的,而后现代主义文学也许压根还没有出现过。我们目前看到的被我们称为后现代主义的作家和文学作品，就其内在的诗学来说，仍然没有摆脱现代主义的桎梏。所以，我们将博尔赫斯和马尔克斯归入现代文学应该也是应有之义。在你认为，在我们的现实生活中，哪些因素构成了产生现代派文学的土壤?

墨白:不是今天，至少在20世纪的50年代末，我们的现实生活就已经具备了产生现代派文学的社会因素，比如荒诞、暴力、无政府主义；比如生命本体、人与人、人与社会、人与环境的异化；比如对神秘性、死亡、欲望的认识，对时间、记忆与语言的认识等。正是这些，就像你刚才说的，构成了我们所处时代产生现代派文学的人文环境和社会土壤。

张延文:这些因素，我们来逐个地梳理一下，先说一说荒诞吧。

墨白:在20世纪的后半叶，我们所处的社会就已经充满了谎言，我们每一个人都生活在谎言之中。1958年的"大跃进"就是最好的例证。小麦亩产7000多斤、水稻亩产48000斤、南瓜亩产20多万斤，就连芝麻也能亩产7000多斤，一只老母猪一窝能产64只小猪娃，不说那个时代，就是现在袁隆平的杂交水稻才亩产900公斤左右，可这些全都登在《人民日报》《河南日报》这样的党报上。每一个有社会经验的人都知道那是谎言，可就是没有一个人敢站出来指出它的本质。我看过李锐先生写的一篇文章，叫《反思大跃进》，这篇文章记载了毛泽东秘书田家英和毛泽东的一次谈话。田家英说，你也不是没当过农民，你应当知道亩产万斤是不可能的。对于一个既熟悉农业生产又信仰唯物主义哲学的人来说，毛泽东肯定是不相信的，然而作为一个浪漫主义诗人，他要的应该是"超英赶美"的社会氛围，要的是群众的冲天干劲，面对这样的奇迹，他不想给这种"热情"泼冷水，所以才产生了这场荒诞不经的闹剧。这有点像尤奈斯库的荒诞戏剧《椅子》里所表达的情景，以笑剧开始，以悲剧收场。尤奈斯库这部写于1951年的戏剧，却被我们的"大跃进"所实践。

张延文:毛泽东发动"大跃进"是有着国际和国内的双重因素的。就国内来说，中国刚刚完成社会主义改造，人民的干劲足，社会发展的态势好，这为"大跃进"提供了良好的社会群众基础。在国际上，20世纪50年代是西方资本主义国家经济发展的黄金期，西方社会经济的快速发展对于我们社会主义国家来说就带来了经济发展的压力，必须"超英赶美"才能真正体现社会主义制度的优越性；同时，苏联也出现了一系列的变化，赫鲁晓夫的一些行为触动了原本就对苏联这个“老大哥”抱有警惕之心的毛泽东，更让毛泽东产生了中国必须脱离苏联体系甚至超越苏联成为社会主义阵营的领军人物的想法。这些诉求显然是合理的。但其不合理之处在于，我们并不具备超英赶美乃至成为社会主义阵营的带头人的物质基础。盲目地甚至不顾一切代价去实现原本不可能实现的目标，这是酿造悲剧的根源。在一个现代社会里，仍然使用非理性的方式来进行一个几亿人的大国的国家治理，其后果是可想而知的。这种荒诞性在人类历史上屡见不鲜，无非夜郎自大成语的现实版，但其代价却是触目惊心的。缺乏现代社会的理性精神，是“大跃进”悲剧的根源。当然，毛泽东主导的一系列的大规模的“社会实验”，包括反右、“大跃进”、人民公社、“运动四清”运动、“文化大革命”等等，其性质是复杂而多元的，除了非理性的因素外，包含有无政府主义倾向和乌托邦精神，甚至混杂有老庄哲学里的一些元素，这些元素也包含有现代主义甚至后现代主义的一些思想因子。

墨白：所以，我们新时期的现代派文学的产生不是空穴来风，是有其社会根源和历史根源的。20 世纪后半叶，新的政权诞生之后，要求民众要大公无私、全心全意地为国家机器服务，这几乎成为了人们的信仰，大公无私我们喊了几十年，可是这种理念压根就违背了人的天性，不符合经济规律。在社会物质不丰富的年代，谁能做到大公无私？很难做到，可做不到就要被淘汰，社会模式就是这样，唯一的办法就是撒谎，说违心的话。政治运动一来，你不支持也得支持，你不拥护也得拥护。如果你掏心窝子说话，那你不是右派就是反革命。在那种形势下，逼着所有的人说谎话。如果你说实话就会被打成另类，反革命、修正主义分子、蒋介石的孝子贤孙、美帝国主义的走狗、资本主义当权派，罪名多的是，随便拿一个就可以压得你永世不得翻身。1957 年号召大家提意见，结果谁提意见谁就被打成右派，就家破人亡、妻离子散。杀鸡给猴看，谁还敢说真话？所以才有了 1958 年的放卫星。到 1959 年的庐山会议，说真话的彭德怀被打成反革命集团，从此以后没谁再敢讲真话。这种荒诞无稽的社会环境一直延伸到改革开放，其流毒甚广。去年我老家周口搞复耕和殡葬改革，商水县是周口市确定的殡葬改革试点县，正好有一个当年我在故乡小学任教时的同事在商水县教委工作，他给我讲了一些细节。为推动平坟复耕工作，商水县组建了殡葬改革执法大队，组织了督导组，对各乡镇殡葬改革各项任务进展情况督导。完不成任务且排名后三位的单位，第一次县里对党政正职诫勉谈话，第二次降职半格使用，第三次就地免职，村干部不带头就免职，教师不带头就停课，党员不带头就开除。平一个坟头，村民能得200元。很快，全市平掉了200多万个坟墓。可今年国家出台了一项新规定，民政部门不能再强制平坟，几乎是在一夜之间，至少半数被平掉的坟墓又被圆起。你能想象在黑色笼罩的田野里，到处都游荡着偷偷在圆坟的村民身影的情景吗？你不觉得这很荒诞吗？

张延文：丧葬文化是中国传统文化的核心部分之一，而坟墓是传统意义上的乡村的唯一的象征。在那里，死人和活人是在一起的，他们可以彼此相遇并和平相处。从五四新文化运动以来，一个始终不变的核心理念就是中国传统文化是腐朽的，必须彻底改变它，中国社会才有希望跻身世界先进国家的行列。这种逻辑的根源是产生荒诞的思想基础。打个比方来说，如果一个穷人想要摆脱贫穷的命运，他唯一的方法是成为另外一个人，那么将来成为富人的并不是他自己，他的愿望通过那个“唯一”的方法显然是不可能实现的。荒诞恰恰是现代派文学的一个重要的表达手段，比如贝克特的戏剧《等待戈多》、尤奈库斯的《秃头歌女》和前面你说过的《椅子》，还有阿尔比的戏剧，等等；中国新时期产生的小说，比如你的《风车》，莫言的《酒国》、阎连科的《受活》与余华的《兄弟》，我都视为具有荒诞本质的文学作品，这些作品以极度夸张、黑色幽默与魔幻的表现形式来表达现实的荒诞属性。而荒诞只是中国新时期现代派文学表达的一种手段，还有更多的现代主义思潮包括形式与结构都在这一时期的文学中得到表现。我们拿余华为例，他前期的小说从《现实一种》到《一九八六》，都显示出他特有的冷酷和暴力倾向。比如莫言，从最初的“红高粱家族”系列开始，他的小说一直具有“残酷的美学”的特点，他的《檀香刑》更是将这种血腥残酷的场面描写推向了极致。比如你的小说叙事当中，也有很多对冷酷的精神状态描写，像中篇小说《白色病室》与《局部麻醉》。《局部麻醉》当中的身体瘦弱的外科大夫白帆和粗鲁残暴的邻居袁屠户，以及白帆的粗鄙、贪婪和充满了淫欲的妻子柳鹅之间的对比性关系是相当鲜明的。小说当中白帆为院长的母亲引产的血淋淋的场面，金属凿吃进胎儿头颅的那段近乎自然主义的赤裸裸的描写振聋发聩，突破了文学创作温文尔雅的文化传统，这种对于社会禁忌的冒犯，恰恰是先锋文学所必需的基本素质。类似于鲁迅的“噬心”的生命体验成为了创作者的渗入血脉里的文化底色。这些对于社会生活当中的暴力的展现，是否和你们这些作家经历过“文革”那个血与火的时代有关系？

墨白:毛泽东在1927年写的《湖南农民运动考察报告》中说过大意如下的话:革命不是请客吃饭,不是做文章,不是绘画绣花,革命是一场暴动,是一个阶级推翻另一个阶级的暴力行动。使用暴力来夺取政权,是毛泽东一直以来的哲学思想,这种思想几乎影响了整个20世纪的中国历史。新中国成立以来一直到20世纪的80年代,阶级斗争都是我们国家意识形态的纲领,在和平时期,毛泽东的斗争哲学在"文革"中得到了最大限度的体现。我们从小受的都是这种敌对斗争的教育,敌人不投降,我们就叫他灭亡。我上小学的时候,正赶上"文革",武斗和打砸抢是我们日常生活中的经历,我们群情振奋地去抄"地富反坏右"的家,去抄"革命"对象的家,我们兴奋无比地在十字街头焚烧"四旧",就是在睡梦里,暴力也会出现。哪怕是一个学生,如果他有勇气,就能把校长拉出去游街,拿起砖块把他的头颅砸破。

张延文:在人类社会发展的漫长的历程当中,政府作为社会政治组织来管理社会,并使用军队、警察、监狱等暴力工具来巩固和加强统治,其历史并不长久,它只是某一个特定阶段的产物。而人类社会的早期是没有政府存在的,更谈不上暴力统治。人类社会进入信息社会之后,也就是后现代社会,一个新的"无政府"的无暴力的自由平等的社会也许即将来临。暴力革命和暴力统治是相伴而生的,它和集权政治之间水乳交融。无政府主义运动在20世纪前后风起云涌,中国的无政府主义运动在五四新文化运动前后也产生过一定的影响,这些对于当时的青年人的成长所起到的作用也是不容忽视的,它极有可能会成为一种思想的底色,在某种特定的语境下会被激发出来。比如"文化大革命",它在一定程度上是带有一些无政府主义的色彩的,比如崇尚暴力,打破政府人员的权威,使得个人或群众有可能对于公共权力发生冒犯甚至颠覆,等等。"文化大革命"是一个非常值得去反思的社会历史运动,它远远超越了一般的社会运动所具备的单一的属性。在中国社会甚至整个人类的思想史上,"文化大革命"都堪称典范,用空前绝后来形容并不为过。其中发生的很多事情,都需要我们进一步去反省和追问。比如"文革"期间流行的革命样板戏,也可以说是当时唯一公开传播的文艺活动,其存在就颇耐人寻味。"文化大革命"期间是"宁要社会主义的草,不要资本主义的苗",这种红色的逻辑在当时是占据着统治地位的。但我们反观"样板戏",却吸收了很多西方文化的元素,比如芭蕾舞剧《红色娘子军》《白毛女》和"交响乐"《沙家浜》,芭蕾舞和交响乐显然是西方的"洋玩意”,从某种意义上来说,当时的“样板戏”可以称作中西方文化完美结合的典范。在“文革”期间,对于“性”的控制到了一个无以复加的地步,女性的第二性征在日常生活当中几乎是完全取消的,女的穿着打扮和男的一样,干的活也没什么区别,更不用说去谈情说爱了。控制“性”是控制社会的最有效工具。但在“样板戏”当中,女性角色穿着是相对“暴露”的,一些动作甚至是热烈、大胆而“性感”十足的。这对于当时的社会环境来说,也是非常另类的存在。“样板戏”的大行其道是我们理解“文革”的另外一条途径,它将我们带到了“文革”的另外一个一直被遮蔽、忽略的狂放、野性而压抑的原欲。同时,“文革”是一个狂热的理想主义的时期,它是中国社会诗性精神的集中释放,这同时为20世纪80年代中国社会出现诗歌热打下了坚实的基础。我们甚至可以说,中国最为诗性的年代是“文化大革命”时期,那个迷乱、狂热甚至带有一点歇斯底里的年代,留给我们鲜血和惆怅,以及原罪和救赎的向往。

墨白:就像西方对第二次世界大战的反思一样,“文革”也需要我们在未来的时间里不断地进行反思、讨论,发表自己的看法,就像我们刚才讨论过的荒诞、暴力、无政府主义这些话题,我们还可以从“文革”向现实生活延伸。从20世纪80年代以来,大批的农民涌进城市,人口的流动和频繁地更换居住与生活环境,可以说是中国任何时期都不能相比的。这种剧烈的社会动荡使我们的价值观、审美观与性的道德都发生了剧烈的蜕变。人与人、人与社会、人与自我、人与自然这些我们赖以生存的基本关系已经严重地被扭曲变态,或者脱节,发生异化,这些构成了我们现实生活的社会背景,这就深刻地影响了我们认识世界的方式。

张延文:在世界范围内也是这样。自20世纪的后半叶起,人类社会从欧美等西方发达国家开始,逐步进入后工业社会,这种特点到21世纪则更为明显,慢慢成为了人类文明的重要特质,人性在一个信息化的时代里开始发生大面积的变异。这已经远远超越了马克思那个时期,也就是大工业社会里人的异化。在马克思的理论里,人作为主体发展到了一定阶段,开始分裂出自己的对立面,逐渐演变成了外在的异己的力量。在那个时代,人的工具化是相当明显的,人和资本的关系改变了人和权力、信仰之间的关系。马克思说的异化,就像你刚才所说,在改革开放之后的中国社会里有着充分的体现。这甚至可以说是中国新时期以来产生现代派文学的一个重要的母体。人与社会、人与自身、人与自然之间都发生了根本性的变异，这在你的小说作品当中有着深刻的描写，比如《风车》讲述的就是人被权力和欲望所控制下的病态的变异。比如你“欲望三部曲”里的吴西玉、谭渔和黄秋雨，还有《尖叫的碎片》里的雪青与张东风这类人物，都再现了你说的异化和变态。吴西玉他们站在主流社会的对立面，向传统的审美观和性道德、传统的伦理观和宗教信仰发出疑问和反抗，在他们身上表现出的无政府主义倾向，都具有现代派文学里所表现的精神特征，他们从游离于社会主体的个人的视角来认识社会。这种带有抽象的、无目的的具有强烈的个人意识的反社会倾向，正是现代派文学的精神特征之一。

墨白：人与自然环境，比如河流与大气的污染，这些在众多的现代派小说里都有描写，对矿产与其它资源的过度开发、大气变暖、人对物质世界的过度依赖，比如电话、电视、汽车与网络等，也就是人被物化。在现实里，如果你的手机突然丢失，你会感到极度恐慌，仿佛你一下子和这个世界断绝了关系。我们现在谁能离开网络？我记得报纸上报道过一个名叫李友灿的人，这个人出身贫寒，是个孤儿，他后来做到了河北省外贸经济厅的副厅长，他利用倒卖汽车配额收受贿赂 4700 多万。案发后一个人逃到俄罗斯，在一个小镇上窝藏了八个月，不敢出门，多次自杀，两次上吊、一次吃药，被抓后利用上厕所把几十粒硝酸甘油全部吃下，用头撞墙壁，但是都没有成功，最后还是被判处死刑。他就像你刚才说到的我小说里的张东风和雪青一样，是被物化的人，这样的现象在我们的生活里十分普遍。卡夫卡的《变形记》里的人变成了昆虫，罗伯－格里耶的《嫉妒》里以物来代替人的位置，西方荒诞派剧作家把人贬低为动物，在狄兰·托马斯的诗里，你会看到男人缺臂断腿、女人像风笛，有的只是一根燃烧的蜡烛，人完全被物化。人与物质世界的关系、人与人的本能、人与大自然的关系是现代派文学所关注的外在世界的焦点，在现代派小说家那里，大自然不再是一个独立的自在物，而是人物意识的象征。

张延文：的确如此，中国社会目前面临着的诸多问题都有类似的根源。比如“中国式贪腐”，那些处于权力机制当中的贪污腐化者，做着低级的、毫无节制的、非理性的贪污腐化行为。一个贪官居然贪污几千万到几十亿，他拿这么多钱做什么？一个贪官可以包养几个到几十个“小三”、“情人”，一个男人怎么用得了那么多女人？这种脱离了基本需求的疯狂行为恰恰是这个失范的、物化的、欲望化时代的最好的隐喻与象征。同时，现代的进步理念必然导致人与外部世界的对立,人对于他处身的世界不再表达出敬畏之心,相反,人想要取代神的地位而成为世界的主人。这恰恰也是基督教《圣经》当中,上帝将亚当、夏娃赶出伊甸园的原因。人有了自我观念,并且享受这种优越性。人在走向他的对立面,在成为世间万物的"公敌",人成了世界上的最大的"害虫"。人与自然关系的异化,在你的《风车》里得到了充分的表达。生活在《风车》里的人,和他们赖以生存的自然环境构成了尖锐的矛盾关系。我们战天斗地,无视自然规律。你的小说《事实真相》所要表达的也是人与社会关系的异化,表现的是个体与整体的尖锐对立。在来喜所处的那个由民工结成的群体里,应该说个人在这个具有相同生活和文化背景的群体里是安全的,但是由于在这个实用主义至上的社会现实里,传统的伦理道德已经受到了严重的威胁,来喜在面对强大的社会与身边身份相同的群体的不信任时,他显得那样的无能为力,他已经不能主宰自己的命运。还有你的《白色病室》《局部麻醉》《讨债者》《光荣院》等许多小说也都表现了人与人关系的紧张和对立。还有我刚才说到的余华与残雪的小说,你们作品里的每个人都是以自我为中心,在思想情感方面,人与人根本无法沟通。在人与人关系的异化上,现代派文学提示了人性的极端残酷和冷漠。中国的现代派小说所能达到的高度,也恰恰在于它对于社会现实的介入的广度和深度,比如你的中篇小说《光荣院》。这部小说通过对于一个安置抗美援朝复员军人的光荣院里发生的种种世态人情的描绘,反思了"革命"这个权力化的词语所应该具备的,或者说基于个体生命的生存经验的应有价值。在这样的一部宏大主题的作品当中,却存在着一个叫虾米的"异类"。虾米的人物形象在当代文学当中颇具魅力,他代表着神秘的人类命运和庸常的社会现实之间存在着的冲突,这种不可调和的矛盾性背后还有着权力体系无所不在的控制和压迫,进一步扭曲了人物生存的现实脉络。光荣院的存在本身就是当代历史遗留的产物,它代表着那些被权力体系赋予了的象征物,在其中生活着的是一群等待着死亡却又不甘心死去的挣扎着的灵魂,虾米就是在即将腐朽的堆积物里盛开着的妖艳的花朵。作为私生子的虾米就是欲望的产物,他的传奇性也在于他那蓬勃的原欲想要突破枯寂的荒原时所迸发出的奇异的人性光辉。

墨白:萨特说他人就是地狱,萨特这句话概括了我们所处社会人与人之间的现实,比如我们在大街上看到路边一个跪着乞讨的人,你的第一感觉就是别上当。为什么我们内心会产生这样的抵触情绪?不是我们缺乏同情心,而是这个社会让我们对他们产生了不信任。他是干什么的？骗子？以此为业？现实中如果你去公共场所，比如火车站，好心去帮助一个提包的人，那个受到帮助的人肯定会用一种警惕的目光拒绝你。还有，当我们看到一个人在大街上追赶一个小偷的时候，我们也大都会袖手旁观，你首先考虑的是你自身的安全。我曾经在电视里看过一个发生在北京公交车上的事，清华大学一个姓晏的年过七旬的老教授，他们一家三口乘坐公交车，因为上站点的不同，和一名姓朱的售票员发生口角，那个售票员掐住晏14岁的女儿的脖子，致使她瘫倒昏迷而死亡。而在双方激烈冲突的时候，车上竟然没有一个乘客站出来劝架。这样的例子不胜枚举，这就是我们所处的现实。现代主义从本体论的角度对人性沟通作了彻底的否定。

张延文：这让我想到了《讨债者》中的讨债者，他只身一人来到颍河镇，他对颍河镇这个世界的认知，是以他个人的自我意识为中心的，颍河镇是因为他的出现而存在的，他走到哪里，哪里就是这个存在的中心。宇宙对于我们世间的每一个人因此而产生意义，我们的人生也是如此。我们每一个人的意识，都必须具有对象。你来到我这里，我就把你作为我意识的对象，而你又反过来，把我当成你意识的对象。所以人与人的关系，从根本上来说，只能是矛盾冲突的关系，而不是息息相通的关系。人的对象性关系在人类的早期社会里是人和神之间的关系，神是人的对象化的存在，这种关系随着宗教神权推移到封建皇权并进一步延伸到父权、夫权等家庭伦理；而到了现代社会，宗教神权和宗法制度都成了被打击的革命对象，代表着腐朽的势力。科学进步、法制民主、自由平等、理性精神等这些新的理念精神取消了一个两元对立或者外部对中心的依附关系，现代社会崇尚个人中心主义，而非人类中心主义，这种异化的主体性导致了人与人之间的对立、对抗和冲突。就像刚才说到的，这就从人的本质上否定了人与人正常交往的可能性，取消了人类彼此了解的可能性。在人类无法相互有效沟通但却又彼此作为对象性存在而缺失了有效的对应物的荒诞现实里，另一个现象就产生了，那就是社会神秘性的发生以及生命意义感和社会价值感的丧失。这种神秘性我们在残雪和格非的小说里都能强烈地感受到。其实，这种神秘性也是你小说里的一个重要的话题。同时，没有良性的沟通和交流，就很难做到同情和尊重，没有同情心就必然会导致冷漠和残忍，最终丧失伦理和道德的尺度而沦为罪恶的帮凶。

墨白:记得2001年的时候,我就和评论家林舟先生探讨过这个问题。构成神秘的因素很多,比如我们每一个人都要面对的死亡。据世界卫生组织调查资料统计显示,中国自杀人数每年多达30万人左右,在我们现实生活里,每两分钟就有一个人自杀身亡。昨天我在《大河报》上看到两则消息,一是说四川省崇州市的反贪局长坠楼身亡,有知情人称他患有抑郁症,初步排除他杀的可能性。另一则消息是江西师大一个名叫郑晓江的哲学教授跳楼身亡。郑教授生前是从事生死哲学和生命教育研究的,他自己却这样放弃了生命的权利。所以乔治·巴塔耶认为,死亡的神秘性不在于它的不存在,也不在于它的不可理解性,而是在于它的可怕性。据有关部门统计,从2001至2005年间,中国每年交通事故在50万起左右,因交通事故死亡的人数均在10万人上下,居世界第一。非自然死亡时刻在我们的日常生活之中发生,我们不说像地震、海啸这样的自然性灾难,而出现在我们自身的像自杀、车祸各种人为的灾难确实让我们感觉到了死亡的恐惧,让我们意识到了生存的危机。当然,死亡的恐惧不单单是由非正常死亡带给我们的,而给我们精神造成压力的更多的是正常死亡。所以,死亡不但对我们的现实生活构成精神压力,而且还带给了我们一个无法清晰表述的神秘世界。

张延文:神秘带来的陌生感是人类产生恐惧心理的根源。陌生意味着不确定性,不确定性就意味着风险。信息论的创始人香农指出信息就是用来消除不确定性的东西。信息社会也就是说信息文化带给人类社会的就是进一步去发展扩充各种消除不确定性的手段,填补那些未知的空白区域,使得人类的各种欲望和情感都能得到充分、有效的回应。死亡不但对我们构成了神秘性,而且是我们人类伦理道德与宗教信仰产生的基础。在中世纪的欧洲宗教神权的时代里,教会的神职人员会经常清查助产士,唯恐她们没有纯洁的宗教信仰。1591年,英国爱丁堡的助产士辛普森·艾格尼丝因为使用鸦片减缓分娩痛苦而被宗教裁判所火刑处死,因为辛普森这样做解除了上帝施加于女性的原罪,她们本应该在分娩的阵痛中乞求上帝的仁慈。人类生育的历史本身充满了血腥和暴力,尤其是在医学不发达的时期,分娩本身就意味着死亡,人一出生就是和血腥死亡紧密相连的。

墨白:死亡的威胁对于我们人类来说无处不在,而死亡恰恰又是我们人类通往可能性世界的唯一通道。死亡是一种奇妙的荒谬,而人类在绝望之中又把自己的生命企图交给由文字形成的语言，并通过语言不断地将死亡带给我们使可能性的世界开启或关闭，这就是文学的重要性。而现代派文学再现发生在我们生命中的复杂的神秘性的时候，极其看重叙事语言再现生命力的功能。人类的生命结构就是一个充满神秘的复杂的迷宫，这个迷宫的构成是一种肉体的物质存在，又是一种心灵状态，同时也是一种具有超越自身物质的世界性的存在。乔治·巴塔耶认为，心灵生活的神秘性，不能单从心灵本身去理解，同时又要从心灵以外的其他存在的关系去理解，首先是从同心灵最切近的身体和语言的关系去理解。作为一种符号，在作家没有赋予人生命和情感的时候，语言是没有生命的，但语言一旦与人的生命、人的精神相关联，就使人的历史及其文化活动有了连续性，使语言比人类个体的生命更加具有生命力。所以，我们通过语言来了解人类本身，又通过人类本身去了解语言和死亡。但语言对人的心灵世界的表达极其有限，这就使以人性为基础的人的心灵生活由于语言表达的无力而变得神秘。但不可否认的是，文学创作仍然是探索人类存在所产生的神秘性的最佳方式。

张延文：不错，文学作为文化的一个组成部分，在整个人类的文明史当中占据着重要的位置，在我们的生活里，文学的作用似乎没有那么显著了，其实文学是更为深入、持久地默默地发生着作用。因为文字是传播信息的工具，它可以消除人类社会生活当中的不确定性。但同时，文字由于它本身所带有的不确定性，有可能会将人类引向一个他所从未曾达到过的未知之境，这种由于文字本身的不确定性带来的神秘感，是文学的诗性内核产生的基础，使得文学在一定程度上可以达到日常现实所无法企及的遥远的彼岸。所以现代派小说，它的存在对于社会伦理道德底线的有意无意的触碰和越轨，是必然会发生的。文学的伦理和社会伦理之间的界限显然是无法重合的，那么现代派小说所能抵达的限度就有可能在一定程度上超越现实的社会伦理，从而实现它的类似于“先知”的角色，深入反省人类的灵魂世界存在着的尖锐的冲突和矛盾，并为解决这些问题提供理想化的途径。一个具有先锋精神的现代派小说家，他的写作本身就是这样的一种灵魂的探险之旅，是当代社会里的英雄人物，他使用语言的方式来为读者提供一次次心灵逾越的可能性。在这方面，你的作品就极具代表性，比如你的小说《错误之境》《民间使者》《霍乱》《迷失者》等，使用文字来重新建构一种新的关系，它既区别于现实世界的生存法则和社会体系，同时又与之密不可分。你的这些创作提醒读者仍然存在，或者说应该存在的精神维度，它能够给予那些舍弃了世俗社会里的牵绊的人以天国的安慰。

墨白：除去上面这些我们说到的，现代哲学，特别是后现代哲学思考的另外一个根本问题就是人的情欲。巴塔耶认为，人的思想和行动的最后动力不是意识，不是理性，而是欲望，特别是欲望中的情欲。用德勒兹的哲学观点说，欲望是一种必然的存在，欲望是人类生命力的本质，是人类个体存在的动因，是维持作为实体和自身的存在力量，也就是说，我们人类在日常生活中起决定因素的就是情欲。意识和思想在我们的日常生活中是可以减缓和控制的，而情欲一旦迸发，却不可抵挡。在现实中，当个体的人的合理的情欲得不到满足的时候就会产生痛苦，在人类长期的社会历史进程中，以任何理由打着任何旗号的革命行动，最深的推动力就是情欲，因为被人类认为“不合理”的社会制度在关系到人的实际生活利益时，不能满足人们在欲望上的需求，人的情欲和欲望长期受到压制的时候，就慢慢地酝酿成意识和思想上的反思，最后才导向革命。所以，真正推动人类意识和思想的动力是人的情欲和欲望。因此，情欲和欲望在其实现的过程中，比意识和思想更能有效地转化成创造力。在许多现代派文学家那里，情欲通过语言而得以反复地出现，并呈现出它的意义。

张延文：余华的《兄弟》、莫言的《酒国》、阎连科的《受活》所要表达的就是现实生活里人们疯狂的欲望，你的“欲望三部曲”所表达的性，就是人的欲望本能。“欲望三部曲”以史诗的笔触，描绘了改革开放以来因为欲望中国社会各个层面所出现的普遍的扭曲和变异，表达出了对于这个古老的民族带来的精神化的现实的影响。大工业时代的商品经济对于一直都存在着的个人的欲望是一次史无前例的解放，欲望成为了商业交换里的不二法门，如何刺激人的消费欲望是商品交换当中最为高超的技能，欲望满足的法则史无前例地获得了在大庭广众之下堂而皇之的合法性，快乐的人生哲学正在肆无忌惮地撕扯道德伦理面孔上的遮羞布和羞耻心。欲望的充分个人化、正当化，对于一个尚未完全进入公民社会的社会体制来说，会发生一系列的扭曲和变形。人性的恶在不能得到社会伦理道德力量的有力而有效的束缚，而法制社会尚未真正来临的情况下，情欲的作用带来的丑恶在阳光下面格外触目惊心！你的《手的十种语言》就描绘了一个有良知和追求的高级知识分子，在权力和欲望的双重束缚下竭力挣扎而遭遇到的命运无常。这部作品采用了现代的叙事模式,穷形尽相,余味无穷。

墨白:但在我们传统的道德观念里,正常的情欲往往会被歪曲成色情或者邪恶,而情欲在人类个体生命过程中所隐含的奥秘也被忽视。另一方面,人类个体的欲望又被政治化,比如在“文革”中,由于我们相信皇恩浩荡,所以我们才心甘情愿地一切都被准则化,我们身体的每一部分都被规律约束,每一个生活情境,每一个姿势,甚至说话的语气,我们生活的每一个瞬间都是社会的,欲望不但趋向权力而且充当了权力的工具,我们的民众自愿被奴役。人民群众之所以支持“文革”,并不是因为他们被迷惑,而是他们相信救世主能最好地保护他们自身的利益。所以,福柯认为人类的欲望向权力的渴望植根于我们每一个人的心中,所以,才有了被政治化的欲望。

张延文:的确如此,权力是欲望的催情剂,这在你的中篇小说《风车》里有着精当的描绘,个人的欲望在缺少了监督和限制的权力支配下演变出了一幕幕的人间闹剧,它践踏生命的尊严和社会伦理,同时,这种无节制的欲望最终会导致集体灾难,从而得到应有的罪与罚。21 世纪以来的中国社会,随着互联网、移动通信、卫星通信等大规模的出现和普及,在文化方面开始具备了信息社会文化的雏形。小说的先锋性有了新的体现,比如伴随着互联网出现的网络文学,网络小说的大规模发展对于传统的纸媒介的小说无疑是颠覆性的革命,小说文体出现了很大的变异,小说写作的主题也开始出现了虚拟化的趋势,这些网络文学当中体现出来的是另外一种更为深刻的先锋性,是和人类的生活方式、生命样式紧密相关的新的变异性。人类生命经验当中一旦拥有了虚拟的生命属性,比如虚拟的时空经验的出现,那么对于“真实”的理解就当然要有所不同,这种基于人性的大变革的“先锋”是如何在小说写作当中加以体现的?一个传统的严肃文学的小说家如何能够体现他一以贯之的小说创作的先锋性,这也许是一个更为宏大的话题,需要我们去回答。

墨白:这和一个作家认知世界的方式有关。首先,这种认知和精神表达的方式是自我的,和个体生命中所呈现的记忆与时间有关。由于记忆的特性,我们过去的经历得不到准确的认定,我的存在形式,我的过去,只能存在于我的记忆里,我的过去和我的幻想、梦境与别人的经验、阅读中的历史都具有真实性;而这些又都只能在我们生命里那一个瞬间发生关联,过去的和未来的,我们生命里所有的一切只能在现实的一瞬里得到呈现。这就决定了我们写作的性质,写作就是回忆，要按照心理时间和记忆在现实里的反映而展开叙事，也就是说他叙事的支点就是我们生命所存在的那个无数的一瞬间，他企图在这一瞬间来表现人物意识的无限的复杂性。

张延文：关于记忆，叙事当中的时间性，这些话题应该说是第一性的。你刚才提到的这些是重中之重。在不同的时间属性下，叙事人处理生命经验的方式也发生了变化。就传统的叙事来说，叙事人的视角集中在已经发生的事件上，着眼于集体意识的故事是叙事的核心；对于传统叙事来说，事件是确定无疑的，不允许作者对于事件本身做出哪怕是一丁点的僭越。而到了现代，叙事人所关心的主要是个体的意愿，视角转移到了叙述者想要如此、希望如此的事情上，叙事成了第一要义，叙事人仿佛可以像上帝一样随心所欲地去安排人物的命运，让他们按照他所想要的结局行进。而对于后现代的叙事来说，由于叙事人的主体性开始出现了交互性、虚拟性，叙事人就成为一个待定的对象，叙事人的真实性、第一性都出现了变化，就成了不确定性的表述，对象性的关系无法确定，叙事转向了可能性的未来，那么，叙事是否成为可能，这成了后现代叙事的首要问题。中国自20世纪80年代中后期之后，出现了具备了现代叙事理念的先锋小说创作，但其基本上是昙花一现，当时的代表性作家，比如马原、格非、洪峰等人在现代叙事方面做出了大胆的实验，那些令人眼花缭乱的叙事技巧在普通读者当中引起的反响几乎可以忽略不计。这应该引起我们的反思。在中国当代小说创作当中，你对于小说叙事的探索和实践一直处于高度自觉的状态，请你谈一谈你对现代小说叙事的看法。你是如何做到叙事理念和艺术真实的平衡的？

墨白：一个小说家，他的叙事如果不与他的生命经验联系在一起，那么，他所有的艺术实验都值得怀疑。如果一个小说家，他真的对他生命所处的现实有所认识和思考，对生命在时间中的存在有所认识，对由现实而构成的记忆有所研究，对汉语言所呈现的社会事实与生命的事实有所感悟，那么，他就绝不会从对叙事探索的前沿退回到所谓的现实主义。他之所以要退回去，那是他还没有真正理解上面我所说关于时间、记忆、语言等这些和我们生命本体真正产生的关系。以前我曾经和朋友说起过，一个小说家，无论他在叙事艺术上走到何处，而盛载他叙事实验的依然是他所处的现实，社会的现实与生命的现实。只有这样，才能做到你刚才说的叙事理念和艺术真实的平衡。

张延文:对,这也可以说是对于当前文坛的那些脱离了艺术真实的各种稀奇古怪的叙事理念的秉承者的一种有益的警醒!诺贝尔文学奖委员会在给莫言授奖的颁奖词《他是个诗人,让个体升华》中提到:莫言是个诗人,他让茫茫人海中的个体得以升华。他以俏皮而难以掩饰的轻快口吻,揭示人类存在的极端阴暗面,几乎无意识地就找到了极具象征意义的形象。颁奖词还说,莫言采用了源自神话与民间故事的夸张、模仿与派生手法。何时曾有如此史诗式的春潮席卷过中国与世界?在莫言的作品中,世界文学与一个声音对话,这个声音足以湮没大部分的同行者。这个颁奖词对于莫言和中国现代派文学给予了极高的评价,特别强调了莫言作品的诗性、隐喻和象征的力量,以及他的创作的先锋价值,以神话和寓言的外衣来对其进行颠覆,同时特别强调了莫言在小说叙事方面进行的探索和创新,莫言的作品带给世界文学的影响力。对于莫言的这些评价,是基于莫言的作品的,对于中国的现代派文学来说也同样适用。比如你的作品里就充分体现了这些特质,这是不是也是中国当代优秀的作家想要达到的一种理想的文学精神,鲜明而强烈的现代意识在其中起到了核心的作用?

墨白:对小说叙事的探索植根于两个方面,一是对表现形式的探索,二是对叙事语言的探索与创新。伽塔里和德勒兹提出的“根状茎”的方法是将信息分散到非中心化的系统中,将语言分散到多重符号维度中。“根状茎”意味着开放而不是封闭;是朝着多个方向而不是朝着一个方向流动的,既没有开头也没有结尾,永远处在运动之中,是分裂的,是非地域化的。这种动态的、异质的、非二元对立的后现代思维方式,恰好印证了后现代小说的叙事结构。而对叙事语言的探索与创新,不只是局限在叙事语言本身,它的意义超出了语言符号系统的范畴。刚才我说过,是在于探索人的主体性以及主体性与整个社会的关系,探索当代人与历史命运之间、与现代社会中的一系列法制规范之间的奥秘,一个小说家的叙事语言与人的行动、思想、社会制度、权力、道德以及人的本性紧密相连。同时,任何叙事语言都有自己的局限性,所以叙事语言的创新在任何时候都是对旧有的语言形式的破坏,只有破坏旧有的生命,创造新的生命才有希望。

张延文:据我了解,你也是个诗人,你的小说语言充满了诗性,甚至在不少作品里都放入了大量的诗歌文本。在小说题目的使用上,你也充分注意了寓意和象征的因素。比如《映在镜子里的时光》《错误之境》《航行与梦想》等。莫言的小说当中的诗性部分体现在他天马行空式的想象和汪洋恣肆的语体上，对于小说题目的选择和使用上，莫言除了考虑寓意和象征之外，还有着传播效果的考量，比如他的《四十一炮》《丰乳肥臀》《生死疲劳》等。同为具有代表性的现代派作家，莫言小说作品的可传播性显然更为突出，我们甚至可以说，莫言在为先锋文学和大众文学之间寻找着一条巧妙的融合之道。在一个大众传媒的消费文化的时代里，你是如何来平衡这两者之间的关系的？先锋小说在面对大众文化时，是否具有更为切实有效的传播技巧？

墨白：每一个作家在创作时，都有自己所要面对的问题，有的作家可能会更多地考虑外在的社会因素，而有的作家是更多地考虑自我，考虑对自我的怀疑，考虑随着时间和空间的变化自我的不断地裂变、过去和自我和现实中的自我之间的相互影响，等等。在自我本身不断地分裂倒置的过程中，意志与本能、意识与无意识、物理性与直觉会发生尖锐的冲突，所以，我的创作一切都在自我的本体之中展开，自我与社会、自我与他人、自我与自然、自我与自我，我的小说人物也在不断的丧失中寻找着自我，像你刚才提到过的那几部小说，还有《寻找旧书的主人》《隔壁的声音》等，寻找的过程由无数次的失败所构成，无数的悲哀在丧失的自我中产生。而所有的由失败所产生的悲哀并没有阻挡住我们对人生价值的寻找，我们人生的意义就存在于在现实生活中不断地寻找自我的过程中。这是现代派小说叙事要表达的一个最重要的主题。

张延文：是的，从你的作品里可以发现你对于自我的追寻，我们甚至可以从中辨认到你和你的作品当中主人公的一些共同之处，比如谭渔，他身上有着从农村走出到城市去的知识分子的自我怀疑、自我批判精神，甚至短暂出现的人格分裂与人性的变异。你的作品的批判精神是非常鲜明的，我想这也来源于你的独立的精神立场。你对于西方文化的了解是深入、全面的，西方的绘画、影视、音乐等艺术样式里的优秀传统，都可以从你的作品里找到继承和发扬的成分。在古今中外的文化经典的滋养下，培育了你的作品的充沛的气场，一种痛苦而华丽的气质、锐利而宽阔的精神。你是如何将别人的经验融入自己个人的创作当中的？这其中有没有独家的绝技呢？

墨白：这是一个复杂的话题，一时无从回复。不但是我，或许你再去问另外一个小说家，他可能也会有与我相同的感受。但有一个简单而繁重的方法，那就是去读他的文本，你所说的独家绝技可能就隐藏在他小说的文本里。

张延文：莫言的早期作品被贴上了魔幻现实主义的标签，莫言在叙事上所具备的这种夸张和变形的特点，与中国传统文化当中的阴柔的、中庸的儒家文化是相背离的，他的语言风格也和崇尚节制的东方文明大相径庭。莫言的小说的先锋性也许在很大程度上取决于他不仅仅是继承传统，而且大胆地去打破传统的束缚。莫言的作品有着强烈的气场，这类似于孟子主张的"养气说"，一种充满阳刚的浩然之气充斥着莫言的小说叙事。你的作品，也有着阳刚之美，只是更为接近于《易经》当中提倡的"天行健，君子以自强不息"的精气神，这使得你的作品充满了力量，富于张力的叙事结构，比如你的《重访锦城》《隔壁的声音》都是如此。单就语言风格来说，你的叙述语言里的阳刚之气却并不那么明显，这也许与你对于语言文字使用上的节俭，以及对于意蕴的追求有关系。先锋和传统的关系到底应该是怎样的？小说的叙事语言是否取决于作家个人的审美习惯和认识生活的方式呢？

墨白：一个作家，他创作的基本问题和人生的基本问题是一致的。别人在创作中的基本问题我不好说，但我在创作中关注的是语言、死亡和欲望这些主题。一方面，传统的道德与宗教的实质就是控制人类的性欲、压制人类的欲望，而我们创造由语言构成的文学作品的目的，就是为了满足人类对自由的精神世界的无限追求，把人类自身从苦难、性与死亡的相互困扰中解脱出来。这个话题我们刚才讨论过。另一方面，文学之所以对我们重要，不但是文学把人的幻想、语言、思想、追求和快乐的奥秘推到极限，而且是因为它所要表达的首先是人类的痛苦，也就是吴西玉、谭渔和黄秋雨们的痛苦。深藏在我们体内的欲望不但能让我体验到本能的力量，也让我产生了逾越有限经验的意志，同时也是我产生痛苦的根源。应该说，生命痛苦的根源集中表达了生命本身的奥秘，这就是痛苦对于我们人类的价值。西方现代哲学让我明白的一点就是，一个作家要有勇气面对自己的内心世界，面对自身痛苦的根源，并不断地进行自我的解剖。

张延文：苦难和救赎，这仿佛转移到宗教的话题，也让我想起列夫·托尔斯泰，他在文学追求当中反复提及的超越性的"爱"。对于大作家来说，必须承担起上帝赋予的拯救的使命，由此成为人类精神生活的"救世主"，心灵世界的罪与罚的终极承受者。死亡是一个更为宏大的话题，在人性、神性、物性等各个层面都存在的，战胜死亡也是技术理性所要达到的终极使命。现代派文学有着自身的使命和局限，我们必须对此有着清醒的认识。关于现代派文学的话题是谈之不尽的，其中的蕴含完全可以涵盖人类社会生活的所有层面，希望我们在将来进一步展开这个话题。非常感谢！

（原载《天涯》2013 年第 6 期）

第二辑

研究论文选

在梦境中追寻现实

——读墨白小说

田中禾①

墨白是属于20世纪90年代的(虽然他在80年代后期已经发表了一些有影响的作品)。他生长在中原,颍河边,一个农民家庭。他读师范,学美术,干过工人、漆匠、教师,现在是编辑、作家。直到要写这篇小文,不得不把近几年读墨白小说的直觉琢磨一下,我才意识到以上背景的重要。

最早我曾注意到墨白在一个会上的发言,由于我总是不遗余力地抨击陈腐的乡土文学观念,强调文学的雅致、创新和艺术性,因而听到一个来自生活底层、以写乡土题材为主的小伙子虎虎有生气地提出小说的形式问题,当然很高兴。后来读了他不少作品,觉得这是一个既有才华又有自己想法的青年作家,从一开始就非常自觉地追求艺术形式的创新。对于沁透了农民文化、泛滥着俚俗趣味、感觉迟钝的河南文学,他使我看到新的文学观念已经不再是空的认识。后来有人批评墨白赶时髦玩形式,我说,其实他远没有从传统现实主义挣脱出来。他知道必须挣脱,他有了这个自觉性,这就非常可贵,河南作家必须有强烈的创新意识才有可能改变平实的旧面貌。即使是形式游戏也意味着睿智闪光,有利于启迪心智、激发幻想和激情。没有幻想和激情,文学还有什么生命力?那时我和墨白还不算认识,也没有交谈过。

这几年,他在全国一些有影响的刊物上发表了近百万字作品,大多数我都读了。混沌学里把混沌运动最终都要趋向一点的这个点,称为"吸引子",小说

---

① 田中禾(1941~),河南唐河人,当代小说家、文体家,主要著作有长篇小说《匪首》《二十世纪的爱情》《十七岁》等。

创作也是一种混沌运动，在看似随意、千变万化的创作活动里，每个作家都有自己的“吸引子”——潜意识中的心理情结，墨白的心理情结是什么？读他的小说我时时感觉到墨白的痛苦（尽管创作过程肯定给他带来愉快），我感觉到他内心深处两个精神世界的冲突和失调。到目前为止，他一直靠这两个世界支撑着他的作品：一个是浪漫的虚幻的构想，一个是严酷的现实苦难和人生苦难。

毫无疑问墨白很善于编织故事，这是作为小说家必不可少的素质。由于他更重视营造讲述本身的技巧，他就把自己的小说经常放置在虚拟的氛围里，使他的作品带着90年代的特点，因而区别于传统的写实。它使我透过风沙弥漫的黄河故道依稀看见颍河静静的流水，怀想中原文化的性灵——宁静的冥想，痴狂的神游，在发人幽思的民风和神话里的乡村的童年，故事无所不在。敏感的少年，耽于幻想的少年，爱做白日梦的少年，他总在追恋着美丽的情感，追寻着一个虚幻的影子。到了后来，这目标变得并不重要，他沉迷的是这追寻的历险过程，世界呈现出的歧路的迷茫，生命运动的混沌的神秘，使他备尝迷失的乐趣。所以，他的小说常常以追寻、重访、钩沉为载体。他追寻的并不是一个过往的遗梦，其实是要带着自己进行一次假想的旅游。

但这个一出世就开始了艰辛人生旅程，至今依然与他的乡土一起经历着苦难的农民的儿子，他的心灵能够像博尔赫斯那样笼罩着平静、和煦的阳光吗？他敏感的天赋深印着噩梦般的磨难，当他步入交叉小径的花园时，智慧游戏不断被父亲多皱的脸庞、母亲佝偻的身影遮断，贫困、愚昧、粗鄙、邪恶是墨白心底的幽灵，时时从他的意识里冒出来，使他追寻美丽的幻游最终变成可怕的梦魇。故事总是悲惨的，结局总是沉重的，过程也便布满阴郁的暗影。构成他小说的核心，使他借以制胜的，仍然是一个撼人心魄的悲壮故事，仍然是人道主义和深重的忧患感。

这便构成他小说的艺术特点，同时也成为他的程式：以童话的眼睛切入，以美梦不断被破坏展开，以现实的严酷结束。大致是前期作品更侧重现实苦难，更依靠人道主义（《黑房间》《同胞》《幽玄之门》《寒秋》……）；近年作品更侧重追寻情感，朝向生命的悲剧意义（《白色病房》《重访锦城》《航行与梦想》《俄式别墅》……）。

《寻找旧书的主人》很典型地代表着他近期的艺术思路。它构思工巧，弥漫着美丽的忧伤。它的前半部充分展示了作者富于才华的想象力和对人生追想的激情，一直到被烧伤的女人露面之前，作品致力于营造平凡的人世的莫测感，虽然花费了许多与情节无关的笔墨，但读来仍然感觉它是集中的，流畅而饶有兴味，是一种动态的把握，被蒙太奇调动着。我想，照这样的氛围走下去也许同样可以揭示人生的苦难和无奈。可是，陈平这个名字似乎触发着墨白心底的幽灵，他没法把握自己，他不但要为她组织出最悲惨的人生遭际，而且还要把美好的往昔一起推入阴影。为什么她不可以有平淡一些的生活呢？平淡，也许是更深层次的悲哀。为什么她不可以真地从“我”的视野里消失而让旧书永远成为一个期待？大约不展示苦难作者就觉得没有了力度。开头他并没有担心读者的悟性，一张烧伤的女人的脸使他的绅士风度失措，节制变为煎迫，梦幻一层层被揭破，医生用具体的说白试解朦胧，读者的好奇心激发出来，即使结尾再出奇笔，仍然无法挽回人生莫测的迷雾散去之后的怅然。陈平的故事本身的陈旧感还不如不追叙更好(看起来这仍然是技术处理的问题，却又不仅是技术问题。深层原因在对人生的认识，对人生情节在人性层面上的意义的发掘。但这理性的思索又必须用技术来解决。那当然要难得多了。所以，像我这样评说，也如空谈人文精神、终极关怀一样，比写小说轻松多了，又能见出自己的高人高见)。对照他在《收获》上发表的《重访锦城》，不难看出墨白的心理轨迹。他坚持不懈地想要在智慧游戏与现实苦难中找到一座桥，或者说，他顽强地想要把现实的狰狞、丑恶融入美丽的梦游。这当然是有意义的，他也已经取得了引人注目的成果。

我总是认为一个作者的所长就是他的所短，作家不会在不成熟中死亡，却总是死在自己的成就里。他借以取胜的东西也是他最容易失陷的所在。我害怕评论别人的作品，愈是诚心诚意愈容易干扰别人的思路。即以墨白论，在《幽玄之门》之后，我曾写过一封信和他讨论人性与现实的问题。几年时间过去了，他发表了那么多作品，足见他的勤奋和孜孜以求的精神。读他的作品，觉得他有时在拼命挣脱现实的负累，有时似乎又在拼命挣脱虚幻的蜃景，表现在叙述的结构和语言上也可以看出有时优雅，有时粗实。以我的一己之见，如果能像《寻找旧书的主人》的前半部那样气韵贯通，情绪集中，也许他的作品面貌会大为改观。但我真地觉得别人的话只能参考，因为牙疼的是自己，别人说话的时候都不牙疼。

（原载《鸭绿江》1996 年第 12 期）

梦游者永在旅途

何向阳[1]

如果用一个词来给墨白的写作做一个概括，没有比“行旅”这个词更贴切的了。而且，这个词，也完全可在他的主人公身上找到对应，那些寻找，那些向彼在的游走，那些“在路上”，那群不同程度的白日梦患者，好像他们的命运背后有同一只推动的手；在一场场如狂奔的行进中，在总会落得个不了了之结局的寻找后，他们一再执拗地上路，那副犹疑却又迷狂的神色让人怪异非常，却坚信那场永无终点的行走正是他们的命定。

于是在墨白长达十三年的创作中，那个“走”的母题一再闪现着，犹如路尽头一个或隐或显的目标。“走”使行旅本身变成了动词，变成了放逐。故事总是开始于离开，一个人，要到一个地方去，到这个地方是为了找一个人，这个人是他青年或少年时的女友，一个至今仍在纠缠于他的情感梦想的人，这个寻找的人到了他要找的地方，却无一例外地与他要找的人失之交臂，那个他要寻找的人或是死了，或是变了，或是走了，总之根本没找到（找不到），被找的“她”总以“不在场”回应着“他”的寻找，由此，这个失落的、不意的结局又成为另一场寻找的契机，那个寻找于是成为一种找不到之找的循环游戏。寻找，就是在这里，变作了游走。

《重访锦城》里的谭渔就是走在这条路上的人。一个大雪纷飞的日子，一个叫谭渔的男子重访锦城，来看望一个叫锦的曾与他相爱却做了别人妻的女人。这个故事几乎成了墨白所有小说的原结构。小说一开始就明白交代了这一点。

---

① 何向阳（1966～），女，安徽蚌埠人，当代评论家，供职于中国作家协会创研部，主要著作有《朝圣的故事或在路上》《肩上是风》《自巴颜喀拉》《镜中水未逝》等。

于是那个墨白式的原型故事在一系列如车站、广场、街道、胡同等具象的背景所暗寓的行走中展开了,然而锦城,他寻找中遭逢的三个女人——吴艳玲、赵静、雷秀梅等昔日同学众口一词提供给他的都是锦已不在人世的消息,对于老同学的变化他虽惊异却不在意,只是那个锦总像活在他的不同于现实的时间里,令人挥之难去。于是那个老人出现了,烛光摇曳中,他掉入了另一个时间洞中,那个对他的生存至关重要并绝对真实的锦城——如墓穴一般黑暗诱人的往事中。在铁匠铺锤子砸铁皮发出的刺耳声响里,谭渔已呈分裂状的理想与现实、内心与环境、置身与向往的身、心破成碎片;在幻觉与现实的倒错中,"他像一条黑色的疯狗在锦城陌生的街道上奔逃",这种狂奔使其从现实诸网络中逃离后,掉入另一种网络——往事的纠缠中,即从空间的超稳定性结构中逃离,不意却落入时间的不确定性关系中,从情感真空的此在落入意识真空的彼在,注定这般行走的人必会迷失于时间之中。"他清醒地意识到自己不知身在何处"。自虑焦灼与绝望于此,另一个"彼在"成为下一个远方。《航行与梦想》即是如此,"萧城是一个非常喜欢独自旅行的人",小说开头就再明白不过地交代了行旅主题;而把逃避或逃离过程视为行旅意义的更深层,旅途是往事再现的最好方式——现实与往事混成一团,让人弄不清人在现实中的独旅或者思想中的独旅哪一种更为真实。《航行与梦想》也是在两个时空展开的,人物关系既复杂又单纯,萧城要去江村找一个叫燕子的女友,他们是一直未及谋面的长达五年的通信者,小说再度写到了寻找,但却是在"我"的视域下进行的,这样小说就为我们提供了三重时空,作者"我"的,人物"萧城"(过去时态的"我")的现在时,"我"与萧城往事重现的过去时,结局是那个叫燕子的女友最终是找到了,却不是萧城想象中的女孩,而是一个死在路上的白发老人——小说在人物关系中迷失,也再一次迷失于幻觉与现实交错的时间里。于是,在往事的无法拼贴之外,还有梦想的不可实现。由此,墨白封死了过去与未来的两条道路,所以只余行走的这一现在正在进行时,只余这一连接过去与未来的时段,于是那不倦的出发与行走本身成为使梦破灭的现实的一种对抗。不仅若此,小说还写出了另一种隐于行旅后的残酷,一种目的的残酷,那底牌翻过来是,在现实中执拗地醒着寻梦只会使梦破灭。这难道就是抱定梦想不妥协于现实、生活在别处的人的结局?

然而,墨白主人公的执拗脾性超出了现实回给他们的失望。他们有比现实还要冷硬的坚毅。所以那一次次不顾落幕终场的突围就尤显得壮烈。在《寻找旧书的主人》里，这种寻找的焦灼几乎不能自抑。“我沿着一条陌生的道路去一座被废弃的旧仓库里去寻找一个陌生的老人”，而寻找老人只是为寻找那本被卖的旧书《而已集》的主人——“我”旧日的情人陈平。命中注定“我”无法找到“她”，那个主题像一支回旋曲似的又出现了，这次，主人公找到了“死”，反反复复的医院、太平间和精神病医生把这个现实中的梦游者的行为搞得更像一次梦游。多多少少，墨白的主人公在现实人眼里，都有些轻度的精神官能症，表现为与现实的分裂症状与对梦想的偏执症状，这要视具体环境的“临床”反应而定。而且，他们无论以怎样的称谓、顶着如何的姓名，都无一例外地如一个人似的，对现实水土不服，对理想又求之过甚，以致到了最后，从一个真空掉入另一个真空，弄到疲惫窒息，弄得行走成为一种生命的本能，直至心力交瘁，郁郁而终。从这个角度看《讨债者》则会认为那些被作者冠以“讨债者”、“摆渡者”等抽象的名字有一重关乎存在的隐喻，二者都是行者，只不过“摆渡者”是两岸间移位却明白极限的理性控制者，他把自己的线路相对严格控制在此岸与彼岸之内；“讨债者”四处奔波看似有目标却是目标不断遭改写的已陷入疯狂的被动者，他走投无路，将他的背景写成是一场大雪，恰与他的茫然失路相吻合。“视线上和心理上的迷乱”，这也是近年墨白小说中不断出现的字眼，“讨债者”最终在木料场冻成僵尸“像一条无家可归的野狗”这个结局，仿佛超出了墨白的其他行旅者——他们原来只是目睹别人的“死”，那形形色色不同意味的死使他们找到了再度逃身的借口，然而，这一次，却轮到了他们自己，死在路上。无家可归，一无所有。难道这就是命运对要在现实中实现梦想的那些多少有些病态的不安分人的惩罚?！小说到此戛然而止。

墨白从对现实的疑惧终于走到了对自我的怀疑。此前，这种焦虑已经积得很深。“鼠王像一个幽灵行走在五月中午的田野里”，“一个炎热的上午，谭渔穿过市中心那条繁华的街道，默默地行走在陌生的人群之中”，“暮秋的傍晚，孤独者逐渐接近一个黄色的村庄”。值得提醒的是与“行走”这一出现频率颇高的词同时一再强调的时间，如果这三篇同发于《山花》1995 年第 2 期的短篇《鼠王》《现实的颠覆》《孤独者》还不足以证明的话，看了《失踪》(1991)《逃亡》《寻找乐园》(1992)《远道而来》《进入城市》(1993)《民间使者》《苍凉之旅》《穿过玄色的门洞》(1994)这一系列作品的标题就会心有所悟，当然还可拉来墨白早期作品 80 年代的《岸的影》《绿色邮车》《命的船》作为佐证，阅读中我发现，他的近期小说《走进你胸膛中的梦游者》(1997)与他最早发表的处女作《远行》(1984)有着内在惊人的意象叠印,而中间已隔十三年光阴。日子真的无处可寻么?墨白忠于环境所给予他的感受,忠于那感受要求他的表达,十多年流逝消亡的岁月,他只拼尽笔墨去镂刻一个字,行旅是这个字的表义,更深层引而不发的是写作本身对时间的否定——正如他的主人公都是一些“丧失了时间与方向感的人”一样,写作者墨白一以贯之不倦行走的主题剖示了写作本身对抗时间、对抗死亡的意义。

这是隐于时间背后的最深度的改写。行走,因为孤独,也因为憧憬。远方的不确定性提供了多种生活的可能,文学,正是因了这一点,成了时间的反叛者的。或者说,真正介入其中的写作是反时间的,它带有回忆性与虚拟性,正是此种逆时间性使其对抗超越着死亡——包括常规生活对人生命激情的吞噬,这一点墨白有着他笔下的梦游者所不具备的清醒,《航行与梦想》篇首引用的波德莱尔的《旅行》诗句——“时间到了……我们已倦于此邦……死亡! 开船航行!”和《街道》中主人公罗马“时光就是渔夫,捕我们上岸”的感慨都印证着此种自觉。所以在墨白现代的语句后面,包裹的仍然是一颗浪漫古典的心。那个象征理想的“她”是不能解构的。“死亡算得了什么,它挡不住我魂游苍天”,这是一句誓言,也是一种襟抱。这使那场行走,像神话中西西弗斯推石上山的仪式,既像一种惩罚,又像天命。

“他在奔跑的过程中,想象着自己变成了一只鸟,他要飞到大气层之外去”,这是《精神病患者》中的话,“他拎起旅行袋走出门……又一次回到了以往许多流失的时光里”,这是《飘失》中的句子,而“老人”、“旧时恋人”则重复出现在他作品里。如果引来统计学的方法,调查一下墨白小说中这些名词与“行走”这个动作出现的次数及二者间的关系,会得出很有意思的结论。是呵,有些时候,有些时候,“我们会深深地陷入某一种事物的腹部,比如雾,比如季节……使我们成为色盲”,墨白在他 1994 年的一本小说集的跋中阐述着画匠与艺术家的区分,这个区分当然不只是艺术选择的方式或手段。在技术之上,我注意到他首先提到的是人格,这篇写于 1993 年那个特别年代——先锋们在不顾一切地将文学放在形式的砧板上实验的年代里,我听到了与那个时段不一样的声音,我想:这应该就是墨白的意义,这应该也是写作的意义。虽然这么做,会因孤独而陷入更深的孤独——如那个行走不辍的人——还会寂寞,无人喝彩的路上长年游走的作者比我更深知这一层，然而那个人没有停下来不走，那个只有一个侧影的孤独者甚至不再问有没有渡口：

> 多年以来，孤独者就那样在连绵不断的陌生的土地上行走，行走逐渐变成了他的一种义务。

（原载《小说评论》1998 年第 1 期）

光荣的隐退与生命的责问

——墨白小说《光荣院》个案分析

夏　敏[①]

初读墨白的中篇小说《光荣院》，感到在他那看似直白的叙事背后隐含着对生命意义的相当严峻而深刻的思索。不能保证普通读者透过时空倒错、几近魔幻的文字表面能够颖悟到这种思索，但是经过细心的阅读，我们不难看出，小说推出的人物群像面对生死的各种反应，的确隐含着对现实人生的强烈反讽，叙述沿袭着并不张扬的冷幽默路子，但是给人的感觉是文义指向每一个自我。这样的小说必然给蒙昧的心灵带来震荡。

小说情节性不强，所以读者如果试图从中陶醉于跌宕起伏的情节，那么你就选错了作品；相反，本来就已经很简单的情节也被作者“折腾”得支离破碎。但是我们的阅读冲动并没有因为这种看似有些许凌乱的处理而受阻。本篇基本上摆脱甚至颠覆了普通小说的叙事传统，将原本完全可以按正常时序展开的故事，从意识流动的需要出发，进行“强行”肢解、切割和相互窜位。小说从头到尾贯穿着虾米对老金磨鱼钩的回忆和老金掉入河道可能淹死的种种猜测，使二者交替复现，而这样的复现使得小说表达混合了事实和猜想，把本来不能算是荒诞的东西变得荒诞，似乎一切都像一个梦，所以在题记中，作者特地加注了爱斯基摩人的格言：“梦是通往另一个世界的门。”在种种如梦的事件勾画中，老金之死与老金之活的场景，在小说列出的十个部分来回切换，使生命和死亡萦绕不去，就像电影技法中的蒙太奇，把现实人生及其记忆，跟即将展开的未知事件

---

① 夏敏（1964～），浙江苍南人，集美大学文学院教授，著有《初民的宗教与审美迷狂》《客居明月下》等。

打通起来,阅读的直观感受便是让人在作者设置的“迷障”和“梦幻”中,不辨历史、现实和未来。光荣院,是一个时间意味很强的空间场景,在这里,时空经常与记忆、猜测混绕交织在一起,给人一种时空倒错的感觉。但在这一倒错面前,作者并没有只是迷醉于他的叙事技巧和文字游戏,他的真实目的在于借助这样的超时空的叙事,解构一个天经地义的政治理念,从而对生命的意义进行一次严肃的拷问。

从作品中我们读到,当盐业公司的库房用做接纳年迈体残、无家可归的战斗英雄的“光荣院”的时候,这个光荣院便开始走向衰落,“光荣”在现实社会中变成了一个迅速隐退的字眼,“光荣”是走进死亡的一个代名词。无论你是否喜欢,日渐衰落的趋势在被遗忘的“光荣”中得到淋漓尽致的呈现。小说通过一个寓居在光荣院并成为它的底层的人物虾米的内心世界,也通过曾经“光荣”的老战士们孤独凄凉变态的晚景见证了世俗执政者在面对传统政治在国家的经济大潮到来时所表现的脆弱与无力。当资深的建国“功臣”们取得了国家的政权历时愈久,那些不谙创立“家业”之苦的后代与他们形成观念和生活方式的反差就愈大。当小说中那位孙医生将“红嘴唇女人”刘娜带到娱乐室交欢的时候,当断腿的虾米与死去的叶在梦中交合的时候,都会引发老英雄老金的强烈不满或不屑。当主流政治把它的拥戴者当成是令人羡慕的“光荣”楷模的时候,同样受到这种表彰的老战士们,在一个讲求多元化的时代却面临许多生存尴尬。

作者高明的地方在于,他借助一代人曾经拥有的“光荣”在现代社会的迅速消退,重新思考生命是为了什么而自尊地存在的敏感的话题。小说中那个名为“光荣院”的地方,实为享受政府福利的老战士“养老院”。它是县民政局设在颍河镇上专为那些伤残战斗英雄“颐养天年”的地方,是曾经“光荣”过的老人生命终结前的“中转站”。它的成员从二十三人减少到十三人,棺材从十口到剩下最后一口,负责人从公事公办的郜院长到涉嫌腐败的王院长,都在这光荣院实现了“中转”,但这中转不是周而复始的,而是悲剧性地萎缩着“光荣”的概念,暗示了无力回天的时代变迁。通过一群人的心迹的巧妙勾勒,表现了传统建立起来的道德理念、生存态度和社会评价在急剧的社会变迁面前所遭遇到的新的困惑。从而巧妙地为读者展现了一个我们并不陌生、日渐淡出的旧日政治遗留的影子,但人性深处的生命意识执拗地在遗憾的日子中挣扎着。

小说中最核心的两个人物就是老金和虾米。他们有着不同的人生经历,虽然都寓身光荣院,但对老金来说,“光荣院”是以他为代表的一批战斗英雄的待遇、等级、资历、地位和身份的象征,尽管这个象征日益单薄,这是虾米所无法企及的。老金在战争年代,在他的连长率领下,不惜牺牲,勇立战功,他的伤残和他的勋章显示了他的“光荣”,他没有忘记把它们当成值得炫耀的光荣的象征。他提醒虾米:“你别忘了这是什么地方,这是光荣院。”“老金说着拍了拍自己腿上的那道伤疤说,这就是资格,你有吗?”功劳是他曾经荣耀辉煌的写照,是光荣记忆的一部分。为此他把他那锈迹斑斑的勋章挂在床头可望不可即的地方,随时听到当啷当啷的声响,不允许别人随便抚摩。孙医生要摸他的勋章,老金还要求他洗手,“这是勋章,是我用生命换来的”,得意中难掩其炫耀心理。“要是没有这勋章,你会来这里享清福?”倚老卖老、居功自傲、以恩主自居的心态一目了然。尽管这些勋章被另一位战斗英雄老钱贬为“几片生铁,不顶五分钱”,但老金却将其视如家珍,是用生命换来的“辉煌”符号。老金的可怜在于把针尖当棒槌,把鸡毛当令箭,把荣誉当成高人一等的资格并执迷于此,他这三枚勋章带给他的骄横和霸气总使他看不起别人。他自以为是,常以“老家伙”自居。就像他教训王院长时所说的那样:“要是没有我们这些老家伙,你当谁的院长?”小说中我们常常可以看到老金居功蛮横的许多表现。他对部院长带木匠来制作棺材横加指责,对王院长在伙食费中的不良表现扬言要到镇上去告他,对孙医生吊儿郎当、沉湎女色面呈不满,对虾米梦中自慰横加干涉并当众让虾米出丑。光荣院是使老金显得光荣的地方,虾米认为老金的尸体不漂到别处,是因为他“舍不得离开(光荣院)这个地方”。这“光荣”的老金习惯性磨刀所发出的声音反复刺激着虾米卑微脆弱的神经,虾米潜意识中甚至诅咒老金被淹死来表达对老金这一代的告别。于是,老金掉到河道里不知是死是活,成了小说串联情节的一条重要线索。

与老金相对,虾米在光荣院里是一个并不“光荣”的角色。他从一个颍河河道漂来的一口瓷缸里被人救起的弃儿开始了他那苦难而无尊严的一生。他长着红肤白发,一向被人视为“灾门星”和“老怪物”。自从那口“蓝中带红,色如海棠”的大瓷缸被搬到盐业公司,他便理所当然地成为盐业公司库房及其以后的光荣院的看门人。在光荣院里,他算是一个真正意义的底层人物。谁都看不起他。孙医生侮辱虾米:“没有光荣院的人有资格”,“看看人家老钱和来福,人家哪个身上没有几个枪眼子?你身上有什么你说说?你身上只有屁眼吧!”虾米连看一眼老金的勋章的资格都被老金剥夺,“每当他的手接近那几枚勋章的时候,老金都会出现在门口,老金说,虾米!虾米的手就给吓回去了”。为了比老金的尸体能够抢先一步装入最后一口棺材内,虾米不惜自杀身亡,可是就是这么一点儿小小的心愿也不能实现。和老金一直有矛盾的老钱在关键时刻,却站在跟他身份等价的老金一边:“虾米咋能和老金装到一口棺材里去!”在光荣院,任何人都可以拿虾米的红肤白发取乐,或任意对他发号施令、颐指气使。因其卑微出身,他被来福骂作“傻×”。对虾米的心理刻画常常充满着无奈的戏谑和悲悯的喜剧色彩,让人看了不由得产生满心的悲凉和苦涩。他对叶的迷恋和对月红的复杂感情,常常成为别人的笑柄。有时,人们侮辱他的生理缺陷,他也奋起反抗过,例如扛盐袋的袁武军嘲笑他的皮肤,使他迫不得已去咬袁的拇指,而当来福伸手抠虾米嘴里的剩菜,也被虾米狠咬,于是他被人骂作“狗”。从虾米身上,可以看到在我们这个社会,弱势者生存的艰辛和难堪。他人格的被蔑视和被作践,恰恰体现了人性深处的冷漠。他卑贱的出身和无家可归、寄人篱下的经历,使他对生存有着特殊的体验。小说多处写到虾米的梦幻及自问,荒诞中潜藏着哲理:“我到哪里去呢?我的家在哪里?”这样的句子不由得让人想到冰心的散文名篇《我的家在哪里》。虾米,甚至包括光荣院里的人、颍河镇里的人以及我们所有的读者,面对生活、面对死亡、面对心灵的本真,我们不也是类似的“虾米”吗?有形的家抑或小说中虾米临时栖居的“库房”,都不是真正意义的家。看看虾米,想想自己,人们什么时候真正善待过他者,又什么时候真正被他者当作人认真对待过?人什么时候能真正超越生死界限去认真考量存在的权利?什么时候关怀过自己?从这些意义上讲,虾米的经历给了人永恒的思考。

“光荣”在现代汉语里有一个特殊的修辞性的意义,那就是壮烈的死。老金也好,光荣院里的所有老战士也好,甚至包括它的院长、厨子、医生、看门人,有几人的死能堪称光荣呢?也许在官方的红头文件里老金、老钱、来福、老德等人的过世是光荣的,但在世俗的意义上他们的生或死并不见得光彩,他们有着普通人一样的弱点和致命缺陷。所有的人在死亡的门前,谁都没有伯仲之分。从题到文、从头到尾,小说始终环绕着死亡来表现人性的真义,成功地贯穿了死亡的母题。死亡的阴影弥漫在墨白的这篇小说中。光荣院里所有的老战士在战争年代都经历过死亡的威胁,老金的勋章和伤疤以及老钱的断臂都是他们闯过死亡关隘的记录。光荣院的人,其实很难享受到死的"光荣"的那份荣耀,光荣的称号是在世的权利者根据自己的需要设定的。像光荣院里"下等人"叶的死、虾米的死,他们就与光荣的称号无关。虾米在雨中每每想起老金的死,便不由自主地回忆活着的老金,也萌生关于死亡的幻觉。死亡作为光荣院人的生存体验,被具象化地描绘着,感受着。死亡母题在小说中被渲染到极致,使笔下的人物无一从死亡的梦魇中得到解脱和超度。

积储起来的死亡记忆像细菌一样吞噬着生存的乐趣。对于迹近荒唐、心实自虐的虾米来说,他在梦幻中与叶的性爱所表现出的快乐被趋近死亡的心理疾患耗损尽了,剩下的是在老金等人众目睽睽下的肉体狂欢,这是死亡与性爱的彼此隐喻和互为象征。走进光荣院,那几乎是一个男性化的社会,极少有女性在此出入。表面上的"无性",常常涌动着"性趣"的暗流。孙医生与"红嘴唇女人"刘娜在娱乐室里的厮混,王院长进镇子嫖娼的传闻,虾米在库房正中偷埋叶的尸体并在梦中夜夜与其交欢,生有七个孩子说话粗野且不把谈论性事当作一回事的"打饭人"月红对虾米构成的性幻想,都是对光荣院"单性化"的挑战。当写到虾米和月红亲昵举动时,"她(月红)摸罢气蛋(子宫)没有洗手就摸块牛肉塞进他(虾米)嘴里了。虾米感到那股烧尿气有一种亲切感……有些时候,虾米感到月红的目光就像阳光,抚在他的身上,有一种母爱融融的感觉,可是她说话的声音却像旱天的风吹动树梢的声音,只要你一听到那种声音,你的嘴唇就会感到干裂,你就会不由得伸出舌头舔一下自己的嘴唇,有一种渴望从她的声音里滋生出来",这似乎是虾米一生中最能心生惬意的地方,尽管他们之间并没有实际的性接触。

在这个单性为主的光荣院,一方面展示给人的是日薄西山、情淡欲寡的无欲空洞,一方面却是欲破宁静、食色性也的生命躁动。这一静一动的二元对立,反衬了光荣院里欲望被压抑又被撩拨的矛盾交织。在虾米梦中与叶做爱的事败露给老金时,老金这样羞辱他:"这个龟孙,做梦也在想好事",甚至招徕众人一起嘲笑虾米并扔掉他的床以坏其"好事",这使虾米"感到那些目光像刀子一样剜着他的,他想找个地缝钻进去",对虾米隐私的侵犯几近极致,而这样的事却堂而皇之得到这些"光荣"的老战士们的肯定。这种无性对有性的阉割,暗示了所谓光荣者那肮脏的"窥阴"心理,尤其是在虾米将叶的尸体置入缸中埋在地下一事被发觉,"虾米因此而臭名远扬"并"使这座光荣院名扬千里",许多人来光荣院就是为了瞧瞧盛装女尸的缸和虾米,显示了看客们的冷漠心态和窥阴心理,他们如是说:“你看,就是那口缸。”

如果说《光荣院》中死亡和性爱是小说绕不开的两个母题,那么对它们的逻辑展开就必须依靠那些富有表现力的意象。小说最有特色的意象有两个:一个是声音,一个是水。

老金磨鱼钩的声音是小说始终一贯、挥之不去的意象。老钱用锤敲打白铁皮的声音进一步强化了这个意象的传达。这声音,使破旧沉闷的光荣院有了一点生气,它是光荣院的主人公静中求闹、宣泄不满、生命老去的挣扎与呼唤:“老钱常常用那只铁锤来显示他的力量,用铁锤来发泄他对别人的仇恨和他自己的痛苦。”老金磨鱼钩发出哧哧声、老钱敲铁皮的叮当声响起来的时候,人们还多少能感受到光荣院是颍河镇人生活记忆的一部分,随着光荣院的人逐一过世,这声音就意味着一个时代的终结,成为这些老者为自己报丧鸣哀的悲声,是人在焦躁的日常生活中不得不迎候的死亡之声。光荣院被这种声音淹没,便意味着更多的人迈进了死亡的门槛。这两种声音周而复始、循环往复地撕扯着虾米的耳膜,迫使他睡进棺材来逃避它们,这声音也成了虾米死亡的宣告,他虽然不堪忍受却又不能不接受这样的死亡宣告,所以虾米一听到这声音就头痛不已,听到这声音就巴望老金早些死掉,或者用自己吞钩死去来表示对这种死亡之声的永远逃避。虾米曾仇恨地向往:“老天保佑,淹死他(老金)吧!他死了就没有人来折磨我了。”为了躲避这些摩擦或敲打金属的声音,虾米躺进棺材睡觉时发现:“在世上,没有比这里更舒适更安全的地方。”声音由此成为死亡的信号和隐喻。

与声音相当,水也是小说的一个重要意象。小说结尾写人们给虾米挖墓穴,天突然降起大雨,“装殓虾米的那口瓷缸刚一放进去,雨水就把墓穴给淹没了。院长叹口气说,唉,这个虾米就是水命”。这虾米一生与水有缘。他两岁的时候就是装在瓷缸里沿颍河漂来。与他同住光荣院的老金还要求虾米用这口缸去接库房漏下的雨水。连老金自己也是掉在河道里被水淹死的,那时也下着雨,“虾米往院子里看看,雨水从天空砸下来,在地上荡起了白色的水气,没有一点要停下来的意思。……他努力地想从雨水里辨别老金走在雨水里的脚步声,可是无论他怎样努力,他都感觉不到。他想,老金真的掉进河里去了”。这水的声音一样意味着生命的消失。虾米的生命随水而来也随水而去。因此小说中的虾米常常穿着雨衣，出现在雨水中。在虾米的感觉里"这场雨已经下了很长时间了，仿佛有一百年这么长"。这雨水仿佛注定了人类无力逃脱的宿命。

《光荣院》用死亡的必然性告诉我们生命没有永远的光荣，用死亡提示我们生命的不能承受之重。因此它在审美上的一个重要的创新就是对残缺的营造。光荣不是完美而是缺失。光荣院并不展示让人另眼相看的光荣，而是遗憾、空缺、失落，它是一个残缺的集体。那里的正式成员（如老金等）与非正式成员（如虾米等）都是身心残缺的人。在这样一个团队里，它的成员逐个弃世，是光荣掩盖下的孤寡的写实。有遗憾的人生正不断颠覆十全十美的社会理想。十口棺材连十一个人都装不了，何来十全十美呢？小说共用了十个部分，写的却是人生的永恒缺憾，哪来十全十美呢？虾米长到十岁就失去了养父，十全却十分不美……小说表达的人生永远的缺失，恰恰是对永恒完美与光荣的批判，是对试图把漫长的人类历史定格在某一个阶段的辛辣讽刺。光荣只是死亡的另一种表述。老金认为"光荣院在他的感觉里也是常常在黄昏之中"，孙医生认为光荣院"这个鬼地方，跟医院太平间没有什么两样"，这一日薄西山、人近黄昏的宿命，是每一生命个体必须严肃思考的问题。

的确，人生摆脱不了这样的缺失，何况光荣院？面对缺失，虾米躺在床上觉着："他怎么也睡不着，总觉得他的身边缺少一样什么东西。""是什么东西呢？……他感到一切都是那样凄凉，那样的孤独，茫茫的荒野上只有他一个人在踽踽独行。"缺失才是永恒，孤独才是永恒！就像两岁的虾米乘瓷缸而来，注定也乘瓷缸归西，圆圆的瓷缸，象征生命缺失的一个轮回，其实是表达生命的孤独、渺小和遗憾恒在的现实空洞而已。人性在这永恒的缺失与孤独面前被彻底地异化了。

（原载《山花》1999 年第 2 期）

墨白的艺术迷宫与“神秘房间”

——墨白小说论

郝　雨①

墨白小说的内涵与特色，从其笔名中似乎已经感觉出一些相应的气息和意味。第一，表现世界和人间万物自身的矛盾与对立性——墨/白——对立而统一，相反而相成；第二，揭示世界和人间万物的丰富多彩性——墨、白——色彩因对立而复杂，因反差而多姿；第三，述说世界和万物的最终的不可解性——墨何以白？何为墨又何为白？以及何为墨白？为何墨白？——这显然都是不可解的，而人类世界就是一个永远的无解之谜。当然，墨白的笔名又绝不是故意在做什么文字游戏，或者在其命名之初就真地赋予了这么多实际的含义，本文只是以此作为一种起兴之法，全为引起下文而已。不过也说不定还真地让我一语中的了呢！

至于墨白在艺术上的真正自觉的追求，还是他在一篇文章中的自我表白最为可靠。他说：“神秘，这个词与我们的现实生活也紧密相连。走在大街上，当您对面走过来一位陌生而漂亮的女孩或者一位陌生而面容苍老的男人的时候，您对她或他了解多少呢？她是个良家妇女还是个妓女？他是个老知识分子还是一个杀人犯？你可能什么都不知道。她或他的生活，她或他的一切对于我们就构成了一种神秘。每一个人都是一个神秘的房间。那么您在别人的眼里呢？同样也是一间神秘的房子。我们每天都面对着这样的生活，就连我们自己也不知道在即将到来的那一时刻会在我们的身边发生什么样的事情，我们不知道，

---

① 郝雨（1957～），河北昌黎人，文学评论家，上海大学影视学院教授。主要著作有《中国现代文化的发生与传播》《当代传媒与人文精神》《媒介批评与理论原创》等。

未来对于我们每一个人来说永远都是神秘的。”于是墨白最后归结道:“现实生活中的神秘是我写作的叙事策略,同时也是我的小说立场。”[①]由此,是否可以说,墨白的小说创作,首先就是为了尽量走进那一个一个的“神秘的房间”,进而去破解更大的世界的秘密?当然,这些“神秘的房间”最终是难以真正走进的,而世界也最终是无法彻底破解的。这种永远无结果的“走进”与“破解”的过程,以及在此过程中所感悟到的有关人生的理性的意味,也正是墨白艺术创造的全部意义。

一、永无结果的寻找

实际上,每个人作为生命的个体降临人世的时候,往往都是不由自主的,来到人世的个体生命对于整个生命的过程的经历和完成有很多时候也仍然是不由自主的。然而,那些不由自主降临人世的个体生命又往往希望对于自己的生命过程和生活经历能够获得自主,或者能够自由自在,尤其是一个有着很强的自我意识和自主要求的个体生命常常并不满足于对命运的随波逐流,或者听其自然,于是,人类社会就出现了无数个体的永无休止的自我追求或共同奋斗。这从正面来看无疑推动了人类社会的发展和人类历史的前进,而对于生命个体来说,这些追求或者奋斗有些是能够得以实现的,看上去也算是有了结果的,但更多的时候其实是不可能最终实现的;尤其是从更高的层面来看,人们所追求的目标又往往是无止境的,亦即达到了一个目标之后又会不断给自己树立新的目标,因而这种无止境的奋斗也就等于永远都无法达到最后的那个目标,也就是永远没有一个最后的结果。当然,对于大多数的普通人来说,追求的过程也就是一种寻找的过程,因为,追求的对象或者奋斗的目标往往并不是那么历历在目或者一蹴而就的,所以,人们的一生当中几乎充满了寻找。而所谓寻找说到底就是那种目标并不明确和并不确定的追求,当然也包括那种无止无休的甚至是欲壑难填的追求。而也正是这种无尽的寻找和追求,从更为抽象的意义上来说,最终又常常是无意义和无结果的。也就是说,人类的追求与寻找,许多时候都是只有过程而并无结果。墨白的小说创作,就经常表现出这样的一些哲理

---

① 见墨白:《重访锦城 · 自序:与本书相关的几个词语》,长江文艺出版社,2000 年 10 月版。

性的主题,并由此而多层面多角度地揭示人生的真正的实质和内涵。由花山文艺出版社出版的中篇小说集《爱情的面孔》中所收入的小说,就贯穿着这样的一种理性的主题,并将其理性的触角向着人生的各个层面加以探索和延伸。

作家墨白对于每个人的人生当中几乎不断处于"寻找"状态的体验和感受也许是太强烈了,因而他的小说中都或多或少地以及有意无意地灌注着这样一种意味。《寻找旧书的主人》中对于已经二十多年失去联系的恋人的寻找,《讨债者》中对于狡猾的杳无踪迹的欠债人的寻找,《航行与梦想》中的主人公对于那个神秘的种樱桃的女孩的寻找,《爱情的面孔》中对于真正所爱的女孩小慧的寻找,以及《民间使者》中对于那位民间艺术家的寻找等,"寻找"作为一种过程或者行为,首先是这些作品的最基本的故事构成。然而,总体来看,这些小说中的每一个有关"寻找"的故事,又绝不是在简单地讲述一个寻找某一具体对象的"故事",那其中的每一个寻找的"对象",都往往是被虚幻化或者理想化了的,甚至有的根本就是现实当中并不存在的。因而,这些"寻找"的故事就被抽象化或者艺术化成了一种象征,其中的所有的"寻找",都是一种无实际目标的寻找,而所有的寻找过程,也都只是象征着人生当中的必然的过程。如《寻找旧书的主人》唯一的线索就是那本二十年前的旧书,靠这样的一条极不可靠的线索,那位当年的恋人总是若即若离,若隐若现,甚至到最后这个寻找对象是否存在都没有一个准确的答案,而且,即使她还活在世上,也已经是面目全非(小说暗示那位面部烧伤者就是)。那么,主人公要真正寻找的对象,也就成了根本不存在的对象了。《讨债者》所寻找的对象虽然看上去是非常具体的,但是也被作家巧妙地通过艺术化处理,不仅使得对象根本不知去向,而且,随着小说情节的发展,被寻找的对象越来越模糊,最后根本不知谁是欠债人,于是,讨债者的坚定不移的寻找就成了完全没有目标的而且一直是被欺骗和遭耍弄着的毫无意义的寻找。《航行与梦想》以及《民间使者》所寻找的对象则全都有着明显的"梦想"或者"虚构"的成分,寻找者从一开始就面对的是一种充满虚幻的目标。那个充满浪漫情怀的纯情少女"燕子",到最后竟然是一位老太婆。作家正是通过把寻找的目标虚幻化(有时是故意地将其消解掉),而把寻找的过程实在化乃至丰富化,从而使读者尽量去感受人生的更为真实的存在和过程。

毫无疑问,如果承认人生的过程许多时候都是一种寻找的过程,那么,这种不断寻找的活动又显然并不是凭空而来的。他们总是受着个体本身的某种欲望与情绪的鼓动或者受到某些外在的利益的驱动，而且每一个个体的每一次具体寻找的方式和途径也是千差万别的。在墨白的小说中，就不同主人公的寻找动机而言，有的是基于一种难于割舍的旧日的恋情，有的则是受到了那种莫名其妙的新的情欲的激励，有的是为了经济上的债务，有的则是被一些纯粹理想中的美好的向往而召唤。当然，有些时候甚至也许并没有什么很实在很具体的心理上的动机和原因，而每个人就是无法不去寻找，无法放弃寻找，也无法远离寻找。至于小说中的不同主人公寻找方式以及各自寻找经历的千差万别，那就更是作家从现实人生当中高度提炼的结果。作家也正是力图以此来告知人们，这种丰富多彩的寻找过程，就是实际人生当中不容忽视的意义。墨白自己就曾经这样解释道："我们要寻找某一事物，可是偏偏有许多与这一事物无关的事物扑面而来，成了我们生命的一部分，看上去它是那样的毫无意义，实际上它对我们十分重要。我们寻找结果的过程就是对于结果的消解，我们一腔热血为了一个目的而去付出，而它的过程却显示意义，渐渐地演变成结果，而我们却对此不屑一顾。"①这是我们应当从墨白小说中加以深刻体悟的人生哲理。

二、感悟人生的"错误之境"

人生的过程，说得简单一点，或者抽象一点，无非一个经历时间的过程。一个生命的个体，其整个的人生，归根到底，也就是从其生命的起点，一天天地而且是一步步地走向终点的过程。这样的过程虽然说起来极其简单，而且也似乎人人都很明白，但那实际的过程却又显然是无比复杂、无限深奥的。在整个行进过程当中，个体只能是绝对地依循时间的顺序，从昨天走向今天，从当下走向未来，也就是从已知的存在走向未知的存在。一个现实中的人，无论他多么智慧，都根本无法完全预测和掌握自己的全部人生过程。自己的下一步的人生路程或者明天的实际经历，任谁都不可预知。天文学家可以准确计算出天体的运行轨道，电脑专家可以设计出非常精确的电脑运行程序，但就是没有一个人能够分毫不差地推测和设计出自己的人生轨道和生命程序。也正是由于人生的

---

① 张钧：《爱情的面孔·代序》，《以个人言说方式辐射历史与现实——墨白访谈录》，花山文艺出版社，2000 年 2 月版。

这种不可预知和难以把握的特性，才使得每个人的人生过程和人生道路，充满了偏差，充满了错误。一个生命的个体，他的一生可以没有任何成功（所谓一事无成），但他却绝不可能没有发生过任何错误。所以，在一个人的人生当中，错误是绝对的，是不可逃脱的，甚至对于无数普通人来说，人生的错误就是其整个人生过程的最基本的构成。对于这样的一种人生的真实的状况，作家墨白也许是认识得最为深刻的。他的小说当中就经常表现这样的一些哲理化的主题，他甚至用这样的诗句概括道："你看，事实正是这样/我们世间每一个活的人/都是受了死神的旨意/踏行在时间的迷途之上。"①而他的中篇小说集《重访锦城》中的作品，更是集中传达了这样的一种人生的况味。

墨白在他的许多小说中，都重点揭示过人生中的错误是绝对的这样的主题。而在这部《重访锦城》的小说集中，其开首之作就是曾经发表于 1997 年的《错误之境》。这样的一个题目，本身就包含了重要的主题信息，并对全书的理性内涵起着统领作用。小说《错误之境》同作家的许多作品一样，在结构上没有一个封闭的故事框架，而在整体上只是一个开放的链环式构成。在几乎同样是一个以"寻找"的过程为基本构架的文本中，小说或隐或显地串联起主人公人生过程中的几个重要的阶段和几次重要的选择。而在这一系列过程和阶段当中，又几乎是步步皆错，包括主人公出生的年代和地方："有我的时候正赶上四清运动，俺爹说你就叫四清吧……老子命不好，生在那个偏僻的村子里，俺祖上几代都是土不啦叽的农民，长年累月满脸的黄土灰尘……"至于主人公的更主要的人生错误，还在于他有了更为主动的人生选择权和选择能力之后的一些重大抉择。在小说的隐性层面上，主人公先是放弃教师的职业而去做皮革生意，然后又被马响的"白花花的如同阳光一样耀眼的大腿"所诱惑，并且最终毁在这个无情无义的女人手里。整个故事（外显层面）从主人公被拘留开始，全都在阴错阳差当中，越走越错。实际上小说中刺激着主人公决意要寻找到的马响（也就是那个诱惑着主人公不断走向错误的女人），自始至终都是一个虚幻中的人物，是一个若有若无的人物。主人公最终都没能真正找到她，这也显然在另一个层面上表明了人们的一些错误行为，大多从最初的寻找目标和基本的出发点上就已经完全错误了。因为那些寻找或者奋斗的目标其实从根本上就并不存在或者

---

① 《寻找外景地·引言》，长江文艺出版社，1999 年 6 月版。

仅仅是一种虚幻的东西(寻找中又多出了个与马响同音的马祥,后马祥被杀,马响似乎也被杀,但始终身份不明,突出了目标的虚幻性)。

究其实质,人生的"错误之境",还常常由于每个人自身根本就难以准确地判断何为正确、何为错误,在实际的人生过程当中,正确与错误的标准常常是模糊不定的。如墨白在《进入城市》这篇小说中就写到过这样一个情节,主人公谭渔在城市的孤独之中突然有一种强烈的渴望交流的欲求,于是,他就想到了他所爱的叶,而他对叶的爱和思念也就自然引发了他对这种爱和思念的正确与否、合理与否的思考,小说这样写道:"他这样想的时候仿佛有一只温柔的手在抚摩着他的心,这种想象使他幸福。他想,人的一生能有几次真正的爱呢?人的一生能有几次被人爱呢?他不知道五十年后自己将是个什么样子。现在上帝赐给了他这般美好的时光不就是让他要死要活地爱吗?难道这一生中他不可以把情感倾注给第二个女人吗?他想,不!他现在在思念一个姓叶的女人并不是不爱他的妻子,并不是不爱他的儿子,难道现在我在思念一个姓叶的女人就是不道德的吗?他想,他现在痴心地去想一个姓叶的女人有什么过错吗?他想,没有,他没有错。"[①]这里,错与不错的标准,显然发生了根本的矛盾,主人公自己认为的没有错和社会普遍的道德准则产生了完全的对立。于是,人的行为上的对与错,就失去了最可靠的理论上的依据,失去了最基本的准则和尺度。而正是由于这种判断标准的不稳定和不确定,人的行为的错误就更容易发生,而且很多时候人的判断标准和思想观念还要经常随着时间的变化而变化,或者随着环境的变化而变化,因而也就使得人的行为更是容易错误百出。

此外,人生的错误,还常常因为每个人本身就是一个错误的矛盾体。作家在小说《白色病室》里写了一个主人公苏警已,这个人物就是一个最典型的集矛盾与对立的人格于一身的象征物:"他的任性他的博学他的医术水平高过这所医院的每一个人,人们像对待爹娘一样尊重他的医术,人们像对待孩子一样鄙视他不明世事的幼稚。"而主人公所经历的所有的错误,差不多都是他自身的这种对立的人格所最终决定的。墨白小说中的许多人物,差不多全都属于这种多重人格的矛盾体。

当然,墨白在小说中所表现的人生的"错误之境",又绝不仅仅是表面地或

---

① 见《重访锦城》,长江文艺出版社,2000年10月版,第251页。

者机械地制造一些离奇怪异的“错误”的故事,来直通通地阐述一个理性的主题。墨白小说中的“错误之境”,恰恰首先是一种审美之境,也就是被作家充分艺术化了的审美的情境。而从他的大量作品来看,作家对其“错误之境”的艺术化处理,又更主要地是通过“时空的对位”和“人物的错置”等手段来实现的。所谓“时空的对位”,就是把那并非同一时间和空间所出现的人物以及所发生的事件,人为地而且是自然而然地连接到一个共同时空的状态中来,从而把现实和历史,或者把当下与过去,糅到一起来加以观照和体验。而这种“时空的对位”,从根本上来说也正是一种感觉的错位。小说通过这样的感觉错位而建立一种艺术化的通道,从而强化审美意象,增强审美感受。如《白色病室》里写苏警已常常把现实的情景与头脑中的幻觉发生对位的画面:“苏警已从睡梦中醒来,他坐在用麦秸打成的地铺上哆嗦不止。屋子里很静,只有风从窗子里钻进来吹打得那片残破的纸发出响声……他睁开眼之后首先看到了放在窗子下面的柳木案子上落满了白色的雪,随后他就看到了那个嵌在门框里的黑影。黑影渐渐在他的视线里清晰起来,那是母亲。有两根绳子从门框上垂下来承担着母亲的身体,母亲的脚尖把积在门框下端的雪划出了两道深深的沟。他丢掉身上的被子扑过去,母亲的腿已经冰凉如铁。在流逝的岁月里,他已经没有办法弄清那黑影是什么时候最初出现在他的视线里的。……这情景一次次地出现使得他的痛苦他的仇恨变得麻木。现在,眼前的黑影又一次把他带进记忆的黑色长廊里,这次与以往不同的是那黑影是那样的真切,那黑影一反往常地活动着手臂,在他还没从记忆的海洋里摆脱出来时那黑影已经冲过来捉住了他的衣领,那黑影发出一种近似狮子的吼叫声:‘是你杀死了她!’”①在这样的一段描写中就是把眼前的黑影和主人公内心中的黑影通过“对位”叠印在一起的,而这种感觉化的错位也就不仅仅造成一种艺术的或者审美的氛围,他同时把历史上的错误和当下发生着的错误共同呈现,从而更为突出地表现人生的“错误之境”。而所谓“人物的错置”,也就是把不同人物的外貌、行为和心理,艺术化地扭结到一个人物身上,使得其艺术的意蕴更加深厚。如小说《俄式别墅》中的主人公“我”,经常直接把眼前的芳看成当年的萍,而且,“我”与芳的关系和林与萍的关系也经常在小说中交错出现。最后,小说中的早已不在人世的萍的画像

① 见《重访锦城》,第308页。

在一座坟前被发现,而那画像竟和芳的相貌惊人相似。在此,两个女主人公的相貌被直接移植到一个人的身上,这样的手法类似于西方现代艺术中的变形手法和移位手法。墨白原本毕业于艺术专业,其小说中有很多技巧性的东西都有着绘画艺术的影响,这应该说是墨白得天独厚的优势。

三、"神秘房间"的人性探秘

墨白把每一个人都看成是一个"神秘的房间",这起码表明了他对人性的复杂以及人与人的难以沟通的深刻理解。但是,那许许多多的"神秘的房间",又并不是完全的或者绝对的相互隔绝的,他们之间又毕竟有着诸多的人性的共通之处。很多的时候,这些阻隔着各个"神秘的房间"的精神的厚墙,恰恰是人类自己所建造的文化给人们带来的。因而,要走进更多的"神秘的房间",建立起更多的人性的沟通,最根本的就是要首先打通那些阻隔着人们的文化的厚墙。例如在性爱的问题上,墨白认为:"性本应该是自然的,但在世俗里,在人类社会里,早已被文化所改变。在现实生活里,我们仍然没有勇气面对性,那是因为所谓的文化。"还有每个人的那么多的"隐私"。人们的各种各样的"隐私"问题也完全是由于社会的文化观念限制和排斥着人的许多自然属性和本能行为。如墨白在他的文章中谈到的手淫。墨白说几乎没有一个人没有这样的隐私,而"他们把自己的欲望之火藏在黑暗之中,并把隐私带进坟墓,可这种欲望的历程却一次又一次地在我们中间神秘地重演着,一代又一代地延续着……"所以,墨白的写作"极为关注这种在黑暗之中燃烧的精神历程"。他也正是要通过对这种"在黑暗之中燃烧的精神历程"的真诚剖析,来走进那一个个的"神秘的房间",从而进一步"使人性得以复苏和张扬"。① 墨白小说中常常是毫不顾忌地把人性深处的东西加以解剖并赤裸裸地加以敞开。他的笔锋常常直接深入人的潜意识之中,把人的最隐秘的思想意识活动发掘出来,而这些潜意识中的心理活动,又大多是被一般的社会的文化观念所判定为污秽的或丑恶的那些成分。墨白对这一类精神构成的真实而自然的表现,也就把人还原为更加完整的和更富于人性的人。如《错误之境》中的主人公由于在事业和爱情以及家庭问

---

① 以上均引自墨白《重访锦城·自序:与本书相关的几个词语》。

题上的全面失败和崩溃(经商因行贿被法办,家庭因婚外恋而破裂,所爱的女人也背叛他而离去),一开始就有一大段想要自杀的心理活动。而其中的关于如何死法的男性内心的选择与否定,就极其真实地揭露出了许多人都难免有过的心理经历。人们在现实生活中遇到某些重大的打击或者不如意的时候,差不多都会出现一些用自杀手段来了结生命,从而得以完全解脱的内心的念头。而更多的人也大多是像《错误之境》中的主人公那样,对一个一个的自杀方式加以排除,最后也就完全改变了自杀的意图。墨白正是以其小说中的许许多多的此类的意识活动,洞悉和烛照出那无数现实中人的"神秘的房间",并揭示了人性中的共同的秘密。

还是在这篇《错误之境》中,主人公本来是要去寻找自己所爱的人,但是,一路上他却经常对那些萍水相逢的女人轻而易举地就发生感情,或者起码是想到要和她做爱。如以下的一段描写:"那女人朝我笑了一下,忙闪身给我腾了一个空,我就挤进了下车的人群中。由于拥挤,我的前胸紧紧地靠着她的后背,我的下颌被她的头发划得生痒。这时她弯腰去看什么东西,她宽大的屁股正好顶在我的两腿之间,尽管隔着一个寒冷的冬季,我还是突然产生了一种触电的感觉,我想和她做爱。她这时转过脸来看了我一眼,从她的呼吸里我闻到了一种冰淇淋的香味,这种气味使我想起了马响,想起我已经二十多天没有碰过女人了。"这里,作家并没有像以往的文学作品那样把正面人物的情爱写得全都是那么纯洁和忠贞,本来看上去很随便很微不足道的一些刺激和诱惑,都能够引发主人公与一个女人发生性爱的内心欲望。小说中这样的一段描写绝不仅仅是为了制造一些低俗的"床上镜头"之类刺激的情节,这完全是为了对于每个人的"神秘的房间"中一个更隐秘的角落的深入和打开。在这样的一类细节面前,谁又能完全逃脱已经被反射其中的自己的精神的影子呢?

人们的真实的心理状况,人性的更为完全的自然构成,很多时候都太被人类自己所创造的文化所遮掩甚至所压抑了,而当自然人性在无休止的文化发展中被一步一步地彻底吞噬的时候,人的全面异化以及人性的彻底丧失就为期不远了。走进墨白为我们打开的"神秘的房间",也许会对人性的现状和处境有更加深透的了解,并对于人性缺陷的某种程度的修复有更为紧要的启示。

四、迷宫式的艺术建造与文本样式

其实，墨白小说艺术的独特，最重要的还是在于其形式与技巧上的新颖和特别。墨白曾经说他的小说创作从一开始就非常重视形式和技巧，他认为“形式和技巧是一个作家认识世界的方法，形式的不同就是视角的不同，一种新的形式就是为人类提供一种新的认识世界的方式”①。而在我看来，如果说墨白近年来大量的中篇小说在形式技巧和叙述构造上还常常不可避免地会出现一些不够完美与欠缺成熟之处的话，那么他出版于1999年的长篇小说《寻找外景地》，就应该说是一部更为精美的和更高境界的全新样式的艺术作品。也可以说，这部长篇小说是墨白多年以来在艺术上精心探索和苦心经营之后，在世纪之交所达到的一个不可忽略的艺术高度，也是他本人在艺术创造上的第一个重要阶段的最高体现。从这部长篇小说中，我们基本上可以把握到墨白在20世纪最后几年的小说创造的全部独特性。所以，本文对墨白小说的艺术形式上的分析，就主要以这部长篇小说作为其典型的个例加以观照和切入。

首先，墨白小说在整体的叙事结构上的突出特点是，完全打破了那种最传统的闭锁式的与向心式的小说结构方式，开创了一种发散性与开放性的非闭合结构的小说样式。所谓“闭锁式的与向心式的小说结构方式”，就是指小说的主体故事是绝对完整的，是有头有尾的，在情节的构造上与故事的构成上是有明显的“起——承——转——合”基本规则的，或者是严格遵循“发生——发展——高潮——结局”基本模式的，因而传统小说总是要有一个中心故事或者基本思想内核，而小说叙述的完成也总是要对主体故事的发展给出一个最后的答案。墨白的小说几乎全都跳出了这样的规则，他的叙述当中似乎也都有一个主干故事，而这样的一个主干故事又并不是在一个闭合的结构中居于中心位置，然后小说的全部情节都围绕这样一个中心故事来发展和完成，而且小说的所有情节都服务于这一中心故事，都是朝着那个主干故事的最后结局而同向演进，墨白小说的主干故事往往只是起一种线索的作用，或者只是起一个串联的作用，在这样的一条线索的串联之下，小说中的大量子情节或者具体细节大都

① 见《爱情的面孔·代序》。

是无规则地派生出来的，都不是必要环节，或是为主干故事的最后结果而做某种铺垫的。墨白小说的主干故事基本上都是无结果的，或者说是有头无尾的，因而叙述的整个过程是发散性的、无中心的和非闭合的。墨白小说的全部意义也就在于其整体的叙述过程之中，甚至其中的全部细节，都各自具有独立的意义。如本文第一节列举的那些以“寻找”为主题的小说，就全都是没有结果的，因而其主干故事就一直处于开放的状态，寻找过程中所遇到的所有的子情节，都不是为小说的最后结局服务，它们本身就独自承担着某种体验的意义，甚至如上一节中笔者谈到的那个主人公要和路遇的女人做爱的细节，其意义也是相对独立的。这样的叙述特征在《寻找外景地》中体现得也最为突出。《寻找外景地》这样的书名显然就已经透露出这也是一部以“寻找”为主干故事的长篇小说。而墨白的“寻找”小说又全都是没有结果的故事结局，所以这部长篇小说也同样让主人公们没有达到那个寻找的目标。小说最后的一段是这样描写的：

夏岚说，我们什么时候才能到达颍河镇呢？

白静说，快了吧，快了。

夏岚说，颍河镇到底有多远呢？

化妆师说，不知道。可能就要到了。

我们什么时候才能到达目的地呢？

颍河镇，你为什么离我们这样遥远呢？现在我对你一无所知，你好像近在眼前而路途又遥遥无期……①

当然，就小说通篇所提供的情节来看，这些人物实际上早已来到了颍河边上，他们离颍河镇也许只有一步之遥，但是，在这过程中又连续发生了一系列莫名其妙又在情理之中的故事，使他们就是无法真正进入那个颍河镇。就像卡夫卡的《城堡》中所写的，主人公就是不能最后进入那个“城堡”一样。小说就这样在结构上呈一种开放状态，而这样的一种结构形式，正如墨白本人所说，其中正包含了一种新的认识世界的方式。

这部长篇小说在结构上一方面保持了墨白小说通常的那种开放性结构，同时还对他自己的这种形式上的独创有着进一步的超越。那就是其中设置了多重开放性结构。小说在整体构思上也许是吸收了传统戏剧“戏中戏”的艺术手

---

① 见《寻找外景地》，第314页。

法,整部长篇小说中又包含着两部相对完整的中篇小说的内容。一部是《雨中的墓园》,一部是《风车》。而这两部"小说中的小说",也确实都是作家本人曾经发表过的小说的原样重现。两部小说被作家巧妙地穿插和融合在这部长篇小说当中,不仅有了"戏中戏"的整体结构样式,而且更增加了小说的多重开放性的特征。在第一层次上,小说通过一开始就让编剧白静复述《雨中的墓园》的基本内容,从而使"墓园"中的同一天多人死亡的故事呈一种开放性结构,因为不仅在《雨中的墓园》这篇小说中,"多人死亡"之谜就有多种说法,而且到后来长篇小说对其中的"多人死亡"事件又有了新的说法,"在夜里(续)"的一章中就有一节是"《风车》中的那个医生老田说,埋葬在桃树林里的那三十二个人死于一场大火",所以,这就使"多人死亡"之谜不仅在《雨中的幕园》中没有最后答案,而且在整个长篇小说中更加扑朔迷离。在第二层次上,小说中的另一部小说《风车》一方面在一定程度上接续了《雨中的墓园》的开放性结构,同时又另外开辟了一条新的开放性故事的线索,即那个荒唐而滑稽的制造"风车"的故事。这一制造"风车"的故事当然也是无结果的,正因为如此,这一无结果的故事才引出了《寻找外景地》的主干故事,而作为长篇小说中的这一"寻找"的故事也就构成了整部小说第三层次的开放性结构。其实,本文之所以认为这部长篇小说已经达到了相当成熟的艺术境界,有一个非常重要的原因,就是在墨白独创的开放性结构的基本样式中,他也不知不觉地吸收了一些传统小说的表现手法,将其拿来为我所用,从而使得这部长篇小说在艺术上显得更加自然和老练。如在整个故事构成上对两部中篇小说的插入,除如上所说更增加了艺术的开放性以外,其实在其更潜隐的层面上,也同样有了某种向心式结构的作用,因为正是这两篇小说中所讲述的故事,成了推动整个长篇小说情节发展的基本动力,整个长篇小说也正是在由其中的两部小说所设置的悬念的凝聚下,吸引着读者的阅读心理,从而在一种似乎要寻找一个最后答案的艺术策略之下,一步步走向了那个并无结果的小说结局。这种"佯装"的向心式结构手法,实际上就为其本质上的更隐蔽的开放形式提供了一种艺术上的非常巧妙的遮掩。

其次,墨白小说在艺术形式上的更为重要的特点是他对艺术情境的神秘化处理。这也是我们将其小说称作"艺术迷宫"的主要依据。笔者一向认为,文学艺术的真正的艺术性,并不在于能运用语言的形式明明白白地讲清楚一个故事,或者直截了当地传达一种思想,包括表达一种感情。文学作品的艺术性,很多时候恰恰需要把故事讲得扑朔迷离，把情绪表达得朦朦胧胧。而文学艺术中的神秘奥妙的境界，又往往可称作是一种品位极高的艺术境界。墨白小说中善于创造艺术情境的神秘化，但又绝不是刻意制造外在故事的离奇怪诞和扣人心弦，他的小说的神秘性完全是一种感觉，是情绪和生活现实有机融合而形成的艺术性。超现实与超感觉的情绪化、幻觉化的融入，就使得小说的整个情境充满怪异和神秘。这种迷宫式的艺术建造，在他的这篇长篇小说中也是体现得最为充分的。所谓对艺术情境的神秘化，在墨白小说中也有多种表现形式，而其最主要的手段就是，将历史与现实融合，将幻觉与真实融合，将梦境与实在融合，将历史人物与眼前人物对位融合，等等。墨白小说中经常有意模糊掉以上那些非同一时空所发生的事件以及人物的界限，从而造成一种艺术上的神秘感，并同时增加阅读感觉方面的丰富性以及理性方面的深刻启迪。在《寻找外景地》这部小说中，整体的故事就是属于"历史与现实"的有机融合的，一个电视剧组前往颍河镇寻找外景地，剧本根据两部小说改编而成，其中《风车》反映"大跃进"时期的多种荒谬，《雨中的墓园》则描写"文革"时期一起神秘的多人死亡事件。而就在他们寻找的过程中，小说中虚构的环境、事件和人物却纷纷在现实生活中意外出现，历史与现实在小说中被时时地胶合在一起，历史的沉重和命运的神秘也就扑朔迷离地交织在一起，这样的手法使得故事更加令人震惊而且发人深省。在"幻觉与真实"的融合以及"梦境与实有"的融合方面，小说中关于艺术家小罗的几大段幻觉描写，关于夏岚在病中的幻觉描写，以及关于丁南的梦境描写等，都是极为精彩和极见功力的。其中不仅借鉴了意识流的艺术手法，而且也采用了绘画艺术的变形、错位以及文学的通感、虚张等手法，使整个小说的艺术血肉极其丰满。还有就是将历史人物与眼前人物对位融合，小说中的丁南在阅读《风车》这部小说时，经常把自己与其中的右派在感觉上融为一体，特别是后来几处写到的眼前人物与历史人物极为相似的情节，如扳网女人、看桃园的女人以及小草和王一欣如同一人等，就更增强了小说的神秘性、象征性以及整体艺术的扩张力。

再者，多重叙述人的设置。按照西方叙事学的理论，小说当中的叙述者并不一定就是作家本人，其中往往还有一个潜在的叙述人。所以近年来我国的先锋作家们往往在叙述人的设置上别出心裁。但是，墨白小说的多重叙述人的有机加入，似乎更显得技高一筹。在《寻找外景地》中，不仅每一个主要人物差不多都担当过叙述人的角色,从而使小说的叙述视点不断转换,叙述人也有着多重身份,而且特别精彩的是小说第三章编剧白静转述《雨中的墓园》故事梗概的地方。原小说本来就是以第一人称自知视点加以叙述的,人物本身已经代替了叙述人,这就有了作家和人物的两重叙述人,而白静在转述中又增加了一重叙述人,而且她仍然以第一人称的方式来转述,许多时候都使得读者难以辨认真实的人物和转述者。同时,墨白又在小说中增加了两个倾听者,即丁南和夏岚,二者也在倾听的过程中不自觉地进入故事情境之中,从而也就更加模糊了叙述人与人物的多重界限,非常自然地将其融为一体,体式上显得格外新颖别致。

此外,小说看上去也涉及了重大的历史题材,但是,这部小说对于历史的反思并没有简单地停留在对社会历史运动的对与错的重新鉴定的层面。小说通过历史与现实的相互映照,阐述的是一个更加深刻的人生哲理化主题。历史曾经是荒谬的、残酷的以及反人性的,历史也曾经给芸芸众生带来过无端的灾难和对生命的蔑视和践踏,而同样发生在历史原有环境中的现实又是如何呢?艺术家小罗逃脱得了死亡的命运吗?王一欣改变得了被作为物品一样卖掉的前途吗?人生悲剧的处境从此能够不再重演了吗?小说最后的开放式结局,实在是耐人寻味。

(原载《山花》2001 年第 11 期)

论墨白小说的艺术风格

黄　轶[1]

墨白是属于“90年代”的探索型先锋作家,1991年以新历史主义小说《同胞》而开始享誉文坛。之后,他的作品或以当代人的精神困顿与生存迷茫为题材,或以历史为题材,更多的是把二者结合于一体,以二三百万字的创作量,建立了自己的文学领地。无论是哪类小说,都表现了墨白对于形式和技巧的一贯追求。本文意欲透过墨白小说眼花缭乱的叙述结构和多体杂糅的语言形式,对埋藏在文本叙述中的艺术追求进行一些尝试性的探索。

一

毫不讳言,是“墨白”这样一个悖论式的笔名吸引我进入了墨白的小说世界。在墨白精心构建的小说世界颍河镇(《白色病室》《讨债者》等),正如张钧谈到的:“非理性是这里的最高统治者……恶棍和鬼魅是这里的自由民,而诚实和正义唯一的出路,只有麻醉和死亡。”[2]墨白不得不为他笔下的人物选择浪游和追寻,因此浪寻的心路便成为他们行旅的主音。

墨白作品所体现的创作者抑或小说人物的文化心路可以用他自己的小说篇名一言以蔽之:“寻找外景地”——“寻找”出脱于城市万丈红尘之“外”的“田园牧歌”式的清爽心境,也出脱于农村无知无趣之“外”的“玫瑰之约”。《从乡

---

① 黄轶(1971～),女,河南南阳人,文学博士、苏州大学教授,从事中国文学近现代转型研究、乡土小说研究及当代文学批评。著有《现代启蒙语境下的审美开创》《传承与反叛》等。

② 张钧:《以个人言说方式辐射历史与现实——墨白访谈录(代序)》,墨白:《爱情的面孔》,花山文艺出版社,2000年版,第11页。

村到京城的路途》《进入城市》《民间使者》《俄式别墅》《爱情的面孔》等都表现了这一点。传统与乡土在“浪子”的悲歌中永远传达着来自“根”的热情、温暖、母性、包容、博爱、疗治和抚慰，但是当向城市拓进者欢呼征服式的成功时，传统与乡土又代表了蛮荒、无知、不可理喻和难以叛离的悲观。因为对城市的期望，墨白把城市女性塑造成一个个梦幻天使，代表温存、文雅、相知以及由这些美好而致的永远不可企及所带来的伤感和忧郁。其男主人公常常是对乡土和都市爱得愈切恨得愈切、对两边都无法适应的多愁善感的文学青年形象，在传统的乡土和驳杂的现代都市之间徘徊着，就像一只风筝，渴望高扬但永远挣不脱现实的羁绊。正如墨白在《进入城市》中所写的：“他仿佛一个痛苦的精灵，一只被淋湿了翅膀的鸟，在故乡的土地上艰难的飞行……这块土地的精气早已注入了他的脑骨髓，注入了他的血脉。当他意识到他要摆脱这些东西的时候……又一次深深地体会到了孤独和痛苦的滋味，他有一种失去了依靠的感觉。”传统情结和现代意识相互冲突，却又彼此纠结，使我们能感到他笔下人物的行动的犹疑不决和力不从心。因而，那浪游并非真正意义上的浪游，并非天高云阔、信马由缰，而是带着很不轻松的梦幻与希冀，带着沉甸甸压在心灵上的历史重负；那找寻也并非真正意义上的找寻，并非披荆斩棘、呕心沥血，而是带着浓厚的自尊，带着对缘分的信仰和对神秘的渴望——说到底，浪游和追寻只是对压抑的情感的宣泄和对世俗的逃离与叛逆，同时也是知识者对生命活力的热情讴歌、期待和拥抱。因此墨白的作品便具有了双重调式：梦幻和现实。

这种双重调式要求作家采用一种典雅的语言，墨白恰恰是一位有着诗人才情、画家素养的小说家，这成就了墨白小说浓郁的诗意。就中国当今小说语言的现状来讲，小说诗意的丧失应该被认为是一个不小的问题。当诗意渗入文本的结构、人物、语言、细节、思想之中时，便使作品具有了诗的品性。同时，诗意是从近乎残酷的现实生活的血与污秽中升华而来并与理性和谐共存的。墨白小说一般根据叙事需要，在行文中导入绘画、诗歌、议论甚至推理等手段，呈现出“反体裁”的模式追求，作为难以用文学语言表达内心体验时的“缓兵之计”，使作品在艺术建构上富有层叠之感。《寻找外景地》这部长篇小说在结构上分为三个板块：现实部分的“在路上”和展示历史的《墓园》与《风车》。三个板块在结构上轮流上场，在内容上互补对照。创作者根据内容的不同在三个板块运用了三种不同的叙述语言：“在路上”采用多视角的心理独白和意识流手法；《墓园》采用典雅的富有神秘色彩和画面动感的抒情性语言;《风车》全文模拟40年前发生造风车事件时的时代话语,带着明显的夸张化和讽刺性。另外,墨白和同时代的一些新潮作家在写性事上也有所不同,尽管他笔下的主人公常常离不开性、酒,好像有着真实的残酷的"颓废"倾向,但他写的情欲却比较干净洁爽,无忸怩之态和滥欲之势,使我们阅读的快感不会集中在唇齿之间而致使精神的震动无法上抵脑门,下达心灵。这对于当下作品过分追求商业"卖点"的"媚俗化"倾向无疑是难能可贵的。正是对形式技巧的偏爱、对情绪化叙述的选择,以及对神秘氛围的营造、梦幻境界的凸显、死亡场景的交结、语言选择的风韵、标点符号的灵活运用,共同构成了墨白小说浓郁的诗意。

二

20世纪90年代是一个理性怀疑主义的时代,社会转型和文化质疑精神使人们不再为理想而欢呼,而是为现实而思索。墨白是一个生命意识和自我意识强烈而又极其关注人之所以为人的原初本性的作家,他的整个写作充满了欲望骚动的叙述和关于当下生存的追问。他本着对人的精神格局健全发展的关注,对视野中的一切保持着诗情的守望,他以婚姻、爱情、隐私为主题的小说文本来表现自己对于普遍人性的最深沉的人文关怀,对于自然人格的崇尚,对于真正的心灵契合的爱情的渴望,对于不人道的婚姻的批判,对于龌龊的权术的无奈和怨愤。

虽然墨白小说人物有些地方特别像"另类",渴望疯狂,花山文艺出版社把他和卫慧等五位"前卫"作家的作品放在一起出版的"突围丛书"即证明了这一点。但墨白并不选择卫慧们那种完全个人化言说,歇斯底里、狂放无忌的"出演"方式,或者说他不屑于用情欲话语来包装以争宠于"卖点",或者说在道德抉择和人欲抉择的路口他陷入了两难境地,根本无法淡忘现实,更没有"堕落"的勇气。无论他在《航行与梦想》《民间使者》等作品中营造出怎样的浪漫传奇,仍表达了他对世俗婚姻、爱情的忧虑,对平凡人生存境遇的同情和无奈。虚假的文明与真实的疲惫的双重影像拓印在他所经验过或经验着的人生的每一段行程,因此墨白愿意给貌似秩序井然其实违背人性进而走向了荒昧、野蛮的所谓文明以回归的定位:自然真诚。他怀着这种"执念",潜入人物灵魂腹地最隐秘的忧伤所在，深入人性幽微之深处，使我们在一个更为真实的层次上认识人、理解人。《爱情的面孔》用一种喜剧化的笔法和颠覆性的讽刺拆解了爱情的神圣，写出了“灵魂之约”在人的本能欲望面前的失落和无奈。该小说以解构爱情及男权话语为目标进行了一次游行，以达到戳穿爱情神圣面孔和人性弱点之目的。这场戏演得真诚、投入、悲怆，但结局是悲剧还是滑稽却无法分辨。剧终了，剧中人和读者一起带着难以言说的心境离场，不敢深思不敢回望，因为在性爱面前每个人都不是匆匆的过客。墨白大胆地撕破了爱情温文尔雅的面纱，对所谓的真正爱情的喜剧化的含混的嘲讽、颠覆和自嘲，体现了知识者渴望言说人性本真的目的。他以大胆的笔致书写了很多城市边缘人的精神迷乱和灰色人生：寻寻觅觅的追求者（谭渔，《进入城市》）、身如浮萍的流浪者（“我”，《错误之境》）、待价而沽的独身者（白冰雪，《白色病室》）、伺机而动的投机者（二郎，《从乡村到京城的路途》）……怀着缘起于一种鸿蒙的责任和道义的内心冲动，对人类、对人生、对文化都关切得热烈而时时处处又徘徊苦恼的墨白，带着知识分子有些“书生气”的幻想，走得真诚，所以也走得寂寞，终于又走得惶恐。他强烈地凸显了这样的意念：这个时代、这个社会还缺少“明澈而宁静的精神安顿”。墨白怀着对这种矛盾的忧思，守望着人文精神的美好家园。

对自然宁静的爱、对生存的困惑将一个人不可避免地改造成了愤怒忧伤的斗士，表现在墨白的作品里即是一种暴力意识。如长篇小说《梦游症患者》的男主人公所表现出的明显弑父情结；《局部麻醉》中的白帆在给妻子截肢时竟然忽略了麻醉，锯骨头的声音和妻子的号叫刺激着他的每一根神经，最后他忍无可忍，给自己的血管注入了麻醉药液。这种暴力自虐使他暂且告别了“外部肮脏和纷乱的世界”。《白色病房》中的苏警已深陷现实的各种烦恼中难以解脱，最终将自己倾心的女人秘密害死，自己也在自虐和虐人中走向精神迷乱。同时，这种暴力意识也表现在作品雅俗语言的“杂陈”上。因为墨白的小说人物往往是徘徊于城乡之间的，所以小说语言在典雅中又掺杂了大量的俚语俗话，甚至粗话脏话。两种不同风格的语言杂糅在一起，常常又集中在一个人物的身上。我们可以认为雅语反映了知识青年的心态，俗语是作者有意对乡村青年劣根性的外化。而笔者更愿意认为俗语相峙又相合于常态的雅语，代表了作品人物在生存困惑、精神压抑之中潜意识的内心发泄。这些外射式的精神异态所表现出的暴力倾向是从压迫中学到的，折射出小说人物强烈的自尊意识和迷狂的自恋心理；是以一种人的原始生命力在藏污纳垢中的“自由自在”的发泄，并以此来揭示当代人渴望逃离混乱、压抑的精神困境的迷乱挣扎。

对生存现实和意义的困惑与质疑是对历史的真实性理性怀疑的导火索，二者共同完成了墨白小说思想上的异质同构。墨白的新历史小说，特别是其1998年出版的长篇小说《梦游症患者》、1999年出版的长篇小说《寻找外景地》，侧重表现了文化、人性、生存范畴中的历史。作家把具体的历史形态一一打碎，找出其中的基本因素，重新组建为能够体现“现代与过去对话”的新历史，或是“对历史施予某种解构活动，把具有客观长度与时空特性的历史变构成某种形式或者寓言……含有当下主体对历史的外体的哲学把握与抽象体验”[①]。《青台》中作家通过给“死亡”以流动的、非定型化的叙述，拆解了具体的历史客观形式，对于我们当今所了解的历史的真实性提出了怀疑，实现了“现在”与所谓“历史”的对话，表现了墨白消解自我、消解历史的探索努力。

在“一切历史都是当代史”的观念观照下，梦幻、神秘境界、女性图式和死亡建构了墨白小说的原型组合；对于生存与死亡、现实与历史、忠诚与背叛的思索，构成了墨白作品理性怀疑的主旋律；忠贞的无望，生存的焦虑，寻找的失败，期待的失却，出走的自责，无不是作家心中一个个自我的真诚剖白。生活就如一张巨型的网，无可逃遁；生活就如一场荒诞滑稽的梦，难以捉摸。《寻找外景地》中一个剧组去颍河镇寻找外景地，而剧本中虚构的环境事件和人物却在现实生活中意外出现。文中三个神秘人物对“文革”时发生在一个工地上的集体罹难事件给出了三种解释，每个解释又都是一个神秘故事，把神秘推到了极致，揭示了历史的不确定性，达到了对“世事如烟、人生荒诞”的主题的具体化，使作品背景显得更加开阔，内蕴也更为丰富。《错误之境》写主人公为寻找昔日女友而遭际了一系列意外之事，陷入了荒诞不经的境地，形成了存在的不确定性。历史的沉重和命运的神秘怪异交织在一起，从中可以窥见作者对历史的怀疑和对命运无常的感慨——语言永远达不到历史的真实，所谓的历史只是后人的已经将真实变异以后的叙述。人只是历史的结果，而不是历史的原因，人的存在充满了偶然和巧合，我们永远无法知道自己的未来，生活和历史的框架是我们共同生活和行动的界限。在这里人格的封皮被剥蚀，死亡是一种美丽，一道风

---

① 孔范今：《二十世纪中国文学史》下册，山东文艺出版社，1996年版，第1469页。

景，不是悲哀，也不是恐怖。作家并不追求这种美丽，而是在历经磨难之后，去面对一个自己也无法下结论的星空，感叹着人生的尘微，其间凸显了迷茫的奔突、不倦的沉溺和情难自禁的哀伤。墨白当代题材的小说重在对现代或者说对当代社会的人际关系和人类情感进行审视和反思。这种关注更多的是从个体的视角，以个人的生存经验、以自由化的叙述策略来勾画当代人的生存现状、潜意识状态和复杂的精神世界的。但和新历史小说一样，也是凸显叙述本体，通过提升叙述本体达到对中心主题意义的进一步消解，将人性、生命、意识、经验融入叙述的过程，并使叙述本身成为意义生成的过程；在超现实的神秘的虚拟写作中，打破传统的善恶二元对立，实现人的“原生态”的还原。

对历史的态度实际上反映了对时间哲学的理解。墨白作品通过对“历史即是瞬间”的强调，企图达到忘却历史负重、消解历史的效果。由此，墨白小说完成了自我拆解和历史拆解，历史在他的叙述下成为“无历史”或“历史的抽象”。走近墨白，渐渐走入了时空的幽深之处，读者的认知体系被打破了，感悟到进入历史或者说无法进入历史的万般孤独，心灵的疼痛充塞着无以言说的困惑和希冀。

三

评论界公认墨白是属于20世纪90年代的，他的作品确实着意于“后现代”的叙事策略和思想追求。他认为“形式和技巧是一个作家认识世界的方法，形式的不同就是视角的不同，一种新的形式就是为人类提供一种新的认识世界的方式”①。正如前边的论述，墨白的作品在结构上常常是多条主线并行发展来演绎某一共同主题；在语言上不喜欢把一切写得平白，而是将文学语言和日常语言拉开距离，凸显了语言能指的表意作用，而且用“沉默、空白、沟壑”将意义隐藏，通过语言的变异阻断读者直扑主题和情节的阅读习惯，使小说呈现出多主题性，希望每个读者“有建构性地参与”，并能读出自己想象空间的东西来。从墨白小说所呈现的追求趋向可以看出，他的小说创作是游离于主流文学之外，

---

① 张钧：《以个人言说方式辐射历史与现实——墨白访谈录（代序）》，墨白：《爱情的面孔》，花山文艺出版社，2000年版。

位于现代与后现代之间、现实与梦幻之间、写实与写意之间的。他实践了后现代主义的东方化蜕变，将东方的宿命精神和老庄哲学中的避世思想注入了西方后现代“虚无主义、消解意义、颠覆价值”的文本叙述中，使创作旨向不再迷失于“开心”的游戏与享乐，而以个人言说的方式辐射烦恼人生。自谅与自责，原欲与原罪，人性存在的多维和矛盾的状态，形成了墨白小说的叙事张力，并在对这种繁复的矛盾之把握上，增强了自己小说的美学力度。

新世纪文学必将更加追求文学的现代性精神，渴盼文学的现世关怀，实现后现代叙事与中国当代语境更加丰富的结合，使文学呈现出更为开放多元的生命结构。墨白作为这一文学变革的实践者，其创作无疑是具有实验性价值的。不过对形式和技巧的执着偏爱，既为墨白赢来了声誉，也带来了批评。作品表现出来的某些对于形式的偏执，可能会遮蔽了作品意欲表达的实质性内容。读者被“导入”一种小说结构、语言的迷魂阵，过分沉入阅读过程，并且很辛苦。作者好像有责任在保证作品诗意的前提下，减少过多的文本技巧造成的阅读障碍，使阅读能更顺畅地进行。墨白凭自己的文学功蕴，完全可以以一种更加坦然自如、举重若轻的笔致来演绎自己的文化角色。

（原载《郑州大学学报》2001 年第 6 期）

沉浮在荒诞与隐秘之痛中的真实

——墨白长篇小说的魅力

孙桂荣[①]

在目前这个日趋讲求速度与利益的时代，小说是越来越商业化和大众化了。作为体现一部展现作家综合创作实力的长篇小说，因为厚度与耗时性等因素，在影视、光碟等咄咄逼人的围攻下求生存的挣扎更令人触目惊心。比如最近将徐霞客写成“徐狎客”的文学博士叶开在谈到他的《口干舌燥》的缘起时就曾深有感触地说：“现在的长篇小说有两大主流，就是帝王题材和隐私题材……”是的，没有一个时代的长篇小说能像今天这样懂得“接受美学”的道理，懂得让小说在内容和形式上更时尚更迎合大众口味一些。不过“不识时务”的人其实也有，河南作家墨白就从不以作品的商业成功为目的，他宁愿选择一些冷峻严肃的题材，采用一些颠覆性的陌生文本形式，也要让他的写作真正能为读者提供一种新的认识世界的视角和对生命的独到感受。“总是那一株，那株杨树在思想之边缘。”墨白引自保罗·策兰《从初始到初始》中的一句话作为他第一部长篇小说《梦游症患者》的扉页导语。他非常欣赏阿斯塔菲耶夫说过的一句话：写作需要的是全副心灵，而不是趋附时尚；不应该在文学中寻找地位，而应该从中寻找自我。这对如今日益商业化和快餐化的小说创作来说无疑是极为沉重的，当然更是弥足珍贵的。

---

① 孙桂荣（1972～），女，山东淄博人，文学博士、山东师范大学文学院教授，主要研究方向为中国现当代文学研究、女性文学研究等。

尖锐与刺痛:缘于历史的荒诞与人性的沉落

墨白是一个出身底层,有着卓越文学天分和不倦奋斗精神的作家,他力求以小说这种艺术形式去烛照他所走过的路和他所理解的历史与现实、人生与人性。翻翻他近年来几部长篇小说,我们会发现他对幼年时代那场荒诞而真实的浩劫岁月,和中年以后20世纪90年代人们精神的匮乏和压抑有着深深的关注。他的《梦游症患者》《寻找外景地》《欲望与恐惧》几乎都是围绕这两大主题而来的。作为河南中原腹地生长起来的作家,他的小说不以轻巧流利见长,却以凝重浑厚著称。熟悉墨白的读者会发现,他通过对于虚构的“颍河镇”的叙述,建立起一种关于人类生存和精神的“隐喻场”。在这个“隐喻场”里,人类的生存是痛苦的,生命在痛苦的挣扎中所表现出来的本质是悖谬的,灵魂在生命之中或之外扩张、裂变,无家可归,一次次逃亡,又无处可逃。墨白小说也有诸多很浓重的个人化特质,但与不少新生代作家强调个人化言说时往往会淡化或有意疏离于社会现实的言说不同,他在鞭辟入里地挖掘人性深处灵魂震颤的同时,总能强烈地将这种人性真实同历史与现实结合起来,乃至彰显它们之间巨大的张力甚或错位,体现了“以个人言说方式辐射历史与现实”(张钧语)的努力。读墨白小说最大的震撼就是萦绕在这些张力与错位中的尖锐刺痛感。

首先是历史的荒诞之痛。《梦游症患者》与《寻找外景地》中那个剧组所要拍摄的《风车》及与它相联系的《雨中的墓园》,都是叙述中国那段荒诞而残酷的“文革”历史的。《梦游症患者》凸现了原本平静安宁的颍河镇在全国这场自上而下的狂热运动来临时荒唐而残酷的一幕:这里有手足兄弟因为“政治派别”不同而进行的谩骂攻击,有夫妻被亲生儿子揪斗着袒露私处的羞辱与悲愤,有被狂热的“革命”激情烧昏了头只能与动物为伍的红卫兵小将,也有在沉睡昏累中被人弄大了肚子却茫然不知的懵懂少女……反正三爷心目中那个子孙繁盛、人丁兴旺的家族梦想在这场运动中是彻底风云流散了。《风车》里无水可车的风车竖起的更是一个意味深长的寓言:要在北方的土地上建造一架南方才有的风车,用来车水,结果只能是在干涸的北方土地上留给人们一个经久劳动后的空洞土坑。《雨中的墓园》则告诉了我们一个对历史真相产生怀疑的故事:在“文化大革命”开始后不久的1966年9月7日,一群人突然在同一天遭遇死亡,但面对遍地坟茔,三个讲述者对他们的死因却分别有三种不同的说法,而他们又都是那场死亡事件的见证者。在这里,历史的荒诞感最大程度地体现出来了——胜者将相败者寇,历史因为一个人的情感好恶就能发生改变,历史已经失去了它的本来面目,它只存在于人们的"叙述"中。这就是荒诞岁月中的荒诞之痛。由线性地铺叙历史场景,到质疑整个狂热年代的历史叙述,墨白在他的长篇小说里体现了他鲜明的历史创伤体验和反思深度。当法律、道德、伦理、情感这些维系整个社会体系正常运转的因素,被高度政治化的"革命""社会主义""救世主意识"等取代之后,留给人们的就只能是一心为"公"下私欲的极端膨胀、打碎一切禁忌后的无政府主义狂欢表演以及家破人亡断垣残壁的破败酸楚记忆了。在这场废墟中建立的历史也就成了真正荒诞的历史。墨白在大众文化喧嚣的现今时代,以对中国那场血淋淋记忆的回望和重书给了世俗狂欢中的人们致命的一击:历史的尖锐与刺痛已经深深熔铸在我们的血液中了,忘记曾经耻辱的过去不但得不到任何警醒,更是一种可耻的逃避。

其次是人性沉落之痛。"由普遍的个人荒谬行为,找寻人性沦落的原因,并表达出这种荒谬对民族灵魂造成的切肤创痛。"①在墨白所描述的那段历史场景中,除了深切的社会关怀,我们还可以感到一种人性关怀在熠熠闪光。历史的荒诞往往是由人们的狂热、迷信、理性缺失、没有自我精神造成的。即使温柔敦厚如三爷,我们也可以从他对毛主席像章的虔诚膜拜和对待子女儿媳的态度中,看出家族观念和救世主意识是如何钳制着他的头脑的。这种自我精神的缺失其实就是错误运动能在中国发动并迅速在最广大地区蔓延开来的深层国人心理基础。墨白小说特别善于将人性沉落之痛放置到人最隐秘的心理和行为中进行考察。关于现实中的隐秘,墨白认为它同神秘是不同的。"神秘的力量来自我们自身,是自然的,是一种生命现象;而隐秘的行为和事件则来自社会、政治和文化,是人为的。"②生老病死天灾人祸往往是我们无从把握的意外,但特定环境下的人为隐秘事件却体现了更多社会和文化内涵,也更接近我们所要考察的人性本质。墨白在人最隐秘的原欲本能中写出了人心理错位和精神扭曲的最深层原因。比如尹素梅强烈的欲望要求原本也是其生命力旺盛的一种表

① 林舟:《以梦境颠覆现实——墨白书面访谈录》,《花城》2001 年第 5 期。

② "金钻评语",见墨白《梦游症患者》扉页,河南文艺出版社,2002 年 3 月版。

现,但在克制、内敛的礼教观念和公公、丈夫的压制下,并且借了动乱年代狂热思潮煽风点火的点拨,她从追求身体的快感逐渐变得寡廉鲜耻甚至丧心病狂起来。不但与小叔子通奸,而且就在为丈夫守孝期间连外甥文宝也不放过。当她反将一只破鞋挂在文宝母亲的脖子上时,我们会发现她做人的起码良知都被她这灾难性的欲望之火吞没了。这是一个人性在欲望的无限放纵中沉沦的故事。《欲望与恐惧》则着力探索了因性的压抑而丧失了尊严和自我的另一种精神沦丧方式。同尹素梅不同的是,吴西玉的故事不再是在特定的历史荒诞中凸现的,而是直接构筑进 20 世纪 90 年代中期以后的中国现实。也正因为这样,没有了社会、时代外部因素牵绊的人性沉落才更具有生命本体意义上的惊心动魄之感。当颍河镇卸去了历史的沉重所指回到主人公成长的个体生活体验中时,它对一个乡村少年的幻想与欲望却仍没有真正满足。吴西玉似乎天生是一个欲望比较强烈的人,就是青年时期在红薯地里翻秧子时天上偶尔滑过一架飞机他都会幻想突然掉下金钱美色之类。他说"人类的历史就是一部欲望史,生与死、地位与权势、金钱和女人……我们谁能逃脱了干系";然而另一方面他卑微的出身、内向的性格、耳濡目染的传统伦理教育,以及他不排除功利目的的社会性别定位,却让他在鲜活的生命欲望到来之时恐惧、焦虑、绝望、退避着,用各种方式恶作剧甚至恶意地作践着压抑他的人或事,同时也卑鄙地践踏了自己的尊严和人格。比如,上大学时他因不无挑逗性的语言而被打了一巴掌,在他中年以后,在这个他当年暗恋过的女同学离婚之后,他却对她一边曲意迎奉,一边又在关键时刻动用最污损的方式和语言旧事重提来加倍地侮辱她,然后狠狠地离开了她。而他在老婆和情人间摇摆辗转的过程更是一副现代人因欲望不能满足而旁逸斜出,又因承担不了责任而畏首畏尾的绝妙画像。当一个人精神世界与肉体世界、社会身份与欲望心理盘根错结缠绕在一起悖向逆反而他却没有勇气决断时,这该是一种多么尖锐而刺痛的存在啊!从《欲望与恐惧》里我们可以读出一个大学团委书记挂职副县长的吴西玉,一个能够被犯了事的男人指望救助离了婚的女人获取慰藉的吴西玉;同时又是一个在欲望与恐惧间辗转怯懦得"像条狗一样卑鄙地生活着"的吴西玉,一个在汩汩的私欲之河中沉溺淹没却喝一口水就呛的永远干涸的吴西玉。墨白在本书正文的后记里,借"作家"同他的女友的对话中说,他想从吴西玉身上看到"我们自己的影子",看到"我们许多人正像吴西玉那样没尊严地活着,生活得那样无耻……"通过他的精彩叙述,他这个愿望达到了。揭穿生活的瞒和骗，撩起人心灵的疮疤，这同他那些以“文革”为背景的小说一样为我们揭开了人性沉落的尖利刺痛之声。

神秘与独白：小说文本的梦幻式表达

如果说墨白小说所构筑的颍河镇世界在主题意蕴上形成一种人性悖论与沉落的价值隐喻场的话，与之相联系的则是由他小说独特的艺术形式所带来的一种奇崛而复调式的“梦魇隐喻场”。他的小说是典型的先锋文本，他常常颠覆读者的阅读经验，将我们带到一个陌生而独特的境界中去。从他的几部长篇小说结构来看，《梦游症患者》采取的是主客观双重视角，七个以文宝为第一人称的叙事章节与颍河镇的“文革”故事平行地进行着，从而形成诗性和理性相谐的效果；《寻找外景地》则将现在与过去、剧组中现实的人、事、情同剧作脚本中的人、事、情相提并论，并让他们发生切切实实的“对话”与“互动”关系，从而整体上形成了荒诞、反讽和神秘的艺术效果和复合式结构；《欲望与恐惧》手法相对较为单一，但他采用了吴西玉的心理意识活动来结构全篇，并在序言里加入了解释本书“关键词”这样独具匠心的艺术形式。而小说语言上也颇具个性色彩，仅就《寻找外景地》一部小说而言，根据内容的需要就涵盖了《雨中的墓园》的神异幽暗、《风车》的夸张荒诞以及描述剧组人员生活的世俗粗鄙等三种不同的语言风格。总的说来，最能体现墨白苦心经营的风格特色我认为有两点：一为神秘，二为内心独白的不断复现，它们共同形成了他小说的梦幻式特征。

神秘是墨白小说给人的突出印象，这与他的创作观念有关。墨白非常注重意念和感觉，他说：“意念本身就是精神性的东西，它是一种情结，一种模糊不清的情结，但它又实实在在地存在着，不停地折磨我，使我不得安生。”“意念仿佛是水，感觉就是流动的雾。”①一旦受某一外部事件的激发，“意念”就会由抽象变成具体的“感觉”，成为写作者对外界的一种感知方式。知道了意念和感觉对墨白的意义，我们就不难理解具有超验性和非理性的神秘风格何以会在他的小说中占据那么重要的位置了。“神秘”在墨白这里有三重意蕴：其一，事件与情景的神秘。比如《寻找外景地》中，那起极左年代的多人死亡事件由于不同人的

① 张钧：《小说的立场——新生代作家访谈录》，广西师范大学出版社，2002年2月版，第447页。

讲述有了毒死、淹死、炸死三种不同的解释，由此必然产生出神秘怪异、诡谲丛生之感。更让人骇然的是《雨中的墓园》中那些阴气森森的死亡场景——死者劳动过的渠首与扳网、弥漫着死亡气息的葡萄园、累累白骨的墓地——却在剧组寻找外景地的过程中纷纷现实地浮现出来，而明明死去的人竟又诡异地告诉一个剧组人员当年那些人的死是缘于一场大火！另外作为现实场景中的剧组人员的结局也是诡谲阴森的，比如掉队的美工小罗会突然地沉尸于河中而被当作鱼打捞上来，两部小说可能的作者田伟林（丁南的推测）结尾则精神失常地疯癫，导演浪子拥着一个酷似他当年恋人的年轻姑娘死去……这大量的不可思议的荒诞恐怖情节和难以解释的神秘莫测事件都使这部小说具备了浓厚的诡异和梦幻色彩。其二，是人物与人物命运的神秘。对不少当代新潮作家来说，小说中的人物并不是，或者说主要不是作为故事、情节的载体以鲜活的个性化主体特征出现的。多数情况下，他们只是把人物作为一个神秘意象的符号，借以传达作者内心生活的隐语和潜意识深处的某种奥秘，比如余华前期的某些作品就有以抽象数字指代人物的倾向。西方学者罗杰·福勒曾说过：小说中的人物个性是一种幻象，是许多小说读者共同培植的期望在文本上的投射。在墨白小说中，比如那个生活在自我封闭的世界里懵懵懂懂而又时常闪烁着智性和诗性之光的文宝，很难说就是生活中那一类人的现实写真，墨白借助他更多体现的是对荒诞历史和扭曲人性进行反思的一种文化想象。因此这个其他颍河镇人都疯狂卷入那场动乱唯独他安然无恙的文宝，就有了一种神秘的符号特征。即使当墨白走出那段狂热年代走笔至90年代的当下现实时，他笔下的人物命运也往往会带一点神秘的宿命色彩。比如《欲望与恐惧》中那个吴西玉，作者就在序言中为他感叹道，吴西玉不但对他那些陈城师范读书时的朋友的命运一无所知，就是面对他最亲近的两个女人时“他也不知道接下来会发生什么事情……吴西玉几乎对自己的未来没有一分的把握，未来对于他来说是那样的神秘，就像一场永远没有尽头的黑暗”。新生代批评家张钧从音乐术语中借用了“梦幻主音”一词来形容墨白小说中人物的精神状态，而且认为这种梦幻式的精神状态是他们的生命主音，而正因为这种“主音”，导致了他们行为的乖谬和悲剧性后果。[①] 所有这一切，无不使墨白笔下的人物具有了一种难言的神秘气质。其

① 张钧：《小说的立场——新生代作家访谈录》，广西师范大学出版社，2002年2月版，第449页。

三，神秘化可以说既是墨白结构文本的主观追求，也是他对历史/现实讲述方式的一种必然结果。墨白曾在小说作品或创作谈中不止一次地谈到神秘。在《欲望与恐惧》第一章的“关键词”解释中他还专门列出了“神秘”一词，而且郑重其事地总结道：“讲述现实生活的神秘是我的小说立场。”并且他还以变幻不定的带赌博性质的牌局相比拟，“牌局就是我小说的叙事策略”。知道了他这种创作意识，我们就不难理解他以个人方式言说历史与现实时所带有的那种难言的神异荒诞气息了；反过来，从上文我们讲到的他小说的结构框架、人物设置、环境渲染、主题营造来看他的几部长篇小说普遍地带着某种或隐或显的神秘韵味也是必然的。另一个批评家林舟也说：墨白的小说是“以梦境颠覆现实”①。是的，墨白可以说是典型地做到了让艺术情境神秘化和隐秘化，用梦幻和象征击碎生活中的肉体和灵魂，用开放性和无中心非闭合的结构来展示历史和现实的。

除了神秘，墨白长篇小说还善于用呓语独白的方式将人物的心理活动径直呈现到小说文本表面。内心独白(monologue)，有时也称自言自语，最初是从戏剧电影中而来的一个词，它将人秘而不宣的心理语言明明白白地写出来，是暴露人内心活动最直接的方式。独白的运用在墨白的小说中有两种形式：一是将不同人物的内心活动平行展示的散点透视法。这种让各色人等轮番上场将隐秘心理表演一番的全知全能叙述在《寻找外景地》中表现得最明显。除去那两个描述过去岁月的文本，可以说它的现实场景就是由一个个人物的心理思绪和纷乱回忆构成的。人物的心理语言同其说出来的语言与做出来的行动进行对比，很多情况下能收到极大的反讽效果。如丁南在剧组人员中还算得上是个正派、严谨、稳重的人物形象，但他的内心独白中同样充满了诸多粗俗与欲望的东西，比如他跟夏岚在一起时，彬彬有礼的外表下总是不断掀起内心肉欲的狂澜。散点透视的方法使叙述者无所不能地钻入每一个人的内心深处，将其一念之间的意识流动紧紧把捉住，这的确能起到透过现象看本质的作用，大大增强了小说人性表现的真实性。当然不分主次地任谁就来一番内心独白也会给人一种纷繁杂乱之感。另外有些人的心灵独白过长过滥过俗，如导演浪子那一段竟在两三页的篇幅中反复出现他那个“我日你二哥”的口头禅，就影响了作品奇谲神秘的艺术整体性，而且动辄就大段大段甚至几页的心理琐碎独白对读者的阅读忍耐力也是一种挑战。相形之

---

① 林舟：《以梦境颠覆现实——墨白书面访谈录》，《花城》2001 年第 5 期。

下,《欲望与恐惧》中以吴西玉一个人的心理视点观人阅世并结构全篇的方法要纯粹凝练一些,也更益于人性沉落主题的深刻表达。这其实是墨白小说内心独白的第二种使用方式。墨白对这种形式的最精妙运用应该是在《梦游症患者》中,他用文宝这个总是生活在自己的世界里无法与外界沟通的患梦游症的"痴呆"孩子的眼光作为叙述视点,用他看似不合常理天真幼稚的问话来驳诘那段荒诞的"文革"历史。他是颍河镇唯一一个没有卷入那场狂热运动的超脱者,也是活在自我精神里的唯一智者。同那些所谓正常人的龌龊、粗俗、欲望的心理活动相比,他的心灵呓语则是优美的,精粹的,天真而富含诗意的:

> 文宝跟在渔夫的后面往前走,我们在穿过水淋淋的树林吗?我们在穿过水淋淋的房屋吗?我们在穿过水淋淋的目光吗?我们一直就这样在雨中行走吗?从清晨到黄昏,我们是自由自在的鱼吗?渔夫领着文宝在黑暗里穿行,他们要到河道里去。渔夫回头看看身后的文宝,他的心里突然感到了安稳。

这是刚刚被运动中狂热的人们揪斗得差一点死去的渔夫同文宝一起回家的情景。醒目的黑体字是作者特意为之,标示的是文宝这个"梦游症患者"的心灵呓语。它超越了当时那个荒诞年代的荒诞思潮对正常人性的磨损与锈蚀,更越过了世俗功利的羁绊,直接上升到人类朴素天真的原初。在《梦游症患者》中墨白将文宝这种诗性的带纯净特质的语言一律用黑体字标示出来,成了那个精神自我普遍丧失的年代灵魂坚守之"可能性"的最后一个寓言。整个世界都疯了,只有这个生活在自我天地里的梦游症患者才是清醒的,而从后来渔夫的"安稳"来看,这种精神力量的作用也是很大的。用出自"患者"心灵的诗性和哲理化的语言对道德沦丧、人性毁灭、精神荒芜的浩劫年代进行反讽,墨白这种匠心独运的梦幻独白手法可以说是将他的历史荒诞和人性沉落主题成功地表现出来了。

结语:"先锋"及其可能性

墨白小说的荒诞、神秘和对叙事艺术的苦心经营使它无疑具有很强的先锋性。在中国当代文学中,"先锋"这个词代表了一种荣誉,但这种荣誉在随意撒播和蔓延的过程中也会变成一种标签,一种"意识形态",一种集体可操作性程序对作家独特艺术个性的扼杀。尤其是进入20世纪90年代以后在大众文化商业性叙述的进逼下,在小说动不动就以销售排行榜论英雄的现在,"时尚"不再的先锋写作能够走多远似乎成了不少人对文坛一种心照不宣的审视和疑惑。比如,昔日先锋主将苏童近作《蛇为什么会飞》发表后,有人就说他依然用80年代的语言写作,不错,但"也不多了"。墨白在先锋这条路上已跋涉了很多年,不过他显然还处于"现在进行时"状态,还会有许多不可知的"变数"出现,这"变数"会不会大到彻底告别先锋的地步呢?在当今的文坛上这种先例不是没有的,以后恐怕还会越来越多。

对于中国作家的"先锋情结"我一直心存敬畏甚至幻想。就在很长一段时间以来甚至先锋小说模式化雷同化几乎已成为一种集体性狂欢的表演时,我也固执地认为先锋这种小说姿态本身没有错,错的是中国作家对它的技术化理解和拙劣效法。不同于将在后台调制好的情绪、人物、故事、风情一股脑地端到你面前的电子影像文化,小说这种自有文字就开始的古老艺术是将一切隐匿在叙述和语言符号之中的。现在有人提倡"好看"小说,其实再商业化通俗化的小说在讲故事塑造人物调度场景方面也没有影视艺术直观形象,这是由它们不同的传播媒质决定的。小说的优势不在这儿。心理、梦幻、(潜)意识、非理性等看不见摸不着的具体瞬间、心游万仞目极八荒的无所不能写和叙述风格结构技巧等才是小说区分其他艺术门类的独有品性,这些其实都是很"先锋"的东西。先锋因为"精英"因为"不大众",而被不少读者冷落当然也是一种事实,但像目前文坛主旋律和个人化写作都在并肩生长着一样,它自有它存在的理由和方式却是一定的,或许它才是小说保持它艺术"纯性"的最后一块守望地。从这个意义上讲,墨白在这个领域所做的提升先锋小说艺术品位的努力,和他对先锋姿态的毫不动摇的坚守①,都是很值得我们肯定和钦佩的。当然这并不等于说他的小说就是尽善尽美。除上文我们提到的他有些心理独白滥俗缺乏节制外,他那些以"欲望"为突破点切入人性痼疾的小说往往在本能上写得太满太实,社会内涵相对突出不够,这会影响到他所要揭示的人性本质,比如他那部《欲望与恐惧》相对于篇幅来说,主题探索略嫌单调枯涩而不够丰满开阔。不过墨白的"欲望"小说,同当前那些描写性爱刺激读者猎奇心理和感官享受的通俗之作是有根本区别的。我们有理由期待他有更好的小说尽快出现。

(原载《石河子大学学报》2003年第3期)

---

① 林舟:《以梦境颠覆现实——墨白书面访谈录》,《花城》2001年第5期。

逃离与穿越

——墨白中篇小说论

曹怀明[①]

如何重构与现实的关系，20世纪90年代以来的小说创作并没有很好地解决这个问题，先锋创作沉浸在虚构的历史和表象空间里不能自拔；“新写实”推崇“零度叙事”耽于琐碎化的现实；“新生代”一味将个人经验等同于当下的日常生活。拒绝、沉入或置换，这是我们阅读经验中非常熟悉的方式。墨白的小说在处理与现实的关系上，让我们看到了另外一种探索，那就是逃离与穿越。他的作品所表现的内容和艺术上进行的尝试是多方面的：形而上与形而下、虚幻与真实、存在感与现实性、抽象与具象始终高度和谐地融入其小说文本中，《重访锦城》（载《收获》1995/1）、《民间使者》（载《江南》1994/4）、《雨中的墓园》（载《山花》2001/11）等所体现出的气质是值得关注和重视的。迄今为止，墨白很少进入批评家的视域，当然，对于墨白这样一个在创作上不断地进行探索的作家，批评的缺席是另一个很有意味的话题。本文只选择墨白的中篇小说作为解码口，对其作品进行审视，既是由于中篇体制最能反映创作流向的转变和文学观念的演进；同时，对墨白来说，中篇也最集中体现了他对叙事文本的追求和内在色质。我们在这里所努力抵达的是对其中篇创作的某种理解，并无意涵括他未来写作的可能性。无论是坚守还是转向，只要他不断提供新的认识世界的方式和视角，都是我们所愿意看到的。

---

① 曹怀明（1965.6～），山东枣庄人，文学博士，上海对外贸易学院教授，主要著作有《城市的眼睛》等。

一

尽管墨白从80年代中期就开始小说创作,但他依然乐于承认自己的写作是属于90年代的,这与我对他的作品的阅读感受是吻合的。墨白的小说与崛起于90年代的"新生代"作家群的创作有许多可以比较的地方,比如对当下生活的介入,清晰可辨的人本立场,叙事技术的内在化,成了他们不约而同的叙事取向。80年代先锋作家激进的叙事实验、游戏语言的冲动、解构意义的热情离他们远去。当先锋作家放弃了极端的形式主义探索,他们惯常热衷的对人类生存境遇所作的形而上探究,就明显地露出了表现力弱化的问题,对形式的迷恋与对现实的漠视形成了巨大的反差,而沦入新的窠臼。"新生代"作家一边承继了他们所创造的新的艺术经验,同时着力修复与现实的关系,这是写作立场的重大位移,他们关注个人的经验,有意虚化或回避社会学意义上的生存背景,将断裂与错位、残缺与障碍、困顿与隐痛、虚无与荒谬编织在一起,但在展露个人言说丰富的可能性的同时,也集体为存在主义哲学作着中国化注解。从小说艺术上看,"新生代"更多的是对先锋作家的坐享其成,较少"与时俱进"的创新。他们在艺术表现形式和把握现实生活上都不同程度地出现了顾此失彼的问题。墨白也一直寻找一种适合自己的言说方式,他把对平庸叙事的反抗和对个体生命的日常生活方式的关注紧紧地扭结在一起。所以,相对许多"新生代"作家的欲望叙事,他的这种寻找可能更为艰难。"我的写作始终都是贯穿着这样一个视角:那就是对我所熟悉的那些个体生命进行关注和审视"①。而对这种写作来说,有太多现成的东西可以信手拈来为其所用。

墨白对乡村生活非常熟悉,承受苦难曾是他相当一段生活里的常态:"在我出外流浪的几年时间里,我当过火车站里面的装卸工,做过漆匠,上山打石头,烧过石灰,被人当成盲流关押起来……苦难的生活哺育并教育我成长,多年以来我都生活在社会最下层,至今我和那些仍是生活在苦难之中的人们,和那些无法摆脱精神苦难的最普通的劳动者的生活仍然息息相通,我对生活在自己身

① 林舟:《以梦境颠覆现实——墨白书面访谈录》,《花城》2001年第5期。

边的那些人有着深刻的了解。”①作家的生活经验无疑是其小说叙事的重要的内在动力和深层底色，他不会像一些作家那样一味沉浸在想象的世界无所依傍而对现实失语，但同时他又避免了与日常生活的过度纠缠，从而落入传统写实主义的老套。事实上，墨白的小说总是避开社会、政治角度的描摹和历史必然性的渲染，而是将现实向存在的领域挺进，使作品在主题上敞开了多种可能。这是他为建构一种新的与现实的对话关系所做出的努力。作家从纷纭的感性经验中逃逸，并有意与自己成长的历史保持距离，这不是决绝的出走，而是精神上的攀高和提升，他因此获得了从容审视的距离和高度，也获得了更深更有力刺入现实的力量。

这是我们对墨白中篇创作基本处境和精神取向的大致勾勒。但在文本中，他对现实的言说姿态有着多样的表现。

二

在《讨债者》（载《花城》1997/3）《白色病室》（载《花城》1993/2）《局部麻醉》（载《花城》1998/1）和《进入城市》（载《峨眉》1993/4）《从乡村到京城的路途》（载《江南》1999/6）等作品中，都有着质感很强的现实，日常世俗生活被赋予可视的现场感，人物焦虑的情绪真切地流动在文本中。主人公都是一些“挣扎着的痛苦灵魂”，作家几乎无法抑制地表现了对他们的同情和悲悯，许多描述的后面都意指着对压抑人性、摧残灵魂的社会力量的批判。但作家在审美转换中没有囿于传统的现实主义进行本色还原，他特别善于营造一种带有某种虚幻和神秘色彩的艺术情绪，淡化人物活动的时空背景，将具体和抽象统一在这种情境中，他的叙述往往在开始时是具体而“真实”的，不久神秘而虚幻的气息弥漫开来，在二者互相融渗中，叙事得到了展开；在神秘的氛围中，生活中的偶发行为甚至细枝末节就有了深长的意味。他将事件和人物从历史化背景中剥离出来，但又不是从根本上切断其联系，对个体生命关注的同时也切入了人类生存的本相和精神困境的主题。《讨债者》从故事的表层来看，表现了农民的一种生活境况。讨债者满怀凄惶焦虑，来到颍河镇，希望能在春节前拿到人家欠他

---

① 林舟：《以梦境颠覆现实——墨白书面访谈录》，《花城》2001年第5期。

的蒜钱，但结果却不仅没索到欠款，而且被灌醉冻死在异乡。一个卑微的生命悲惨地走到了尽头，小说的叙述一直非常节制地保持着距离甚至有点冷酷："讨债者的头发眉毛上胡须上都结满了晶白晶白的霜花，样子像一条无家可归的野狗"。读到这个结尾，一股凉气透进心底，是谁最后导致讨债者的死亡？作家并不特别想追寻悲剧的现实社会原因，而只是客观呈示悲剧的发生过程。讨债者甚至连个具体的名字没都有，他只是一个符号，喻指着一种生存状态。他一踏上讨债的路，凶险莫测的气息就在文体中弥漫开来，这种气氛不是叙述者通过外在的渲染而是从人物的主观感觉中透发出来的。讨债者在他数度造访过的颍河镇的街道里迷失了方向，那些纵横交错的街道和胡同让他感到视线上和心理上的迷乱，他遇到的每个人包括认识的人都表情暧昧，用似是而非、言不由衷的语言打发他的执着。讨债者完全陷入了被愚弄和操控而自己又完全无能为力的境地，原本很熟悉的人和地方变得陌生、神秘而又异在。这既是讨债者所面对的生存现实，同时也深刻地喻示了人类根本的生存困境。《白色病室》和《局部麻醉》同《讨债者》一样，在叙事上也有着充分的现实依凭，对现实和人性的阴暗面均有透彻的抉发。这同样也不是通过戏剧性的外在冲突和单纯现实层面的开掘表现出来的。在《局部麻醉》里，外科大夫白帆有着梦幻般的精神状态，他在权力和性的逼迫下，恐惧和痛苦如影随形。他只有用给自己注射麻醉剂的方式才能使自己的心理平静，灵魂得以解脱，那种精神接近崩溃时所衍生出的种种幻觉是一种可怕的真实。《白色病室》中的年轻医生苏警已由一个精神病的医治者变成一个精神病患者，叙述上的平静自然而又水到渠成让人感到触目惊心，进而生发出生命存在的悖谬感，这是一个更为内在和锐利的深层主题。《进入城市》和《从乡村到京城的路途》这两部中篇更多地来自作家的生活体验，罗马和谭渔从乡村来到充满欲望和诱惑的城市，这导致了他们灵魂的撕裂，以及在背叛和皈依、逃离和坚守之间进退维谷的孤独和创痛。20 世纪 80 年代《人生》等作品主人公个性与道德之间的彷徨失措更多的是在城乡文明冲突的背景上予以揭示，而墨白则着眼于人物的精神裂变。从农村到城市，他们面对的最大困扰是欲望，这种欲望来自他们自身人性的希冀或疑惑，而不是那种空洞或时尚的欲望表演。这与"新生代"作家对破碎的日常欲望人生的书写也有很大不同，那种厚道本色的感情，矛盾挣扎的心灵，真诚的自省自责，给人以说不出来的伤感和沉重。罗马从乡村到京城又从京城到乡村的回归，只是一种茫然的空间转移，证明了精神拯救的虚妄，人物不仅在现实中失去了家园，而且在精神上丢失了价值依据而处在茫然虚空的境地，“明天我要到哪里去呢？我真的不知道”。这几部作品在现实物质层面、心理感觉层面和存在象征层面多个层次展开了叙事，各层面间包含着内在力。在现实层面上，把个体生存状态的细节化描摹得冷峻而深刻。而故事总有某种终结性、闭合性的收束，如讨债者的醉酒冻死，苏警己的精神失常，白帆的精神崩溃。尽管前因被尽可能地淡化，人物行为的现实性和事件的发展过程被强调，结果却依然得到重视。这明显是一种锁定意义的努力。但墨白关注的是对生活的勘察审视而不是简单还原，他在对现实生存进行质疑的同时，以高度的精神自由逼视庸常的生命，用传统现实主义的话语原则根本无法框定其意义。同时，人物飘忽的思绪和心理感觉，艺术情境的隐秘化又推波助澜，酿成了作品的隐喻性和象征性。这给我们的阅读带来了挑战性。

如果说，在故事层面或于主体之外或主体之内沉入现实，同时，展现超越性主题，是《讨债者》《进入城市》等小说的建构方式，而《重访锦城》《寻找旧书的主人》（载《作品》1996/9）《爱情的面孔》（载《东海》1999/12）《错误之境》（载《漓江》1997/6）《漂失的声音》（载《广州文艺》1998/5）《航行与梦想》（载《钟山》95/5）等则以破解悬疑为构架，以对存在的解构为基本主题，或者是在故事快要结束时突然发生逆转，正常的演进中断，而后又展示出一种新的可能性和更多的意味；或者是让虚构和梦想刺入并解构现实，使主题具有发散性，同时凸现存在的虚幻与可疑。由此显露出的诸如无中心、无深度、不确定性使得这些小说具备了后现代主义叙事表征。《重访锦城》是墨白许多中篇小说中特别出色的一部作品。主人公谭渔重访锦城来看望与他热恋过名叫锦的女人，但这好像注定是一次无望的寻找，锦已死亡，但她的死因却是扑朔迷离，谭渔的三个同学对此有着种种说法，但都歧义丛生，叙述中作家有意抹去现实与非现实的界限，谭渔的寻找过程始终笼罩着神秘和诡异的气氛。恍惚间，我们也难以判定到底是真实还是虚幻。相比而言，《寻找旧书的主人》的情节线索较为清晰和单纯，那个女孩，那个童年时就藏在“我”心中的偶像，还能找得到吗？那一个个可能是陈平的女人都似是而非，而最可能是陈平的人自己却不愿承认。陈平究竟在哪里、能不能找到已经不重要了，重要的只是寻找本身。墨白的“寻找”姿态在他的小说中经常出现，这本身就是一种“有意味的形式”。它既是故事的构架，也是一种情感意向。对历史、对人生命运的感伤和困惑伴随着寻找迎面而来。《爱情的面孔》是在现实的层面对存在进行解构的，谭渔以追寻爱的姿态进入叙事，但在“爱情测试”中成为性的俘虏，开始时的一本正经和关键时刻的土崩瓦解形成耐人寻味的反讽，爱情那么不堪一击，顷刻间就被性颠覆了。这个喜剧色彩的结尾暗示了人在爱情和性之间的荒谬处境，它传达的已不仅仅是对现实的道德困惑。这种让现代人难堪的真相，可见作家对人性的洞悉一斑。解构现实是对现实另一种方式的穿越，因为戳穿了现实的种种假象和不可靠性而获得了一种更有深度的真实。

墨白的历史叙事同样地在寻求着某种超越，但超越的并非现实主义范畴的社会道德判断。这一点许多先锋作家早就做到了。同时，墨白对发掘和怀疑现代性历史内部的一些细节或解构革命历史的内在逻辑也没有太大的兴趣，他喜欢在个人虚构的历史中来表现人类命运与历史之间的无奈状态。《雨中的墓园》中对历史谜案的追索就印证了这一点。一群人在同一天遭遇死亡，而对于死亡的原因，黑衣老者、守扳网的女人、渠首里的瞎子作为当事人有着完全不同的解释。历史的真相到底是什么？他们的叙述并不能引领我们破除迷津，相互矛盾的追述将真正的历史悬置起来。也许墨白的用意正在于此，他弃绝了本质化把握世界的传统方式，生活的客观性、历史的本然性被打上了大大的问号。历史从本体论的角度应是独立于主体之外的客观存在，它以个人的认识和记忆为前提，在墨白的叙事里，历史则变得不那么可信，人类了解历史真相的努力有时不是离历史更近而是更远。这就是人与历史关系的悖谬性，《雨中的墓园》试图对这种悖谬性作出审美传达。

三

对现实的逃离和穿越不仅赋予墨白的许多中篇文本在主题上的形而上色彩和哲学品格，而且在艺术探索上也具有无可替代的话语价值。墨白是一个具有高度文体自觉性的作家，在40部左右的中篇创作中，他对文体丰富性的追求一以贯之，他认为形式和技巧是一个作家认识世界的方法，形式的不同就是视角的不同。构成墨白文本艺术特质的诸要素，有的已凝定为非常个性化的东西，这是他为当代小说创作所提供的新经验。

首先，墨白在借鉴先锋派叙事技巧时融入了个性的特质。如上所述，他的许多作品具有后现代主义解构叙事的某些特征。比如：《雨中的墓园》的文本不断地自我拆解，以致叙述本身也变得可疑；《寻找旧书的主人》也是一种建构和解构的游戏。叙述人在叙述迷宫中引领读者兜来兜去，而不呈示任何结果，墨白对人物的性格也不太关注。人物经常沦为一个符号，如讨债者，还有多次出现但无突出的性格的谭渔。另外，历史的叙述化也是墨白部分中篇文本的构成方式。像《雨中的墓园》，历史由于叙述人的自由割裂和解构已成了叙事的产物而失去了自身的真实性和逻辑可能。先锋派作家的一些技巧无疑很符合他内心的表达需求，但他在表现如死亡这类先锋小说热衷的主题时，并不是仅将其作为一种叙事符码，而是一种有目的的叙事。他常把话语推到梦幻般的感觉状态里，有意削弱动作化的情节，使文本具有体验化心理化的特征，有时候叙述视角与人物感觉弥合，以纷纭的感觉构成叙述演进的动力，但不管叙述是从回忆、描述开始，或从感觉体验开始，话语在其起源上被设定了现实性，最终仍然指向价值关怀。读墨白的作品我有时还产生这样的感觉，他的故事和人生体验借助先锋作家的叙事手法而衍生的寓意，不无牵强，这可能因为文本的细节和语言本身便具有朴素的穿透力，而技巧却显得外在而不能有效地融入其中，甚至造成叙事目的的裸露。我总以为，先锋作家解构意义的热情有些夸张，中国的现代性发育都不充分，与西方的意义过剩根本不可同日而语，我们最缺乏的恰恰是有效的建构。从墨白的叙事立场来看，我们可以指望他更多地做一些这方面的工作。

艺术情境的神秘化是墨白中篇文本突出的叙事风格。神秘曾“融化在先锋小说从主题到结构的各个层面，宿命、预兆、感应、鬼魂、报应……神秘的语汇镶嵌在先锋文本的各个部件上，成为了先锋文本正常运转的润滑剂，一方面，它们为先锋小说破绽百出的故事编织种种借口，另一方面，它们也是先锋文本迎合读者猎奇心理的一个卓有成效的手段”①。尽管有如此流弊，墨白仍然对神秘情有独衷：“现实生活中的神秘是我写作的叙事策略，同时也是我的小说立场。”②的确，神秘在他的小说中不仅是一种形式话语，更是一种主题话语。《重访锦

① 吴义勤：《中国当代新潮小说论》，江苏教育出版社，1997 年版，第 453 页。

② 墨白：《重访锦城》，长江文艺出版社，2000 年版，第 44 页。

城》里的谭渔在对多年的恋人一无所知的情况下，开始了寻找，被引入了疑难丛生的境地。《漂失的声音》里的杨玉，是梦幻还是真实的存在？《俄式别墅》（载《花城》1994/5）这座建筑迎来了一对邂逅的青年男女，他们要揭开一段尘封的历史。与先锋派作家不同的是，墨白的神秘感主要来自他对生活和生命的深度本质体验，而不是非经验世界的叙述。墨白很少呈示异人奇事等边缘性景观，在有关对神秘的表述中，他强调的是世界和人的不可知性，神秘就存在于日常生活的缝隙中，并不是一种外在的东西，关键在于我们能否感知和如何表现它。当然，这其中也有他的刻意为之。在感觉随处蔓延、梦境常常置换真实的氛围中，神秘便袅袅升起了。艺术情境的神秘化处理对小说文本来说至少有这样几重意义：一是提供了一种新的认知世界的视角，我们生存的世界不像曾被告知的那样，由一种必然和本质化的东西所决定，而是充满着偶然性、不确定性和未知的东西，对本质和深度的期待是无意义的，人无从把握存在的困境也源于此，神秘正是生存隐含的不可能测定的内在深度和生命不可及的永恒归宿。这就使其作品的主题得到了深化。二是神秘作为结构元素，使传统叙事的整一性坍塌，由此带来结构的开放性和发散性。叙事不再有确定的指向，而是向多种可能敞开。三是神秘作为一种叙述方式，具有超越性和颠覆性。它使关于“真实”的叙述增值，使原本平常的事件具有象征的意味。这有利于增加文本的美学魅力。

墨白在小说的叙事语言上也有独特的探索。他的一个基本策略是“用书面化语言来作艺术形式的探索，用口语化来体现现实的生活”①。与有的作家故意取消人物语言与叙述语言的差异，用共同的语言风格去构成对话文本不同，《错误之境》通篇几乎都是用第一人称的口语化叙述，这对塑造人物性格很有助益。但如前所述，墨白对塑造有个性的人物不太注意，那他为何还在语言上如此讲究呢？我以为这主要是增加文本现实质感的考虑，就像小说中许多精到的细节一样。他书面化语言的魅力则更多地来自其饱满的诗意，他特别擅长把写实与抒情、梦幻与现实营构成一种如诗如画的文体境界。在《航行与梦想》等小说中，众多优美的意象镶嵌在文本中，抒情感伤的诗情充满在字里行间。墨白很注意让书面化语言和口语发挥相得益彰的效果，具有美文意味的话语有利于构

---

① 林舟：《以梦境颠覆现实——墨白书面访谈录》，《花城》2001 年第 5 期。

成反差和叙事的距离，但过分也会显得做作，人物语言的口语化可以有效遏制这种倾向。在《错误之境》中，他让自已从小说的叙事中退出来，让“我”即谭四清作为叙述人，不时冒出的方言俚语强化着叙述人的身份。在有的文本中，作家以叙述和语言本身来完成小说的结构。这无疑得力于作家出色的语言感觉和表达能力。

（原载《中州大学学报》社会科学版2003年第1期）

构建一座精神的小镇

——评墨白的《梦游症患者》和《寻找外景地》

李少咏[1]

日本现代著名作家水上勉在其散文《土俗之魂》中说，“生活在某一块土地上的人们的本质性的东西，将由诞生在那一块土地上的人们保持下去”，因而，大多数艺术性较强的作品“是以作家本人诞生的土地或长期定居的土地为背景的”。他说，这就是“土俗精神的威力”。[2] 水上勉所谓的“土俗”，其实也就是我们通常所说的风俗、民情、生活习惯等。究其实质，我们可以把它理解为是与在某一块特定的土地上居住的人们的根深蒂固的生活风俗和行为习惯相通的一种精神、情绪或者文化传承。这里，实际上已经涉及了一个相当重要的艺术理论命题：在文学创作这个艰苦而复杂的系统工程中，作为创造主体的作家的根本是什么？很显然，文学之根与作家之根，在某种意义或最起码在某一层面上来说，往往是同一的或者说同构的。具体到理论层面上，我们认为，作家的根本就是他生活的那一方独特的土地，和那方土地上特有的人、事、物。所谓一方水土养育一方人，一方水土孕育一方文化。正因为此，我们阅读墨白，不能忽视他的颍河镇。最近读了墨白新出版的两部长篇小说《梦游症患者》和《寻找外景地》，我们更加坚定了这一认识。

自从1984年年初在《南风》文学报上发表短篇小说《画像》以来，十几年间墨白已经在《收获》《花城》《人民文学》《大家》《钟山》等报刊上发表小说二百

---

① 李少咏（1965～），河南西华人，文学博士，洛阳师范学院教授，著有文学评论集《没有人看见草生长》等。

② ［日］犭⺀庭孝男：《无名峡谷的历史——水上勉的“共苦”故事群》，《外国文艺》1996年第5期，第226～249页。

多万字。在这些作品中，墨白“忠于自己的环境，忠于自身的感受”，受生命内在力量的驱使，不遗余力地进行着生命的“最大欢娱”与相伴而生的“悲怆与苦涩”的颂祷、悲悯、哀惋与唱赞。[①] 而这些颂祷、悲悯、哀惋与唱赞的立足点或者生发点，便是那座神秘诱人、有着浓郁风土民情的、人们魂牵梦萦的颍河镇，也就是墨白的故乡，位于豫东平原颍河岸边的现实中的淮阳县新站镇。

与墨白绝大部分中短篇小说中所描述的颍河镇一样，他的长篇新作《梦游症患者》和《寻找外景地》中的颍河镇，仍然既是一个物质层面上的客观现实的存在，又是一个艺术层面上的深刻的隐喻或象征。这座历史古老而悠久的滨河小镇，既有着与之类同的中原小乡镇的全然个性化的自然风貌、人文景观，又有着同我们整个国家、民族等政治文化内涵紧密关联的神奇力量。它是一个虚构的或者假想的世界，是作家虚设的一个艺术创造和构建的物质背景，我们没有必要把它当作一般地理教科书或一段信史中的描述去阅读；同时它又是一个像真实事物一样完整而又自足的世界，无论其中的人物、背景如何变化，也无论它延伸出的放射线有多长，它留在人们心目中的主要印象，基本上总是固定不变的。在认真的阅读过程中我们不难感觉到，作为一个艺术的存在，它既是一个世界的起点，又是一个世界的终点，是一个所谓“从初始到初始”的历史循环过程的形象化的显现。正是通过对它的这种形象化显现，小说家墨白令人信服地向我们揭示出了中原大地的一些最神秘也最深刻的文化根性。

在墨白的笔下，颍河镇是一个具有深刻的历史性特质的古老的存在。“大街上铺满了麻石，街道两边全是带出檐的老式房子。在镇子的西边有一座很有名气的山陕会馆，镇子的十字街左边，是一处红墙绿瓦关爷阁。”这是《寻找外景地》中那位曾经在颍河镇一带插过队的电影演员丁南向女演员夏岚介绍的颍河镇，外观的古老中隐隐透出一股历史的沉重感与沧桑感。而在《梦游症患者》中，“梦游症患者”文宝的姥爷王三爷向文宝讲述的那个颍河镇，更是一座古老得比人们自身还要古老的所在：“那里的街道两边有很多老式的房屋，从西到东一街两行全是带出厦的门面房子，在下雨天，你不用打伞就能从镇东走到镇西。”那里不仅有这些古老与厚重的房屋建筑，还有很多既与其他地方的人相似又有着自己独特个性特征的人。镇子以外，则是肥沃的土地，“多得都望不到

① 墨白：《孤独者》，河南人民出版社，1994 年版。

边，那是一片好土地呀！那地种啥成啥，种金子长金子，种银子长银子”，甚至，在文宝的想象中，它还能够“种人”。

把具有历史的实在性、厚重性、延展性与深刻性特征的现实事物和自己的理想、信念、艺术洞察以及哲学思辨结合在一起，把当下现实的、物化的、政治的水平轴和从前世到今生再到遥远来世的人文关怀的垂直轴巧妙地交织在一起，是墨白小说创作尤其是新近这两部长篇小说创作过程中用力最勤也最劲之处。借助于这样一个潜在的而又具有无限的延展性与发散性的艺术坐标轴，墨白精细而又准确地为我们画出了“这一个”颍河镇的内在精神，或者说是颍河镇的内在气质与灵魂。在这个意义上，纯粹地理背景意义上的豫东平原滨河小镇颍河镇，已经从现实具象中超拔出来，升华成为一座灵魂与精神意义上的艺术化、象征化了的颍河镇。

在墨白这两部长篇小说中，赖以构成作品的骨骼与血肉的要素诸如语言、结构、叙述方式和时间等，都有着与其他同地域、同时代或不同地域、不同时代的作家的作品明显不同的、完全个性化的显现。这些个性化的因素在不同的场合以不同的方式显现，使得墨白的小说总能够像美国小说家、文学批评家威廉·范·俄康纳教授所期望的那样，使“我们发现这世界上有些东西是我们以前所不知道的，或者不是这样知道的；使我们发现一些我们相信是真实的东西，而这些东西又与我们的行为和态度密切关联”①。甚至我们可以这样说，在阅读过程中，这两部小说的几乎每一个细节、每一个场景、每一个人物甚至个别词句，都曾经给我们带来了一些关于艺术、生命、人类命运等的哲学思辨性暗示，最起码曾给我们带来了一些思考与咀嚼过程中暗暗的审美愉悦。这一点其实也就是在告诉我们，尽管眼前这两部小说无论在思想方面还是在艺术方面都还有着这样那样的缺憾与不足，但它们的作者墨白，却不可否认已经具有了一个优秀小说家所必须具备的某些创作特质或者说精神特质。

我们知道，作为文学作品的主要文体样式之一的小说艺术，其创作特点尽管曾有无数理论家、批评家给予过多种多样的说法或界定，但是其中最重要也是最根本的一点，就是小说要叙事。或者换句话说，叙事是小说创作过程中的最根本的一个要素。具体到某一个作品的创作实践，就是作家必须事先在内心

---

① [美]威廉·范·俄康纳：《美国现代七大小说家》，生活·读书·新知三联书店，1988年版。

深处有叙事的需要，然后才可能更进一步地对叙事方法进行考虑。叙事方法的演进与变化，文体形式的探索与创新等，概源于此。

宽泛地说，一件文学艺术作品作用于阅读者和欣赏者的最直接的感性媒介，便是它的存在外观或者说表现出来的艺术形式。也就是说，一件艺术作品只有依赖于一个有效且有力的感性形式展示在人们面前，才能真正为人们所欣赏、所接受。① 纵观人类文学艺术发展的历史，历代作家均极为重视艺术形式的探索与创新，墨白也十分注重小说的创作方法。他在小说创作中，总是喜欢把那些具有历史厚重性与坚实性的事物和具有现实的客观实在性的事物与自己的理想、信念、艺术洞察以及哲学思辨等结合在一起进行表现，从而实现现实的、政治的、共时性的水平轴与前世、今生、来世的历时性垂直轴的巧妙交合。应该说这是墨白小说创作的艺术追求的一个基本向度。我国当代文艺心理学领域的杰出代表鲁枢元教授认为文学作品中存在着这样三种类型的语言：线型语言、面型语言、场型语言。

线型语言主要是一种陈述性的语言，它遵循着因果关系和逻辑规律，在文学作品中用来叙述情节的发展、交代事件的过程。

面型语言主要是一种描绘性的语言，它凭依着作家对于对象的观察和印象，在文学作品中用以对人物、景象、场面的动态描写。

场型语言主要是一种构建性的语言，一种立体的、空间的语言，它依赖于表象和意象的自由拼接，它作用于作家和读者的直觉与顿悟，从而创生出审美的新质，创生出文学作品的氛围、气韵、格调、情绪。②

很显然，墨白的小说语言更大程度上是一种以场型语言为主的语言。这种语言与我国传统的绘画语言一样，沉静、优雅，有时表面上甚至近乎冷淡。在这种语言形式的运用过程中，墨白常常能够通过淡然优雅的叙述，把某种深蕴于自我心灵深处的欣悦、赞叹、哀怨或忧郁的情绪自然地铺泻于作品中，从而给人一种氤氲绵长而又含蓄蕴藉、余意不尽的感觉。比如《梦游症患者》中：

> 文宝从梦中醒来，他惺忪着眼睛穿过门脸看到有一片红色的霞光照亮了他家的那堵黄土墙。黄土墙的顶端已经被风雨冲洗得沟壑纵横，夏日雨

---

① 李少咏：《没有人看见草生长》，河南人民出版社，1994 年版。

② 鲁枢元：《超越语言》，中国社会科学出版社，1990 年版。

季的潮湿还存藏在土墙的根部，因而使得绿色的青苔得以生长。一棵树干的影子长长地压下来，就使得土墙上的色彩复杂起来……

这完全是一种立体化、空间化的语言，也即鲁枢元教授所谓的场型语言。画面全由不同的意象拼接而成，给人似真似幻、扑朔迷离的感觉。在《梦游症患者》的三十章内容中，有五章是以“文宝在……”这一句型开头的，有七章是文宝的呓语，另有不少章节中的黑体字部分，则是文宝的零星语言片断。这些类型化的语言形式每出现一次，便把小说的故事情节向前推进了一步。在墨白笔下，这样的叙事语言充分发挥出了它们对于文学创作的本质规定性的解悟和阐释作用。

在稍后出版的《寻找外景地》当中，这样的叙事语言同样俯拾皆是。对小说主人公丁南的回忆的叙述、女演员夏岚的思绪的描写、那位富于现代派艺术家气质的摄制组美工小罗的行为与幻觉的叙述与描写都使用了这种叙事的语言。

同时，墨白在淮阳师范学校受过一段正规的美术教育，并在毕业后当过很长一段时间的美术教师，具有一定的美术素养，所以他的小说语言选择与锤炼的侧重点，便在于对日常生活语言的加工、变形与形象化上。这种选择的一个明显的结果，便是造成了他的小说语言往往呈现出一种绘画般意境幽雅、色彩浓丽的特点。他只是在作品中罗列一些事物的表象，而由读者在阅读接受的过程中去凭借自己的想象最终完成画面、注入情感。这样往往能够使作品的意义和内涵在超越接受者的理智、诉诸他们的直觉的情况下，达到或实现对生活的更为本质意义上的忠实。

墨白对他的颍河镇精彩风貌的展示与描绘的成功，还在于他在创作过程中超越了我国传统叙事小说僵固的结构模式，创造出了一种不仅能够使作品更有机地表现出生活的客观外在表象，而且能够展现出生活的本质特征和内在律动的新的结构形式——“时间—空间”结构形式。在这种结构形式下，作者以某种情感或情绪统辖作品，把所要表现的生活内容纳入一个独特的“时间—空间”框架之中，从而形成了一种以时间与空间的变换交错为形式外观，充满情感化与诗意化特征的新型小说结构形式。而构成这种结构形式的最基本的两个元素，一个是我们通常所说的艺术本原意义上的“时间”，另一个则是具有某种隐秘优雅的空间意象的“梦”。

我们知道，小说艺术的一个十分重要的功能，在于能够聚敛、储蓄和展现人类精神中的审美情感，从而促进人类文明的发展进步。作家艺术构思中的一个重要环节，就在于将现实生活中某些可能会打断人们审美情感愉悦的现象清除掉，从而使小说中的形象体系作为一个纯粹的审美情感对应物而出现。[①] 就墨白的这两部长篇小说来看，《梦游症患者》以"梦游症患者"文宝的梦境和呓语为结构线索或者说是叙述支点，而《寻找外景地》则以抽象意义上的"时间"为结构线索或叙述支点。同时，两部小说字里行间共同流荡着的并支撑着作品的整个大框架的，则是一种生生不息的人类精神，即人在自己命定的生存环境中的不屈不挠、自强不息、热情向上的抗争精神与拼搏精神。通过对这些精神内涵的不断地展现和不断地揭示，作品在一个相当高的层次上完成了一种具有较强的凝聚力量和较深刻的生活哲理性的审美情感的构建。这种独特的审美情感的构建，当然也是小说家墨白自身人生观念的一个形象化的显示。

"梦"支撑着《梦游症患者》的整个故事框架。文宝的梦境、梦话与三爷及其三个儿子、两个儿媳、一群孙子和孙女的故事和其他一些人如卖水的老鸡、颍河渔夫老鳖等人的故事一起，构成了作品叙事的核心，他们在小说家墨白的精心组织下，共同组成了颍河镇这个巨大的生活隐喻场。在这个巨大而神秘的生活隐喻场之中，一个时代以一种微缩的方式得到了完整而深刻的展示与呈现。

那是一个人们"丧失了精神自我的年代"，那个时代中的所有的人物都在一种神秘力量的作用下丧失了精神的自我，变成了一群哲学与文化意义上的"梦游症患者"。他们在日常生活中做出任何荒谬绝伦的事情，说出任何荒谬绝伦的话语，却从来不知道，也从来不去思考他们这样做、这样说的目的和意义是什么。王氏家族的主宰——三爷，亲手把他的三儿子王洪涛和二儿媳妇尹素梅正在其舱中通奸的船沉到了颍河河底，一心要当革命小将的中学生文玉残酷地折磨死了自己的父母，为生产队拉水的老鸡奸污了为赶做"革命"袖标而疲劳过度昏睡不醒的少女……他们不知道为什么要这样做，也不知道这样做是为了什么，这一切都只不过是一场梦，一场漫长的噩梦而已。

作品中唯一的亮色和希望存在于主人公文宝身上。从病理学的意义上说，文宝的确是一个病人，一个典型的"梦游症患者"。但从精神的意义上来说，他却又是一个真正的智者。他虽然看上去混混沌沌，但时时都在对自己周围的万

① 南帆：《小说艺术模式的革命》，上海三联书店，1987 年版。

事万物进行着屈原天问式的发问。他的一切言语与行动的根本指归,都出自一种渴望超越尘世的污秽而走向洁净的天国的理想主义信念,并且希望依靠这种对理想生活境界的不懈追求而使整个人类的悲剧命运得到救赎与解脱。这当然也同样是一个“梦”,所不同因而也显得难能可贵的是,它在梦的形式中裹挟着一种崇高的向上的力量。正是由于这种向上的力量的存在,小说主人公们所处的黑暗的现实才透出了一线让人振奋、让人欣悦的生命的光辉。

弗洛伊德认为,文艺创作在某种意义上说就是一种白日梦,是文艺家为了满足被压抑的本能欲望所选择使用的一种补偿手段。那些真正的艺术家懂得如何实现这种补偿或者叫升华:“第一,他知道如何润饰他的白日梦,使之失去个人的色彩,而为他人共同欣赏;他又知道如何加以充分的修改,使不道德的根源不易被人探悉。第二,他又有一种神秘的才能,能处理特殊的材料,直到忠实地表现出幻想的观念;他又知道如何以强烈的快乐附丽在幻念之上,至少可暂时使压抑作用受到控制而无所施其技。他若能将这些事情一一完成,那么他就可使他人共同享受潜意识的欢乐,从而引起他们的感戴和赞赏。”换一个说法,事实上弗洛伊德就是在告诉我们,艺术创作就是在创造一个幻想世界,“幻想的动力是未得到满足的愿望,每一次幻想就是一个愿望的履行”①。在这个意义上,墨白的小说无疑获得了真正的成功。

在《寻找外景地》中,“时间”是支撑整个作品框架的一个神奇的精灵。“时间”既可能是抽象的,又可能是具体的;既可能是瞬间,也可能是永恒,关键就在于在作品中与它相配合的是一种什么样的意象。在这部小说中,作者所选择的用以显示“时间”存在的物象主要有四个:扳网、渠首、雨中的墓园和活动的白房子。其中,扳网、渠首和活动的白房子这三种物象,分别代表了三种不同的时间观念,或者是人类对于生命现象的三种不同的认识。这三种认识最终其实只归结于一点,即生命的不可捉摸和死亡的不可避免。而雨中的墓园则是生命中某一本质方面(比如潮湿)的一个象征或隐喻。

在墨白的笔下,“时间”和空间一样既具有延展性,又具有透视性特征。它可以随小说叙事人所处的不同环境和当时的不同心情而有所不同。有时缩短,比如与这“时间”的对话者是处于一种普通的记忆行为中,像面对扳网时小说人

---

① 吴立昌:《精神分析与中西文学》,学林出版社,1987年版。

物的回忆就是如此;有时又会延长,比如在渠首那一部分中丁南的回忆,因为回忆过程中充满了惊险与刺激,丁南的神经处于高度紧张的状态之下,同样的时间就变得仿佛延长了许多。这种不断变幻的时间外观,使小说的叙述过程显得既扑朔迷离又奇趣横生,同时也暗示出了人生的神秘性与不确定性特征,大大增强了作品的内蕴与可读性。

在所有的意象中,墨白其实都赋予了它们一种更隐蔽更内在也更有韵味的意象,即水的意象。在墨白的观念或意识深处,水是一种凝结着能量与梦想的、具有运动和净化功能的美丽的物质存在。人类的生命中有了水,也就意味着有了力量,有了希望。同时,在另外一个层面上,水又是与人生善恶等生活理念同样密切关联的一种神秘存在,它养育了颍河,养育了颍河镇,养育了颍河镇上的所有人和所有其他生物。而同时,它也可能大发淫威,不可理喻,它吞没过颍河镇上的许多生命。墨白精心构建的颍河镇就存在于这样一种既单纯而又复杂的生命元素的包围之中。泛而言之,也可以说这就是现代人类的一种根本处境,墨白意识中的人类生存处境。

除以上所谈的几个方面之外,墨白这两部长篇小说的表现手法也各有特点。《梦游症患者》以意识流手法为根基,大多采用一种客观的叙述方式,间有大段大段的人物内心独白和心理情绪的描写,细腻而精致。而《寻找外景地》则更像是一幅精心绘制的写意国画,笔法错落,语流变化繁复而又不失自然,尤其对于一些人物幻觉的描写更是变幻多姿,具有极强的创设性特征。所有这些,都在墨白主观意识的统摄下凝聚在一起,深刻而精确地画出了一座中原小镇——颍河镇的精神本质。

(原载《当代文坛》2003 年第 6 期)

影像“原乡”与民间叙事

——墨白小说漫谈

聂 伟[1]

墨白的小说一开始似乎就是以某种边缘化的形态生长着。在写下这句话之后我还要再做一个补充:此“边缘化”并非被“边缘化”。就20世纪90年代以来当代文学发展的整体格局来说,文学创作的边缘化与个人化趋向的确是社会大的现实环境使然,然而具体到作家个人写作的小环境里,即便是在文运盛隆的年代,从墨白的小说中流露出的气息显然也使得他无法适合那些“宏大叙事”饕餮盛宴的胃口,它们所获得的喝彩被迅速地淹没在现实的喧嚣声中,仍待读者以沉静的心态和良好的艺术素养来欣赏。

边缘,就是墨白小说的精神气质。在我看来,20世纪90年代弥漫在文坛上空的那些“退却”“撤退”或“突围”“坚守”的悲壮烟云,还有目前仍在进行时的、从“宏大叙事”向“个人叙事”艰难转型过程中所诱发的精神休克,在墨白小说的叙事中几乎是免疫的。究其原因,不是作家的迟钝或冷漠,而是他的创作始终关注于时光微澜之下那些更根本的问题。个人认知和想象世界的方式牢牢地规定了作家的写作态度,并深入其文本审美肌体的筋骨之中。因此,从某种意义上说,理解“个人”与“边缘”的存在意义,是进入墨白小说审美世界的一个精神通道,而在通道的那一头则连接着由回忆、想象、神思和梦游堆叠而成的隐喻之海。这是一场一个人报名参赛的竞走,因为“边缘”气质就在于它的游离、孤独与无目的性,有的时候就连最清醒的文学漫游者也无法预测叙事的脚步将

---

① 聂伟(1975~),文学博士,上海大学影视学院教授。从事当代华语电影和影视文化批评,主要著作有《华语电影与泛亚实践》《文学都市与影像民间》等。

迈向何处，他只有习惯性地朝来处回望，借以判断自己游走的大致路线。而表现在墨白的小说中，这个叙事漫游系统的原点就是作家反复提及的“颍河镇”，可将其理解为作家的“原乡”。

绵延：关于“颍河”的诗学记忆

从颍河小镇深入墨白小说世界的精神腹地，这也许是一个笨拙的方法，因为时至今日，如果谁还想依据文学地理学的经验在现代小说中来一次特洛伊古城式的探险，无疑会碰一鼻子灰。“颍河镇”既不是那个子虚乌有的“受活庄”（阎连科）或“王家庄”（毕飞宇），也不可能像双桥镇那样借助陈逸飞的油画获得旅游价值的提升。事实上它是如此普通，与地图上任何一个豫东小镇都没有什么差别。而让我感到惊讶的是，这个并无多大地域特色的小镇，竟然在墨白的故事中演绎出如此复调式的多重生存图景。从早期的《黑房间》到其后的《幽玄之门》《航行与梦想》，直到晚近的《回家，我们从清晨一直走到黄昏》，有关“原乡”的梦游与记忆如碎片般飘荡在虚实相间的叙事时空之中，构成了墨白的小说创作中一直念兹在兹的主题。

“原乡”之于墨白并不是肉身经验意义上的故乡，因为故乡的意义永远都存在于不可追忆的往事和无法复原的现实之中。在《回家，我们从清晨一直走到黄昏》中，当“我”顺水而下，踏上寻亲的道路，这一切似乎已无法避免。英国玄学诗人布莱克曾经追问人们对于天堂的向往，他说有人在梦中游历了天堂，并且折下了一枝花。醒来以后那枝花宛然就在手中。那枝花作为肉身亲历的物证，或许暗示每一次出发都具有重新返回的可能。如同《航行与梦想》中“萧城常常渴望乘车或乘船到陌生的地方去旅行或航行，可奇怪的是，在旅途中萧城往往会想起另外一些他曾经亲身经历过的往事”。然而事实上这种重返的行为却注定会演变成一场充满误区和偏差的个人记忆的考古。由此我们也就可以理解墨白小说中的人物何以常常游走在现实与虚幻之间的阴阳界上，有的时候以为自己已经走出了很远，转眼发现其实还在原处打转。《飘失的声音》中的“我”邂逅一位叫作杨玉的女子，然而最后却是一个“鬼打墙”式的迷局。而《错误之境》中的谭四清要到红马那个地方去寻找女友，与其说他去寻梦，倒不如说他主动去向蓄谋以久的错误投怀送报。类似的故事最终都失陷在颍河镇的沉默与重重雾霭之中而不知所终。作为细心的读者,如果拨开叙事的迷雾,就会发现故事中最令人惊心动魄的部分倒不是叙事者煞费心机的布局,反而是潜隐在故事后景处的那座破旧灰暗的颍河小镇。它貌似真实,不偏不倚,在《黑房间》里叙事者甚至煞有介事地描述了小镇的具体方位图,但又有谁知道,在那些言之凿凿的路标背后究竟隐藏了多少感伤、阴谋、罪恶以及难以摆脱的宿命呢?或者再进一步问,在这样的情形之下,究竟是哪种力量决定了叙事的主动呢?

一个原本作为故事背景的可有可无的叙事元素,渐渐升格为叙事的对象。不仅如此,它甚至部分地置换成为叙事的主体,同样也获得了故事发展逻辑的部分规定性。"颍河镇"意象在墨白的小说中是以叙事主体和叙事对象的两种形态而共存着,这样,作为主体的对象和作为对象的主体就彼此互为影像,同时获得了表现与被表现的叙事自由度。"颍河镇"之于叙事艺术的隐喻性关联,让我们隐约感受到来自文学想象大师博尔赫斯的诗学遗韵。如果说,博尔赫斯笔下加拉伊街上的"阿莱夫"为迫于窘境的现代叙事艺术提供了以无限小的、无限凝练的艺术形式透视宇宙洪荒的阔大胸怀和深远视角,同时重塑了今天的小说创作者以艺术审美精神拥抱和统摄现实生活的强大自信,那么在墨白的小说中,那个如"阿莱夫"一样神秘莫测的"颍河镇"意象则更多地来自作家本人的生活经验、审美直觉和心灵世界的复合感应。我无意于考量早年的颍河镇生活对作家墨白精神世界的形成带来了多大的影响,但可以肯定的是,"颍河镇"业已成功地转化为作家以文学叙事象征世界人生的"阿莱夫"。它表现在一系列文本创作中,就是以"颍河镇"为故事场的巨大心理时空建构:空间结构对应了故事对现实世界的隐喻,而叙事者"我"(在相关的"原乡"叙事中,大多数都采用了第一人称的叙事)在故事中的漫游,则对应着心理、情绪在时间上的变动与绵延。

隐喻是一种静态的镜像呈现,绵延则表现为动态的叙事冲动。这两者仿佛一枚硬币的两面,它们相互表现的同时也相互限定。具体到"颍河镇"系列小说中,过于封闭的空间叙事会导致叙事主题的单一化,尤其在以技巧、结构见长的短篇小说中,很容易造成故事的雷同,甚至阻遏叙事进一步向现实生活的渗透和扩充。而文学虚构的目的,在于不断寻找重新审视现实生活的审美门户,以审美精神统摄和提升现实世界。如果一味偏好叙事在现实和虚构两个世界中平行运行,那么现实中的无限远离与虚构中的无限接近,只会使作家陷入更大的叙事失落。或许墨白注意到了这一点,他化解这对叙事矛盾的方法也堪称巧妙:颍河镇何以为镇,在于缘河而建。“河”的意象给人物的漫游和叙事的绵延提供了充分的自由。这样一来,围绕“颍河镇”的故事已经不再是一个小世界里风干的化石,相反,它在“出走—漫游—回归”的叙事路线中不断经历新的冒险与参照,同时也在矛盾的冲突与纠合中,补给了叙事主体自我言说的推动力和伸展度。《民间使者》中的“我”一直对父亲的生活充满了猜测,直到父亲去世之后,“我”开始沿着他日记中的线索,逆向地寻找他的生命足迹。这同时也是一次文化寻根的历程,最后“我”在彼岸的桃园和泥埙的乐声中寻找到精神的归宿,然而我更注意的是其中叙事者“我”寻亲过程中的渡河细节。“颍河”两岸仿佛两个截然不同的世界:一边是现实无聊呆板的世界,一边是精神自由升腾的世界。前者联结着肉体的衰亡,后者象征了民间艺术精神的重生。在这两种截然相反的叙事中,“颍河”承担了精神传承的媒介,由此,关于“颍河镇”的故事就在以下几个表意的向度上获得了往复伸展和跳跃的可能:作为故事质料的现实的颍河镇,在此基础之上升腾而起的作为审美意象的虚构的“颍河镇”,还有作为精神脐血、来自原始心灵召唤的“颍河”。现实世界的多重影像投射在不同的叙事层面上,生成了盘根错结的叙事子题,不断丰富和充实着作家营建的“颍河”诗学。而我们也有理由相信,终有一天墨白会将这些碎片全部整合起来,熔铸成一部关于“颍河”记忆的集大成之作。

民间叙事:关于《光荣院》《风车》和《告密者》

为社会底层的弱势群体代言,进而反省和批判意识形态权力的运作机制,是当下许多立足民间边缘立场的作家所秉承的基本价值态度。对这一主题的关注,无论从构思、取材、选题到叙事上,当代文学中已经积累了大量的思想和创作实绩。这些既有成果在带给写作者极大精神鼓励和示范性意义的同时,也带来了相应的疑问:作家个人对于权力话语的反思,是否就意味着不停地将文学从一个禁区写到另一个禁区,或者是通过社会性话题来制造影响?进而,在关注底层弱势群体的民间文学逐步向新闻纪实风格靠拢的今天,是否还存在属于文学内部审美属性的表达方式,并以文学自身的力量来洞悉现实生活与意识形态话语的真相?我个人认为,在这方面阎连科(《思想政治工作》)和刘庆邦(《神木》)已经走在当代作家的前列。而在小说《光荣院》《风车》和《告密者》中,同样能够感受到作家墨白锐利的目光背后深沉的文化关怀与人道主义同情。

《光荣院》仿佛就是现实生活权力世界的微缩景观,从院长、医生、厨子月红、老金(新任命的小采买)、老德和老钱(退伍军人),一直到虾米(异乡人),在这个与颍河镇几乎隔绝的封闭生活空间里组建起了严格的等级制度。所谓大鱼吃小鱼,小鱼吃虾米,这是一个牢固的权力序列。故事中的人物组合可能随着老金和虾米的去世而发生改变,然而权力制控关系却并不会因此发生任何动摇。然而作家并不仅仅想告诉我们这些,他暗示读者,有一种无所不能的力量在显性叙事的表层之下运行着:在这个微小的权力系统之上,还有一个从未露过面的"你的老连长,也是我们的民政局长"时刻在遥控指挥。而这才是主宰整个叙事的决定性力量。他是整个光荣院退伍军人在恶劣的生活条件下得以保持隐忍苟活的信念核心,然而这个仅仅在话语口头出现过的隐身人物却一直在滥用下级对他的无条件信任。如果说虾米的绝望在于他无以逃脱"缸里来缸里去"的漂泊命运,那么这些被权力遗忘的人们不也正在沉默中等待老死的阴影一步步逼近?

《风车》记述的是人民公社运动初期的一场闹剧。这一切都起源于原籍江南水乡的公社党委书记的一个"原乡"情结:要在麦田里建造一座浩大的池塘,竖起风车,将旱地改造成水稻田。如同堂吉诃德对世界充满奇思妙想的改造,不过,堂吉诃德是以长矛对风车作战,而这些"人民公社"的狂热者们则是凭借风车对自然界的生长规律作战。就故事的题材而言并不出奇,事实上,今天任何文学描写也无法穷尽那个"革命"狂热时期登峰造极的想象力与破坏欲。让我感到有趣的是《风车》中呈现出了"革命"话语内部的缝隙或者说杂交。党委书记所使用的标准的革命化书面语,普通群众使用的土生土长的民间口语,出现在文本中的这两种话语系统都是我们可以理解和想象得到的。然而小说最吸引人的部分则是那些在权力两极之间的基层干部所操练的一种奇特的话语。他们原本出身民间,无法抛弃习得的思维和言说方式;而他们同时又是上级指令的坚决贯彻者和解释者,自然膺服于革命书面话语的神奇魔力。不可避免地,两种话语在他们的身上展开了遭遇战,于是陷入了一种"邯郸学步"的语系分裂混乱:

队长说:"你这个恶棍,把碗给我端起来,吃!我到底要看看公社食堂里的饭菜是怎样使你拉肚子的?”

队长说:“不行,我到底要看看公社食堂里的饭怎样使你拉肚子!”

队长说:“顶不了也得顶,吃!”

队长嘴里骂道:“这个龟孙,这个龟孙……”

语言嫁接和杂交中的“bug”所营造出的戏谑化效果,它对冠冕堂皇的革命正统话语的消解力量,远远胜过民间土生土长的语言对于权威话语的直接抵制。结果呢,当然是“对牛弹琴”的无效劳动。有趣的是,小说通篇都采用了虚张声势的骑士语体,这种“洋泾浜”风格本身就让人反胃,进而让听众产生强烈的排斥感。如果按照小说中理论家的话,思想改造从语言开始,那么由文本叙事的无所适从而带来的语言混乱,事实上一开始就从相反的方向上宣判了所谓思想改造的破产。从语言的结合部来击打革命话语系统的“软肋”,这无疑是致命的,也因此突出了《风车》之于话语暴力美学的颠覆性意义。

从权力机制分析,到话语模式拆解,作家墨白对于意识形态权力批判、反思的逐步深入,也同步于文学创作实践的“向内转”。在《告密者》中,作者绕开话语的暴力,直指语词交锋背后操纵话语生成的心理运作机制。故事讲述的是豫东农村聚赌抓赌的小型治安事件。村妇花子的丈夫老手私设赌场,因为有人告密而被拘留,同时被捕获的还有镇上的几家权贵。故事就从花子对丈夫无望的营救开始。花子看到了基层官僚的装腔作势和颐指气使,这使得她感到无以发泄的愤怒和委屈,她所采取的方式就是奔走求告、借便搭车、哭闹诅咒。总之,一个农村泼妇所能够想象出来的伎俩她全部用尽,最后只好无奈接受罚款的事实。这时峰回路转,丈夫被释归家,可是随后带来的打击对她更为彻底:她恨之入骨的告密者竟然是自己的丈夫!“她突然感觉到绝望像秋天的树叶一样随风而至,飘满了所有她能看到的空间,最后把她围住了。”

《告密者》乍看起来很像是一部公案小说。花子因为救助丈夫,不慎被卷入一场阴谋之中,然而她窥到的也许只是阴谋的一角。按照第一种解释,老手因不堪“里面”的“收拾”和巨额罚款,因此开始“反水”,做了“卧底”,于是就发生了镇子里的第二次抓赌事件。然而对于以利己为第一的农妇来说,丈夫的“反水”免除了牢狱之灾,在庆幸的同时,顶多会让她感到日后暴露遭报复的恐惧,还不足以使她绝望。因为绝望远甚于恐惧,它来自内心的孤独、丧失信任和不安全感。事实上,老手的“反水”不过是这场秘密表层的外衣而已,在它的遮盖下似乎还隐藏着更为见不得人的

阴谋。而不经意之间,花子也变成了这场阴谋的帮凶:

> 花子说,昨天挨黑的时候我从家里到河边收衣服,看到那个人正和老手站在河边说话。后来我问老手是谁,老手说他找你(全成)。
>
> 花子说,老西,昨天我也见过那个黑脸,他打听全成家在哪儿住。
>
> 郑凤兰说,你对他说了?
>
> 花子说,对他说了。

对于告密者的指认完全是以讹传讹,而花子从间接证人到直接证人的转向完全改变了整个舆论的导向。民间社会可能以沉默或不合作态度对待法规政令,然而却会对背信弃义者表示出一致的口诛笔伐,因为这是民间自然社群得以维系的前提。当替罪羊全成被推向孤立处境时,原本微妙的事态就变得更加扑朔迷离起来:基层政权中某些既得利益者恰好可以浑水摸鱼,借助民间舆论空穴来风的力量,堂而皇之地侵吞全成的工厂,而这一事件同样又会在民间社会层面上以"报应"说而缓冲了工厂收购、全成被捕事件所可能带来的心理震动。一个抓赌事件所引发的连锁反应,背后其实隐藏了多重意识形态力量此消彼长的回合,老手不过只是其中的一步棋子。一个多疑如我的读者甚至会不无恶意地猜度,或许在第一次抓赌事件之前阴谋早已开场,老手从两次告密中得到了他想得到的东西;而基层的既得利益者也乘着混乱局面中的有利时机清理了竞争者,击垮了对立面,同样得到了自己想要得到的东西。这样,《告密者》就成为民间社会与基层管理者之间一次勾心斗角的权力博弈。更让人震惊的是,这场意识形态动力的博弈大部分时间都是在晦暗的心理世界的深处进行,而决定天平的砝码则是贪婪、胆怯、失信、谎言和奸猾等等。小说通篇很少心理描写的段落,但是在我看来它的确是一部心理现实主义的佳作。小说写到花子在县城里四处求告的时候,对公安局的看门人有一个特写:

> 可是她们没有看清他的瞳孔,他的瞳孔好像始终深深藏在他那细眯着的眼缝里。

那是一双洞悉其奸的眼睛。尽管现在是明朗的上午,但当我写到这里的时候,依然感受到那瞳孔里闪出的冰冷余光。

(原载《莽原》2004 年第 3 期)

墨白小说世界的简单议论

张　宁[1]

一

在墨白的小说中，乡村和城市的情感连接处总是笼罩着一团痛苦的白雾。不知道历史内容在其中占了多少分量，但若没有这城乡二元对立和特有的城乡二元存在模式，也许墨白会成为一个纯粹的抒情诗人的。那原本是河流、田野、草屋和火炉的地方，如今变成了被遗弃之地。

作为一位先锋小说家，一个不屑于客观性叙述而天马行空的写作者，墨白的写作反而带有更多历史的滞碍。在他以颍河镇为背景的众多小说中，有一类集中表达了“进入城市”（这也是墨白一篇小说的名字）的主题。这个主题凝聚了墨白太多的痛苦，也集中呈现了他作为一个作家的精神特征。在这个主题下，小说中的空间通常是线性的：从一个村到颍河镇；或者从颍河镇到附近的一个中心城市，再延长至郑州，甚至北京（如《从乡村到京城的路途》）。主人公的情感也是两分的：一边是进入城市后遇到的一位知识女性，通常代表了城市的精致、神秘和魅惑，也代表了无法适应的前景、挫折和伤害；另一边则是妻儿，代表了根，也代表了粗糙、非神秘和永远滞留之地，还有一种无法凝聚的注意力。这两个女性似乎构成了墨白小说世界的两个永恒的维度。当神秘和魅惑变成挫折和伤害时，小说空间又呈现出相反的方向：由城而乡，由省城、附近中心城

---

① 张宁（1960～），山东菏泽人，文学评论家，广东外语外贸大学教授，主要从事中国现当代文学研究。

市而颍河镇。在这个线性空间的游移中，则站着一位对两个世界都难以适应的青年作家，并命运般地陷入无法摆脱的痛苦中。在这种痛苦的背后，我们从社会学的角度看到了由政治权力支撑着的现代身份制；从存在的角度，看到了生命之一次性所无法兑现的一个人的重塑或再生。

城乡的二元对立，城市对乡村的侵蚀和挤压，也许是一个世界性的主题，但在中国还有着更深一层的含义，那是由中国特有的户籍制相关的城乡二元存在模式提供的。它作为当代文学的一个主题，从路遥的《人生》开始，已经广为人知，并在新时期得到较为普遍的表现。墨白的不同在于，作为20世纪80年代末开始正式写作的一代人之一，墨白是深得小说写作之精髓的。小说的游戏逻辑，小说的模棱两可，小说的反讽和戏谑，对他来说是绝不陌生的。但他却没有选择轻松，而是用他所谓的“内视角”，写出了一个身份转换者——由“农业人口”向“非农业人口”转换——的意识世界。主题的陈旧性在一个以求新为时尚的时代里，对作家的成功始终是一种障碍，有时不是靠语言、技法或其他形式因素所能补救。但墨白却坚持用一种“精致”表现一种“幼稚”，使我们不得不对我们的评价系统而不是他的文字写作产生怀疑。

在现代身份制所带来的城乡二元存在模式中，公共的视野只是一元的，也就是城里人的视野，而我们这些城里人又通常基于与我们的相关性而取舍各种问题。当高家林的痛苦经墨白的小说转述后，给我们的反而是一种非新鲜感时，我们不得不反躬自问，它是否也是另一个世界的非新鲜感？我们的限度在哪里？我们是否只喜欢自己的问题（它分新与旧），而拒绝他人真切的经验（这永远是新鲜的）？

我也因此而考虑：墨白何以放弃他可能也会操练的轻盈、戏谑、反讽，并以此牺牲小说的距离感，而坚持那种自传式的“直白”，坚持以“精致”写“幼稚”？这除了与他的创作个性有关外，还关联着一个什么样的问题？或许，我们每个人都会敏感于自己的某一具体身份，或清醒，或错位。但在中国特有的城乡二元存在模式中，那个世界挣扎着的身份感，绝不是这个世界所能轻易理解的。通过其中身份转换者的转述，我们可能会略知一二，但绝不可能知其许多。因为转述者的转述身份不仅经常是模式化的，而且也是由这个世界所决定的。对时代文化和公共视野的垄断，使得这个世界规定了自己该倾听哪些声音，而在倾听之外，那个世界一片哑然。我们曾在犹太人的著述中看到许多成功的犹太同胞竭力忘却自己的民族身份，在黑人小说中看到一些黑人同胞痛恨自己的肤色，其中透出的沉痛感令人震颤。而在我们的各种叙述中，倘若看到乡下人进城后竭力忘却自己先前的身份，那必定是在讽刺之中的。而痛恨和忘却的前奏，则是敏感。这个世界尽管与那个世界严重隔膜，但在自己的各种叙事中，却要求身份转变者与那个世界血肉相连。这种或“忠诚”或“讽刺”的叙事模式自有其价值，但也不可避免地将严重的身份问题置换为道德问题，以安慰这个世界的良心。但墨白却不畏“重复”，坚持以“精致”写“幼稚”，以近乎坦率的“直白”，道出他在两个世界上所受到的伤害。他的痛苦凝聚于对太多屈辱的敏感；他特有的意识世界又使他拒绝为一个群体代言；他语言行文中的那种迥然不同于乡村俚语的抒情、典雅风格体现了一种忘却，也指示着一种向往。他没有伪造自己暧昧的身份，既放弃了“忠诚”，也拒绝了“讽刺”，以一种挣扎中的对自己的不确定性，以一种令人熟悉的陌生感，考验着我们的阅读。以至于，当我们对他的小说生疑之际，也不免怀疑起自己。

二

神秘是墨白小说的另一个显著特征，也是他自己承认的“叙事策略”和“小说立场”。墨白的神秘来自什么又通向什么，对我而言仍是个不能确知的问题。一般来说，神秘是对确定性把握的放弃。而在墨白的小说中，不确定性有时表现为对某一具体之事或具体之物的不确定，有时则表现为对存在本身的不确定。我个人觉得，后者正是墨白小说神秘性的价值所在。

《飘失的声音》写了青年作家谭渔的一场不期而至的艳遇。他曾在邮局寄书时随兴题赠给女营业员一本自己的著作，随后便把这件事忘记了。两年后，这位女营业员突然找来了。一切都如白日梦一样自然地发展：倾吐崇拜之情，诉说自己的身世，并不突兀地约请吃饭，情感的水乳交融以至接吻、拥抱……仿佛不是一位成功作家的作品，而是一篇陈词滥调，一篇真诚写出的而不是讽刺性模拟的陈词滥调。正当我们失去阅读耐心的时候，突然，在一夜风流之后，女主人公消失不见了。所有可稽的线索都证明，这是一个压根不存在的女人。于是，真切的经历和实际的无踪影之间构成巨大的反差，而支撑这一巨大反差的却不是讽刺，而是神秘。

在墨白的长篇小说中,这种对存在的不确定被发展为对历史的不确定。《寻找外景地》对"文革"中在水库的一群人的罹难,有着三种不同的讲法。从糟糕透顶的家庭中逃离的城市人"我",在一个细雨蒙蒙的日子里随意登上了一辆中巴车。车在一个叫作青台的地方停下,一群乘客全下去了,车也不走了。"我"只好跟着这群人走向雨中的墓园。这里埋着1966年9月7日死的一群人,而这一天也正是"我"的出生日。"我"孤零零地外在于这群祭悼的队伍,一个人游走到河边。于是,我先后遇到了三个人:扳网的年轻女人、黑衣老人和盲人。黑衣老人的讲法是:30年前的那一天,一群城里来的施工者被毒死在水渠工地上。投毒的正是一位伙夫,因为修水渠挖了他家的祖坟。伙夫后来被枪毙了,临刑那天观看者人山人海。盲人的讲法是:来修渠的那群城里人那天傍晚坚持要回去,司机的老婆正临产,不愿出车却又不得不出车,愤怒中便将汽车开进了渠首,一车人包括司机无一幸免。"我"的父亲当时正是工地上的伙夫("我"却并不认可这一点),他也死于这一天,却是被自己毒死的,与翻车事故无关。扳网女人的讲法则是:死的那群人是坐船来的,他们是城里的造反派,来工地宣称与工地上的人发生了武斗,造成对方一死两伤,结果有人便用施工炸药炸沉了那条船,河水几乎全被染红了。在这些不同的讲述中,墓园的确定性、可被证实的细节的确定性与历史事件的不确定性,也构成了极大的反差,使得历史扑朔迷离。墨白似乎以此暗示出:历史的"原本"业已消失,剩下的只是不同的"摹本"。小说同时表现出,这些原本是历史参与者或相关的讲述者,如今个个形单影只,仿佛早已逸出历史之外。三个形影相吊者不仅讲出了三个神秘的故事,也使讲述本身笼罩在神秘的氛围之中。可以说,神秘在墨白的不少小说中,都发挥着关键性的叙事功能。它经常化腐朽为神奇,为陈旧的历史和生活脱颖出新鲜的主题。

与墨白小说的神秘性纠缠在一起的,是他所谓的"内视角"以及他那种意识化的抒情语言。墨白本质上是一位抒情诗人,倾向于内心独白,所以当他走向小说时,便与"意识流"有一种本能的亲近感。他惯常使用的典雅、郑重、充满色彩感和画面感的情绪化语言,在推动小说故事发展时,又常常必须借助于神秘性因素。凡此种种,使他在表现爱情主题时总是失缺日常性,而充满了奇异色彩。在《航行与梦想》《俄式别墅》等篇中,爱的非切身性又总能牵动人内心某种固有的情愫,使我们看到人凭一种爱的能力就能生发出一个多情的、洁净的、奇异的自由世界。而且这些小说结构的繁复与对称也令人惊讶,两条线索,两个世界,常常能够天然浑成地相互走入。通常情况下,哪个故事单独写出来都会苍白贫乏,是一种水乳交融的对照使两者都被照亮。

墨白擅长写奇异之事和奇异之物,并喜欢把现实写成梦境,但他也努力使自己关注更广阔的世界。他企图建立的"颍河镇世系",不可能只是一个模糊掉现实与梦幻、现实与意识界限的内部世界。事实上,在他尚未涉入长篇时,就已写过不少有关世态的中短篇,但由于使用的仍是他惯常的情绪化语言和他所谓的"内视角",同时又缺少类似神秘的那种推动故事的因素,使得作品的表现力明显减弱。如在《白色病室》和《局部麻醉》中,一个庸常的、寡情的、不负责任的世界,被用一种情绪的、意识的、郑重的笔调写出来,而失去了这个世界和这种生活惯有的那种滑稽性。

一个人的特点也是他的界限。

三

墨白在1998年和1999年分别出版了长篇小说《梦游症患者》和《寻找外景地》。这是两部非常不同的作品,但共同点都是对历史的反思。

《寻找外景地》显示了墨白一如既往的对小说形式的探索。它保留了墨白诸多中短篇的风格,但又增加了新的叙事因素,使前者受到明显的淡化。小说中的实际时间不到24小时,但通过套入两个小说文本带出了40年的历史。小说分别由三块组成:一块是现实——一个电影剧组乘车前往颍河镇拍摄外景,电影剧本是根据两部反映当地历史的小说改编的,而电影导演和一号演员当年也在颍河镇插过队。两块是历史——《风车》叙述了"大跃进"那段荒谬的岁月,《雨中的墓园》则描写了"文革"时期当地发生的一群人罹难的事件。三块内容分别用三种不同的小说语言写出:《风车》使用了讽刺性模拟的方法,模拟了那个时代的意识形态语言,这在我读过的墨白小说中是少见的,其中语言的夸张性和那个时代的夸张性正相吻合;《雨中的墓园》用的是墨白惯常的抒情性语言,事实上这一块内容就是从他以往的一部小说中直接移植而来的;"在路上"(现实)则是多视角的内心独白和"意识流"。三种小说语言相互注释,构成了结构主义所言的互文性和巴赫金所谓的"杂语"汇聚。现实的平面化和历史的纵深感相互映衬,形成了某种对话性。历史是悲惨的、沉重的、转瞬即逝的,现实则是混乱的、轻飘的,同样也是转瞬即逝的。墨白在这里再次表现出一种痛苦，就像那个在城乡二元背景中的青年作家，被夹在无法适应的过去和同样无法适应的前景之间一样，《寻找外景地》里那些从历史中走出来的人物，也被夹在现实和历史之间。小罗的死，田伟林的疯，小河父子潜在的被报复，墨白让我们感受某种历史的延续，当然不是外部形态上的，而是某种难以言表的历史精神的延续。

读惯了墨白中短篇小说的人，会感到《梦游症患者》不像出自墨白之手。它与《爱情的面孔》《重访锦城》两个集子中的任何一篇都不相像，是墨白"突破自己"的一种努力。在这部长篇中，墨白不再一味坚持他所谓的"内视角"，而是将客观性的叙事和"内视角"杂糅在一起，使他的小说语言更具有表现力。这似乎是一种符合逻辑的发展，因为单看其中短篇，那种单一、带有抒情气质的情绪化语言，是不适于创作以"杂语"为特征的长篇巨制的。不管是《寻找外景地》还是《梦游症患者》，都是靠增加讽刺性模拟或客观性叙述等因素来完成的。

作为一部正面写"文革"的作品，《梦游症患者》不仅写出了颍河镇的一场被裹挟进去的悲剧，也写出了这场悲剧的潜在的自发性。墨白在这里再次显示了他对历史的不信任，并试图告诉我们，悲剧不只是在某一时刻才发生的，它在东方这块古老的土地上，在这块土地上的人们的内心里一直悄悄地演练着。那种梦幻般的二分法在这里是不适用的，每个人似乎都背负着自己的"罪"，陶醉于自己的"罪"，并随时准备着让自己的"罪"参与到历史的进程之中。

小说的中心人物是一个被称为三爷的老人。这是一个将旧的传统和新的偶像崇拜奇异地结合在一起的人物。历史的外部转折并没有改变他一以贯之的精神梦想，只是碰巧成为他命运转折的机缘。他年轻时就梦想从乡下迁移到颍河镇，为此他把女儿嫁到了镇上的小业主家。但嫁女还没有来得及帮他实现梦想，历史的转折就骤然而至。几年前外出的大儿子作为土改工作队员来到了颍河镇，他一家也顺利地迁移到镇上。到了 1966 年，他的另两个儿子已分别担任了镇上的民兵营长和酒厂厂长，除了女儿一家成了地主、女婿被打成了右派外，他对生活没有不满意的。他已经成为镇上最受尊敬的门户的大家长，家里有"打内的"，有"打外的"，使他感到做人的权威感和重要性。他为此而衷心感谢领袖。所以，当 1966 年旧传统与新偶像发生冲突时，他总是在诧异中进行确认："真是毛主席说的？"偶像的摧枯拉朽的力量，在一个崇尚者的心里，早已超过了任何本能的不适感。小说揭示出，不管是旧传统，还是新偶像，都是围绕着人自身的权威感、重要性和英雄主义梦想而设立的。对偶像或权威的不加怀疑,首先来自人对自身的不加怀疑,就像阿Q被赵太爷扇了耳光,依然在心里巫术般地攀附赵太爷所代表的力量和荣光。尽管这场动乱使三爷家破人亡,也打碎了他维持大家庭、维持在人群中权威感的梦想,但某种由置身其中到置身其外的“觉”和“悟”是与他无缘的。

疯狂的时代总是以疯狂的心理为特征的。在墨白的笔下,“文革”之于颍河镇,并不是一个不相干的外部事件的介入,而是对人们早已潜在的疯狂心理的迎合。狂欢与武斗,豪情与流血,一个旧有秩序暂时松动的时刻,人性既没有变坏,也没有变好,只是沿着自有的逻辑在几无规则之际陷入血腥的游戏。事实上,不管处于何种位置,几乎人们所有活跃着的行为都在进入一种秩序,并在这种秩序中跃居高位。在新的权力组合中,既有着延续旧权威的考虑(如三爷的儿子),也有着攫取新权威的野心(如老鸡)。当秩序不再接纳一个人的时候,他又会以百倍的疯狂求得接纳。三爷的外孙文玉为了赎出身之“罪”,重获在时代英雄谱系中的位置,不惜疯狂地残害自己的父亲,侮辱自己的母亲,在父母双亡之后,依然疯狂地在地下挖掘莫须有的“变天账”。《梦游症患者》的可贵之处在于把对“文革”的表现置于疯狂的内在性这一人性背景和国民性这一思想背景中,这是墨白对当代文学叙述“文革”的一个贡献。

事实上,墨白还给了这部长篇小说以存在论的框架,这主要体现在对文宝这一人物的设计上。通过这个现实中的傻子,这个不谙世事的梦游症患者,墨白为小说引入了梦幻的维度。他企图增加这个世界的存在层次,把确定的、疯狂的现实暗示为一种病态的梦幻。人生如梦,世事如梦,那真正的梦幻反而可能获得某种真正的确定性。尽管文宝的存在就小说的内在性而言,与那个现实世界太过于剥离,但在确立墨白小说的“自性”方面,我们仍然可以看到他十几年创作中一以贯之的东西。

也许梦幻就是墨白的家园,他存在中的所有痛苦,他小说中的神秘性和种种表现手段,都与这个家园有关。即便全然走入现实,那个太显虚空的维度仍向他真切、顽强地召唤。有时,他可能就是他小说中的一个人物,这个人物有一次自语道:“这人,就是那梦!”

(原载《河北大学学报》2004年第2期)

形式的伦理意义

——墨白论

李丹梦[①]

在“文学豫军”中,墨白小说的形式感[②]是颇值得回味的。我指的是那种执着的先锋派的面目。在一篇名为《乡土理念的嬗变与持守:话语·价值·权力》的论文中,我曾提到墨白的长篇小说《欲望与恐惧》,认为他在人物塑造方面存在着乡土理念的局限,一种城乡二元对立的紧张与抵触。于是有“打抱不平”者指出:“墨白是一个现代派作家,或者说是一个具有后现代特征的作家,李丹梦却仍用现实主义的理论和观点来审读墨白,这就不免有些顾此失彼和自以为是……”[③]其间的人事曲折不去管他,单就对方的辩说理由来看,对墨白的形式创新是极为推崇的,所谓的“现代派”和“后现代派”便是由此而发。他的逻辑似乎是这样:一旦在形式与技巧上实现了“突破”,便可从“乡土”中一劳永逸地超脱出来。情况果真如此吗?形式真的能有这样的“豁免权”吗?事实上,无论“现代”与“后现代”,在基本的感知与推理层面,都是现实性的。真正的先锋是对精神的整体而言的,一种常人难以企及的精神高度。它是感染的,而不是标榜的。我这样讲并非想再起纠葛,而只是客观地指出一种思维方式:在辩护者

---

① 李丹梦(1974~),女,四川成都人,文学博士,华东师范大学中文系副教授,主要著作有《“文学豫军”的主体精神图像》《欲望的语言实践》等。

② 此处的形式,是与内容相对的概念。请原谅我在此使用这个粗略、笼统的称呼,这是出于论述的需要而不得已为之。事实上,形式与内容的区分非常有限,尤其在墨白这里。我们将在下文的论述中发现,形式与内容愈来愈紧密地交织在一起,它们同时为主体形象的建构做出了贡献。

③ 参见孙青瑜等:《批评与争鸣·关于“两仪文舍”》,载《上海文学》2005 年第 4 期,第 111 页。

的言辞中，隐含着主体[①]身份建构的自觉与策略，这是作家颇为在意和敏感的部分。其中的潜在规则是现代与后现代是优于现实主义的，如果说形式的先锋能够让主体脱离“乡土”，那么它在客观的效果上应该是与城市化一样体面的。本来，创作中有思维的局限很自然，之所以会引发类似耻辱的强烈反应，是因为我忽略了其中的形式努力，而这恰恰是主体引以为傲、自觉卓然的基础。我与墨白君的分歧便在这里。在我而言，确是无意中触及此点的。

回顾墨白的写作历程，他的先锋化写作多少有些迟到之感。从 1984 年于《个旧文艺》第 1 期上发表处女作《远山》以来，经历了漫长五年的摸索式练笔，墨白才在短篇《寒秋》(发表于《钟山》1989 年第 4 期)中表露出较为老练的先锋气象。而与他几乎同时起步的国内先锋派，以马原、余华为代表，在此期间早已形成了蔚为大观的新潮格局。因而从原创的角度讲，墨白的先锋并不算先锋的。他常说自己的创作属于 90 年代，原因也在于此一个先锋的起点和选择。就墨白以后的创作走向来看，先锋显然成为了他有意的追求目标，甚至在诸多先锋派的“大腕”纷纷游走出局，放弃此类写作时，墨白却依旧先锋故我。看他最近的发在《山花》(2005 年第 5 期)上的中篇《七步诗》，先锋的笔调是越来越沉稳、坚定了大量的类似于马尔克斯《百年孤独》式的句子：“一年后”，“后来回忆”，等等。它们使事件从原有的顺序流程中随性地跳脱出来，不断确立新的起点。由此，主体找到了一种结构情节的方式。它在加强与读者交流、引导读者关注叙述本身的同时，亦增加了阅读的难度。一个原本不算复杂的故事被揉搓得七零八落，演绎得扑朔迷离。一种先锋的特色。不能简单地讲这仅是模仿和借鉴，能够长期地采纳某种言说方式，应该是建立在某种真诚而热烈的心理倾向之上的。对墨白而言，他以自己的创作实践塑造了一个顽强的、“格格不入”的、最后的先锋者形象。

然而，就在墨白日趋圆熟的先锋叙述中，我们亦时时能够感受到现实与历史的牵掣与滞涩。其表现是多方面的：典雅的语言与粗砺的内容，本质的存在与生活的现场，内里涌动的激情与小心操作的冷漠等。它们奇特地扭结在一

① 此处言及的“主体”并不是指墨白作品里某个具体的人物，亦不完全等同于作者，而毋宁说是一个作者在作品里不断追认的、希望与之趋同的形象感召，是作者、叙述人与人物交织、互动后得出的一个“我”之印象。

起，就像“墨白”的名字一样充满对峙与张力。墨白曾公开表露过他对底层关怀的立场，它“不是由自己决定的，而是命运决定的”。“我本身是一个生活在社会最下层的人，这决定了我的写作立场。”①也就是说，作家还是希望通过他精致的叙述来触及现实的，尽管迂回、曲折了些。在他众多的以颍河镇为背景的小说中，流露出深切的乡土记忆，一种难以割舍的情愫。让人感兴趣的是其以先锋的姿态在处理这种记忆（现实）时所抱持的微妙态度。就小说所出具的实体故事而言，它们较之一般的乡土作品并无多少新鲜之处，然而墨白坚持以“繁复”来讲述“简单”，以“精深”来表现“幼稚”，以“洋派”来传达“乡土”，这本身就意味深长。它颠覆了我们对乡土作品的范式般的印象，但又绝不仅止于此。对于乡土，主体仿佛是在借机强调，又仿佛是在闪避与逃离。

这种错位的、不平衡的讲述在墨白那些反映民工题材的作品中表现得极为触目，如《寻找乐园》《事实真相》《第九十九种冰轮》等。要说明的是，对于民工的关注应该是和作家本人的经历联系在一起的。墨白曾当过农民、搬运工、油漆匠，有着和民工相似的生活。描述民工可视为他未能相忘江湖（乡土）的一种坚实证明。我们完全可以推想，在写民工的过程里，作家看到了自己当年的影子，一种自我的投射与释放。在这类小说中，墨白浓墨重彩地描述了民工所受到的伤害与侮辱，就其感同身受的立场而言，主体算是对乡土和记忆奉献了自己的一份眷顾与“忠诚”。这也构成了那看似天马行空的先锋叙述中的伦理收束与坚持。

在中篇《事实真相》中，墨白写了一个叫来喜的民工目睹了一起凶杀案的始末。然而当警察来采集证词时，却根本不屑于听他的讲述，所有不在场的人都说得振振有词，倒是他这个亲历者，显得力不从心。一种公共场域的“失语”，这是主体诉说的核心。确切地讲，由于外界的忽略与漠视，民工或曰农民在话语中根本是不存在的。如果说在政界和艺术界，人们还勉力玩得起这种话语游戏的话，那么对于底层生活的人，这将构成致命的剥夺。而对于有艺术敏感的人来说，更是如此。墨白发现，一个人如果从话语中被删除了位置，那不仅是人格与尊严受到威胁的问题，更意味着对生命本体存在的压抑与贬低。毕竟，人不是物，是人，便要表达，要倾诉。这种锥心的记忆和体验是否和主体对于先锋话

① 参见雷霆：《孤独的文本探索者——青年作家墨白访谈录》，引文略有改动。

语(叙述)的选择有着内在的关联呢?换句话说,当主体用桀骜不驯的、不乏时髦的方式讲述卑微往事的时候,是否隐含着将卑微从话语象征层面予以解脱和地位提升的潜在目的呢?就民工和作家经历的重叠来看,这里的卑微显然并不局限在描写的对象上,还指涉主体自身,而叙述则成了一种有关身份与形象的优雅建构。在《事实真相》里,与来喜在外界的沉默形成鲜明对比的是主体对于来喜内心那穷形尽相的描述。一种意识流般的声音痉挛与狂欢,它暗含着主体针对外界话语蔑视、剥夺自身存在的反拨。然而,来喜的所有内心独白都是向着他在乡下的对象——小巧发出的,小巧成为他在世界上唯一能够与之敞开心扉的倾诉对象。就实际的效果来看,这种脆弱的公共维系与交流中所涌出的语言非但不能作为主人公话语丰富乃至人性丰富的证据,反而捉襟见肘地承认了民工在公共话语中的无权地位。来喜后来的命运也证实了这一点。他由于忍受不了包工头弟弟三圣的欺侮,借着夜色用一根钢筋袭击了三圣,以为将他打死了,其实打死的是另一个人。结果当三圣再次出现在他面前时,来喜疯了,与之相伴的,是他的内心独白也就此中断。这绝非偶然的"同步"。表面看来,来喜是被"真相"致疯的,这本是一个误会,而之所以导致了来喜的崩溃,是因为来喜无法用他独白式的语言来解释和确认世界与自身的关联。如果说在凶杀案的调查中,来喜尚能顶住外界将自己排除于"真相"之外的压力,给自己一个独白的缓冲空间——在对小巧的遥遥倾吐中,他维持着自身那点可怜的自信——那么当他亲眼看到三圣"复活"时,这点自信也荡然无存。换种说法,三圣的"死而复出"狠狠地打击了来喜的存在意识与信念,他无法自圆其说了。既然三圣事件雄辩地否定了自己,那么之前凶杀案调查中别人对自己的不屑也都是正确的……这些都发生在一念之间。与其说来喜是因恐惧而疯狂,不如说这疯狂都源于对自身存在的深刻怀疑与绝望。主体想要告诉我们的,系诸多事件导致了来喜的疯狂(他把凶杀案与三圣之事摆在一起便隐含着这样的意思,而来喜致疯后嘴里反复念叨凶杀案的细节则进一步证实了这一点),三圣的风波不过充当了压断骆驼脊背的最后一根稻草。由此来反观主体的先锋叙述,它无疑是反抗的。但和来喜那小奸小坏的行动抗争来看(诸如偷工地上的钢筋),主体的反抗显然着眼于更大的"野心",不是捞取物质上的蝇头小利,而是要争取民工与自己在话语中的地位乃至主动权。他对来喜内心活动的浓墨重彩便隐含着这样的目的。然而从最终的结果来看,来喜那看似丰富的心理语言只是一个自我内部的宣泄和消耗，它缺乏公约性和可沟通感（小说的结尾，当来喜发疯后，他曾在心中千呼万唤的小巧亦弃他而去。这使得之前来喜内心独白的语言真正成了瓮中之鳖，那假想的、唯一的、朝向外界交流的公共通道也被封闭了）。也就是说，先锋的叙述并没有给主人公挣来任何的利益与尊严，不仅如此，来喜内心独白内容中那略显模式化的思路（尤其是对城市的偏激情绪）还激发了某种不耐烦的感觉，来喜在公共话语中依旧是个空白。而主体却从这种先锋叙述中获得了真切的实惠：我说的不仅是叙述本身的新奇与独特，以及它对于传统的乡土文学文体风格的颠覆，更重要的是，经由这种叙述，原本从同情立场出发的、与来喜经历有重叠的主体和主人公拉开了距离［因为民工（农民）即使有独立的话语，也不大会是这般先锋的腔调］。主体借此与自我的昨天告别，一种潜意识里的乡土逃离，通过话语及形式的争夺与反抗曲折地实现了。[①] 这也是墨白小说最突出的特点。质言之，作家的出身、经历在文本的内容与形式上均打下了印迹，主题的相对陈旧与形式的追新求异之间形成了断裂，两者都基于主体真诚的愿望与体验，由此敞开了一种挣扎、动荡的身份感，在城乡对峙之间。

在墨白的颍河镇系列中，有一类小说集中地反映了“进入城市”的主题。诸如《重访锦城》《飘失的声音》《爱情的面孔》《进入城市》《从乡村到京城的路途》等。它们将民工题材中逃离乡土的意识从形式的隐晦层面落实到内容中来。主人公为男性，是一个来自农村的青年作家或知识分子。作为文本内的观察视角，他身上传达出主体的精神状态。而小说的空间呈现块面的切割与转换：从颍河镇到附近的中心城市或者相反，它们由主人公寻找（或曰感受？）爱情的经历串联起来。具体地说，颍河镇里住着主人公的妻子、儿女，他们代表了乡土的精神脐带，而城中则存在一位女性，她或典雅，或庸俗，透露了城市的莫测与神秘。于是，“进入城市”的主题便被置换成了对欲望、身体的想象和处理。值得一提的是，将城市与女性结合在一起的联想与构思在河南作家中并不少见，周大新、李佩甫的作品中都有这样的体现。事实上，这似乎已成为乡土作家感悟和言说城市的一条必由之路：共通的男性视角、类似的异地爱情、抽象的城乡对立通过男性对女性的把握与征服体现出来。就像二郎安慰罗马那样（《从

① 从这个角度讲，墨白的文本形式具有着不可忽视的内容意义：某种程度上，他甚至超出了文字表面呈现的内容。

乡村到京城的路途》):

> 妈那个×,咱们不就是从农村里来的吗?我们不就是农民的儿子吗?我们比人家低多少?……他城里人咋着?她马金珠咋啦?她到底不是被你感动了,不讲真的假的,你也睡过她了!睡过她就等于睡过城里人了。她到美国就是拿到绿卡又怎样你也算睡过他美国人了!在学校里我就对那些鸡巴干部子弟城里人充满仇恨,现在我们不是也打进北京来了吗?①

当这种赤裸裸的粗俗与仇视以直接引语的方式出现在墨白诗意的、略带凄恻的行文中时,不和谐的感觉是强烈的。它表明,一次性的叙述(写作)无法同时兑现主体的重塑与再生。换言之,这不是一个脱胎换骨的行为,叙述只是暴露、强化了主体内心分裂的表情。当他不再使用书面语(一种叙述形态)而直接记录人物的语言时,便再也不能遮掩和转换烙刻在记忆深处的乡土痕迹,包括方言的语调和二元对立的思维方式。由此导致的现实不仅在增加作品真实含量的同时,亦让主体的先锋飞翔变得任重道远。不仅如此,前者还渗透到先锋的逻辑之中,对其构成了拆解的怀疑与威胁。显然,“进入城市”这个主题凝聚了主体太多的痛楚,以致他再也无法超然世外。最突出的表现是此处的爱情(构思)不再“纯粹”,我不是说主体的体验不真诚,相反它浓烈得让人窒息。然而就像郁达夫的性苦闷总是笼罩在国家贫弱的阴影中一样,墨白的爱情描写也难以脱去乡土身份的自怜与自恋,尽管是以一种被克服、被否定的方式体现出来。

在《飘失的声音》中,男主人公谭渔(与“痰盂”谐音,由此暗示出遭人唾弃的、屈辱的地位与遭际),一个在单位备受压抑的写作者,碰到了崇拜者杨玉。其间的过程充满了浪漫,杨玉在邮局里工作,当谭渔来寄他的小说集《孤独者》时,杨玉便记住了他。两年后,她鼓足勇气来找谭渔,于是发生了想象中的敞开心扉、一见钟情和身体结合,仿佛是一个老掉牙的孤独者艳遇的故事。正当我们对此失去耐性时,小说结尾陡然来了个逆转,杨玉失踪了,到处都否认她的存在,连她的工作单位也说从来没见过这个人。于是,杨玉成了一个虚幻的梦影,真实与梦境的界限就这样被打破了。依照作家的解释,这可归结为神秘的写作

---

① 墨白:《重访锦城》,长江文艺出版社,2000年10月版,第69页。

方略:“讲述现实生活的神秘是我的小说立场。”[1]就小说本身来看,神秘更像是一种自我防护的措施,它把庸俗的白日梦变成了具有普适意义的荒诞处境。一种向着存在领域的挺进和提升,虽然生硬了点,但却收到了明智的自嘲效果,它使得之前幼稚的爱情免除了自恋的嫌疑而具有了一层深沉的体面。在我看来,这也是神秘风格的肇始动机。之所以如此,是因为“进入城市”乃是主人公谭渔和作家共同面临的最大困境,它对于主体叙述风格的形成具有决定的意义。这里的风格或形式可还原为主体对自身存在困境的解释和克服的努力,就像阎连科的霸气诉说一样;也只有从这个角度去理解风格与形式,才能最大限度地去除伪饰的干扰。

在谭渔对杨玉的“爱情”中,一开始便有着某种身体的迫切和直奔主题的冲动。这也是墨白笔下爱情的构思模式:像谭渔对小慧(《爱情的面孔》),吴西玉对尹琳(《欲望与恐惧》),谭渔对叶秋(《进入城市》),都是如此。一种性的焦灼与渴望。有的时候你会觉得这种感觉过于突兀——它不细致,我并不是要鼓吹什么形而上的精神之恋,但把所有的爱情都归结为欲望的躁动就文学本身而言是多少有些乏味的——如果将其置于“进入城市”的主题背景中,便容易理解了。本能的欲望冲动中隐含的是乡土对于城市急于理解与窥视的愿望。这么说也许有点冷酷,但假若不是这样,就内容而言,“进入城市”本身又从何体现呢?对此,我以为创作主体是有着充分的自觉的。他需要设置某种吸引与相遇,在城乡之间。于是,欲望便充当了城乡直面沟通在象征层面的媒介,而身体则衍变为沟通的现场,进入城市即是进入女性的身体,一种符号意义上的同构置换。这也是我为什么说墨白的性爱构思不纯粹的原因:此处包含着主体对城市的探究心理,其间不乏先验的情节设置(属于理解、推理的范畴)。然而,也正是这种不纯粹,暴露了农民在进入城市过程中的真实心理。就像二郎宽慰罗马所说的那样,乡里人在看待城市时是有着天然的对立情绪的,这种对立也潜移默化地移置到了他与城里女性的爱情上。所谓“睡过她了”,这“睡”字便形象地体现了那纠缠着敌对情绪的复杂的爱意。而无论你说这是实际的功利也好,自卑的障碍也罢,造成的结果都一样,即欲望的如火如荼、漫无边际与细腻情感的阙如。一种神速的、短兵相接的爱情方式,欲望在此成了无理之理。这本来

---

① 参见墨白长篇小说《欲望与恐惧》序言中的关键词解释,长江文艺出版社,2002年版,第8页。

也没什么，但当墨白试图将这种农民的欲望心理或爱情状态予以神秘、忧伤的色彩以及存在的普遍化时，问题出现了。就主体而言，由于他和作品主人公有着相似的背景与体验，如此的处理与把握显示了他在经历过一番痛苦的自我说服与摇摆后，对自身存在的一种肯定。这本来也属自然，只是其间充满了文人的趣味与精致的气息，这与他着力渲染的粗砺的欲望描写构成了极大的牴牾，对于阅读（接受）者来说，它已不能用"张力"这样的措辞来包容了。由于欲望本能写得太满太实，又瓜葛了太多的城乡与身份的敏感与牵累，从客观的效果来看，它解构了精致，嘲笑了神秘，甚至让人起疑：这神秘的涵括与提升是否只是粗砺的障眼法，一块笨拙的遮羞布？说到底，精致应该是由内而外地流露的，它需要细节的协助与支撑。在墨白"进入城市"一类的小说中，我们最大的感受是主体的精致冲动（诸如神秘、荒谬的体验）与内容是割裂开的，就审美的趣味来看，小说的风格与形式较之文本的内容与故事，显然已提前一步进入了城市。

这种割裂感在长篇小说《欲望与恐惧》中体现得尤为明显。小说描述了男主人公吴西玉的情爱悲剧。曾是农民的吴西玉依靠妻子牛文藻的关系在省城大学谋得了校团委副书记的职位，同时在陈城挂职副县长。表面看来，他志得意满，事实却并非如此：陈城的副县长是个虚衔，学校的职务又被人顶替，他成了一个"体面"的城市多余人，并且深陷在两个女人的情感漩涡中不能自拔。妻子牛文藻的变态、辱骂，情人尹琳的爱和无边的欲望，都给吴西玉造成了沉重的精神包袱。最后隐情败露，吴西玉受到刺激，遭遇车祸……作品大体上以第一人称——吴西玉喃喃独语的自述展开，并把交代写作缘起的序言与后记有机地并入正文，真实与虚构就此打成了一片。一种旗帜鲜明的"元小说"的姿态，就像叙述人在序言中所说的那样：

> 我的写作极为关注这种在黑暗之中燃烧的精神历程。我用什么来完成这种叙述呢？我用我的亲历和感受来剖析我所看到的一切，这种剖析是真诚的，我把刀子首先对准自己的胸膛。我认为这种真诚极为重要。您在阅读这部小说的时候，面对的就是我，尽管作品的主人公名字叫吴西玉，但您不妨可以把他看成那就是我，尽管小说的情节和人物都是虚构的，但我和吴西玉对生命和人生的感受有着很多相同之处，比如我同吴西玉一样曾经有手淫的经历，我毫不保留地对您讲述产生手淫的原因和动机，剖析自

己的灵魂,这就是我的真诚。①

在这看起来颇为大气的宣言中,我们能够感受到主体自我建构的强烈企图,它朝向的是高尚与庄严的维度。这让人想起卢梭的《忏悔录》,其潜在的逻辑似乎是这样:敞开心扉是真诚的表象,而能够坦诚自己的缺陷与丑行则意味着人格境界的提升。换言之,暴露自己的丑陋是为了摆脱丑陋,重塑自我,成为一个高尚的人。"燃烧的精神历程""真诚""剖析灵魂"这类义正词严的、考究的用语都证实了这一点。如此一来,"我"与吴西玉便不可同日而语了。如果承认这也是一种叙述的"功利"的话,那么此种"功利"显然是不在"自我剖析"的视域之中的,是一个无法参透、触及却又蠢蠢欲动的心灵暗盒。它试图在叙述中,在吴西玉那委琐、自恋、歇斯底里的独白中为自己网开一面,附加某种自我的价值。

为了说明这一点,我们要回到小说文本。就吴西玉与情人尹琳的相识来看,完全就是谭渔与杨玉故事的翻版——墨白似乎很喜欢在作品之间建立这种纵向的联系,以向人暗示出其思想深入的脉络——只不过杨玉的名字改成了尹琳,一个投怀送抱的女人让处处压抑的吴西玉多少获得了一点男性的虚荣与自尊。当两人第一次野合时,叙述人"我"在描写那癫狂的做爱场面时突然宕开一笔,他写道:

> 在相识的第一个夜晚里,我和尹琳就被人类本有的欲望之火熔化了,可是除去我们的肉体,我们又真的相互了解多少呢?她靠一本《永远真诚》走进我的生活,那个时候我们相识还不到八个小时,我们就被生命最原始的欲望之火烤化了……②

原本是吴西玉与尹琳之间的一次私人偷情,突然就变作了"我们人类的""生命最原始的欲望"行为。这究竟是认识方面的形而上的深化,还是高尚的扭曲?是真诚的做秀,抑或偷情者的道德遁词?与郁达夫的原欲苦闷相比,墨白的欲望与偷情缺少了一种真正的承担。具体说来,前者一直处于痉挛的挣扎状态,隶属于个人的空间,而后者则在认识的升华中悄然卸下了羞耻的重负,并朝着公共场域敞开自身。那看似坦荡的性爱描写绝非自然主义的,而带有某种表

---

① 墨白:《欲望与恐惧》,第4页。着重号为笔者所加。

② 墨白:《欲望与恐惧》,第104页。着重号为笔者所加。

演的性质，里面埋藏着高尚的预谋。主体一方面要和盘托出吴西玉那低贱、混乱的内心世界，愈俗气愈好；一方面要建构一个堂堂正正的自我形象，愈深沉愈佳。这种自相矛盾的叙述理念使得双方都受到了损害，一种存在意义上的不伦不类。结果，我们既对描写部分的真实性疑窦重重，又对升华的动机纯度产生了不信任。这里的《永远真诚》是吴西玉的一本诗集，它和谭渔的《孤独者》一样，乃是一种形而上的呼唤，但把它们置于原欲与偷情的描述中，总免不了一种硬气与做作之感。

在小说的结尾后记部分，叙述人"我"从吴西玉的内视角中脱离出来，恢复了自己作家的身份。后记记录了作家"我"与一个女友就小说《欲望与恐惧》的对话。女友说："我感觉到你的这部小说包含着深刻的文化内涵和对死亡的认识，同时你让吴西玉在内心深处进行忏悔。我们曾经讨论过，中国人似乎缺少宗教似的忏悔意识，没有自我审判意识，而在吴西玉身上你就给予了他忏悔的意识，这一点很重要……吴西玉实质上就是我们时代的精神状况。"[①]我们发现，又是那种硬性的拔高与提升！吴西玉的个人宣泄演变为"时代精神状况"的代表，具有"深刻的文化内涵"，并带上了神圣的"宗教忏悔"的色彩。这与其说是女友对小说的感悟与评价，不如说是叙述人(主体)对写作(叙述)的自我期许。此处出现了一个疑问：依据常理，升华与对原欲的描述之间的牴牾是比较容易发觉的，而作家为什么会习焉不察，且一而再、再而三地出现这种"失误"呢？他完全可以用一种和吴西玉统一的话语方式完成吴西玉的故事嘛。之所以会这样，我以为，它是出于一种深刻的心理需要。具体说来，升华实现了主体由来已久的逃离意识，从吴西玉的世界中解脱出来，与他所代表的乡土理念和身份脱去干系，这便是理性升华的目的与趋向。而"元小说"的形式意味也在于此。叙述人"我"与吴西玉的"若即"关系是为了"若离"的结果，这其实早在序言中"我"对于"欲望""爱情""隐私""恐惧""神秘"等关键词的解释中就已定下了基调。那理性的形而上的话语形式是吴西玉所不具备的，由此生发的对于吴西玉内心世界的观照说到底是一种曲解。我们发现，这种曲解充满了《欲望与恐惧》的文本。看得出，它已成为主体有意为之的一种身份表达策略，其潜台词是对高雅和深沉的倾慕与渴望。就墨白来说，沉沦于乡土现实(从对吴西玉的心

---

① 墨白：《欲望与恐惧》，第271页。着重号为笔者所加。

理描写和角色进入中体现出来）与升华的分析都是真诚和自然的，但此真诚与彼自然之间在审美的趋向上是截然相反乃至互相抵消的。于是一切又都回到了主体对于乡土的处理上。而墨白小说叙述中所出具的对立形态（一种悬置、曲解的解决方案）显示了一种身份的敏感与遗忘（此系主体最大的“真诚”）。其形式与内容一道，向我们展示了农民“进入城市”过程中的复杂心理。

以上我着重论述了墨白以“进入城市”为主题的一类小说。这与一些论者在分析墨白时的切入点有所不同，他们感兴趣的是墨白小说中所流露的神秘感，荒诞、悖谬的存在意识，零度的叙述等。的确，墨白的作品在上述方面提供了很多“谈资”，而我关注的是这多样的形式技巧背后的必然性，或者说它们何以会如此。在我看来，任何一种叙述技巧，哪怕是最先锋、怪异的，都可还原为主体与现实的关联，包括存在的意识、感觉也是如此。每个人对生活的主体感觉追根溯源，均是由他的经历和对生活的记忆决定的。就像墨白在小说中所反复描摹的阴冷色调，说到底，他有一种曾饱尝苦难、流浪和屈辱之苦的灵魂对于生活底色的本能感悟。一种既曲折又直接的对应。我抓住“进入城市”的小说来论述墨白，不仅是因为“进入城市”揭示了主体存在的根本的尴尬境遇，更重要的是在这个主题下凝聚了作家绝大部分的痛楚。其间所呈现的主体的精神状态是很难作伪的，而所有的叙述技巧在此都应该可以找到它的现实依据。

在“进入城市”题材的小说中，墨白已显示了出色的向普遍、抽象的存在之域“挺进”的潜质，只是由于城乡身份的敏感牵制以及本能欲望描写得过于铺张，“挺进”的行为不够从容有力。而一旦抽去和虚化了城乡对峙的现实，这种潜能便充分地施展出来。诸如《错误之境》《讨债者》《局部麻醉》《白色病室》《光荣院》等，这些作品的共同特征在于以冷静的笔调构造荒诞、悖谬的生存之境，它往往有一个现实、可感的故事作外壳，我们被诱引着，不知不觉进入意义的边缘，产生一种难以承受的虚无感。特别值得一提的是，有血有肉的人物塑造与还原并非这类作品的目标，人物只是传达作家生存感悟的一个符号、棋子，无奈与徒劳的挣扎成为不变的性格基调。就像谭四清（《错误之境》的主人公），他到一个叫红马的地方寻找自己以前的女友马响，本是想追溯一段逝去的梦，却莫名其妙、阴差阳错地走进了凶杀案的现场，被害的女人也叫马响。谭四清因此而获罪，进了监狱。这是纯粹的偶然事件，还是隐含着命运的必然？从故事的结果来看，它似乎是对谭四清寻梦的嘲弄与否定，也就是说，他不该去找马响，寻找本身就是个错误。然而，生命虽然不属于梦，却是靠无数的梦想来支撑和运行的。谭四清即使不去寻找马响，也势必还会陷入其他的梦境。从这个角度讲，谭四清的遭遇是带有存在论上的象征意蕴的。具体地说，存在意义上的"错误之境"是无法改变与避免的，人类努力的结果也只是从一种错误耸身跃入另一种错误。用作家自己的话来说："人永远都是一个思路清晰的梦游者。"①这显示了主体对于人类生存本相和精神困境的一种超验性的体悟与把握。

谭四清式的寻找在《讨债者》中再度出现了。我们发觉，这种"寻找"的姿态在墨白的小说中出现频率极高，像《寻找旧书的主人》《航行与梦想》《民间使者》《重访锦城》《雨中的墓园》等，对此都有所体现。显然，"寻找"已固化为作家一种执拗的构思，这本身就是一种"有意味的形式"。寻找既是故事的框架，同时也预设了一种情感的意向，对历史、生命的困惑与感伤伴随着寻找扑面而来。在《讨债者》中，那个所谓的讨债人并不像我们一般所想象的那样理直气壮，气势汹汹，他甚至连个具体的名字也没有。其卑微、凄惶的形象与索债身份的巨大落差一上来就造成了悖谬的感觉。这种悖谬感随着故事的发展加剧了。我们看到，讨债者满怀焦虑地来到颍河镇，本想在春节前收回人家欠他的薪钱，以过个像样点的年，结果非但没有拿到钱，反而像条野狗似的被灌醉、冻死在异乡。小说中数度写到迷失："由于大雪的缘故，讨债者在颍河镇的街道里迷失了方向。讨债者努力地回忆着他前几次来到颍河镇的情形，但那些已逝的往事和经验不但没有帮助他，反而使讨债者越来越感到视线上和心理上的迷乱。"而他碰到的每个人都表情暧昧，用一种似是而非、言不由衷的话来打发他，误导他，凶险莫测的气氛由此弥漫开来。讨债者完全陷入了被外界操纵、愚弄而又无能为力的境地。一种存在意义上的迷失，它回应着寻找的努力，构成了寻找的结果。于是寻找即是迷路——最深刻的悖论！——迷路又提供了寻找的契机，一种无休止的循环。只有死亡才能中止这一切。就讨债者的形象来看，他是个农民。而就他所遭遇的不公与不幸而言，小说《讨债者》是否隐含着作家对农民存在处境的一种哲学喻示呢？我这么说并非捕风捉影，墨白对农民的关注是公认

---

① 参见张钧：《以个人言说方式辐射历史与现实——墨白访谈录》，收录于《小说的立场——新生代作家访谈录》，广西师范大学出版社，2002 年版，第 451 页。

的。我们可以把他那部描写民工食堂遭遇的《寻找乐园》[1]与《讨债者》比较一番，主人公同为农民，同样在寻找。食堂在城市打工，挣工钱，而讨债者到颍河镇是讨蒜钱。两人都想让生活过得好一点，一种低标准的要求，却都以被伤害、被侮辱乃至死亡而告终。《寻找乐园》的文字里透露着强烈的愤怒与不满，那是针对城市的不乏偏激的想讨回公道的情绪。小说一开头，那个刚踏上城市土地的年轻人就遇到了一个大麻烦：他在“人间天堂”的城市里找不到厕所。这对于怀有“寻找乐园”憧憬的他无疑是当头一棒，它意味着在此他连最基本的问题都难以解决。经由《寻找乐园》和《讨债者》的横向比较，我们可以推断，引发作家写作这两部作品的情感是共通的：均是对农民生存境遇的同情与关注。故事与风格尽可以变换，但那种备受压抑的感受世界的方式却是自始至终的。这再次证实了我在前面所说的形式、技巧背后存在的必然性问题，一种主体的叙述伦理的选择。《寻找乐园》写得极为沉痛，但总有一种报告文学式的局促。立场明确、爱憎鲜明的讲述固然让人痛快，但也使作品的内涵趋于单薄，留给人回味的东西不多。这种局促感到了《讨债者》得到了很大的改观。叙述主体将人物与事件从历史与现实的背景中剥离出来，但又不是根本地切断其联系，而是把对个体生命的关注置放于人类生存的困境中。一种直面存在本身的努力与思考。它让墨白超越了自我，包括乡土情结以及城乡对峙的二元思维模式。在《讨债者》中，墨白回避了对生存目的、价值和终极意义的思考（对饱尝苦难的墨白来说，这不过是一种自欺欺人的骗局），而转入一种活命哲学，即对于生命存在的本真展示。在《讨债者》的世界里，本质已不是隐藏在现象后，而是包含在现象中，换句话说，现象即本质。较之《欲望与恐惧》中那做作、生硬的升华，《讨债者》显然前进了一大步。

这种哲学的、类似于存在主义的构思在《局部麻醉》《光荣院》等作品中达到了墨白式的极致。其中的人物与故事横跨了现实与存在两个层面——一种直逼本质的叙述，却又和现实不离不弃。以《局部麻醉》为例，外科大夫白帆作为孱弱生命的表征，被作者投进了一个充满了残酷与荒谬的世界。他的隔壁住

---

① 《寻找乐园》是墨白的民工题材类小说中的代表作。小说通过民工食堂的悲惨遭遇写尽了城市的冷漠与残酷，接二连三的苦难降临在食堂的头上，这是一种偶然的记述，还是出于内心激愤的一种强调性的设计？《寻找乐园》就像是一篇沉痛的报告文学，看不到一丝光亮与温暖，而城市则成了不折不扣的人间地狱。

的是杀猪的袁屠户，猪的惨叫时时刺激又麻木着他的神经。白天他给一个因阴茎充血肿大而羞愧难当的老人治病，然而未及治愈，老人便因抵不住周遭的白眼而上吊自尽；半夜里白帆被叫去为怀孕难产的院长老娘动手术，治病救人的职业道德感此刻早已从个人意识中退出，所谓的精湛医术蜕变成了替院长遮羞的技能。就这样，白帆一次次地面对生命的出生地——阴门，却又一次次将生命扼杀于此。母亲得了肠梗阻也是他动的手术，面对母亲那被切开的腹部，白帆突然有些困惑："这是我待过的地方吗?""他出生在这里如今他又在这里翻耕，他一边这样想着一边从腹部里掏出那堆大肠和小肠。"尴尬的日常工作逼着白帆成为一个冷漠无情的人，然而在夜晚，他又要激情满腔地与妻子柳鹅做爱，以满足她似乎永无饱餍的性欲。柳鹅与袁屠户私通得了一种腿疼病，又是白帆切开了她腿上的皮肤和肌肉。本来他还可以像以往那样冷酷地进行下去，但由于麻醉师的缺席，妻子痛苦的号叫让白帆崩溃了。他将安定药液注射进了血管，通过暴力自虐的方式暂且忘怀了"外部肮脏而纷乱的世界"。在此，作家似乎是想告诉我们：人只有将生命麻醉了，才能从荒唐的境遇中抽身逃离。

我们发现，在《局部麻醉》里充满了荒谬与虚无的气息，这两点被墨白自称为是其小说美学的基础，亦构成了一种叙述的基调。它们在给人带来沉重的警醒与触动的同时，也引发了某种遗憾：色泽是否过于单调了？为什么就不能有些许阳光和暖意呢，特别是那久违的爱的光彩？在此，我并不是想重提什么理想主义的老调，只是就文学艺术本身而言，它提供给我们的应该是一个丰富的、多层次的世界，如果不认为这是一种美学的奢侈的话。荒谬与虚无的感悟本身无可指摘，但如果作品仅停留于荒谬与虚无情节的叠加与累积，这里是否隐含着一种思维的片面与暴力操作呢？要解答这一点，我们必须回到对形式背后的必然性的考察上（此处的形式是宽泛意义上的，它包括技巧、美学风格等，甚至已然化为内容的一部分）。就墨白来说，他对世界的感悟方式是由他苦难、不公的经历所决定的。荒谬、虚无，包括神秘，这些美学倾向追溯到底，都源于主体对生活与生命的失望与埋怨。在这一点上，墨白《局部麻醉》类的小说与他那些现实性很强的民工题材的作品以及进入城市类的小说并无不同，只是在《局部麻醉》里，这种失望与埋怨被一种冷静的笔触予以抽象化、哲学化了。我在论述《讨债者》时曾说过，存在主义式的哲学思考中包含着主体超越自我的努力，即试图从咀嚼一己悲哀和个人经历中跳脱出来，用一种世界的或曰人类的眼光来思考问题。但必须看到,这种努力并非一劳永逸,在感觉与思维的层面主体仍旧存在着二元的、绝对的惯性。《局部麻醉》里那漫无边际的荒谬与虚无便是一种绝对的诉说,只是这种绝对由于用一种冷静、超然的口气道来而不易被人察觉而已。[①] 就阅读的感受而言,我们在其中所体会到的压迫与作家刻骨铭心的压迫记忆在程度上是旗鼓相当的,对作家来说,这是否是他在思维层面对以往经历的一种变相的复制与挪用呢? 换言之,此系被压迫者从压迫中学到的一种压迫美学,即墨白的形式伦理。总体讲,墨白的写作是一种"在途中"的摸索,就像谭渔在城乡之间徘徊一样,墨白以他多姿多彩的创作在形式的层面象征地再现了一幅主体自我沉沦与超越的生动图景。

(原载《文学评论丛刊》第 9 卷 2007 年第 2 期)

① 在此,要补充一点:这种绝对性在长篇小说《梦游症患者》中由于白痴文宝的出现而略有改善,文宝是一个善良的、对生活和生命充满热爱的人。但他的声音实在太微弱了,其白痴的身份加剧了这一点。整部《梦游症患者》充斥了人性的丑恶和暴力,这是作家对"文革"的理解,亦透露出他感受世界时的兴奋所在。

墨白现象和墨白小说的隐含性意义

刘海燕

一、墨白现象·印象底色

2001年春天,在河南文学院召开的墨白小说研讨会上,与会者关注的焦点问题之一便是墨白小说里的苦难,大家共同的趋向是:墨白你写了太多的苦难,你应该超越这些苦难了。的确,墨白的小说里有无边的苦难,如《讨债者》,那个没有姓名的农民,在大雪纷飞失去时间感的苍茫里,恐慌、无措地寻找和等待他的救世主,寻找和等待过程中的节外生枝,使他一次次地远离等待的目标,误入了梦境一般,不能把握自己的命运,支撑他坚持下去的是一个最简单不过的愿望:拿到他应该得到的劳动报酬,然后回到他的妻子和孩子身边。还有什么比这更真实的呢? 有很多真实性超出了艺术的虚构,艺术与生活,这个已经被我们讨论过一千遍至今已经很少或不愿提及的话题,在当代作家尤其是墨白这样有乡村生活背景的作家身上,呈现出了更为复杂的意味。

首先,墨白是在苦难之中朦胧地领会到上苍的意旨——用艺术支撑苦难的。生于1956年的墨白经历过中国社会最贫困的时期,为了解决温饱问题,少年时代外出流浪,当过火车站里的装卸工,做过漆匠,上山打石头,烧过石灰,被当成盲流关押起来。那时的墨白穿着破烂的衣服,发枯如草。他18岁左右,在山上经历的场景:雨天,劈山的炮声停歇,因无法干活,他在石头垒成的"房子"里画画。苦难和孤寂像这满世界的雨滴一样落在了墨白的眼睛里,心上,画纸上。幸运的是具有艺术天赋的墨白坚持用他的眼睛观察苦难并把它们表达出来,而在远方的某文化馆或文联,某位具有强烈责任感的精神导师正等待着这位文学青年的出现。冥冥之中上帝在安排着这种命运。后来，墨白读了师范学校的美术专业，毕业后又回到那个偏僻的小镇，在一所小学里一待就是11年。心性极高的墨白就这样坚持着和命运抗衡。通过写作，他从颍河镇到地区文联，再到省会郑州当专业作家。这种由乡村到城市的文学之路恐怕将来是很难出现了。作家墨白成长的社会和个体环境在迅速地消失，墨白现象作为中国社会转型期的独特命运经历，将会带给我们诸多启示。

成为作家后，墨白意识到这一切苦难都是上帝赠送给他的礼物，使他具备了成为一个作家的可能。这时苦难对于墨白个人来讲，它的意义已完成。对于和墨白有共同经历的普通人，他们也许至今还在受着苦难的伤害，天性善良、敏感的墨白不可能亵渎那刻骨铭心的记忆和他的同类，不可能像他之后的年轻的学院派作家那样，把反讽（反讽里带有邪恶的成分）、形式游戏作为他小说的艺术。命运注定了墨白要在激情之中真诚地写作，坚守神圣，正视苦难并感恩上苍。

具有抒情诗人心性的墨白，与大多数从乡村走出来的作家不一样，他选择了个体经验而不是宏大叙事的角度展开他的叙事，他不会因触及社会层面上的敏感问题而产生轰动效应。他的个人化立场使他的创作在人性和心理的层面上运行。特殊时期的个体经验带出了一代人的心理轮廓：苦难之中对天外来音、对偶然性神秘性的盼望，对于自身不可把握的命运的恐慌，对于世事不公平的愤恨，渴望逃离苦难和命运。

绘画眼光影响了墨白，他小说里的场景总是印象式的、情绪化的，在记忆中变幻拼贴过的，虚幻的背景使那些现实苦难具有了超时空的意味，携带出特殊之外的意义。如："讨债者怀着阴郁的心情接近颍河的时候，那场蓄谋已久的大雪已经下得纷纷扬扬。"（《讨债者》）"谭渔是在这年冬季里的一个上午开始这次让他终生难忘的旅行的。"（《爱情的面孔》）"一个秋阳杲杲的上午，我跟着姥爷走上了开满野菊花的长堤。"（《梦游症患者》）这些具有梦境性质的背景酝酿了墨白小说的伤逝情调，使他从那些棱角分明地书写乡土社会的作家中游离出来，在现象上更接近于先锋作家。

评论界在谈到墨白时，刚开始把他排在先锋作家如苏童、吕新一列，而不是在生活背景上更接近的河南作家李佩甫、张宇一列。后来把他作为"新历史小说"作家，与余华、苏童、叶兆言排在一起；作为"后现代小说"作家，与李洱、韩东、北村排在一起;作为实力派作家,与东西、鬼子等排在一起。出版界也把他与更年轻的作家放在一起出书,如“突围丛书”中,有墨白《爱情的面孔》,其他几位是:汪淏、程青、吴晨骏、卫慧、棉棉。“橄榄树丛书”中,有他的《重访锦城》,其他作家是海男、戴来、周洁如等。而在最近群众出版社出版的“独行客·地域丛书”里,他的《霍乱》则和比他年长的林希、贾平凹、聂鑫森、孙方友、野莽放在一起。这是一个很有意思的现象。无论造成这种现象的原因是什么,有一点是可以肯定的,墨白小说里多多少少地具有这些因素,呈现了多元性。

墨白的小说不给评论家提供理论的完整和极致,他不是那种偏激的容易让人看清楚的作家,他有很多隐含的东西。墨白的小说以其现代感的形式,实现着对传统主题如苦难、城乡二元对立等的当代表达,这也是墨白的小说被国内几乎所有的新潮或权威文学期刊所接纳的原因之一。墨白现象带出了中国社会转型期从乡村走出来的作家自我救赎的命运(这里主要指为自己赢得一份生存空间)。这缘于墨白艺术的自觉。

二、精神家园·身份混乱

但是,墨白与那些先锋作家、更年轻的作家有一个最关键的区别,就是墨白是有精神家园的。勃兰兑斯在《十九世纪文学主潮》中讲道:在德国文学中,生活多于艺术;在丹麦文学中,艺术多于生活。这也适用于墨白和从学院里出来的更年轻的作家。这个时代,艺术多于生活的作家会越来越多。虽然生活处处都有,但命运之中的和有意“深入”的,是绝对不同的。三十多年的乡村生活浸透在了墨白的血液、性格和命运里,他的小说里有精神家园——颍河镇,就像福克纳的约克纳帕塔法、马尔克斯的马孔多镇,颍河镇是他生命和小说的渊源,也构成了他许多小说的背景。那里有低于地平面的绵延不息的河流,像巨鸟的翅膀一样迎风而去的白帆,木质的阁楼和生长着翠绿色瓦松的老房子,尤其是那些像野草一样自生自灭的人们。颍河镇隐喻着乡土社会、现实苦难、古典理想。墨白小说里的人物大多在逃离这一生活背景,走向城市、欲望、混乱,在逃离的过程中赎罪,一次次地回归,却回不到出发地了,那个颍河镇已成为虚幻。

在互文性的阅读习惯里,我们会感到这种逃离、寻找和回归并不是一个新鲜的话题,但略关注一下中国的现实,就会发现这一话题具有指向现在和将来的意义。当今的城市人大多是农民的后代,三代以上都是城里人的很少,中国的城市是被乡村渗透了的。欧洲小说里经常出现的贵族文化、大厅文化,我们写不了,因为我们过的是平民化的生活。我们急于向前看,也由于底气不足,因此不能坦然地面对自己的身份和真实处境。农民成了卑微的代名词,城市拒绝他们的加入,离开土地的他们就成了"盲流"。我们都想挣脱自己的农民身份,我们以城市人的眼光盯着那些还保留有乡村生活痕迹的人,他们已经进入了城市,但还承担着乡村生活沿袭下来的命运。我们在加剧着乡村人和城市人的身份混乱。墨白的小说为我们提供了一种典型的文本,由此我们来解读乡村人进入城市后的复杂心态。

《进入城市》中,文学青年谭渔"结束了三十四年的乡村生活,最终进入了城市"。他告别流着泪水的儿子,神思恍惚地来到眼花缭乱的城市,他敏感于自己的身份,希望被城市女性接纳。一旦有了与城市女人叶发生故事的可能,他又迷茫了,负罪感袭击着他,他对秩序和伦理之外的生活感到恐惧。他于风雪之夜急切地踏上返乡的路途,结果只能是一场失望。作为一个有乡村背景的城市人,在变动不居的生活里,他没有了线索与规则,承受着身份混乱的折磨。他要不停地回归与寻找情感之源。

身份混乱不仅存在于从乡村到城市的人身上,它也是当代人普遍面临的精神困境。由于生活可能性的增多,生活场景不断变化,人的身份不固定,一个人可能既是老板又是诗人,既是丈夫、父亲又是情人。他很难实现这些不同身份的转换和统一,身份的混乱造成人内心生活的混乱。他需要不断地清理自己,寻找情感支持和内心伦理,以获得精神疗救。在《重访锦城》里,谭渔重访锦城,寻找曾经和他相爱过的女人锦。"他很想重温一下断隔了多年的阳光和心情,可是目前已经不可能了。"相爱的场景和心情都已消逝,锦已不在人世,即便她还在,谭渔面对一个被时光摧毁了的老女人,会出现更尴尬的局面。虽然身体性只是情爱的一维,但随着身体光芒的消逝,你对于她的激情化的爱便不存在。事实就是这么残酷。谁能抗拒非理性,守得住一个永恒?这种寻找使人陷入更混乱的悖论里。

20 世纪流行于西方的"境遇伦理学",强调从情境出发,爱的态度为处于伦理学困境中的现代人撬开了一道缝隙。在这瞬间情境里,人也许能挣脱道德的限制,但却很难克服来自记忆乃至身体感觉方面的混乱。在经验的重叠与错乱中，经典的透明的情感像风一样飘散。暧昧不明是这个时代的情感特征。

在《爱情的面孔》中，谭渔一边抵抗着新异的女性小红的诱惑，一边寻找着小红和他的偶像小慧的相似之处，为自己寻找伦理学依据。人在自己的局限面前，总是寻找理论支持，一次次地戴上面具，但身体在为人性讲着实话。谭渔接受了诱惑，在混乱之中，他感到自己和小慧都找不回了。

墨白小说里的寻找带有赎罪意识，赎罪是以道德情感、精神家园的存在为前提的，意味着谭渔对被损害的价值在精神上的尊重。墨白写欲望、身份混乱，但从来不亵渎神圣。从这个角度来看，墨白小说的精神气质是古典的，无论它的形式多么现代。“多年以前，作为一个沦落在异乡他地的青年幻想过坐上一只船在颍河上航行，可是当多年以后这种愿望变成现实时，却没有能引起他的兴奋。”(《寻找外景地》)他记不起自己要到哪里去，一种从来没有过的迷茫像无处不在的雨水一样迷住了他的眼睛，一个古典的现代人。

从叙事的角度看，墨白的小说里也有种身份混乱，或者说是复调或对话现象。叙事者让人物还原，置身于过去的生活时，讲着属于乡土社会的爽快的、粗砺的口语或方言；在表达当下复杂的心态时，人物使用的是现代的优雅的书面语言，叙事者使用的也是这种语言。叙事者在乡土和现代两种语境中穿插，既费力又冒险。墨白认为，他这样做与表达的内容有关，同时也是为了探讨小说写作中的书面化(文人化)与口语化(人物化)问题。遗憾的是，豫方言与普通话比较接近，不像滇、黔等地的方言具有巫魅性，这影响了墨白小说语言环境的景深。

三、寻找主题·另一种可能

关于寻找主题，前面的行文已经涉及，之所以再单独提出，是因为它在墨白的小说里一直执着地出现，构成了墨白小说和人物的命运，触目，惊心。墨白一定感到丢失了最珍贵的东西，或者本来就缺少什么。在墨白的小说中，那些人物在寻找着情感生活(前文已举例)；寻梦一回到颍河镇，那些异乡人也总是走在颍河镇上。在城市化的过程中，情感、根源和梦境被技术和商业化的逻辑排除掉了。除了颍河镇这个梦之源外，梦境一直受到墨白的关注，墨白把它作为通往另一世界的门，既通向精神世界，也通向小说艺术。

与此相关,墨白对于不确定性、神秘性分外关注。一方面,源于印象底色渗透了墨白的艺术思维,另一更重要的方面,它是“寻找主题”的延伸。就像光与影的颤动与变化对绘画主题的影响一样,不确定性、神秘性时刻都在影响着墨白小说里人物或历史的命运。墨白在《重访锦城·自序》里讲道:“现实生活中的神秘是我写作的叙事策略,同时也是我的小说立场。”墨白的小说沿着不确定性走向生活的幽微之处,打开了一扇扇关闭着的神秘窗户。不确定性、偶然性在人类生活中一直被忽略,化石一般的意识形态总是强调历史发展的“必然性”,话语霸权就建立在这上面,它以牺牲弱者(包括群体和个人)的自由性情为代价。不确定性、偶然性暗示着生活的多重可能性、可选择性、过程的意义,而神秘性根植于人的天性。这些柔和的混沌的区域,为情感生活提供了舒展深入的可能,给有局限的生命带来美丽和感动。墨白的小说拥有大量的青年读者群,也与此有关。

如《寻找旧书的主人》,一个偶然的契机引起了一场对于情感生活的寻找,寻找的对象陈平(昔日的情人)与“我”有确切的关联,寻找的过程中与陈平无关的人或事却扑面而来,神秘性牵引着情节的展开,最终我们发现结果不可能,过程却变得重要起来。在另外一个维度,暗示了情感生活的乌托邦性,它存在于你的愿望和寻找之中,具体的对象却不存在。

对于存在的不确定性的描述,构成了墨白小说中的神秘性,神秘与奇异形成了墨白小说艺术的特色。

墨白是一个有能力吸取新质的作家,他在不断地寻找新的叙事方法。《梦游症患者》这部长篇小说展示了墨白写作的另一种可能,它改变着我们对于墨白的阅读习惯,主要表现在叙事风格的变化上。整部小说写得很静、很幽,所有的言语都是经历了叙事者的目光和内心过滤了的。这与墨白冥想的能力有关,也与所选择的有一定时间距离的“文革”背景有关。还有关注问题角度的变化,墨白以往的小说大多关注来自人自身的神秘性,这部小说更多地关注来自社会、政治和文化等外在的隐秘性。如共识对于个人性的颠覆,刘嘉生这个人物,因枯燥而机械的劳作感到痛苦,痛苦时他总是沉默,沉默使他改变了思考世界的方法,沉浸于对离身边较远的事物的思考之中。颍河镇人接受不了他陌生的姿势,他们认为他是一个精神病患者,然后才会有文宝那样的儿子,执迷于对于共识的追问,莫名地从日常生活中出走。对于颍河镇人,文宝像风和光一样不可捉摸，他们把他当成傻子，又隐隐地感到害怕。小说以文宝好奇而怀疑的童年目光凝望“常态”的生活，他的目光穿越世事和幽冥。这样一个叙事者（七个章节以文宝为第一人称叙事）看到了共识的荒谬性，人性借政治的狂欢而放纵，不清醒的人们对于隐秘事件的发生没有知觉能力。

三爷是一个让人心痛的人物，基于传统的伦理道德，他失去了所有的亲人，尤其是他亲手把通奸的三儿子和二媳妇沉到了河里，黑夜那条被沉入河底的船只有他一人知道，永远也不会对任何人讲起。可是多年来三爷一直在寻找着文宝，他的内心也有隐隐的触动，如在沉船事件中，他哭嚎着，哆嗦着手，但最终没能改变他毁灭亲人也毁灭自己的命运。最后在一个雪天，他孑然一身走在茫茫无际的河道里，用微弱的声音喊着“文宝”，寻找着这个对世界进行发问的智者。

由此可以看出，墨白由对个体苦难的关注转向对于民族苦难的关注，由对个体经验的表达转向宏大叙事，由众生喧哗或激情化的叙事风格转向统一和沉静（这些转向是相对的，墨白还在用不同的笔墨写作）。

《梦游症患者》还展示了墨白的冥想能力、对于自然细腻的表达能力。如文宝的神游，对于风、云、雨、动植物和四季轮回等的发问和自言自语，他能读懂自然的眼睛，能听懂源于自然的声音。在没有庄稼、牧童、鸟儿、羊群、风雨的地方，那些鲜艳得有些凄凉的野花，“你们是开给谁看呢？你们是开给我看的吗？”在那个年代，谁能看见政治生活以外的遥远的东西呢？对于他，自然和人是畅通的。“一些人常常像风一样走出他的视线”，对在河里洗澡的女人，文宝发出像赶鸭子一样的声音：“你们是鱼，你们快到深水里去。”这些最简单普通的汉字却诞生出丰富新鲜的意义。一个没有和自然发生过深刻关联的人，或者发生过关联但却天性不太敏感的人，是不可能进入这种表达的，就像19世纪英国充满活力的自然主义诗人，不是乡下人就是水手一样。

（选自《理智之年的叙事》，作家出版社，2007年5月版）

墨白:底层民众的偶然性命运

张　闳①

游离性

墨白的小说显然不是那种只提供给人们躺卧在沙发上打发休闲时光的文学"甜点",读他的小说并不轻松。这倒不是说他的小说晦涩难懂,相反,他的小说特别地具有平民色彩,但却有一种内在的紧张。这一点,正是墨白与我们这个时代流行的精神生活方式格格不入之处。

墨白最初是以"先锋派"的面貌出现的,但他并不属于当时(20 世纪 80 年代中后期)的"先锋派"主流。他的形式感与现实感的一致性,与先锋小说注重叙事方式的写作主流有所不同。墨白写作的高峰期起自 1990 年,但他写作的探索性又与 90 年代的小说趋势形成了明显的反差。这种似乎是"不合时宜"的写作,却使文学的精神在更大程度上得以保存。墨白自己说过,"这是一个游离于主流之外的写作者"。正是这种写作上的游离性,使得墨白的作品显示出不同一般的品质。

墨白,正如这个名字所显示的那样,他的小说就是一个矛盾体。墨白在大学里学的是美术,我不知道他是否熟悉木刻,这种建立在单纯的黑白二色的对比之上的图像,通过矛盾美学完成了图像的内在统一,并显示出力量的美。墨白的小说与这种美术法则恰好吻合。艺术上的探索性和所表达的内容上的现

---

① 张闳(1962 ~),江西都昌人,文学批评家,同济大学人文学院教授,主要著作有《声音的诗学》《文化街垒》《感官王国——先锋小说叙事艺术》等。

实感，一直是当代中国小说写作上的一对难以调和的矛盾。而在墨白的小说中，这两种特征都同样明显。它们都是墨白小说写作的基本方式。比如，在墨白那里，有一些小说带有明显的幻想色彩，却不失现实感（如《讨债者》《重访锦城》等）；另一些小说则是具有强烈的现实针对性，而在艺术上又有较强的探索性。收在这本书中的几个中短篇小说基本上都是现实感很强的作品，它们大多是作者在90年代里写出的。

颍河镇

颍河镇，是坐落在颍河边上的一个小镇。虽然是个虚构的地点，却是一个典型的中原地区的镇子。墨白笔下的故事大多发生在这个地方。颍河，一个古老的名字，它与我们这个民族的文化历史一样古老。在传说中它是古代圣贤老子的故乡，而墨白的故乡也在这里。他有理由为此而感到骄傲。也许正因为如此，墨白才选取他的故乡作为自己的小说世界的原型。事实上，任何一个有写作理想的作家都希望建立一个属于他自己的文学世界——哈代、福克纳、加西亚·马尔克斯、沈从文、莫言……莫不如此。

颍河镇这个古老的小地方，是墨白的文学经验的发源地。一方面，它联系着遥远的古代世界，其中隐藏着我们这个民族的文化历史的秘密，另一方面，它又是墨白笔下的现实事件发生的场所。这是一个具有象征性的地点，历史记忆与现实经验的交汇地。通过对颍河镇民众生活的描绘，既可以看到当代中国乡间生活的基本面貌，也可以看作是日渐消失的民族传统文化精神和生活观念在现代社会的回光返照。

颍河镇上的乡民们依然保持着古老的生活方式和文化传统。小说《幽玄之门》揭示了他们生活的古老面貌——野性的本能，生的激情，死的宿命。而在小说《红房间》中，我们则可以看到这种传统的迷人之处。这篇小说是一连串故事的集合，虽然多是现代生活中的事情，但它们更像是古老的民间传奇故事，看上去如同出自民间说书人之口的奇闻趣事，它的神奇是古老的，哀伤也是古老的。

然而，这里的人们的苦难也是古老的——他们是生活在最底层的人群，至今依然面临着巨大的生存压力，饱尝着生存的艰辛。颍河镇就是一个典型的当下中国的底层社会。而今天的颍河镇的生活还面临另一重压力，传统的文化格局和生活方式在现代文明(特别是商业文明)的冲击下,正面临崩溃的命运,这给这里的民众的生活带来了新的危机。

墨白的小说表现出对这些底层民众现实生活的密切关注。在谈到自己的这些小说的时候,他说:"叙述我身边的那些忍受着生活苦难和精神苦难的底层人的生存状态和精神状态,应该是我写作《事实真相》里的几篇小说的初衷。"

与时下那些以"关怀底层"为幌子,要求农民与官僚"分享艰难"的所谓"现实主义"小说不同,墨白笔下的底层生活中存在的种种冲突往往是难以调和的。这一点,在墨白的那些以民工生活为题材的小说中表现得尤为充分。

民工

民工,是墨白这部小说集中的主角。民工是当代中国社会特有的产物,这个特殊的群体集中地体现出了当下中国社会生活的特性及基本矛盾。

在墨白的这部小说集中,有好几篇小说都与民工生活有关。这无疑与作者本人的经历有关。墨白曾经当过农民、搬运工、油漆匠,有过与这些民工相同的经历。也许,墨白是从这些民工身上看到了自己的影子。只不过今天的民工的相对贫困程度和社会地位劣势,恐怕比墨白本人当体力劳动者的时候还要严重。

这些人是在传统农业文明崩溃后,(像颍河镇那样的)贫瘠的土地所吐出来的人口残渣。为了生存,他们不得不转入城市,靠出卖自己的劳动力为生。在他们中的许多人看来,城市无异于天堂。但实际上城市对于他们完全是一个异质的世界。小说《寻找乐园》一开始,就让那个刚踏入城市土地的年轻人遇到了一个大麻烦——他在这个"人间天堂"里却找不到厕所。这是一个警告——他们连生存的最基本的问题都将难以解决。

《寻找乐园》中的这个年轻人来到了城里,找到了他的同伴,并对他们的生存环境感到惊讶和无所适从。像他一样,民工们来到城市,基本上都聚居于城市的边缘——所谓"城乡接合部"。这不仅是一个城市的地理学位置,更重要的,它还是一个具有文化学和政治学意义的位置。这个地方有着意味深长的象征性,象征着民工特殊的社会身份。他们是没有归属的群体,既不是农民,也不是市民。他们虽然是城市的建设者,但并没有任何(实际的)权利可言。而这种地方往往是一个城市在生存条件方面最糟糕的地方,它既没有农村的空间上的充裕,又丝毫享受不到现代城市生活的优越性,还必须忍受城市生活的缺陷。城市和农村的好处都没有,坏处却全有了——畸形环境中的畸形生活。特别是在当下社会,体力劳动的价值贬值的情况下,民工的社会地位和生存处境不可避免地每况愈下。

在文化观念方面,民工也有其特殊性。他们身上依然残存着古老的文化观念,与现代社会的生存法则即使不是大相径庭,也是十分隔膜。因此,民工们在文化上也是现代社会的局外人。但为了生存,他们不得不忍受这种文化分裂的痛苦。他们渴望进入现代生活,但他们又对都市生活充满了畏惧和敌意,或者,不如说是都市对他们充满了敌意。他们被现代生活所排斥,无论在政治上、经济上还是文化上,始终都处于边缘状态,而且是被歧视、被剥削和被榨取的对象。

墨白笔下的这些人物,正是处于这样一种矛盾重重的处境当中,他们与现代生活之间始终存在着一种对抗性的关系。有时这种对抗关系还会加剧,引发危机。比如,在《第九十九种冰轮》中,那几位淳朴的民工为了补偿被工头欺诈的损失和报复工头的欺侮,不惜铤而走险,去抢劫工头的家。在生存本能的驱使下,他们不得不为金钱卖命。我更愿意相信墨白的故事更接近于底层生活事件的真相。

民工由于其特殊的社会角色,正好成了当下生活的旁观者和见证人。中篇小说《事实真相》就写了这样一群民工。这些年轻的民工正在修城市的马路,城市并不关注他们的存在,但他们却关注着城市,关注着外部世界的动静。他们像孩童一般好奇,千奇百怪的都市世界在他们的眼前展开。他们恰好见证了一桩离奇的凶杀案。不过,由于他们特殊的社会地位,他们的见证在人们看来没有意义。小说的奇妙之处在于:它既是民工对现代都市生活荒诞性的见证,同时又可以看作是对民工自身生活现状的见证。

偶然性命运

墨白在本书的“自序”《我为什么而动容》一文的开头,谈到“挑战者”号宇宙飞船失事给他带来的震惊,并列举了一系列灾难性的事件。这些事件完全是偶然的，但却改变了人类的命运，给人类带来极大的痛苦。墨白提及这些重大灾难，在我看来，是为了表达他对人类痛苦命运的关注。墨白接着写道："我可能是这样一种人：对世间苦难的人类充满了同情心，或者悲悯之情。"

不过，底层生活的痛苦有时并不在于它有多少灾难降临，也不一定就是他们注定要忍受必然的痛苦，而是在于底层生态的脆弱性。他们是无助的，一个偶然性的事件就可以成为他们的命运。比如，日常生活中的某个细小的疏漏和错误，却会给主人公带来无尽的烦恼和厄运，甚至有可能是致命的。

《夏日往事》中写了作者记忆中少年时代的一个生活故事：一个调皮的男同学经常以恶作剧捉弄老师，这给同学们带来欢乐。但一次，他无缘无故地露出下体在课桌上睡着了。年轻的女教师一气之下，用教鞭打了他的下体，导致男生的生殖器受伤。人物的命运就这样偶然地被决定了，无可挽回地走向灾难的结局。接下来两个人及双方的家庭为此付出了极其沉重的代价，断送了他们终生的幸福甚至生命。这似乎就是作者所见到的底层生活的一个隐喻。欢乐是那样的短暂，痛苦却是长久的。

《模拟表演》的故事与《夏日往事》有相似之处，却更加荒诞。生存的痛苦与它的荒诞性联系在一起，有着更加令人震惊的效果。小说讲述的是一位少年的记忆。一桩强奸案就发生在他的身边，而还有更加恐怖的事情将被他目睹。赤脚医生给人们进行性教育，打算用模型给大家作"模拟表演"，结果，他本人及其情人却成了这场模拟表演的道具——疯狂的人群强迫这对情侣公开表演性交。残酷、疯狂、荒诞，成为这个少年最初的人生经验，而且影响到他未来的命运，成为他记忆深处难以摆脱的梦魇。这些即使不是我们生活的全部，至少也是我们内心的隐痛。

这些芸芸众生的偶然的不幸，虽然不像"挑战者"号失事那样能震惊世界，但对于一个像墨白这样的敏感而且充满怜悯之情的心灵而言，它们具有同等的震撼力，同样令人悲悯。墨白正是通过对自己和他笔下的人物的不幸命运的同情，表达了他对人类命运的深切同情。

（选自《感官王国——先锋小说叙事艺术研究》，同济大学出版社，2008 年 3 月版）

游走在传统与现代之间的叙事

——墨白中篇小说中的叛逆者形象

张舟子①

作为一个已经取得了相当成就的作家，墨白创造了属于自己的艺术世界——颍河镇，事实上，墨白所有的小说描写的都是颍河镇和它的儿女们。墨白小说的时间背景分别被放在民国时期、20 世纪 50 年代和“文革”时期以及“文革”以后的当下生活。如果说民国时期，颍河镇的儿女们占据墨白小说中心位置的是一群精神还乡者的话，对于当下生活的描写，占据墨白小说中心位置的无疑是一群力图逃离颍河镇的叛逆者形象。本文所说的逃离颍河镇的叛逆者，包括具有强烈的逃离意识的颍河镇人、已经逃离颍河镇的人们以及虽然还生活在颍河镇但思想观念、行为原则已经偏离颍河镇的人们。耐人寻味的是，对于那些产生强烈逃离意识的颍河镇人，墨白给予他们极大的同情；而对那些已经走出颍河镇这个传统世界的人们，墨白又往往有意无意地将他们推向被谴责的境地。这种复杂的情感态度，折射出墨白对颍河镇——这个传统社会的象征体的复杂态度。但是，迄今为止，人们对墨白的关注，似乎主要集中在墨白关于人的本能和潜意识写作的一些文本。本文则选取墨白具有强烈写实性的几篇中篇小说，分析其中颍河镇的叛逆者的形象，力求通过对他们的解读，来揭示墨白小说的丰富意蕴。

---

① 张舟子（1969～），河南灵宝人，文学博士，就职于商丘师范学院，主要从事中国现当代文学研究。

一

墨白中篇小说中颍河镇的叛逆者包括三个类型:其一,是一群不满颍河镇贫穷、落后的生活现状,萌生了离开颍河镇进入城市去寻找乐园的颍河镇的儿女们;其二,是颍河镇的现实的逃离者,他们已经走出颍河镇,进入外面的城市,但身上仍留着颍河镇烙印;其三,是一群虽然没有离开颍河镇,但思想观念、行为准则,已经背离颍河镇的人们。通过对这些人物的描写,墨白写出了那个正在逐渐消失的颍河镇,表达了内心无限的惋惜与伤痛。

最早出现在墨白笔下的当下生活中的颍河镇是一个贫穷、落后、毫无生气的地方,颍河镇的青年们对于家乡几乎没有什么感情,他们无不渴望离开颍河镇,到城市去寻找属于自己的乐园。在这些青年中,《玄幽之门》中的臭和《寻找乐园》中的食堂,都给读者留下了深刻的印象。《玄幽之门》开头描写臭在村口迎接民间艺人狗眼,为裹捽炮炸死的大伯过周年,结尾描写民间艺人狗眼再次来到吴庄为又因裹捽炮炸死的臭和他的父亲送葬。在民间艺人狗眼眼里,两次来到吴庄,季节和所看到的景象都极其相似,小说以此暗示了颍河镇生活的循环和停滞,以及颍河镇令人心悸的悲惨生活情景。正是在这样的生活环境中,臭一直暗暗计划着离开颍河镇,去寻找一种新的生活。其实,生活之门并非不曾向这些颍河镇的青年们打开过,臭当年在学校就是一个成绩优异的学生,完全有可能通过读书离开颍河镇而去寻找另一种生活。但是,贫穷的现实残酷地关上了异常沉重的机会之门,因为贫穷,臭不得不辍学,中断了一条原本有可能走出颍河镇的道路。小说中没有描写臭当年是如何离开学校的,但却饶有意味地描写了他的弟弟粪堆的辍学,写了他们的老师来家了解学生辍学的原因,并试图劝说家长不要让孩子辍学,但是,美好的愿望只能在冷酷的现实面前碰得粉碎,粪堆最终也只能走上哥哥的人生道路。小说中充满了重复和循环,结尾是对开头的重复,臭和父亲的命运是对伯父的重复,粪堆如今又在重复着臭的人生道路,这显然刺疼了年轻的、尚未麻木的臭的心灵。臭正是在这种情况下偷偷萌生了离开颍河镇,去过另一种生活的愿望。但是,美好的愿望在生活面前仍然显得过于脆弱,为了现实的生活的原因,臭终于心甘情愿地走上父辈的道路,最终也被捽炮炸死。和臭不同的是,《寻找乐园》中的食堂终于离开了颍河镇，来到了城市，但是，城市对他们是那样的陌生，他付出了生命的代价，却仍需要妻女靠乞讨要钱将他的尸身带回颍河镇。在对这些形象的描写中，墨白显然调动了自己丰厚的生活积蓄，这些人物身上有他的朋友甚至他自己的影子，因此，他对当下颍河镇人艰苦的生活条件和为走出颍河镇付出的代价的描写充满了深刻的同情，具有震撼人心的力量。

墨白笔下那些通过自己的努力最终进入城市的颍河镇人，主要是知识分子，尤其是作家，墨白显然对这类人物更为熟悉，这类人物的经历也更多地留下了墨白本人的影子。《进入城市》中的谭渔和《从乡村到京城的路途》中的罗马，都是如此。在作品中，墨白更多描写了他们进入城市以后的遭遇，而将他们奋斗的经历推向了幕后，这样，就避免了人物过多地留下作家的影子，也便于拉开读者和人物在感情上的距离，使读者能够更客观地审视这些人物。谭渔原本是一个小学教师，因为在文学上的才华被调入地区文联工作，到地区后，很快与师专学校中文系漂亮的女教师叶秋产生了爱情。对于谭渔，作家的态度是非常复杂的，一方面同情谭渔和妻子之间缺乏共同语言，为谭渔和叶秋的爱情进行辩护；一方面又揭示了他被亲情与爱情撕裂的内心世界，显示城市带给他心灵的伤害。《从乡村到京城的路途》中的罗马，在一定意义上可以看作是谭渔故事的继续。作为一个农村青年，因为文学才华被城市接纳后，与计生委一个爱好文学的漂亮的女工作人员朱红产生了爱情，但是，罗马与妻子离婚后朱红却迟迟无法离婚。这时，罗马又遇到了大学时初恋的女同学，并与女同学发生了关系。最后，当他事业上遭到挫折后，爱他的和他爱的女人都离他而去，甚至亲生儿子也在母亲“你爸爸已经死了”的谎言中不再认识他，罗马完全被这个世界抛弃了。作家对罗马虽然不乏同情，并且也写出了他身上具备的一些美好的品质，但是，在情节设计中显然表达了作家对这个人物严厉的谴责。很显然，这种谴责不是针对罗马一个人的，而是包括谭渔在内的一类人，他们因进入城市而失去了人性中一些美好的东西，背叛了颍河镇给予他们的缺乏爱情的家庭，放弃了自己作为丈夫和父亲的义务。作家在同情他们遭遇的同时，也对他们美好人性的丧失表示了深深的惋惜。这时，作家显然是站在颍河镇的立场上，维护传统的乡村文化的伦理观念的。确实，在墨白的笔下，颍河镇是一个人们不断逃离，事实上又永远无法逃离的地方，正像人物谭渔的名字一样，谭渔——潭中之鱼，充满了一种宿命的味道，因为这个地方已经深深渗入每个人物的血脉中，也深深渗入作家的血脉之中，它的一些观念，已经成为作家和人物共同的观念。正如作家自己所说："对于一个出生在颍河镇的人来说，颍河镇的存在，在他的生命历程中留下了不可磨灭的痕迹。"[①]逃离颍河镇，也正像逃离自己一样艰难而无望。

正是由于颍河镇的血液已经渗入作家和人物的血脉之中，墨白对那些在心灵上背叛颍河镇的叛逆者，谴责的程度显然更为强烈。2001 年发表在《收获》上的《告密者》，显然是一个高度写实又充满了隐喻的文本。小说的情节并不曲折，老手让人们在自己屋里赌博却又暗中报告给公安局，公安局每次抓到赌博的人奖励他两千元钱。为了掩人耳目，公安局连老手也一起抓走了。小说的主要内容是描写老手的妻子花子和另一个因赌博被抓的老牌筋的妻子郑凤兰一起奔走解救丈夫的故事。随着两个女人的行踪，读者目睹了社会上一系列的不正之风。但是，小说的用意并不是揭露社会上的不正之风，而在于描写颍河镇人对于告密行为的愤恨和谴责。作为告密行为的直接受害者，两个女人用尽心思猜测那个告发她们丈夫的人究竟是谁，并对"告密者"发出了恶毒的诅咒。最后，情节的发展急剧直下，花子发现那个可诅咒的"告密者"正是自己的丈夫老手。小说里描写花子发现真相后的感觉："她感觉到背后有许多尖利的目光都朝她刺来，那目光把她的肌体刺得遍体鳞伤。她突然感觉到绝望像秋天的树叶一样随风而至，飘满了她所能看到的空间，最后把她围住了。"小说通过为老手奔走的妻子的绝望，发出了对老手"告密"行为的极为严厉的谴责。其实，老手的行为如果换作一个法律术语的话可以叫作"举报"；或者，站在公安局的立场上，可以将老手称为"线人"；但是，作者选择了充满贬抑意味的名词——"告密者"。从这个细小的环节可以看出，作家对老手告密行为的谴责，是完全站在颍河镇混合着传统文化与民间文化的立场上的。

从对想要逃离颍河镇者的同情，到对现实逃离者的审视，再到对颍河镇背叛者的严厉谴责，读者可以体味到墨白对颍河镇的复杂的情感态度：一方面，贫困、落后的颍河镇确确实实应该开始自己的现代化追求，并借此摆脱颍河镇目前的贫困状态；另一方面，墨白显然又对在追求现代化过程中丧失了颍河镇传统文化和民间文化所具有的正面价值感到惋惜和痛心。莱蒙托夫在一首著名

---

① 墨白：《〈霍乱〉后记：一个人，一座小镇和一条河流》，群众出版社，2004 年 7 月第 1 版。

的诗歌里写道:“你追求什么,在遥远的异地?你失落什么,在自己的故乡?”也许,这两句诗正可以作为墨白在小说中流露出来的既有向往又有伤感的内心世界最为凝练的写照。

二

墨白能够塑造出这样一种逃离者的系列形象,固然与他复杂的生活经历和深刻的情感体验有关,但是,墨白曾经作为一个先锋作家进行艺术探索时积累的艺术经验,同样值得重视,在某种程度上甚至可以说,离开了墨白作为一个先锋作家的叙事探索,这个形象系列同样无法完成,至少不具备目前我们所看到的这样成功,这样具有复杂的思想意蕴和强烈的艺术魅力。事实上,逃离者形象体现了墨白艺术上和思想上的双重探索。

韦恩·布斯有一个关于小说叙述的著名观点。他认为,我们总是倾向于同情我们所了解的人,因此,在选择叙事视点人物时,作家总是选择那些和他观点相近的人物。也就是说,视点人物的情感态度,往往能够更多地影响读者。因此,对于现代小说来说,视点的选择就是一个极为重要的问题。“最初是以‘先锋派’面貌出现的”的墨白显然深谙此道,如果我们考察墨白在塑造他笔下的这些企图逃离颍河镇的人物形象时,我们会发现,墨白的叙述视点和这些人物有一个由重合到分离再到疏远的过程,从而有效地控制了读者的阅读过程,最终用自己的态度对读者产生了影响。在最初的《玄幽之门》中,作家表面上选择了第三人称叙事,其实,除开头和结尾是通过民间艺人狗眼的视角叙述出来以外,小说的主体部分主要是通过臭的视角叙述出来的,臭才是这篇小说真正的视点人物。小说开头是通过狗眼的眼光展开的,但在臭接到狗眼后,小说的视点人物就悄悄发生了变化,开始由臭的眼睛和感觉引导读者去了解小说世界,并且对小说里人物的称呼也逐渐变成了臭的称呼,比如,将吴殿臣夫妇改称为爹和娘,其他人物分别称为哥、嫂子、表叔等。而对于事情的眼光和评价,则更是通过臭来完成的。正是这种视点的选择,让读者感受到臭在现实生活中的压抑,使读者更为同情臭想要出去闯闯的念头。到了《寻找乐园》,小说虽然表面上选择了和人物更为贴近的第一人称内在叙事,但是,在叙事的过程中,作家却会跳出人物视点,转变叙事人称,插入极为简短的第三人称叙述。在叙述和人物短暂的分离中，作家常常表达了对人物的审视。而在《进入城市》中，作家则充分利用了叙述时间的变化来表达人物的身世。小说叙述的是一个当下的故事，但是，由于作家选择了人物视点的内叙事，过去的经验可以通过人物的回忆、感觉，自由地出入于文本之中，和当下的经验形成对照，以加强人物和颍河镇之间的血肉般的联系。同时，作家又常常跳出人物的内视点叙事，采用预叙的方式叙述未来的事情，从而显示了人物现实的追求与最终结果之间的分裂，对人物现在的行为发出一声嘲笑，使小说充满了反讽的意味，对这些人物的灵魂，也进行了严厉的拷问。《告密者》视点的选择同样体现了作者的匠心。表面看来，《告密者》是一篇更为写实的作品，而且又回到了第三人称人物叙事，实际上，小说中运用的第三人称人物叙事包含了更为复杂的变化。小说选择的视点人物不是一个人而是两个人，这两个人物都是告密行为的受害者，因此都对告密者充满了愤恨。但随着情节的发展，试点人物之一花子发现告密者竟然是自己的丈夫，这样就使花子具有了双重身份，表面看来，她和郑凤兰一样是告密行为的受害者，但事实上却是告密行为的受益者，在她发现了这一秘密之后，她的双重身份产生的撕裂感就使她陷入了无边的绝望之中。这种绝望，主要是对丈夫告密行为的不理解、不赞同和不满。作家正是通过一个现实受益者对告密行为的绝望，表达了对背叛颍河镇伦理观念者的深恶痛绝。不难看出，小说叙述视点的选择，对墨白小说思想的表达产生了极为重要的作用，对于叙事角度和叙事距离的熟练运用，显然是墨白作为先锋作家进行探索的结果。

但是，墨白并不是一个纯粹意义上的形式主义者，在墨白看来："文学的问题首先应该是心灵的自省和自救，然后才是形式，那种把纷乱的记忆塑造成特定的文学形式，令人难以忘却的形式。"①墨白的这种追求早就被研究者所注意，张闳在《关于墨白小说的几个关键词》中说："墨白最初是以'先锋派'的面貌出现的，但他并不属于当时(20世纪80年代中后期)的'先锋派'主流。他的形式感与现实感的一致性，与先锋小说注重叙事方式的写作主流有所不同。"②也许对这个特点表述最为清楚的还是墨白在小说《进入城市》中借人物之口对谭渔小说的评价。在《进入城市》中，叶秋是作家谭渔(这个人物身上显然有墨白的

① 墨白：《自序：我为什么而动容》，《事实真相》，四川文艺出版社，2001年5月第1版。
② 张闳：《关于墨白小说的几个关键词》，《事实真相》，四川文艺出版社，2001年5月第1版。

影子)的红颜知己,她这样概括谭渔的作品:“我以为你作品的内涵相当丰富,这里不光指的是作品,以传统的批评方法和现代派的分析方法都难以说尽你的创作。从本质上说,你的创作精神是现实的。正是因为有了这一基点,所以尽管你常常把脚伸进人的本能领地,用了一些现代派的创作方法,作品仍不止于陷入自然主义的泥坑,仍能给人以深远的韵味。”的确,墨白的创作精神,从本质上说是现实的,在我们所论述的这一组作品中,墨白正是通过自己的经历来抒写对这世界的复杂感受的,而艺术形式的探索也是为了适应表达更为复杂的人生感受的需要。如果把本文所涉及的小说按发表的时间做个排序的话,依次是《玄幽之门》(《收获》1992 年第 5 期)、《寻找乐园》(《山西文学》1992 年第 11 期上)、《进入城市》(《峨嵋》1993 年第 4 期)、《从乡村到京城的路途》(《江南》1999 年第 6 期)、《告密者》(《收获》2001 年第 2 期),不难看出,墨白小说的叙事形式是随着时间的推移而变得逐渐复杂的。其中,除了艺术探索的原因,显然还有作家随着生活经验范围的扩大,对于城市的现代文明和乡村的传统文化认识更为深入的因素。最初,作家墨白的生活经验主要局限于乡村生活经验,而城市对他来说还显得陌生,因而笔下的人物虽然强烈体验到颍河镇生活的贫困和艰难,却无法对城市生活做出具体的想象,人物只能表现对颍河镇贫困生活的厌倦和走出颍河镇的强烈愿望,而无法对这个愿望带来的实际结果进行更深入的思考,与此相适应,小说选择的叙事形式呈现出以人物为视点的叙事。随着作家本人进入城市,作家有可能对城市生活有了更为深入的了解,一方面感受到城市文明的诱惑,另一方面作家又可能深深体验到城市生活对人本身带来的冲击和改变。最初,在《进入城市》中,作家谭渔面对的诱惑具体表现为大学中文系一个充满诗意的女教师,可是在《从乡村到京城的路途》中,对作家罗马形成诱惑的已经是具体的性的诱惑,并且最终给罗马带来了很深的伤害。小说中对主人公形成诱惑的女人很难看作一个具体存在的女人,而应该从隐喻意义上解读。小说中女性人物身上诗意的消失,事实上折射出的是城市文明在作家心目中诗意的消失,从而使作家有可能对从颍河镇走进城市的行为进行反思,因此,作家选择的叙事形式、叙事人和人物在一定程度上产生了距离,同时,作家又通过对未来的事件进行预叙的方式,使人物的追求和结果之间的距离明显显示出来,产生了一种强烈的反讽效果,引导读者对此做出思考。随着作家对城市文明的进一步了解,作家更清醒地审视正在逐渐消失的乡村文明,因此,到了《告密者》，小说中甚至没有出现颍河镇之外的城市景象，叙事的视点人物又完全变成了颍河镇人，不过与《玄幽之门》等作品不同，这些叙事人变成了颍河镇立场的坚守者。

在墨白小说中，叙事形式的复杂化，是作家思想复杂化的表现。正是叙事形式和思想的双重探索，使墨白小说中的颍河镇的叛逆者的内涵不断丰富，形象日益复杂。可以说，这些形象的成功塑造，保证了墨白这一组写实性较强的作品的整体成就，也在一个方面丰富了墨白的创作成就。

粗略地考察了墨白写实性较强的一组中篇小说中的叛逆者形象，可以感觉到，墨白丰富的生活经验和持久的艺术探索正在转化为沉甸甸的创作成就。当然，我们考察的仅仅是墨白的一组中篇小说中一个系列的人物形象。事实上，墨白的创作远比我们考察的丰富，即使在我们涉及的这组中篇小说中，叛逆者形象也仅仅是这些小说成就的一个方面。如果考虑到墨白创作的整体成就，我们可以断言，墨白的小说已经取得了令人瞩目的成就。令人遗憾的是，目前学术界对墨白的研究还非常薄弱。我们有理由期待墨白取得更大的成就，也期望在不久的将来，墨白的创作，能够得到更多人的关注。

（原载《平顶山学院学报》2008 年第 4 期）

无法抗拒的宿命:在前现代、现代与后现代之间穿行

——谈墨白新世纪以来的小说创作

高俊林[1]

一、概念的界定

一直以来,我对于当代理论界用从西方移植过来的现代主义与后现代主义话语来分析当下中国,都抱持着一种谨慎的怀疑态度。尤其是看到这些话语被相当广泛地用来阐释中国当代小说创作中的整体境况时,就更是感到了一种不安。我担心的是,这些流行的西方话语在以全新的视角给我们揭示出了某些细节性的真实的同时,又遮蔽了许多更为本质性的东西,毕竟我们是生活在中国这样一个特定的语境里。前现代、现代、后现代……当它们以多样的姿态出现于各个不同的领域而显得鱼龙混杂、万象纷呈时,谁还能说中国的文化已然整齐划一,仅仅靠简单地贴上一个"现代"或"后现代"的标签就可以万事大吉了呢?

现在,当我面对着书案上摆放着的当代作家墨白在新世纪以来所创作的几部小说作品时,我的这种素来就有的怀疑主义又一次出现了。对于这样一位近年来无论是在创作内容还是在创作技法等方面都颇引人注目的作家,我正在犹豫着应该以何种角度去分析,才能够切中肯綮,而不致失之于偏颇。为此,就在写下了这个题目之后,我又特意翻阅了一下特里·伊格尔顿的《后现代主义的

---

① 高俊林(1973～),陕西定边人,文学博士,西北大学教授,主要从事中国现当代文学研究,主要著作有《现代文人与"魏晋风度"》等。

幻象》一书。在此书的开篇伊始,作者就给后现代主义做出了明确的定位:“后现代主义是一种文化风格,它以一种无深度的、无中心的、无根据的、自我反思的、游戏的、模拟的、折中主义的、多元主义的艺术反映这个时代性变化的某些变化,这种艺术模糊了‘高雅’和‘大众’文化之间,以及艺术和日常经验之间的界限。”①

用伊格尔顿的这个标准去看墨白的小说创作,似乎有颇多相合的地方。没错,“无中心的”“自我反思的”“游戏的”,或者“模糊了艺术和日常经验之间的界限”等,这些因素在墨白的作品里都有着不同程度的体现,也是以往论者们所不惮烦劳要特别指出的。但墨白的作品仅仅如此吗?或者说,迄今为止他的所有创作都可以毫无疑义地用“后现代”这么一个简单概念来一言以蔽之吗?似乎又不完全如此。因为类乎“模拟的”“无深度的”“无根据的”等一些后现代主义的基本要素,与墨白的创作显然又相距甚远。那么,退一步讲,墨白是属于完全现代意义上的纯粹先锋派吗?他是否正在亦步亦趋地沿着西方先锋派作家所走过的道路而前行,像以前不少批评家们已经指出的那样呢?但在“先锋”这个概念面前,我又一次感到犹豫不决,因为“先锋派得自于较广义现代性意识的某些态度与倾向——强烈的战斗意识,对不遵从主义的颂扬,勇往直前的探索,以及在更一般的层面上对于时间与内在性必然战胜传统的确信不疑(这些传统试图成为永恒、不可更改和先验地确定了的东西)。正是现代性本身同时间的结盟,以及它对进步概念的恒久信赖,使得一种为未来奋斗的自觉而英勇的先锋派神话成为可能”②。提到“强烈的战斗意识”,墨白的作品里是充满了不屈的抗争意识;至于“勇往直前的探索”,墨白也的确始终不惮于进行各种新的探索;但墨白“确信不疑”吗?有一种“对进步概念的恒久信赖”吗?就我所看到的刚好相反,在他的作品里面更多地流露出的是一种对前路未卜的无限迷惘与对现状困惑的深切无奈。这样看来,在墨白的身上固然有诸多先锋性的因素,但西方语境下的那一套先锋话语显然也同样不能完全涵盖他的一切。

其实,像这种难以归类的尴尬,不独为墨白一人所有,而是自20世纪80年代以来尤其是步入新世纪以来,相当一部分当代中国作家的共同特征。生活在

---

① 特里·伊格尔顿:《后现代主义的幻象》,商务印书馆,2000年版,第1页。

② 马泰·卡林内斯库:《现代性的五副面孔》,商务印书馆,2002年版,第103页。

这个有着两千多年封建专制传统的国家,浸淫在这样一个有着浓厚小农生产意识的传统农耕社会,就中华民族的民族性而言,无论其在表面上展示得多么的亮丽鲜活,又充满了多少现代与后现代的油彩,其内里依然是大量的非现代或前现代的根基。所谓的现代与后现代仅仅是一种点缀,是悬浮在海面上的冰山;整个海平面以下则是我们所看不到的或者不愿意看到的前现代。对于当代创作家们来说,他们所面对的世界已经不再是先辈们所面对过的那样一个完整而纯粹的世界,而是由无数前现代、现代与后现代的碎片拼贴而成的庞大怪物。它并非虚拟之物,而是一种真实的存在,在考验着作家的道德良知与独立意志。这个时候,作为一个优秀的有良知的当代作家,在泛商业化诱惑与泛政治化挤压的夹缝里求生存,求取文化保持其本身相对独立性的一线生机,除面对现实以展现真实的物质世界与挖掘同样真实的心灵世界外,他还能有其它什么更好的出路?事实上,他们已经别无选择,也无可逃避,这就是他们的宿命。

对于汹涌而来的商业化写作大潮,一个具有艺术使命感的作家不一定非要断然拒绝,但也没必要完全迎合。是完全服务于读者,还是完全服务于艺术,或者在读者与艺术之间寻求某种适当的妥协,在一定程度上决定了作家个人于实际创作过程中有多大勇气对于各种创作技法进行大胆的探索与运用。也正是在今天,写作才更多地凸现为一种良知的坚守、一种风骨的呈现,而不再是古典才子式的汪洋恣肆、逞才使气。当着这样一个社会艰难转型的过渡时代,面对着道德沦丧、价值失序、理想式微、良知隐遁等如此现实,所有那些抱残守缺的伪古典、粗制滥造的伪浪漫、逐新骛奇的伪现代,都与实际的人生太过遥远,显得不合时宜。而正视现实,观照人生,从自我的生命体验出发,表达切己的真实感受,最大限度地运用各种现代与后现代技巧,并饱含着强烈批判意识与浓郁人道主义情怀的写作方法就变得异常重要。明了于此,我们也就充分地认识到了墨白的复杂性,深切理解其之所以选择目前这种写作姿态的深层背景,而不会再给他简单地贴上一个现代主义或后现代主义的标签。基于上述的种种理由,在这篇文章里,我尝试着把墨白与西方那些纯之又纯的先锋派作家们完全剥离开来,而把他看作是新时期以来在中国本土成长起来的既具有现代先锋意识又包含着古典忧患意识的当代作家。

二、叙事策略:身份、细节与语言

融汇现代技巧,讲求叙事策略,宣布与发轫于19世纪欧洲的传统现实主义叙事手法告别,是新世纪以来许多具有先锋意识的作家的共同特征。在这方面,墨白表现得尤为突出。他很善于利用叙事者的身份展开故事的叙述,将现代叙事学的各种策略运用得纯熟自如。作为叙事者的"我"有时候身在局外,有时候又就在局中,一会儿是旁观者,一会儿又是直接参与者。他力图解决问题,但在解决问题的同时,又给读者制造了新的问题,即不仅没有解开谜团,反而使自身成为谜团的一部分。蜘蛛网越结越密,一旦我们不小心陷了进去,就再也无法脱身,勒得越来越紧的细丝甚至令我们感到窒息。小说《来访的陌生人》(载《山花》2003年第6期)中的"我"便是这么一个符号。"我"与陈平的关系本来非常简单,后来却随着情节的发展而变得越来越复杂,由之又引出了更多的纠葛。这使得以前的困难并没有随着"我"的出现迎刃而解,相反却越发纠结不清。我相信墨白之所以如此设置,并非一味地主观臆造,恰恰是忠实于生活本质的。在他看来,并不是一切都能够像演通俗电影那样曲终奏雅、真相大白;真相永远云山雾罩,可望不可即,而这就是真实的生活。墨白自己说过:"在我的小说里,历史与现实、现实与虚构、虚构与梦境,它们之间的界线往往是模糊不清的。"①在现实的茫茫人海里,我们也经常性地陷身于迷宫之中,无法解脱,难以自拔。以此之故,人物身份的神秘莫测与情节结构的扑朔迷离,始终构成墨白小说的中心主旨;或者说,悬念几乎是墨白所有小说创作的关键词,也是墨白理解世界的一种方式。但悬念本身并非目的,它只是一种自然的呈现,而不服务于任何外在的东西。因为并不是所有的迷局都有一个合理的解释,就像杂乱无章的生活本身一样。

也正缘于此,墨白喜欢多声部合唱,经常围绕一个情节中心展开多层次多角度的讲述。这些讲述多头并进,它们是共时性的平行展开,而非历时性的次第交替。例如在小说《雨中的墓园》(载《山花》2001年第11期)里,对于一群人集体死亡的原因,就有着不同的追述。事件发生了,结果只有一个,但其背后的

---

① 张钧:《以个人言说方式辐射历史和现实——墨白访谈录》,《当代作家》1999年第1期。

原因扑朔迷离。每一个原因的追溯都是自足的、完整的,令人不容置疑。但整体看来,却达成了一种荒诞不经的效果。这是历史学意义上的,也是社会学意义上的,当然也是叙事学意义上的。因为每一次讲述都是一次创新,而不仅仅是重复;即使就同一个讲述者而言,也是如此。叙述者只是沉浸在自己的叙事方式中而已,他已经有意无意地进行了多次的再创造。然而,叙述的缺陷就在于此,因为我们只是循着主观愿望以尽可能地接近现实,但现实生活却遵循着自身的逻辑,或者说没有逻辑就是它的逻辑。墨白以叙事的方式反映出了叙事本身的尴尬,那就是现实远比叙事复杂。在现实面前,叙事显得蹩脚,正如在造化面前,个人的努力往往显得十分可笑一样。

用传统现实主义的眼光来看,叙事本身的尴尬也许暗示了叙述者的合法性危机。传统的对于叙述者的信任变成了对于叙述者的质疑。但在现代叙事学这里,叙事者的合法性地位是不容置疑的。每一次叙事视角的调整都是服务于人物心理的真实感受的。因为随着视角的不断转移,“每一个透视角度都往往被随之而来的视角所否定,从而引导读者调整他对过去行动的理解,并形成对于未来的新的期待。……叙述过程是一个否定理解世界的片面与不恰当方式的过程,它留在身后的余波不是一个构筑出来的意义,而是各种不同的假定性试点”①。《来访的陌生人》后来被作者改写成一部同题长篇小说,篇幅的拓展,带来的是作者技巧更为娴熟的呈现。正是在各种不同的假定性试点的诱导下,这部小说变成了一个迷宫的世界和一系列悬念的集合。在情节设置上,陈平显然是中心人物,也是小说关注始终的女主人公,但她一直没有出场。围绕她的只有争议与想象。就像我们目睹着蜘蛛网一层一层地往外织,但织到了最后,我们才突然发现原来蜘蛛早就不见了。这是一种不在场的在场,是作者叙事策略的成功运用。它制造了一种是耶非耶、如梦似幻的氛围,那正是我们生活的原生态,是鱼龙混杂的众生相的映射,也是我们灵魂深处迷离惝恍而永不消褪的底色。

小说《七步诗》(载《山花》2005 年第 5 期)的题目显然来源于三国时期曹操的两个儿子曹丕与曹植争夺帝位的故事。这是一个民间传说,就其原始意义而言,“七步诗”显示了一种深重的压迫感,在长期以来意志被压抑的基础上,生命

---

① 华莱士·马丁:《当代叙事学》,北京大学出版社,1990 年版,第 203、204 页。

又进一步被压缩、折叠在那样一个短暂的瞬间。我总觉得那是民间社会对于他们所不熟知的宫闱权力社会的想象。那种想象在虚构细节的基础上带有某种本质性的真实。正是在想象的世界里,弱者以智慧取得了胜利,而强者因为愚蠢陷入了尴尬。无论如何,这是一种精神性的胜利。但在墨白这里,"七步诗"既成为小说情节发展的重要步骤,也是小说步步为营、环环相扣的基本架构。"七步"隐含着时间的紧迫感,其中的每一步都是一个环节、一个死扣,里面羼杂着陈文财与谭青海两家几代人的恩恩怨怨,以及亲兄弟之间的相互倾轧。同样,在《隔壁的声音》(载《山花》2007 年第 10 期)里,为了寻找公道,死去十年的四婶的坟头每天都要被泼上盐水,以防止尸身腐烂而保留证据,显示了底层人物的执着、坚韧,这与他们对于苦难的麻木并不互相矛盾。我想,任何一个读者读到这样的细节,都会感到触目惊心。其实,它们每天都在我们附近发生,但我们以自身的冷漠对之习焉不察或者见惯不怪。这种对于细节的观照,还表现在墨白注意到了我们经常遗忘掉那些最不该忘记的一切。在《父亲的黄昏》(载《山花》2004 年第 4 期)里,"由于爷爷长年卧病在床,这使他成了个多余的人,他在我们的日常生活中几乎失去了影响。一个人长久地躺在床上终日等待着死亡的降临,那是一种多么凄惨而荒凉的景象呀!"是的,有时候生命就真的只是一种可悲的轮回。在人类生生不息的漫长过程中,我们的眼光永远都是向下的,牵挂着自己不断成长的儿女,却忘记了自己日渐衰老的父亲。父亲浑浊的泪眼始终看着我们,那个曾经意气风发的英雄已远离前台,现在正静悄悄地退场。

墨白是一个对于语言非常敏感的作家,他经常会运用一些具有抒情色彩的长句子,以产生一种舒缓迂曲的诗意感,例如:"冬日的阳光在雪后显得无比的灿烂,然而父亲的脸却一片灰黄,如同大雪来临之前那种湿潮的天色,父亲的神色仿佛一只突然飞临而至的秃鹫,它的翅膀遮住了我面前的阳光","阳光从我的头顶上倾泻而下,把一条长长的街道弄出许多霉烂的辉煌"。有时候,为了表现人性的异化,他刻意营造了一种陌生化的、具有阻拒性的语言。在《父亲的黄昏》里,当我去寻找母亲时,"这回男警服真的不耐烦了,他像赶一头猪似的朝我摆着手"。这类语言看似夸张,其实无比地真实,透视出了人性的巨大反差。但在更多的情况下,墨白的语言是他早年就有的美术底蕴的自然展现,他经常不惮于使用各种极富色彩性的词语,像"一群白色的鸟突然从墨绿色的林丛里飞向了淡蓝色的天空"(《阳光下的海滩》,载《山花》2008 年第 1 期),"黄色的泥浆像天女散花似的飞满天空,把河水搞得终日混浊不堪"(《雨中的墓园》),"他在月光下看到冬夜的雪原一片银白,天和地像一块巨大的冰冷冻在一起,他感到了刻骨的寒冷"(《七步诗》)。他的语言有时明快瑰丽,有时又幽艳冷峭,参差对照,凝聚了人真实的主观心理感受,形成了鲜明的个人化风格。在极个别的情况下,墨白会有意表现出对于语言的放任自如,就像一匹脱缰的野马在草地上随意驰骋。在《阳光下的海滩》里,整篇小说简直就是一场语言的盛宴。我们甚至会觉得男女主人公都同时患上了话痨病,他们只是在不停地讲述。在这样的讲述过程中,人物的历史记忆与现实感受纠结在一起,变得难以分辨。

毫无疑问,墨白笔下的语言都经过了仔细的打磨。无论是叙述者的描述性语言还是小说中人物自身的口头语言,都是一种精心锻冶、反复淬炼的结果,但这就不可避免地使其语言带有某种刻意的成分在内,即有时候表现得过于雅致,有时候则又显现出一种对于粗俗的过度模仿。这是一个富于创新的作家在为语言进行探索时所付出的必要代价。也许,墨白以后会写得更为自然一些。当然,这似乎是一个悖论。因为在创新与天然方面,总是存在着某些无法克服的困难。

三、权力:现实感受与底层想象

在墨白的所有作品里,宏大的历史叙事从来都不构成中心,而是退居为淡远的背景。活跃于舞台前列的,绝大多数是底层人的身影。他反映这些小人物的孤独、凄苦与悲哀。他们无声无息地活着,因身份的卑微而注定得不到关注,最后自生自灭。这与墨白早年的坎坷经历有很大的关系。由于家庭出身的原因,墨白高中没毕业就独自外出谋生,先后当过火车站的装卸工,做过漆匠,上山打过石头,烧过石灰,还被人当成盲流关押起来。墨白后来在一次访谈中回忆说:"那个时候我身上长满了黄水疮,头发纷乱,皮肤肮脏,穿着破烂的衣服,常常寄人篱下,在别人审视的目光里生活。"[①]可以说,正是来自底层,亲身体验过底层生活的艰辛,才使墨白在写起底层人的生活时冷暖自知,显得格外驾轻

---

① 林舟:《以梦境颠覆现实——墨白书面访谈录》,《花城》2001 年第 5 期。

就熟。从某种角度上讲，他是在写自己，写那些虽已远逝但又无法忘怀的光阴。他将自己熟悉的那些小人小事转化为社会的一个个切片，然后像细菌学家一样用人性的显微镜来仔细观察研究，并做出自己的独立思考与判断。

也是在对底层的观照中，墨白在自己的小说里引入了权力的观念。在前现代社会里，权力通常是无远弗届的。它既主宰着物，也主宰着人：通过人来主宰物，或者通过物来主宰人。“普天之下莫非王土，率土之滨莫非王臣”正是这一状况的形象化说明。它基本上保持沉默，只做不说，以无声的威严显示出自己的力量。但到了处于转型期的社会，权力不可能再像从前那样无孔不入，有时甚至会面临着自身稀释化的危险，就需要依靠无休止的反复言说方式来强化自我存在的合法性。但即使这个时候，个体依然必须遵循权力自身的运行法则。因为在一个现代性匮乏的前现代领域里，进行某种现代性的祛魅无疑是很尴尬的，在一定程度上讲甚至带有致命的危险。除非掩耳盗铃或者视若无睹，否则你无法对权力进行解构，对权威加以颠覆，甚至也无法对权贵加以些微的讥嘲。反之，任何一种这样的努力，其结果不仅是徒劳的，而且使个体的被淹没与碾碎。墨白显然也意识到了这一切，所以他才从来不写什么英雄豪杰，而是将那些被侮辱与被损害的人们置放在权力的场域里，描述他们的悲欢离合与升沉起伏。我们在墨白的很多作品里，都可以发现一个有趣的共同特点，就是他非常喜欢展示机关单位里的走廊，具体到了每一个细部，例如房门上方的那些写有不同名称的牌子：“收发室。内勤室。办公室。厕所。所长室。资源保护……”这是一组具有高度隐喻含义的符号，是一种权力的直接引入，也是典型的机械化时代科层制官僚体制的集中体现。牌子醒目，其等级化的排序方式显示了权力的威吓与森严，令人感到压抑。有时为了表现权力的煊赫，墨白会直接安排一场个体与权力狭路相逢的游戏，让人物在权力面前认识到自己的渺小甚至虚无。例如在《父亲的黄昏》里，当“我”到拘留所要求探望父亲而被拒绝后，作者这样表述主人公当时的自我感受：“我像个傻子站在那扇生满红锈的铁门前，我变成了一片焦黄的叶子从空中飘下来，一头栽落在地上，我几乎丧失了思想和记忆。我无力地在铁门前坐下来，脚下坑坑洼洼的路面发出一声无奈的叹息，那叹息从古老的砖块里滋生出来，很快布满了四周，像雾一样打湿了我的头发和筋骨，打湿了我的目光和血肉。我像一颗小草，沉没在那浩瀚的气体里，默然无声，等待着灿烂的阳光来驱散那雾气，来把我拯救。可是没有阳光，在我记忆里那个日子里没有阳光，我记忆的头顶上永远是一个巨大的灰色天穹，那天穹把我罩住了，我驮着沉重的灰色天穹在县城的街道走动。”我相信每一个来自底层的人在他的一生中大概都会有这样一种类似的体验。这是一种来自权力威吓之后的异化。“灰色天穹”只是权力的象征。它是隐喻的，然而又是真实的。对于底层人来说，那是一个神秘的世界，那里永远有围墙与铁大门阻隔着，既然那里无法投放我们的足迹甚至目光，便只有投放着我们的想象。

就其本质而言，权力是上层人物的专用名词。因为对于上层人物是权力，对于底层人物只是权利。权力想要的是一种奢侈品，权利需要的只是必需品。就像《碎片的尖叫》（载《山花》2009 年第 5 期）里张书记的一个批文就可以给雪青换来几百万元的收益，而《隔壁的声音》里家徒四壁的四叔反复上访的目的只是想给被冤死的儿子讨一个公道。墨白不喜欢展示权力者对于奢侈品的享受，而只是集中描述权利者对于必需品的渴求。无论是《来访的陌生人》里的陈平，还是《父亲的黄昏》里的父亲、《隔壁的声音》里的四叔，他们都是权力的受害者，长期以来一直逸出于我们的视线之外。面对权力的张牙舞爪，他们无力反抗。他们根本不敢奢望权力，只想获得自己的基本权利。但在霸气十足的权力面前，权利从来都是显得底气不足的。所以，某种意义上可以说，这些受害者同时也是合谋者，以屈辱与低贱引致了权力的骄横与野蛮。在《隔壁的声音》里，四叔几乎是马不停蹄地上访，辗转流离，死而后已，而权力始终保持着沉默。它高大傲慢，雄踞于云间，俯视下寰的芸芸众生，以本来的隐秘性与着力的掩盖而展示给大众一如既往的神秘化存在。事实上，只有哀告无门的弱者才会大声喊冤，才会一次次地上访。上访是弱者在承认既定权力秩序的前提下的最后挣扎，表面上看来是寻找公正，其实质是呼唤恩赐。这也是中国长期以来底层人根深蒂固的“包青天”情结使然。

当权力进入市场资本主义阶段以后，又呈现出了一些新的特点。因为市场资本主义首先有它自身的特点：“在市场资本主义阶段，成功是人得以拯救的外在标志，这是一种关于成功的意识形态，如果在这样一个社会中你不成功，不出人头地，意味着什么呢？这个社会带来的消极性感情是什么呢？是‘负罪感’，这是一种负罪的文化。如果你不成功，你当然就是一个失败。……失败意味着整个生命都是一钱不值的，毫无可取之处。”[①]事实上，理性的合法的市场资本主义是以道德与伦理秩序的相对完善作基础的。一旦放逐了作为底线的道德，并蔑视最基本的伦理秩序，使得成功的内容只是金钱与权力以及由金钱带来的权力与由权力带来的金钱时，这种与权力相结合的市场资本主义便转变成为一种畸形的资本主义。这个时候的权力成为获取最大利益的最有效的本钱。它一本万利，灵活多变，收放自如，既可以依照市场寻租的方式获取自己最大的使用价值，还可以使人在很大程度上成为自我的命运主宰。作为权力的掌控者，人的主观选择的自由度能够随着权力的膨胀而无限地增大，就像在《碎片的尖叫》里，依靠县委张书记的关系，雪青可以选择做一个副县长，也可以选择做一个从事房地产的千万富翁，而这些是普通老百姓只能仰望不可企及的。没有权力的小人物是很少有主动选择的机会的，他们只是被动地承受权力这个饕餮在大肆咀嚼之后所剩余的些微残渣。在墨白看来，权力的被滥用导致物质的匮乏与精神的贫瘠在这些卑微者的身上同时存在。他们也许永远都无法获得物质的丰裕，但起码应该获得精神上的安慰。然而面对强大的物质压力，许多貌似坚韧的精神化存在往往会表现得虚弱至极、不堪一击，甚至在与物质的对决中渐行渐远，最后变得虚无起来。因而在墨白的笔触里，总是洋溢着一种浓烈而感伤的人道主义情怀。他在对此动情观照的同时，也表露出了深深的无奈。

四、时空转换：历史与真实

人是靠时间与空间的交叉来定位自己在这个世界的立足点的，离开了时间与空间的具体定位，人便无法把握自我。由于空间的压迫感无处不在，它是一种立体的呈现，标志着物质的力量；时间则是一种线形的流动，展示着精神的魅力。所以在空间领域，物质力量永远是主宰；而在时间领域，精神力量才是最后的胜者。但如果具体到每一个人的现实生存处境，物质化的存在有时候会更容易挤压人的精神空间，使人在自我认知的过程中迷失方向，以致会在瞬间丧失了时间的感受、空间的感受与自我的感受。这种时空的转换，也会直接地影响到我们对于真实的把握。所以，那些所谓真实的东西其实是相对而言的，本身

① 弗雷德里克·杰姆逊：《后现代主义与文化理论》，陕西师范大学出版社，1987 年版，第 48 页。

充满了不确定性，因为时间会让它变得虚假；而虚假的东西则往往因为空间的即时呈现又令我们误以为真实。只有当时间与空间完全凝固下来的时候，才会有绝对的真实，否则一切都是过眼烟云。墨白自然也深味于此，所以他经常让自己笔下的人物忘却了现在，而是沉溺于过去和未来的交相叠加中，以致在对美好未来的想象和痛苦往事的记忆中进退失据。例如在《碎片的尖叫》里，“我”记忆中的女主人公雪青俨然是“一只有着斑斓翅膀的蝴蝶，一只跳几下就会停下来喘息的蝴蝶”。但现在，在严酷的监狱环境里，她学会了“大热天的在屋里屙屎拉尿”，“当着众人蹲马桶”。而所有这些都是被讲述出来的，羼杂着过去的阴影与未来的期待，它隐射着我们每一个人都无法逃脱时间与空间的控制，分分秒秒都在蜕变，变到最后甚至自己也认不出自己。

在处理时间与空间、物质与精神、客观与主观的各组关系时，墨白并没有显现出有多么的为难。因为穿透一切表象以窥测其背后最为本质性的东西，是他一直追求的终极目标。墨白坚持认为，作家的一个重要责任就是要让人们了解真正的历史——“我们靠什么了解历史？靠什么了解人类的思想发现史？靠什么去寻找流逝的时间和生命？一方面是靠文字对客观世界的记载，而另一方面就是靠文学艺术对主观内心世界的创造，有了这两方面我们才能更接近人类活动的过程，或许这就是文学的真正意义。”[①]所以，墨白不仅记载着客观的物质事实，也以小说家的热情记载着主观的心灵事实。这个时候的墨白既是一个讲述者，也是一个记录者。他以写小说的方式记录着这个世界的林林总总、方方面面。不同的是，他更多记载的是人物的心灵史，尤其是小人物在沉重现实压力面前的瞬间心理体验。这显然是一种另类的历史，它排斥了正统史学中所充满的大人物的发迹史、辉煌史，而只是卑微者的屈辱史、受难史。

追寻作为本质的真实，是像墨白这样的历史记录者所秉持的核心价值观念。正是为了寻求一种本质的真实，墨白有时候会快刀斩乱麻式地摒弃一些看起来似乎真实存在的外在表象，而努力挖掘其背后那些深层次的东西。这似乎是一种二律背反：我们的视野所及全是假象，而真相又逸出于我们的视野之外。所以，在《雨中的墓园》里，诸如扳网、渠首、活动的白房子、吃蚂蚱的女人、头戴斗笠的黑衣老者乃至那个叫作青台的神秘地方，都只是浮动的影子，都带有某

① 雷霆：《对文本的探索——墨白访谈录》，《山花》2003年第6期。

种虚幻色彩,只有死亡才是真实的。在《隔壁的声音》里面,所有外在呈现的现象在某种程度上也可以说都是假象,甚至那些次第出现的活生生的人物都带有某种虚幻性,只有那无处不在却没有来源的电锯声音是真实的,那是一种本质性的真实存在,是能够抓住我们心里最深处的某种东西。在《七步诗》里,即使连死亡也是虚幻的,但罪恶却是真实的。精于算计的陈文财最终死去了,死亡的背后却隐藏着多少秘密。传统的中国人都喜欢说"人死为大",仿佛贪婪、邪淫、欺骗等罪恶都一起消失,其实这些并没有随着死亡而告终。作为某一具体个体的人诚然已经死去了,但具有普遍意义的罪永远活着,并代代流传,显示了其薪尽火传、形灭神存的执着。墨白在小说的结尾,以纸扎的无情燃烧展现了这一看似荒诞的真实。

在创造了一个个虚拟人物的同时,墨白也完成了一个真实的自己,通过艰辛的人生体验与坚韧的良知写作,实现了蛹化为蝶、蚌病成珠的蜕变。今天的墨白已经成为一个卓有成就的作家,早年的痛苦经历早已转化为一种精神性的贮存,只是偶尔以记忆的方式提醒着其主人最初的起点,在现实境遇中对墨白来说应该不会有太大的干扰了。然而正如前人所言,"顺境对人们的精神的考验是更加严厉的,因为我们对不幸完全能忍受,但是在成就面前却容易受到腐蚀"①。我们看到的是,早年上山打石头的墨白,依然保持着足够的清醒,时刻在叩打着自己心灵上负载的那个巨大的石头。那些贮存在墨白记忆深处的底层生活阅历,在经历了漫长的时间尘封后,已然发了酵,弥漫着怀旧的气息,随时会令他低回不已。只要在现实的观照对象中找到了曾经的自己,只要遇到现实情境中似曾相识的过去一幕,墨白就绝不会无动于衷。"我渴望从别人那里发现和认识自己,挖掘隐藏在我记忆深处的那些被遗忘的对生命的真实的感受,并不断地拓宽进入自己生命深处的航道。"②因为那是他最为熟悉的世界,是他既往生命的一个有机构成。所以,每一次被召唤起来的记忆都是维系当下的墨白与过去世界联系的生命脐带,为他的写作源源不断地供应着最为丰富的养料。

有论者指出,"墨白是一个逃亡者",并认为墨白的逃亡"并不是通往朝圣之

① 塔西佗:《历史》,商务印书馆,1981 年版,第 15 页。

② 刘海燕:《阅读之梦与写作之梦——与墨白对话》,《文学界》2008 年第 7 期。

路，而仅仅是迷失在某种负重跋涉之中，这使他的处境充满了悲剧色彩和沉闷感受。”[①]这是颇有见地之论。面对着现实的种种困境，带着底层人民“生的挣扎”之深厚烙印的墨白，肯定会经常唤起自己内心深处的那种无力感。在还没有修为到视若无睹的境界的情况下，墨白便只有选择逃亡一途了。只是，这位论者最终没有指出墨白到底想逃到哪里去。其实他是无路可逃的。这是几千年来富有人道主义情怀的中国文人们的普遍悲剧，也是在当下中国喧嚣的商业化写作环境下某些依然坚守良知写作的作家们的共同宿命。对于墨白自己来说，只要他的眼光始终关注着底层人民，只要他无法完全冷漠地甚至喜剧化地观照自身的叙写对象，那么就注定了有着传统底色的他在后现代的旅途上是走不了多远的。无路可逃却依然要逃，又能逃到哪里去呢？所以墨白经常沉浸于自己的梦中，他的《航行与梦想》，他的《阅读之梦与写作之梦》，他的《梦中之梦》，甚至他的《梦游症患者》。在小说《雨中的墓园》里，墨白还设置了这么一段对话：

我把身子端正说，人生就是一场梦，你信吗？

晓霞说，我信，一个很长很长的梦，可是什么时候才能醒呢？

当一个人走进坟墓的时候，他就醒了。

这使我忽然想起了一千多年前的诗人李白写在其《春夜宴桃李园序》一文里的一句话：“夫天地者，万物之逆旅。光阴者，百代之过客。而浮生若梦，为欢几何？”多么的古典，又多么的后现代。而古典与后现代，在穿越了漫长的时空隧道之后，它们二者居然又接榫得是那么的天衣无缝。

（原载《山花》2009 年第 9 期）

---

① 何海滨：《毫无诗意的逃离——墨白小说的个案分析》，《三门峡文艺》2006 年第 3 期。

疾病的隐喻与生存的困境

——墨白小说论

龚奎林[①]

身体不仅是人之所以为人的支撑体，也是任何一个文本抒写的核心所在，所谓文学是人学，身体是人的主体之一，当社会文化产生问题的时候，也就是身体走向病态之时，或者抗争或者顺从。因此，包括身体和精神的疾病往往是作者作为旁观者看透世界的文化隐喻的代词，疾病成为作家的一种他者焦虑之后的想象关系，也就是说，作家始终是站在“医生”的启蒙或者拯救立场，解剖此在的世界，以悲天悯人的人文关怀眼光不断地寻找药方拯救世人，传递出作者面对社会病态和外在压力以及生存困境之下的独立思考。“这种患病的经验或通过疾病表现出来的经验丰富了关于人类存在的知识。其次，疾病在文学中的功能往往作为比喻(象征)，用以说明一个人和他周围世界的关系变得特殊了，生活的进程对他来说不再是老样子了，不再是正常的和理所当然的了。”[②]在古今中外的作品中，疾病成为作家创作的原型之一，尤其是肺结核、精神病、弱智、癌症、鼠疫、霍乱、梅毒等，如鲁迅的《药》、福克纳的《喧哗与骚动》、卡夫卡的《城堡》、加缪的《鼠疫》、阿来的《尘埃落定》等，这种书写自然呈现出作家自身的现实体察和文本想象。

墨白在创作中创造了很多疾病意象，如《霍乱》《精神病患者》《梦游症患者》等，成为他思考社会、人生、历史与自身关系的一个角度，也为读者提供了一

---

① 龚奎林(1976～)，江西新干人，文学博士，就职于井冈山大学，主要从事中国现当代文学研究，著有专著《文学与人生——墨白小说研究与教学》。

② [德]维拉波兰特：《比较文学研究的几个方面——文学与疾病》，北京大学文艺美学研究会主编《文艺美学论丛》第二辑，内蒙古人民出版社，1987年版，第226页。

个可以阐释的意义缝隙。这种疾病书写主要源于他的个体生存经验和对历史意识的独立思考，使得疾病成为他小说承载社会历史文化记忆的主要隐喻。纵观他的小说，那种死亡腥气的笼罩、暗红色的悲剧宿命、自杀的隐喻以及人性生存困境的主题一直贯穿在创作之中，其小说总给人一种历史苦难造就的尖锐的刺痛感和人性的荒芜感。

一、墨白个体经验与文本修辞的转化

河南地处中原，土壤肥沃，本应物泰民丰；中原传统文化更是绵泽深远，本应民伦素朴。然而从古代到现代，她却一直处在权力争夺和腐败掠夺的旋涡之中。因为土壤肥沃可以养兵、可以缴付苛捐杂税；因为文化传承，可以被人利用狐假虎威，苦难总是伴随着这块多灾多难的土地。20世纪的河南自然也充满了忧患与灾难，中原大战、抗日、内战、匪患不一而足，人民渴望和平、稳定。50年代举世狂欢，然而浓重的压抑性悲剧在50年代后期以及“文革”又再次上演，一部灭绝人寰的饥饿、天灾、人祸与生存大战让人欲哭无泪。生长在这块土地上的民众在城头变幻大王旗的中原悲歌和政治风云中经历了沉重的苦难与无尽的血腥。因此，苦难与死亡成为河南作家笔下的永恒母题和诉说愿景。徐玉诺、冯沅君、师陀、姚雪垠、张一弓、刘震云、李佩甫、阎连科、刘庆邦、墨白等河南籍作家，大都是这一次次苦难中的侥幸逃脱者，他们以笔为旗，通过文学还原历史的真相，对历史、苦难以及沧桑有着鲜明的诉说和批判，承担起批判与拯救的重任。正如孙先科先生所说：“在中原这块古老的土地上，有一个不绝如缕、一以贯之的文学传统。那就是：在精神上，感时忧民的忧患意识和匡时济世的时代感和历史责任感。”[①]这种文学传统显然是在区域文化价值概念和地域个体体验下的产物，自然也在深受中原文化熏陶的墨白的血液中蔓延。

1956年出生的墨白，是一个生活在社会最下层的农村人，从一出生就感受了河南当代史上惨重的一幕，饥饿与苦难肆虐着这些善良的民众，墨白的童年经验就是在这种苦难中逐渐丰富的，父亲在1966年因为“四清”运动中的所谓经济问题，曾经被判过三年徒刑，这就决定了这个家庭被歧视的社会地位，因为

① 孙先科：《理性精神与乡村情感——河南近期小说创作透视》，《当代作家评论》1992年第3期。

那个时代是所谓“老子英雄儿好汉”的血统论时代，其父亲以及这个家庭的每个成员都会被无言地宣判为“阶级异己分子”甚或“阶级敌人”，没有与家庭划清“界限”的墨白肯定受到同龄人或者周围人陌生、敌意甚或侮辱的眼光，而且这种周围人的眼光时时有意或者无意地“监视”着这一家人的言行举止，自然，“文革”的阶级对立更加剧了这个家庭的风雨飘摇与无尽苦难。我们可以想象一下，这种生活环境会给一个孩童的心灵造成怎样的损害，显然，敏感、自卑、忧郁以及对世界充满敌意成为墨白认清世界后的心灵伤痛的自我保护之盾，这点我们可以从鲁迅的童年经验及其在《呐喊·自序》中的告白作为一种互文观照，同时也可以在墨白的文学创作以及访谈之中进行镜像对照。墨白的少年时代正是“文革”时期，河南的“文革”时代可以说是一个极端黑暗时期，面对离奇古怪的荒诞世事，墨白的价值观、人生观、精神观显然也是在混乱不拘状态中成形的。在恐慌、劳苦、自卑、压抑甚至灰暗之中度过了童年和少年时代的墨白高中没毕业就外出独自谋生，做过搬运工人、漆匠、石匠，烧过石灰，被人当成盲流关押起来。他自述道：“那个时候我身上长满了黄水疮，头发纷乱，皮肤肮脏，穿着破烂的衣服，常常寄人篱下，在别人审视的目光里生活。”①墨白在师范绘画专业毕业后回到故乡小学教书十一年，通过文学创作一步一个脚印从底层的边缘进入中心，从而改变自己的底层生活状态。这种经历的曲折、磨难以及个体内心的敏感、自尊、压抑既形成共鸣的融合，又形成超越现实的决心。因为一个人在压抑中敏感，必然产生自卑情结，必然会对自己的缺陷进行补偿，从而摆脱紧张状态，追求超越；但是，从反方面来说，一个人越自卑就越自尊，当自尊的愿望未能实现，就更加自卑或者自戕，甚至毁灭自己。这点墨白有着切身的体验，他是通过自己的超越不断弥补自己的童年阴影所构筑的自卑、敏感与忧郁以及外界生存的困境，而这又为他的文学创作才能增添了新的质素，因此，几乎他所有的作品里边的主人公都穿透着这种无形的自卑阴影，甚或疾病缠身，而他们的结局都是或者毁灭或者超越，这也正如精神分析学家阿德勒所说：“由身体缺陷或其他原因所引起的自卑，不仅能摧毁一个人，使人自甘堕落或发生精神病，在另一方面，它还能使人发奋图强，力求振作，以补偿自己的弱点。”②

---

① 林舟：《以梦境颠覆现实——墨白书面访谈录》，《花城》2001年第5期。

② ［奥］阿德勒：《自卑与超越》，作家出版社，1988年版，第2页。

就这样，敏感而自卑的墨白通过自己的努力和超越从乡村进入了城市。而对一个根在乡村的知识者来说，城市又构成了一种压力，使得小说家墨白与此在的世界秩序产生了一种紧张的既对抗又和解的关系，这就促使他通过文学的创作和故乡记忆的寻找去舒缓这种紧张的焦虑与对抗的关系，但是，生存的困境总是如影随形生活在他的经历阴影和周边的底层民众中，使得他以一个独立知识分子的承担勇气和人文关怀的眼光去观照每一颗跳动的卑微的灵魂，甚至赐予他们温暖的亮色。因为“苦难的生活哺育并教育我成长，多年以来我都生活在社会的最下层，至今我和那些仍然生活在苦难之中的人们，和那些无法摆脱精神苦难的最普通的劳动者的生活仍然息息相通，我对生活在自己身边的那些人有着深刻的了解，这就决定了我写作的民间立场。我可能是这样一种人：对世间苦难的人类充满了同情心，或者悲悯之情。我想这应该是我的本质，一个作为具有人道主义精神的普通人应该具有的一种本质。但是当我作为一个作家出现的时候，我需要的是用另一只眼睛来正视人类真正的苦难和精神的迷惘，而不应该是一般意义上的悲悯和同情。这就是我必须从他们身边逃出来的原因。我希望世上的每一个人都生活得很幸福，正因为这一点我的写作才正视苦难，正视我过去的乡村生活。我应该记住人类的苦难，人类肉体和精神上的苦难，并且以文字的形式使这苦难固定下来，使我们已经麻木的心灵慢慢地觉醒”①。所以，个人记忆的痛苦、黑暗与阴冷的心理情态是墨白丰富的人生体验和经历曲折“往事”之后的个人性经验总结，因而痛苦、黑暗与阴冷一方面撕啮他千疮百孔的心境，使他在作品中不断营造出这种阴郁而孤独的氛围；另一方面使他产生出想方设法决绝突围的勇气，他赋予了许多值得认可的主人公的意义和勇气，如文宝(《梦游症患者》)、秋雨(《最后一节车厢》)、蒙和锦(《某种自杀的方法》)等。

正是由于墨白的人格经验和个体生活体验的结合，从而实现了文本修辞的转化，但是，影响墨白创作的经验应该还包括绘画，墨白在师范学习的是绘画，即一种空间与时间交错的处理方式。莱辛在《拉奥孔》中专门谈论诗与画的界限，认为最突出的一点就在于诗(在古代，诗泛指一切文学)是静止的，而画(当然，莱辛所说的画主要是指雕塑)是运动的，但现在看来，两者之间更重要的是

① 林舟：《以梦境颠覆现实——墨白书面访谈录》，《花城》2001年第5期。

具有相互之间天然渊源的联系，即跳跃动荡的思维方式和艺术共生性。尤其是西方的印象派现代绘画，不仅仅线条的跳跃，就是创作的主体——如塞尚、高更、凡·高等画家其自身的成长或者经历及其归宿都凸显出与世俗不同的质素，神经质般的疾病成为这些天才画家的一个特点，我相信，绘画的跳跃与西方画家的人格特质也影响了墨白的文学创作，其作品中的多色调就足以证明。

于是，墨白通过疾病的刻画与书写来完善自己的人生感受和经验复制，从而实现个体经验与文本修辞的相互转化。“疾病不仅是受难的史诗，而且也是某种形式的自我超越的契机……奥利弗·萨克斯利用灾难性的神经疾患作素材，来描绘受难与自我超越，身体衰落与精神昂扬。”[①]也就是说，疾病隐喻是人性扭曲的反映方式，既是弱者的表现，也是受摧残迫害的象征，更是弱者摆脱自卑走向强者的方式之一。因为“疾病是通过身体说出的话，是一种用来戏剧性地表达内心情状的语言，是一种自我表达”[②]。

二、疾病书写与经验历史的复现

由上可知，通过个人努力在艰难中获得成功的小说家墨白根据自身的生存体验去聚焦底层人的生存困境和精神困境乃至死亡，那种灵魂的裂变和人性的扭曲总是在无奈中获得悲壮的认同。墨白希望通过自己的小说“显像管”还原生存本能中的人性异化：“我觉得对社会底层人的生存困境和精神困境的关注，我不能放弃。因为我和他们有着共同的经历和命运……苦难就在我们的目击之处，绝不是作秀”，“在现实里，在我们任何一个可以目击到的地方，到处都在生长着苦难和痛苦”[③]。存在主义哲学家萨特、加缪等通过哲学和文学更印证了人类存在的荒诞性，在这个被现代主义技术文明异化了的世界，人类的本质也逐渐疏离、异化。而且，在前现代主义困境中，政治权力和话语权力加剧了世间的苦难，而在苦难中，我们一方面能够感受一种相濡以沫、分享艰难的温馨；另一方面，当人的主观能动性无法超越苦难的困境和生存的悖论之时，人的兽性

---

① （美）苏珊·桑塔格：《疾病的隐喻》，上海译文出版社，2003 年版，第 111 ~ 112 页。

② （美）苏珊·桑塔格：《疾病的隐喻》，上海译文出版社，2003 年版，第 41 页。

③ 刘海燕、墨白：《有一个叫颍河镇的地方》，《莽原》2006 年第 3 期。

则开始膨胀，人性走向异化。因此，在个人化事件的时间秩序中，我们有痛苦，我们有艰难，我们更有悲哀和不幸，人活着其实是非常痛苦的，每一个人都面临着各种困境，无论你度过还是没有度过这种困境的艰难，你不得不把它们进行变形、修正或者隐藏，因此，从这方面来说，我们每一个人都是精神分裂者，都有两重人格。但问题不在于你有没有，而在于你如何表述，因为回忆原貌是不可能的，回忆只是一种历史阐释的方式而已。我们永远无法抵达事件的彼岸，我们只是在此在的世界中泅渡，获得生存与意义的可能。而小说则必须对此进行必要的观照与承担，从而照亮生活前进的路标。于是，通过疾病书写来实现历史的真实复现，如此才能使历史真正作为"个人化的生命经验的对应物"，获得一种自然化事件的综合和"我们"对综合化了的事件进行的个人化叙述，于是在这种综合和叙述的过程中"我们"也就形成了个人记忆的时间修辞学，并利用这种修辞学去观照事件的过去、现在与未来。尽管往事记忆的不可修复性使得事件无法复原，但是我们的潜意识仍然自觉或不自觉地修复自己的个人记忆，而文学的创作似乎也成为了作家修复历史和记忆的一种叙述方式。正如墨白所说："小说应该创造一种生活，一种能使我们更加清晰地认识历史和现实的生活，因为它们的本质相同…… 自然的神秘性，人为的隐秘性，还有生活的偶然性，才构成了我们现在所看到的历史。同时，也正是这种自然的神秘性和人为的隐秘性，还有生活的偶然性，又构成了我们认识历史真面目的障碍。"①因此，对经验历史的复现则成为自由知识分子独立思考的目标。

由于中国传统文化的中庸思想和乐感文化使得执政者出于自己的政治目的，往往是掩盖真实的历史，报喜不报忧，漠视民众的生存权利和人身自由，自然也遮蔽了许多本应该敞开给民众的资讯信息和历史事实。克罗齐说"一切历史都是当代史"，这不仅是说掌握历史话语霸权的史学家根据自身以及时代信息的变化而给以历史的不同的当下阐释，恐怕也说明了执政阶级和"御用"文人总是根据自己优先使用的话语命名原则和宣教功能不断地重新"翻译"、净化和统一历史，使历史知识走向福柯所说的"知识型构"。但是，这种历史"共名"原则在社会民主化推进进程中逐渐走向"无名"状态，个人的话语叙述逐渐超越了政治和权力所赋予的大一统特权，历史在艰难中向纵深发展，也在各种叙述中

① 刘海燕、墨白：《有一个叫颍河镇的地方》，《莽原》2006 年第 3 期。

逐步恢复本来面目，或者根本就无法存在其自身的本真面貌，每一种叙述都可能是片面的。正如墨白所说："过去的一切，都是我们的梦境，谁也没有办法回到像我们现实里一样的真实的真实，我们只能依靠记忆回到那些时光的某一刻，或者某个事件的片段，我们不可能复制过去真实的一分一秒，我们现在所看到的一些文字，或者图片，或者影像，都是那些我们无法复原的历史片段，也就是这些片断，成为了我们所谓的历史。但我们知道，有时候记忆是靠不住的，有时候记忆会偏离事实的真相，太多的主观记忆把已经远去的客观世界切割得支离破碎，我们现在所看到的历史都已经经过了我们人类个体的主观意识的改造，这样的历史已经远离了客观事实。历史常常用一种假象来迷惑我们这些无知的人。"[①]因此，如果采用正常的文本修辞方式就无法对历史进行复现，恰恰相反，作者的疾病书写与文本主人公的疾病眼光对所谓"正常"的世界与历史进行了无情的讽刺，尽管这是文本创作的冒险一着，但同时也是最为成功的方法之一，就像鲁迅的《狂人日记》通过疾病患者狂人的视点折射出千百年来封建礼教吃人的历史，而现代文学中的那些肺病意象也呈现出"五四"个性解放的历史真实一样。

所以，墨白要在禁忌话语中寻找恢复"文革"历史真相的方法，就必然采取独异的叙述策略——借用病人的眼光控诉"文革"极端的"左"倾体制给人带来的伤害和身心的摧残，从而复现特定阶段的全民癫狂状态，尽管在 20 世纪 70 年代末 80 年代初，中国文坛上出现了揭露"文革"的轰轰烈烈的伤痕文学和反思文学，但问题的表面化和文学思潮的"更替"使得这批文学并没有达到很高的思想、艺术水准，它们对于"文革"历史的记忆只是满足于执政党执政的需求，只是满足了落难者对"文革"控诉的"泄愤"情结，因而在获得了极大的社会轰动效应之后随着执政党的口号调整很快就烟消云散，文学迅速遗忘了这累累伤痕而走向了深具乐感文化的"经济现代化"的美丽图景中，而谈论"文革"似乎也成为了一个禁忌性的话题。对此，墨白通过疾病书写复现被掩盖的历史，重新审视"文革"："在那个年代，我们的一切都是救世主给予的，救世主就是我们的精神，我们每日都是为救世主而活着，救世主的思想就是我们的思想，我们丧失

① 墨白：《梦境、幻想与记忆》，原载《山花》2005 年第 5 期。

了自我，我们没有了灵魂，我们都是一些没有个性的奴隶。”[①]

因此，无论是前革命、“文革”时代，还是后革命时代，墨白创造的疾病意象成为我们判断社会、理解历史和阐释文学的一个尺度，因为生理疾病和心理疾病都是来自现实世界的心理焦虑、暗自抵抗和无奈救赎。可以说，疾病是一种暧昧的隐喻，在现代话语谱系中应该包括本义、引申义和隐喻义三个纵深层面。其本义应是指身体的机理失衡或不正常状态，是必须通过身体的健康免疫功能或外在的药物治疗来恢复其本能的健康。引申义可以指代社会学意义上的道德惩罚和过错归罪，在此层面上，疾病是对邪恶的惩罚，昭示出社会痼疾之后的道德腐败和整体崩溃的症候，具有了一种道德评判和心理评判的报应或者受难。因此，疾病很多时候被当作人类的软弱、死亡的意象谱系。隐喻义则是指代“众人皆醉我独醒”的疾病混沌下的人格独立和极限超越以及复现历史的真相。读着《梦游症患者》，让我想起了老鬼的《血色黄昏》，作者都是通过剥离历史的杂质而呈现那种原始、野蛮的人性癫狂和历史本身，从而透过癫狂的行为寻找掩盖历史的缘由。再如《霍乱》中青龙风借口村子流行霍乱，用子弹和大火灭了那个村庄，其实是为了得到一个女人，借用自然的霍乱遮住了人为的事件和历史真相，而作者把这种历史重新进行组合和演绎，颇具新历史小说之意味。更有意思的是，作者刻画出不少治疗疾病的医生。图姆斯认为：“医患关系是一种独特的‘面对面’关系，它建立在对于患者病情的体验基础上，并且这种关系具有一种特殊的目的需牢记在心（即病人的治愈），治疗的行动也许包括但不限于疾病的治愈。然而，治疗显然是以治疗者对患者的生存困境的某种理解为先决条件，这样一种理解仅仅只有当医生（或治疗者）清晰地关注由特点患者所体验的病情时才能获得。”[②]在《局部麻醉》里，外科大夫白帆就像生活在梦境里，他对性和权力的恐惧来自现实社会的本质，所以白帆的梦境是真实而可怕的。白帆作为一个孱弱的生命的表征，被作者投放到了一个血淋淋的地狱般的世界，他一次次设法逃离这个压迫着他凌辱着他的世界，然而他却又一次次宿命般地回到这里。他无处可逃，最后，他只能将一些安定药液注入自己的肉体，将

---

① 林舟：《以梦境颠覆现实——墨白书面访谈录》，《花城》2001 年第 5 期。

② （美）图姆斯：《病患的意义：医生和病人不同观点的现象学探讨》，青岛出版社，2000 年版，第 136 页。

生命麻醉，才能得到暂时的安宁。白帆这个处处被世界挤压和折磨的孱弱的生命，却肩负着去拯救这个世界的生命的沉重使命。然而他的小小的手术刀要面对的却是这样一个无法拯救的世界。“现代疾病使一个健全社会的理想变得明确，它被类比为身体健康，该理想经常具有反政治的色彩，但同时又是一对新的政治秩序的呼吁……疾病源自失衡。治疗的目标是恢复正常的均衡——以政治学术语说，是恢复正常的等级制。”[①]然而，现实社会的阴暗与生存的困境使得失衡成为一个显在的符号，在《白色病室》中，精神病医生苏警己深陷现实的各种烦恼难以解脱，最终将自己倾心的女人秘密害死，自己也在自虐和虐人中走向精神迷乱，在外部力量的挤压之下由一个精神病医生演变成一个精神病患者，生命存在的悖谬与迷狂在反方向的起点获得一致性。而苏警己和他的病人姜仲季成为了一种互为镜像的复调叙述，苏警己变成了和姜仲季一样的病人。在这里，精神病已经成为一种负荆请罪的惩罚，但是，这种惩罚也是一种慰藉，用精神病的想象存在覆盖无可弥补的缺憾和已经消失的存在形态，从而揭示人类生存的痛苦和生命荒谬的本质，赋予现代生活痛苦和恐慌的深度。

三、精神病的隐喻与人性癫狂之殇

上文已经提到疾病有本义、引申义和隐喻义，那么精神病自然也是一种暧昧的隐喻，被指称为对经历和情感的焦虑，对困境与压力的恐惧，对意志失败和情感强烈的焦虑偏执，既可以意指灾祸，也可以象征和而不同的独立与高雅：“疾病常常被用作比喻，来使对社会腐败或不公正的指控显得活灵活现……疾病意象被用来表达对社会秩序的焦虑”，疾病隐喻“显示出个体与社会之间一种深刻的失调，而社会被看作是个体的对立面。疾病隐喻被用来指责社会的压抑。”[②]精神病（疯癫是精神病的一种）、傻两种生理疾病是小说家墨白在作品中反复渲染的人生悲剧，不管这种悲剧是天生的还是后天被逼成的，“人们在这些怪异现象中发现了关于人的本性的一个秘密、一种禀性”[③]。它们和人性的异化

① （美）苏珊·桑塔格：《疾病的隐喻》，上海译文出版社，2003 年版，第 68 页。
② （美）苏珊·桑塔格：《疾病的隐喻》，上海译文出版社，2003 年版，第 65 页。
③ （法）福柯：《疯癫与文明》，生活·读书·新知三联书店，2003 年版，第 17 页。

以及苦难的悲怆联系在一起，都是指向社会的压抑与焦虑的偏执。它们一方面呈现出主人公对自己身份的怀疑、对社会的焦灼、对秩序的嘲弄；另一方面却赋予了某种隐喻般的内涵，它们已经不再担负本原的责任问题，而是通过隐喻来揭示社会、自我、他者三者之间的复杂关系和人性黑洞。如《映在镜子里的时光》里变疯的田伟林、《重访锦城》中的锦。又如《事实真相》中的农民工来喜拿不到工钱，就在工地上偷了些不值几个钱的钢筋带回家。在车上他用一根钢筋袭击了威胁不给工钱的包工头弟弟三圣，并以为将他打死了。其实他打的是另外一个车上的旅客，当三圣再次出现在他面前时，来喜变疯了。他变疯的最主要的原因是面对造成苦难的敌对方的憎恨，然而过失杀死另外一个毫不相干的人使他承受不了生命之重的负累，恐惧和疑虑如同幽灵徘徊在秩序和理性的边缘。所以，他的疯癫可以说是逃避现实的一种方式，也可以说是上苍对自己罪恶的惩罚。正如福柯所说："疯癫是因对某种结局的幻觉引起的，但在实际上解开了真正的情节纠葛。它既是这一纠葛的原因，又是其结果。换言之，疯癫是对某种虚假结果的虚假惩罚，但它揭示了真正的问题所在，从而使问题能真正得到解决。它用错误来掩护真理的秘密活动。"[①]

苏珊·桑塔格认为精神错乱是一种放逐的旅行，是对激情疯狂浪漫化的膜拜，"精神错乱，成了当今我们有关自我超越的那种世俗神话的表达……它能把人的意识带入一种阵发性的彻悟状态中"。甚至可以说，精神病是一种激情与敏感相互交错、无处遁逃的病症。"对那些不被这么感伤地加以描绘的人物来说，疾病被看作是为他们提供了一个最终行善的机会。至少，疾病的不幸能够擦亮人的眼睛，使他看清一生中的种种自欺和人格的失败"[②]。"文革"小说《梦游症患者》主要讲述了王老三一家三代和全镇人在"文革"时期那种神秘的精神力量的裹挟之下，每个人从自己的不同的心情和欲求出发，疯狂参与了那场摧残人性的荒唐而残酷的政治运动，结果，王老三一家三代十余口人相互成了仇敌，最后全部死于非命：亲兄弟因为"政治派别"的不同而进行谩骂攻击；王老三亲手把在舱中通奸的三儿子王洪涛和二儿媳妇尹素梅的船沉到了颍河河底；一心要当革命小将的中学生文玉，在疯狂挖掘莫须有的"变天账"无果后，残酷地

---

① (法)福柯:《疯癫与文明》,生活·读书·新知三联书店,2003年版,第28页。

② (美)苏珊·桑塔格:《疾病的隐喻》,上海译文出版社,2003年版,第35~40页。

侮辱并折磨死自己的父母。这就是当时我们整个民族的一个悲剧缩影,“文革”的残酷和荒谬凸显出生命本质中的幽暗与卑微,当生命走向疯癫与死亡之时也就是欲望终结或失落的最后归宿。一幅人性异化的欲望化图景出现在读者面前,墨白在此通过文本的冷酷叙述撕裂了历史内部自在的逻辑以及血腥游戏,并以此来思考那一段荒谬历史的背后缘由:人性恶是如何起源的,在权力话语面前它是如何实施的,父权制神话的目的何在。这一切作者只是通过一个故事的叙述来解答,彻底粉碎了国家话语的道貌岸然,从而复现“文革”时期社会生活的历史阵痛和集体悖谬,寻找人性沦落的原因,并表达出这种荒谬对民族魂灵造成的切肤之痛。墨白总结认为:“《梦游症患者》不光光是一部描写个人经历的小说,也不单单是一部描写‘文革’的小说,这是一部关于民族苦难经历、关于人类的生存状况、对人类自身进行拷问又具有形而上的宗教精神的小说。”①也就是说作者是为了“真实地再现那个年代人们的生存境遇,再现一个丧失精神自我的年代,是我的梦想。在叙述语言里隐含一种诗性,使整个作品隐喻着一种象征的主题,也是我的梦想”②。所以,他在文本中刻画了梦游症患者文宝,以此承载那个时代的反人类行为。

主人公傻子文宝如同福克纳《喧哗与骚动》里的傻瓜班吉和阿来《尘埃落定》里的傻子藏族土司一样,在病理学上是一个精神病患者,但在生活里却是一个洞察人性的智者。文宝不仅能读懂自然的眼睛,更能听懂源于自然的声音,正是这种自然状态使得他成为神人合一的精灵和智者,他用喃喃自语和粗野不羁的谵妄性言辞宣告了自身的意义,通过自己的幻想和谵妄说出历史的隐秘真理,其语言世界呈现为一种纯净的特质,这是对现实的抗拒,以这种痴傻消弭一切界限。与其说他是个傻子或精神病,不如说他是通过这种皮肉的外相来获取自由的可能,因为疯癫建构了一种新秩序,在新秩序中超越世俗的此在产生一种对历史的预感。所以,文宝可以整天站在颍河边或者四处游荡,还可以活在自我精神里想着看似不着边际的事,说着谁也听不懂的话,这是疯癫给予他的权利,让他在自由中寻找解决问题的可能,他是颍河镇唯一一个没有参与那场躁动狂热运动的超脱者;相反,那些所谓的“正常人”却淹没在“文革”非理性的

---

① 林舟:《以梦境颠覆现实——墨白书面访谈录》,《花城》2001 年第 5 期。

② 墨白:《梦游症患者·后记》,河南文艺出版社,2002 年版,第 283 页。

癫狂行动中，最后自食其果，因此，文宝通过本真的疯癫与谵妄性的语言直面人的本性和生存处境，他用自己的诗性想象和哲性语言抵抗道德沦丧、人性毁灭和荒唐浩劫，从而超越此在的污秽世界而进入洁净的彼岸。福柯认为："语言是疯癫的首要和最终的结构，是疯癫的构成形式。……这种话语既是精神用自己特有的真理自言自语的无声语言，又是肉体运动的有形表达。"①于是，在劫难之中，文宝通过喃喃自语来表达自身的存在和感觉："我不想睡了。""我什么时候能醒?""谁能让我醒来?"最后，他果然清醒了，但失踪了。这种清醒而失踪的结果本身就是对那个苦难的欲望的龌龊的"文革"社会的有力鞭挞。而多年以后那个熟悉而又陌生的神秘客风尘仆仆地回到小镇打听三爷显然就是作者的希望所在。在相反的层面，那些所谓"正常人"以"疯子"的命名直接剥夺了文宝的社会地位和话语权，使文宝的话语内涵被策略性地悬置，但令人吊诡的是，这些所谓"正常人"最后却都走向了"不正常"的道路。这里，小说家墨白通过一个疯癫者的救赎与解脱以及人性的悲喜剧沉重地诉说了特殊时代的苦难本原以及解脱方式。如墨白所说，文宝"是用痴人说梦般的语言来消解着那个世界；可以说他是以一种纯净的心灵来与肮脏的现实对抗；可以说他是以清醒来矫正人世间的混沌；可以说他是用痴傻来消弭人生现实与梦境的界限；可以说他是我们记忆里凝滞的时间。他是一个不可忽视的存在。可是，《梦游症患者》里的颍河人却偏偏忽视了他。一个忽视了智者对世界进行发问的年代应该是对人类精神自我丧失的事实的一个补充说明"②。

墨白曾这样阐述他这部小说的创作动机："1996 年距离无产阶级文化大革命的开始已经整整三十年了，距离'文革'的结束也二十年了，'文革'那一年我还不满十岁。当噩梦在一个还不满十岁的孩子身边发生的时候，他用幼稚的眼光注视着梦境里的一切，他身不由己地去经历梦境中的一切：兴奋、向往、迷茫、恐惧……梦是那样的漫长，足足做了十年，或者更长一些，一直到他长大成人，那场噩梦几乎构成了他的血肉和精神……当他从梦境里醒来的时候，当他爬到一座山顶或者走到一望无际的大海边回头朝他的来路观望的时候，他受到震惊

---

① (法)福柯:《疯癫与文明》，生活·读书·新知三联书店，2003 年版，第 91 页。

② 林舟:《以梦境颠覆现实——墨白书面访谈录》，《花城》2001 年第 5 期。

的灵魂很难用语言来表达。”[①]这段话其实表明，傻子文宝是作者寄寓的某种精神幻象，或者说，文宝的遭遇与小说家墨白童年的噩梦经历产生了精神同构。因为整个社会都被一种极其荒谬和残无人性的力量所整合，处于疯狂状态的人任其支配，丧失了独立的话语权，完全成了梦游症患者而盲目地存在于这个世界。这里似乎也有一种暗示：作者通过疾病的隐喻其实在劝喻当下，希望历史不再重演。

四、自杀的拯救与无法遁逃的困境

当谈到疾病的隐喻的时候，我们似乎有一种阴影闪现，那就是自杀，疾病的失衡或者治疗往往都以自杀或者死亡作为人的生命存在或者消失的纽带。其实每一个人的日常行为都是生存困境、健康、疾病、自杀或者死亡这四维一体的立体图景中的循环往复，我们甚至无法知道我们明天将会走向何方。而且疾病并不仅仅是指个体自身的病症，它也可以指称为他者的病症、社会的病症，当社会出现病症的时候也就意味着生活其中的民众也就具有病症的高发生率。这在“文革”时毋庸置疑，就是在“文革”后也是如此。尽管改革开放以来我们一直津津乐道于 GDP 的高速增长，然而在某些官员加官晋爵的 GDP 数字背后，却是无数的官僚腐败以及底层民众的累累白骨，我们在奔向市场经济的路途中似乎已经遗忘了这些底层民众自身的生存状态以及个体权利，也忘记了作为人的道德底线和精神底线，从而与政治话语合谋制造出一个强大话语霸权式的生存困境，个体在这种强大的虚无与悖论的困境面前不得不低头。而且，人性本善与人性本恶并不是矛盾对立的，而是合一的，从社会学角度来看，人是善与恶的性格组合体，或者说，人是徘徊于天使与魔鬼之间的动物，善与恶的偏向就取决于个体的刹那动机、知识层次、道德底线、人文素养以及对利益和欲望的渴求方式，所谓佛教有云：“恶由心生。”这也就是说，面对悖论与困境的时候，人性恶在合适的“培育”语境中开始驱逐和吞噬人性善的质素，并借助强大的霸权困境通过非法的侵害手段剥夺他者的合法权利，使得他者感受到存在者的辜罔与绝望，自杀也就自然出现在我们的日常生活视野中。那么，对于小说家墨白来说，

---

① 墨白：《梦游症患者·后记》，河南文艺出版社，2002 年版，第 282 页。

他的童年阴影带来的阴郁、孤独的性格是与对死亡的恐惧、着迷(尽管这是一种矛盾)和生命的悲怜相联系的,他把自己这种切身体验融入小说文本主人公的性格深处,从而在悖论与绝望中刻画了不少底层挣扎着的痛苦的灵魂,当这些灰色人物甚或多余人觉察到荒谬感和虚无感充斥于周边的生存困境中时,自杀与死亡将是他们唯一的出路。因此,疾病、孤独和死亡成为墨白小说一以贯之的主题,这不仅呈现出对生命的思考和对人生的终极关怀,同时也展示人面对逆境与屈辱而不屈的生存状态和精神状态,更反映出灰阑中的无奈与沉重。

同时,墨白的小说给人一种扑朔迷离的悬疑梦境般的幻象,这需要读者与作者共同完成语言叙述的空白跳跃,建构起新的叙事逻辑,《某种自杀的方法》也是如此。这篇小说在意识流、幻觉、回忆性叙事基础上赋予了墨白温馨而纯净的诗意想象,主人公精神病医生蒙与被医治对象锦都是作者喜欢的对象,甚至他们为信念而自杀的方式也是作为诗人的作者所赞许的(我觉得墨白首先是个诗人,其次才是小说家)。很有意思的是,作者在另一部小说《白色病室》中也刻画了一位精神病医生苏警己,但他与蒙却是天壤之别。墨白的这种矛盾是否预示作为医生的善与恶的镜像合一的隐喻呢?也许,意图拯救世界的墨白在隐秘层面赋予了自己"医生"的救赎角色和功能,但是这种拯救并不是一帆风顺或者马到功成,也许顺畅如蒙,也许不顺畅如苏警己。精神病医生蒙接触了一个女孩锦,在倾诉和交往的过程中他感觉到女孩的纯真,爱也在蒙蒙雨夜中生长,然而锦却不辞而别,留给了蒙一张纸条,故事的真相就在蒙的思念和追寻中逐渐浮出水面。

锦是小镇邮电所的话务员,在还不懂得爱情的时候被有妇之夫欺骗并被抛弃,在邪恶的世界中她感到绝望,这种沉重的打击给纯净的锦带来毁灭性的打击:"我恨,我恨……/难道没有理由恨吗?"[①]也就是在这个时候,她又患了一种能使"面部神经收缩"的疾病,这是一种能使美丽的面容迅速枯萎的疾病,这对年轻貌美的女性来说更是一种摧残,无论是锦的爱情被欺骗还是这种面部疾病,其实都是相通的疾病,即都是对美的毁灭,前者是对人性美的毁灭,后者是对形象美的毁灭,也就是说,"面部神经收缩症"只是疾病的本义,无处逃遁的困境则是其引申义,在隐喻层面则是对欺骗者的人性丑陋的控诉。当一个女性在

---

① 墨白:《某种自杀的方法》,《墨白作品精选》,长江文艺出版社,2007年版,第106页。

面对这两种决定自己一辈子幸福的美的毁灭的时候，她的痛苦、悲愤、仇恨与绝望有谁能知？当她对世界充满绝望的时候，精神病医生蒙的出现改变了她对世界的仇恨，她感受到蒙的无尽爱意，当锦试图把自己自杀两次的事情告诉蒙时，作者是如此叙述的："'你就不想听听我昨天给你说的事？''不，我不听那些不吉利的事儿，现在有我在你身边，一切都会好起来的。锦，我爱你。'说完蒙把锦抱得紧紧的，用舌头去吻她的脸，有眼泪从锦的眼睛里流出来。"这是爱的幸福降临的眼泪，也是与爱的离别的痛苦的眼泪，爱唤醒了她冰冻的心，但对爱的负疚感以及疾病的摧残使锦不得不离开爱人蒙。为了坚守这份纯净之爱的信念，锦回到小镇吃安眠药自杀了，她要让自己外表和内心的美丽永远镌刻在爱人的记忆里，自杀成为她与世界融合、保存美好信念的最好的方式。这正如刘小枫所说："一般人的自杀是向暧昧的世界无意义性边界发起的最后冲击，既然生没有意义，主动选择死就是有意义的，其意义在于毕竟维护了某种生存信念的价值。"[①]当生存困境的偏袒使得人类无处遁逃，必然对暧昧的世界感到绝望，尤其是受到邪恶世界和邪恶人性摧残的人，当他/她又重新得到世界的温暖的关爱，这个时候是最残酷、最痛苦、最矛盾、最分裂的时候，包括锦在内的许多人为了维护自己纯净的信念，如爱、自由的信念，不得不通过自杀来报复与人类的纯净想象脱节的暧昧世界，在他们看来，世界不应该这样，人类的邪恶也不应该如此，同时也坚守自己最温馨的爱与自由的家园。弗洛伊德认为生与死是人的两种本能，我们无法决定自己的尘世降临，但可以决定自己的死亡归属，当通过自杀的方式来终结自己的生命，那么自杀的主体一方面是诅咒邪恶，另一方面是坚守纯净的信念，自杀是一种勇敢的行为，一般人是不敢自杀的，因为惧怕生命的终止及与世俗的绝离。于是，有着宗教般虔诚的墨白为了实现对生存困境的超越，在文本中创写了在疾病与生存困境中不得不与世界决裂的自杀者——锦，这正如莎士比亚所说："生存还是毁灭，这是一个问题。"

墨白的高明之处就在于他通过一组矛盾的镜像的设置来昭示人性的困境以及面对困境人类的反应，受到欺骗的锦与被蒙爱护的锦显然就是这组矛盾之一，通过毁灭完成诗意的信念坚守，而那位有妇之夫与精神病医生蒙显然又是另一组矛盾的镜像，人性的善与恶、真与假、纯净与邪恶就不言自明地凸显出

---

① 刘小枫：《拯救与逍遥》，上海三联书店，2001年版，第40页。

来。这点我们可以解读蒙的梦来论证:“他梦见锦用一把手术刀切断了自己的静脉,鲜血流了一地。他急急忙忙地给锦包扎了手腕,一口气把锦抱回了他的诊所里,给她做了一切应该做的治疗。”梦的真假我们无须证实,弗洛伊德认为梦是愿望未达成的满足,也就说,因为锦告诉他有过两次自杀,出于对爱人的保护动机,他渴望自己能够成为爱人的保护伞,从而拯救爱人,但同时也在缝隙深处透露出无法救赎的潜意识,因为在现实当中他确实无法拯救锦。锦不辞而别之后,蒙的思念与纯净的爱促使他做出寻找锦的抉择,当他到达锦上班的锦镇邮电所的时候,锦的母亲一直在那儿等着蒙的到来:“锦说你要是来了,就让我把雨衣还给你……她让我替她在这里等你,我这一等就是两年。两年里我天天都为她打扫房间,现在你终于来了。”至此,我们发现,锦的自杀在与蒙相聚的时候就早已决定了的,所以,她拿了蒙的雨衣,并把自己的雨伞交给了蒙,雨衣与雨伞是用来遮风避雨的,而在本文中显然具有了互为对方撑起一片蓝天和作为思念工具的隐喻功能。我们能够想象,当锦准备自杀,面对这件雨衣的时候,她的心情是多么的复杂、沉重与温馨,而锦要求归还雨衣给蒙也具有了感谢、祝福、思念和保重的意味,那种爱情的忠贞与信念的坚守足以让人感动,这让我想起了舒婷《致橡树》里的诗句:“坚贞就在这里/爱,不仅爱你伟岸的身躯/也爱你坚持的位置、足下的土地。”

而这种对爱的坚守也在蒙的内心徘徊。我们可以假设,要是两年前锦离开诊所后他就去追寻,那就是另外一番景象,锦的母亲的叙述尽管没有抱怨蒙的意味,但在蒙看来,这一切都有他的成分,忏悔与救赎是无法挽救的,而唯一的方法就是与锦相会——自杀,一方面坚守纯净爱情的信念;另一方面对自己没有及时寻找爱人的忏悔。当蒙吃完所有的安眠药的时候,他恍惚间感觉到锦的到来:“锦朝他笑了笑。锦说,我是来接你的。接着她拉着蒙,一同走进晨光里。他们面前的田野被淡淡的晨雾所笼罩,淡淡的晨雾被红色的霞光所浸染。他们停住脚,他们的目光被一片灰红色的雾霭所弥荡。”这种“晨雾”与“红霞”显然是两人相会、爱情交融的铺叙,在这里永远没有人性恶之后的生存困境,作者以抒情的幻觉笔调赋予了蒙自杀的诗意的肯定,同时也给纯净的爱情坚守叙述了一种乌托邦的想象,而且这种想象随时都有可能破碎,因为诗意栖居于大地之上永远是一种幻想,人注定了在大地上做着无谓的行走。

是的,文学创作本身对作者和读者都可以看作是一种身体的治疗,但同时也是身体疾病和各器官隐忧出现的缘起,因此,对于一个作家而言,写作的感觉就是:痛并快乐着;对读者而言,文本的与众不同,让你在紧张的矛盾张力中不得不去感觉那种“阴郁”性的文本想象;对我而言,读墨白的小说,自然是一段痛苦的旅程,但更是一段充满快感的阅读旅程,他把自己的知识经验、生存经验以及历史意识通过文本及其疾病书写来呈现,从而舒缓个体与世界的紧张关系和想象焦虑,这又恰恰刷写了芸芸众生中的历史犬儒主义和政治无意识的盲视,使我们不得不重新审视历史、审视当下、审视我们自身的每一处隐形的疾病。

(原载《莽原》2009 年第 4 期)

现代主义精神的弥散

——试论墨白小说的叙事风格

康　宁[①]

墨白在一次访谈中引用了伯恩哈德的话，提到了"重要的不在于写什么，而在于怎样写"。一语道破他在小说中最看重的突破方向，那就是别样的叙事。他将小说分为了两个范畴，小说强调写什么，是社会学的范畴，而怎样叙事，则是将小说放在了文学的范畴。

墨白的小说题材广泛，大多是现实主义题材，选取现实生活中的事件作为小说蓝本，却并未按照传统现实主义题材的顺序来叙事，相反，在他的作品中，我们往往很轻易地感受到现代主义的弥散，那种阴郁、神秘、焦虑、荒诞、迷惘和绝望的气息，弥漫着无告的痛苦和难以排解的孤独，隐含在他的书写中。而他的作品又有点像他的名字，墨和白本来是相对的、矛盾的，却可以这样统一成他的笔名，让人感受到一种神秘和迷惘的完美。而他的小说所用的文字虽然是一种鲜活的灵动跳跃的诗一样的文字，却表露出一种阴郁的迷茫的美。即使是在写丑陋的东西，也会从内心的感受着手，将一种表达的真诚传达给读者。于是，很意外的，两种完全矛盾的特点在他的文字中结合起来，应和了他的名字。

鲜活灵动的文字

墨白的小说充满了诗歌语言的鲜活跳跃，他擅长用具象的文字描写来表达抽象的看不见抓不着的感受，在他的文字中，我们可以清晰地感受到他对生活

---

① 康宁（1981～），女，河北石家庄人，文学博士，主要从事影视文学研究。

的细致观察的真切的感受，他用想象架起抽象和具象之间的桥梁，他将自己心灵的真诚镶嵌在他如诗的文字中，并在字里行间熠熠生辉。

《母亲的信仰》中小妹死了以后，“好半天妈的身子才开始颤抖起来，最后终有一声长哭像一只受惊的小鸟从妈的嘴里飞出来”。“小妹就像那个秋季里的一片黄叶随风飘落了，小妹化成了那个季节里的晨霜落在了母亲的青丝上”。文字生动形象地将小妹死后妈妈悲痛的感觉化成了具体的可以想象的画面感极强的文字，让读者对于母亲失去孩子的悲痛感同身受。

《霍乱》中“花子的话像当空突然响起了一声炸雷，把人们都打蔫了”。把花子的话带给人们的惊讶表现的惟妙惟肖。

“由于胖得厉害，他们没法弄清他的实际年龄，他坐在门边树阴里的椅子上，她们听到他屁股底下的椅子叽扭叽扭只喊疼。”将椅子拟人来表现人物最重要的特点“胖”给观众对于他的“胖”的直观感受。

《母亲的信仰》中当“我”陷入回忆的时候，墨白用了这样的文字：“春日的阳光如同一把毛茸茸的刷子抚摸着我的脸，如同那场留在我记忆里的春雨，春雨如同眼前的阳光洗刷着我的身子。现在我已不能准确地说出我站在那场春雨里的感受，但我可以告诉你，那个时候我的思想已被那场春雨淋湿了。现在，我坐在阳光下，目光茫然地穿透那片苍黄的旷野去遥望 1963 年春季里的那场让人忧郁不安的霏霏淫雨。”如诗的文字表达将读者一同带入对于往事的回忆中，阳光和淫雨的重现让读者不由自主地进入墨白的世界，那些带着忧伤又带着温馨的回忆似乎有了气味，就这样猝不及防地扑面而来。

“那场春雨在我的记忆里一直下了很长时间。在我后来的回忆之中，那场雨水里充满了玫瑰色的桐树花的芬芳，那芳香像一场浓重的大雾在我的记忆里经久不散。”将看不见的“芬芳”幻化成了可以看到并且读者都有经验的大雾，让读者切实体会到“我”的真实感受，或者会触及某种回忆和某种相同的经验。那种不可名状的思绪就这样在墨白的笔下跃然纸上。

《光荣院》中虾米抚摸着自己被医生接错的骨节的时候，开始思忖曾经的时光，“阳光像林中的虫屎一样沙沙地从空中或者他的记忆里抖落下来，打在他的脸上和杂乱的白发上，打在他那时刻都在颤抖的长满老人斑的左手上。他抚摩一下手上的阳光，就听到手上的老皮干裂得像一张晾干的蛇蜕皮发出毈毈的声响”。在表现虾米听到老金弄出来的声音就头痛时，用了这样的文字：“虾米真的头痛，老金弄出来的声音化作更多的虫子在争先恐后地往他的头里钻，那些虫子张着大嘴在喝他的脑髓，他的头痛得要裂开一样。”文字生动地表现了虾米头痛的感觉。

墨白的小说中对于人物心理的描写非常深入，他擅长用形象的语言来传达人物心理细微的变化，例如在《告密者》中，两个乡下的女人为了搭救因为参与赌博而被抓到县城去的老公，不得不进县城，乡下女人的自卑在墨白的文字里表现得淋漓尽致：“正说着，她们看到有两个身穿橄榄绿制服脸色白嫩的女人有说有笑地从大门里走出来，一比，她们立刻出气就短了。”在她们第一次走错，问路的过程中，“最后她们又问了一个拾破烂的妇女。那个拾破烂的妇女和她们的年龄相仿，冬天还没有来临，那个女人的手已经被风吹裂了。她们互相看了一眼，那个女人的手给她们增长了几分自信”。之前见到“身穿橄榄绿制服脸色白嫩的女人”时她们的“出气就短了”，之所以变化为之后的“增长了几分自信”主要是由于“那个女人的手已经被风吹裂了”。前后两个鲜明的对比，生动地将乡下来的女人自卑、害怕被人瞧不起的心理表现了出来。

雨似乎是墨白小说中酷爱的意象，几乎在每篇小说中都会提到雨，不管是现实中还是回忆或者幻想中，不管是带着喜悦还是带着忧伤，都加入了雨的阴沉和多情，浪漫的雨传达了主人公惆怅的思绪，淋湿了主人公的回忆，也打湿了读者的心。悲剧中的雨多是残暴的，那些带着忧伤的往事如果掺杂了雨的浪漫似乎会变得温馨一些，即使曾经带着疼痛的经历似乎也会因为雨的存在而变得亲切起来。雨的存在丰富了小说的意境，雨是天空对大地的柔情，或许也是墨白对生命、对生活的柔情。

现实主义题材中现代主义的弥散

墨白小说特殊的叙事风格决定了即使墨白小说的题材选择的是现实主义，也不可避免地带上了现代主义的特点，这种现代主义的弥散使得墨白的小说完全不同于余华、苏童等现实主义作品风格，而自成一派，完美地将两种不同的风格结合在一起。

现代主义完全不同于现实主义的平民姿态，如果说现实主义抛开了古典主义的架子和浪漫主义的内在激情，以平民的姿态走进了现实生活的深处，充分地接触社会真相和底层人物的疾苦，积极揭露社会矛盾，虽然它直接展现了苦难，并进行了尖锐的批判与控诉，但是现实主义仍然充满了健康的情绪和明朗的气息，体现了清醒的理性精神。可以看出，现实主义的叙述是全知全能、信心十足，始终保持了清醒的理性精神。那么现代主义则丧失了这种乐观和自信，作品中往往笼罩着阴郁、神秘、焦虑、荒诞、迷惘和绝望的气息，弥漫着无告的痛苦和难以排解的孤独。[①] 带着颓废和逃避现实的感受，墨白的小说给人的感觉总是弥散着现代主义的味道。

一切都四散了，再也保不住了，世界上到处弥漫着一片混沌。[②] 我们生活在一个彼此不能理解的世界上，在这里是一片混沌。在这种混沌中，应当去寻求一种真理或者什么意义么？那是没有必要的。[③] 现代主义放弃了现实主义的乐观和明朗，走向了阴郁和神秘。

“神秘，这个词与我们的现实生活也紧密相连。走在大街上，当您对面走过来一位陌生而漂亮的女孩或者一位陌生而面容苍老的男人的时候，您对她或他了解多少呢？她是个良家妇女还是个妓女？他是个老知识分子还是一个杀人犯？您可能什么都不知道。她或他的生活，她或他的一切对于我们就构成了一种神秘。每一个人都是一个神秘的房间。那么您在别人的眼里呢？同样也是一间神秘的房子。我们每天都面对着这样的生活，就连我们自己也不知道在即将到来的那一时刻会在我们的身边发生什么样的事情，我们不知道，未来对于我们每一个人来说永远都是神秘的。”于是墨白最后归结道：“现实生活中的神秘是我写作的叙事策略，同时也是我的小说立场。”[④]

不管是不是现实主义的题材，墨白总是赋予作品一种神秘的感觉，正如评论家郝雨先生在《神秘：永远的人生内涵与艺术意义——墨白小说论》中所阐述的那样：墨白的小说创作，首先就是为了尽量走进那一个一个的“神秘的房间”，进而去破解更大的世界的秘密。当然，这些“神秘的房间”最终是难以真正走进的，而世界也最终是无法彻底破解的。而这种永无结果的“走进”与“破解”的过程，以及在此过程中所感悟到的有关人生的理性的意味，也正是墨白艺术创

① 南帆：《文学理论》，浙江文艺出版社，2002 年版，第 158 页。

② 叶芝：《基督重临》，袁可嘉编《外国现代派作品选》第一册上，第 64 页。

③ 《法国作家论文学》，王忠琪等译，生活·读书·新知三联书店，1984 年版，第 596 页。

④ 墨白：《重访锦城·自序·与本书相关的几个词语》，长江文艺出版社，2000 年 10 月版。

造的全部意义。墨白的小说善于创造艺术情境的神秘化，但又绝不是刻意制造外在故事的离奇怪诞和扣人心弦，他的小说的神秘性完全是一种感觉、情绪和生活现实有机融合而形成的艺术性。超现实与超感觉的情绪化、幻觉化的融入，就使得小说的整个情境充满怪异和神秘。这种迷宫式的艺术建造在他的长篇小说《映在镜子里的时光》中，体现得最为充分。所谓对艺术情境的神秘化，在墨白小说中也有多种表现形式，而其最主要的手段就是，将历史与现实融合，将幻觉与真实融合，将梦境与实在融合，将历史人物与眼前人物对位融合等。墨白小说中经常有意模糊掉以上那些非同一时空发生的事件以及人物的界限，从而造成一种艺术上的神秘感，并同时增加阅读感觉方面的丰富性以及理性方面的深刻启迪。

现代主义的特点弥散在墨白的小说中，使得小说本身具有了一种特殊的韵味。不管是现实主义题材的《霍乱》《母亲的信仰》，还是用幻境来建构起来的《雨中的墓园》，甚至最具有现实主义特点的《告密者》，都蒙上了一种现代主义的面纱，墨白用一种特殊的叙述方式将现代主义融入了现实主义作品中。

无法逃脱的绝望和宿命

在墨白的小说中，始终充斥着不能言说同时又是无法挣脱的宿命感和绝望感。人物往往不由自主地进入一个特殊的情节纠葛中，无能为力被动地被别人左右着命运。现实变故的不确定性给生活蒙上了一层神秘的色彩，这种色彩中不可避免地带有绝望和宿命的感觉，墨白小说中的主人公就是在这种绝望中苦苦地挣扎，却终究逃脱不了已成定数的宿命。

陷入自以为是的想象中，用一种模糊的想象替代了不愿意相信的现实。在《告密者》中，花子的老公和几个村里的人因为赌博被派出所抓走，全成一下子成了所有人眼中的“告密者”，花子就这样陷入一个网中，在想办法救她老公的时候对事件有了越来越多的理解。最后才清楚真正的告密者到底是谁。

在一次又一次的营救碰壁的时候，花子陷入了一种无法挣脱的绝望中，“花子突然忍不住放声大哭起来，郑凤兰蹲在那里劝都劝不住。花子双手握着自己的脚脖子，像死了亲爹娘一样，花子哭得鼻涕满面，满腔的仇恨和委屈顺着她的哭声倾泻而出，那些仇恨和委屈像她头顶上的槐树叶一样沙沙地从空中坠下来,落得满地都是”。情感终于在无望中爆发出来,借用一种痛苦的方式,将花子的仇恨和委屈宣泄出来。满腹的委屈就这样像洪水一样冲泻而下,淹没了读者的心。

在《光荣院》中,几次提到“虾米一躺到棺材里,那种使他头痛的声音就消失了,他的头痛也跟着慢慢地减退了”。用一种隐含的方式表现了虾米对于人生、对于自己的生活的无奈和绝望,不仅表现了虾米的心理,同时也暗示了在无法摆脱的宿命影响下的虾米的悲剧命运。

宿命感似乎是很多小说都尝试表现的主题,现实生活同样有相同的经验。每个人来到这个世界上,生活在什么样的家庭中,周围有着什么样的人,在他生活中擦肩的哪个人影响了他的生活,改变了他的生活轨迹,他的那些事情又怎样作用于他周围的人,并且产生了怎么样的效果,这些我们无法控制也无法改变的一切都被归为一种宿命。不同于社会的变化和突发事件的影响,墨白的小说《光荣院》中所体现的宿命感似乎更加强烈。虾米不知从什么地方来,不知道父母是谁,他“浑身的皮肤像煮熟的虾米一样红,眉毛、头发都是白色的,他的身上除了十块袁大头之外,什么都没有”,他坐在一个镇上任何人都没有见过的漂亮的釉缸里,随着河水漂到了九生的面前。

他的生活,他的命运,如同他的身世和他奇怪的样子,都不受他自己的控制,他莫名其妙地来到了九生的身边,九生在他十岁的时候去世,他被在关帝庙管事的冯掌柜安排到关帝庙大门边的一间厢房里住了下来;之后由于监工建库房的银须老者年轻的时候当过瓷窑的学徒,看到了虾米的釉缸,所以让虾米当上了库房的看门人;最终库房改成了光荣院,虾米就自然而然地留在了光荣院。通过虾米一生的经历不难看出他是无法左右自己人生的,釉缸与其说是始终陪伴他的伙伴,不如说是他今生无可改变的归宿。他的命运似乎一直掌握在别人的手中,再多的痛苦忧伤和梦中的泪水都是不能改变他的命运的,这包括最后死了,而光荣院的棺材不够,他只好用那个釉缸作为最后的归宿。虾米的经历充满了不可抗拒的宿命感。是宿命的安排让他一无所有,同样是宿命的安排让他最终还是回到了他来的地方。冥冥中,总有一种东西引导着他的生活顺着一个方向前进,即使是一个不可知的未来,也是他不得不面对和应付的。是宿命赋予了整个小说一种无法表述的神秘感,是这种神秘感带读者进入了一个全新的世界,充满了惊讶和奇遇,同时也充满了魅力。

现实和幻境之间的纠缠交错

墨白在接受采访的时候提到了伯格曼和伯格曼最具盛名的电影《野草莓》，这个享誉世界的电影大师最擅长的是在他的电影中注入他的梦境、回忆、罪恶感与幻想。在电影《野草莓》中，伯格曼用一种特殊的叙事方式，将梦境、幻境和现实完美地结合起来，看似是表现一个人的一天，实则表现的是一个人的一生。这样的叙事方式同样也体现在墨白的小说《映在镜子里的时光》里，小说看起来讲的是发生在两天内的故事，实际上讲述的是四十年的历史。墨白将电影这种特殊的艺术表述方式嫁接到小说中来，凸显了一种特殊的叙述风格。

电影表现时空的交替，现实、梦境、幻境和想象之间的转换比较方便，可以用黑白和彩色之间的变化，或者偏暖的色调，甚至话外音等多种手段进行表述，受众对于这样的叙述手段也比较容易接受。而嫁接到了小说中，小说是一种文字的艺术，作家的思想和意识唯一的载体就是文字，这种情况下，想要实现时空活跃的跳接与现实、梦境、幻境和想象之间的转换就比电影要困难得多，同时也需要高超的技巧，要求小说家有更丰富的想象力。墨白就是凭借着这样天马行空的想象力和巧妙的结构方法来结构故事，达到了电影这种复杂的艺术才有可能达到的艺术效果。

墨白小说中的时空转换很有特点，似乎总是纠缠在现实和幻境之间，主要是墨白对于叙事的把握和小说结构的独到创新。墨白的很多小说摒弃了传统小说的叙事结构，不是按照起—承—转—合，同样也不是按照发生—发展—高潮—结局的基本叙事模式，而是用一种全新的方式来进行结构和叙事。

比如《霍乱》就是按照人物来叙事，整篇小说所涉及的五个人物，成为小说的五个叙述主体，通过对这五个人物的介绍来讲故事，完全跳出了由时空所限定的窠臼，不再受时空的限制，只是从各个方面来交代人物之间的关系和故事的发展。同时在过去和现在中实现了跳接，打破了时间的界限，看似混乱，实际上在故事的交代上还是颇为清楚的，而这种手法也是颇为独特的。

同样收于小说集《霍乱》中的小说《光荣院》没有将标题统一成人名或者地名，而是在对一个标题的解释的最后引出下一个标题，用多个看似独立的小故事组织成一个结构严密的小说。这篇小说由“声音”、“棺材”、“库房”、“瓷缸”、

"光荣院"、"医生"、"院长"、"伙房"、"梦境"和"墓地"等几个看似毫无关系的小节组成,最终以虾米为线索讲述了光荣院里的发生的故事。

梦是通往另一个世界的门。[①] 人们对于梦境的热爱似乎从来没有终止过,而梦作为另一个世界的门通向一个无法解释也无法跨越的世界,我们无法苛求梦境的合理性,包括和梦有关的一切。

在墨白为我们营造的没有具体时空概念甚至可以说是自由穿越时空的情境里,常常是摆脱不了梦境和幻境的纠缠,并且在梦境和幻境中实现现实生活中无法实现的愿望。梦境和幻境的存在弥补了现实的缺陷和遗憾,却也让主人公的命运显得更加凄凉和悲惨,无法左右的现实生活,只好托付给了另一个世界的所在。美妙的梦境和幻境显示了墨白的悲悯情怀,同时也增加了小说的悲剧色彩。

在《光荣院》中,虾米在现实中对于叶的喜欢是无法实现的,只好转化成梦中与叶的亲密:"在夜里,虾米几乎每天都会梦见那个名叫叶的女孩,叶一丝不挂地从雾气里走来,她浑身通红,散发着一种迷人的气息,她一声不响地来到虾米的面前,在他的怀里坐下来。"他在现实生活中对于自己的身世的疑问化作睡梦中的哭泣:"他想,离开这里吧!可是我到哪里去呢?我的家在哪里呢?是谁把我放进那口缸里漂到这里来的?他对此一无所知,他常常在睡梦中泪流满面。"虾米这个人物形象就是在现实和幻境之间纠缠交错着,他无法在单一的情境中为自己的疑问找到答案,只好任凭自己的心灵游离在现实和梦境之间。这种对现实的无能为力在小说中最重要的体现就是将问题诉诸梦境。

《罗生门》式的追问和思索

《罗生门》是日本著名导演黑泽明的作品。影片讲述的是一个扑朔迷离、真假难辨的暴力事件。这部电影对于电影叙事最大的贡献在于多视角的结构,影片中的凶杀案是由三个事件参与者和一个旁观者以四种不同说法叙述出来的:一个武士带着妻子出行,在丛林中遭遇强盗、武士被杀、妻子受辱。每个人都站在有利于自己的位置上进行陈述,导致说法各不相同。这部电影无意于告诉我

① 墨白:《霍乱》,群众出版社,2004 年版,第 77 页。

们所有的事情，影片所呈现的实际上是一些不连贯的事件。即使是到影片的结尾，黑泽明也是留给了观众一些没有答案的问题。黑泽明以非常独特的手法探讨了客观真理的性质和主观真实的关系以及人类的信任危机等主题。

这种多视角的结构体现在墨白的小说中，最明显的是收于《霍乱》中的小说《雨中的墓地》。这篇小说同样也是现实和回忆，或者梦境之间时空转换，而在所谓的回忆中又采用了多视角的结构。“我”在给晓霞讲述自己的经历，“我”在和家里人闹别扭之后糊里糊涂地上了一辆去“青台”的车，到了之后才知道青台原来是一片墓地。奇怪的是所有的墓碑上都刻有相同的日期，而这个日期又恰恰是“我”的生日。对于为什么有这么多人的坟墓都在这样一个奇怪的地方，而墓碑上又有一个和“我”生日巧合的时间，“我”和读者一样都充满了好奇。

可是同样生活在青台的不同的人对于这个缘由的讲述却完全不同，这和电影《罗生门》里不同的人对于同一事件不同的表述有着异曲同工之妙。黑衣老者说是由于中毒，所以很多人在这一天一块儿走进了坟墓；而看渠首的老人却说是“我”的父亲一个人中毒而死，而树林里埋的那么多人都是淹死的；而那个脸面很黑并和“我”同一天出生的女人却又否定了之前“我”听到的说法，说那些人都是被炸死的；虽然小说最后用晓霞来揭示出了这是一个梦境，然而梦境也是有意义的。就像小说里说的“世界上任何一个人他都不可能把世界上所发生的事儿都知晓，不可能，但这里面有一个规律可循，任何事儿都有规律，比如生命，比如爱情，无论你怎样生活，有钱也好没权也好，有权也好没钱也好，坐小轿车也好步行也好，实际上没有太大的差别，只是生活方式不一样，随着时间的推移这一切都非常次要，没有太大的意义。但是没有意义本身也是一种意义，这种意义的本身就是生命的延续。实际人都在旅途中，在生命的旅途中”。这段话揭示了这篇小说的意义，同时也揭示了墨白的思想和心理。

对于每一个人来说，在不算长的生命长河中，在每一天或这样或那样的生活中，怀疑、不确定和没有意义都是无法避免地存在着，并不是每一天都有重要的事情发生，并不是你所遇到的每一个人都会对你的生命有所影响，你只是跟着宿命的指引去见该见到的人，做该做的事情。而当你走完这一生去回忆的时候，你会发现，你的记忆里只有很少的几个人，你也只会记得很少的几件事，其他的人，其他的事情，随着时间的流逝终于化成了你记忆中用作装饰的流苏；还有一种更糟糕的可能，你已经忘记了事情的真相，你的回忆按照你自己的心改变了你的回忆,你开始怀疑自己,怀疑自己经历过的事情、遇到的人、走过的地方。那些流苏和那些怀疑有的时候看起来是那么没有意义。可是正是每一个确定的日子你所经历过的那些让你怀疑、让你觉得没有意义的事情可以证明你活着,以这种或那种方式和状态,这种没有意义的方式和状态就这样告诉别人,你的生命在这样延续着。

墨白的小说用诗歌一样鲜活灵动的语言和独特的结构,实现了小说叙事风格上的突破,用这样的语言来表现阴郁和神秘的现代主义是一种大胆的探索和创新。对于这样一个在乎故事情节的时代来说,这样的作品弥足珍贵,却也具有相当大的挑战。墨白将电影的结构风格引入了小说这种只有文字作为载体的艺术,这样的尝试对于小说的发展和改革具有探索性的意义。然而这样的文字和结构对于小说的故事情节是不是一种消解,人们是不是更多地关注文字和结构的特殊性而忽略故事情节本身的意义,相信时间会给这样的疑问一个最好的答案。

(原载《绿洲》2009 年第 7 期)

墨白小说:中国当代文学的“国家声音”

张延文

2006 年,一则德国著名汉学家顾彬的关于“中国当代文学是垃圾”的言论在当时的中国文学界掀起了轩然大波。2010 年 3 月 19 日,在凤凰卫视的谈话节目《锵锵三人行》上,顾彬纠正了这种说法,他否认自己说过中国当代文学是垃圾,认为是断章取义的言论。①

在谈话当中,顾彬指出中国当代小说有三个很大的问题,分别是语言的问题、形式的问题和世界观的问题。顾彬认为,当代中国小说家缺乏思想,形式落后,语言能力差,不能帮助当代中国人建立他们的语言和世界观;中国当代作家胆小怯懦,不能在国家需要时,提出国家的问题,发出国家的声音;而一个作家需要凭着自己的真心、自己的良心来写作,作家就应该是国家的良心。作为一个颇有影响的汉学家,顾彬的言论是有一定的代表性的。这让我们想到中国当代作家所谓的“诺贝尔奖情结”问题。其中有一种看法是:诺贝尔文学奖带有极强的政治色彩,偏见导致了中国很多优秀的当代作家无缘诺贝尔文学奖。值得一提的是,2000 年的诺贝尔文学奖颁给了法籍华人高行健,使得中国当代汉语小说第一次叩开了世界文学界的第一大奖的大门。瑞典文学院在授予高行健 2000 年诺贝尔文学奖的公报上指出:其作品的普遍价值、刻骨铭心的洞察力和语言的丰富机智,为中文小说艺术和戏剧开辟了新的道路。虽然高行健获得诺贝尔文学奖是一件很有争议的事,但我们不妨去思考这样一个问题:在中国当代文学里,有没有这样的一个作家,他(或她)同时具备了良好的语言意识,丰富的叙事技巧和宏伟的思想体系,他的作品可以发出国家的声音,具备普遍价值,

---

① 凤凰网《读书》栏目,网址:http://book.ifeng.com/culture/6/detail.2010_03/20/399510_o.shtml。

有着敏锐、深刻的洞察力，并为中国当代文学艺术提供开创性的价值？如果答案是肯定的，那么就意味着以顾彬为代表的汉学家以及以诺贝尔文学奖评委为代表的国际文学界缺乏对中国当代文学的全面了解和认识，是观察的盲区导致了判断的偏差。同时，也说明中国当代文学国际传播方面存在的不足，在文化交流上有着亟待完善之处。

在这里需要指出的是，答案毋庸置疑是肯定的，我至少可以找到一位以上的中国当代作家具备了上述的所有要素，他就是中国当代著名小说家墨白。我们可以从墨白的小说文本当中寻找到当代中国的国家声音。墨白小说作品的语言、形式和思想以及普遍的象征价值，都达到了引领者的境界。

墨白的小说语言有着两个特点：一、总体叙述时使用书面的诗性语言；二、在局部采用地方方言和口语。这两点都和墨白作为一个成熟作家的鲜明的语言意识有着密不可分的关系。在谈到自己小说语言的诗性时，墨白说："诗歌的观念对我的小说叙事起着潜移默化的作用，比如隐喻。我小说中的隐喻是与诗歌有关系的，包括小说叙事的诗性语言，都与我写诗、喜欢诗歌有关。但是我觉得，我小说中的诗性语言恰恰不在这里，而是来源于小说语言的情绪化。这种情绪化是有质感的，就像一条流动的小溪，可以触摸。当然，这种情绪化不光是作者本人的情绪，而更多的时候我赋予作品中的人物，加上我小说的复式语言所带来的节奏感，可能是这些，给你带来了以上的阅读感觉。"①墨白强调了小说语言的情绪化，赋予了叙述人和人物内在情感的语言增添了作品的内在韵味。比如他的小说《民间使者》中的一段："多年前的那个深夜里，父亲怀抱着冷姨，穿过布满了弹坑和死尸的街道，同我一样慢慢地接近一片桃林，但那个时候父亲没有看到粉红色的桃花。那些粉红色的开遍枝头的桃花被黑暗所笼罩。父亲只感到他的身子不断地擦过一些枝条，有一些湿漉漉的东西擦过他肿胀的脸，这些枝条和湿漉漉的东西的出现使父亲感到了劳累，他把处在神志不清之中的冷姨放在地上，一直坐在黑暗里等待着光明的到来。父亲坐在一片陌生的树林里，听着有流水的声音从不远处传过来，听着风在他身边的树林里钻过去。他用手轻轻地揽着冷姨的身子，慢慢地睡着了。"②这段叙述仿佛是散文诗，有些

---

① 龚奎林：《经验・历史・责任・创作——墨白访谈录》，载《西湖》2010 年第 2 期。

② 《民间使者》，原载《江南》1994 年第 4 期。

部分如果分行就基本上算是一首诗了。诗性的语言让朴素的事物披上了圣洁的光泽,湿润而富于弹性。这就让墨白的小说中呈现了很多美好的意象,这应该得益于作者对于生命的热爱,他将无限的希望赋予到有限的存在当中,致密的情感压缩了言词的空隙。

墨白的叙述语言除了诗性之外,还使用了大量的方言口语,但两者并不显得矛盾,相反却增加了小说文本的真实感。在谈到叙述语言的口语化时,墨白指出:"我所选择的方法就是让自己从小说的叙事当中退出来,让小说里的人物放到他们的身份、修养、个性、生存的环境中去自我表现自己,这是我解决口语化写作的一个根本的原则。"①让人物自己来说话,这是墨白口语化的第一原则,这样就既可以尽可能地还原人物的本来面貌,贴近于生活现实,又可以使得文本因为多声部的存在而呈现复调的意蕴。同时,墨白在小说叙述里方言的运用也很突出,比如这段:"来喜想,这人真是活宝,那大片大片的庄稼咋说收完就收完了?哎,又要犁地种麦子了,可是我们今年都干了啥?为了那俩熊钱我们家里的地都不顾了,我们跑到城里撅着屁股挖下水道来了,可是我们挣的钱呢?"②来喜的思想活动是通过带有来喜个性化的地方方言来表达的,生动活泼。向优秀的民间语言学习,这也是墨白使用口语普通话和方言叙述的重要原因。事实上,普通话和书面语远离了带有人民大众的朴实情感和悠远的时间属性的日常语言。方言是一个地方活着的历史。从墨白的小说里,我们可以找到大量的具有地域文化特色的方言,那是在豫东大地上跳跃着的祖先的灵魂和欲望。

通过诗性语言和方言口语的灵活运用,墨白试图做到"用书面化语言来作艺术形式的探索,用口语化来体现现实的生活"③。墨白的小说有着自身独特的叙事语言结构,这是墨白个人写作风格的重要特点。在墨白看来,叙事语言是有结构的,它不同于小说里的故事结构,也不是小说形式上的结构,而是语言本身的结构。墨白认为自己小说的语言结构"由两个方面构成:一是小说人物的视角与意识的有机结合和转换,二是叙事者的外视角和小说人物的内视角的承接与转换。这两点就构成了小说的语言结构。这当然是就我的小说而言。我

---

① 林舟:《以梦境颠覆现实——墨白书面访谈录》,《花城》2001年第5期。

② 墨白:《事实真相》,原载《花城》1999年第6期。

③ 林舟:《以梦境颠覆现实——墨白书面访谈录》,《花城》2001年第5期。

的小说，从结构到语言，可能都给你想通过颍河镇里的一些机关进入我小说的想法，带来了障碍”[①]。这也就是说，墨白小说的叙事语言有着不同的分层组成，叙事者、小说人物都具备叙事功能，而且小说人物自身还有着心理的和现实的两种语言形式。这些出自不同的叙事人和叙事视角的叙述被自由而有机地连接在一起，为小说文本设置了玄妙的迷局，增加了理解的难度和文本的复义性。当然，这已经不再单纯是语言的问题，也是叙事方式的问题，也就是形式的问题。本来，语言、形式和主题在优秀作品当中就是有机的整体。

墨白小说语言结构的多层次性在其中篇小说《重访锦城》[②]当中有很好的体现。在《重访锦城》的故事结构当中，一直存在着两条线索：一条是外在的，另外一条是隐含的。谭渔寻访锦城的历程是故事外在的线索，另外一条则是谭渔的心理活动，或者说幻觉、想象，其中主要的对象是锦。文本内部则通过不同角色的讲述来组织故事。而作者以个人讲述来组织世界，通过短期记忆与长期记忆、潜意识与显意识的互渗，来突出个人和世界以及个体生命和人类的本质之间的复杂关系。这些都为读者的接受带来了阅读的困难，故事在真实世界和心理时空当中自由地穿梭、飘移。小说的语言结构的深层是心理结构，心理结构的依据是时空结构。墨白小说非常重视作品的心理结构，并能够巧妙地运用多种形式的时空结构来结构文本。小说叙事也是对于时空体的塑造，是对于现实世界的全新的把握和思索。

墨白小说叙事当中，非常重视心理时空对于现实世界的侵入，他着力于探询记忆、梦境、潜意识等之间的关系。在墨白看来：“梦境与我们过去所经历的现实生活，与我们的阅读经验在大脑里具有同等的位置，它们都成了我们记忆里的一部分。同样，幻想也具有这种特征。幻想和梦境成了我们最真切的精神载体，这是不争的事实。”[③]幻想和梦境都具备了自由的本质，是个人主体性的重要显现，是个体精神自由的象征。记忆是过去的现实的总结，同时也能让我们回忆起我们的梦境和幻想的内容，受到梦境和幻想的影响。事实上，人类的认知心理带有很强的选择性，在长期记忆选择哪些短期记忆来作为质料时，本身

---

① 刘海燕：《有一个叫颍河镇的地方——与墨白对话》，原载《莽原》2006 年第 3 期。

② 墨白：《重访锦城》，原载《收获》1995 年第 1 期。

③ 墨白：《梦境、幻想与记忆》，原载《山花》2005 年第 5 期。

就带有潜意识和无意识的作用。在墨白看来，好的叙事作品能够让读者明白：“我们现实生活里的每一个人对世界所承担的责任，都通过他对梦境、幻想与记忆的陈述变成了一种衡量世界精神的尺度，同时他还告诉我们，那些我们所经历的，现实的和将来的，这一切与时间有关的精神和物质的内在的联系。”①而墨白的长篇小说“《映在镜子里的时光》写于1998年，应该说这是我对梦境、幻想与记忆和我现实生活之间的关系的一种理解和认识，也是我对时间的理解和认识，同时也是我的历史观”②。

《映在镜子里的时光》是墨白的一部颇具探索意识的叙事文本，讲述了一个电视剧组前往颍河镇去寻找外景地的过程，剧本根据两部小说改编而成，《风车》描绘了“大跃进”时期的一段荒谬的历史，《雨中的墓园》则描写了不同人口中所讲述的“文革”时期一起神秘的多人死亡事件。在他们寻找过程中，小说中虚构的环境、事件和人物却在现实生活中意外出现。在一部长篇小说里嵌入自己创作的两部中篇小说，这首先为文本的叙事带来了叙事的裂缝，不同文本内部有着自己独特的时空关系，在母本的时空体系里出现了两个不同的子系统，而这两个子系统里的人物则最终部分突破了原有的时空限制，在母本的时空体系里合流。作为独立文本的《雨中的墓园》本身就是一部关于外部事件和个人认知之间的关系的文本，文本内不同的人物眼里对于同一事件有着不同的塑造权利。而在《映在镜子里的时光》当中，这些讲述再次被重新讲述，并获得了新的价值和意义。这是一部探索时间和记忆的先锋小说，历史在这里只是一种被讲述的过程。通过这种开放式的叙事结构，文本内部滋生着具体而微的意念和精神。被复制、仿写、戏拟、并置、重合的各种事物和情绪混杂在一起，却无形之中为我们呈现出了现实世界的驳杂而宏大的面影。

墨白的作品为小说叙事带来了全新的可能性，这种可能性就在于叙述者对于现实时间、文本时间、心理时间之间距离的消解和破除。墨白小说当中的叙事时间的无局限带来了文本叙事方式的无限可能。这得益于他对于诗歌和绘画艺术的理解，以及在小说叙事艺术当中的应用。同时，这也是墨白关于个人主体性地位重视的结果，历史首先是个人化的历史，历史本身就是各个个体生

---

① 墨白：《梦境、幻想与记忆》，原载《山花》2005年第5期。

② 墨白：《梦境、幻想与记忆》，原载《山花》2005年第5期。

命鲜活的生命经验和繁杂而神秘的生命历程。“我们使用语言和文字使记忆和幻想变成某种画面或情绪直接呈现在读者面前，使历史、时间和未来超出虚幻，变成一种固定的能给读者留下记忆的东西，我们成了创造历史的人。由于回忆使时间丧失了秩序，因此时间对于我们的生命而言就变得没有起点和终点。在这样的时间里，我们就可以用不同的视角来回忆和审视某一件往事。由于视角的不同，同样一件往事或人物就会使我们得到不同的感受和认识，这就使得我们的写作显示出她的复杂性和多层次性，这就成了历史。历史的真相是什么？历史就是某个人从某个带有主观意识的侧面所看到的某个事件的某个方面，历史就是某个人的好恶。”①墨白眼里的历史就是一部个人情绪和欲望的历史，也是人类和民族的精神史。对于个人主体性的标举是现代主义的特质，而重视情绪和欲望则带有后现代的元素。对于民间文化的推崇，民间精神的强调，在中国当代文化体系里，则有着接近于传统文化的可能。因此，墨白的小说主题就具备了传统、现代和后现代文化的多种精神。墨白的小说，是活着的过去，从某种意义上来说，也是存在主义和东方文化相结合之后，被充分当代化的结果。

墨白的小说当中，一个文本内部往往会有多重的主题，这些主题又会呈现出多元化的精神实质。这除了和墨白作品迷宫式的叙事结构有关系之外，还来源于墨白对于艺术真实性的执着追求。在墨白看来，小说写什么不是一个难题，怎样忠实于自己的生存环境、忠实于自身的感受、忠实于自己的表达才是一个重要的问题。真诚的写作态度，对于文学、对于写作的尊重，这是墨白创作的内在动力，以表达人的生存现实和精神实质。“一个真正的作家，他的写作不会有太多的功利思想，他的写作是人类良知的发现，或者说是对一种精神世界再现的诱惑。你想一个作家他能把思维这种空灵的东西用文字固定下来，再创一个精神世界，这是多么神圣的事业。我刚才说过，写作是一种具有宗教意义的社会活动。”②真实的世界有着无限的可能性，一个严肃的作家就需要拥有这样的写作态度。墨白围绕着自己出生地淮阳县新站镇创造出了一个绚丽多彩的文本世界——颍河镇。墨白小说中的主人公基本上都与颍河镇有关系。在谈到这个问题时，墨白说：“对于一个出生在颍河镇人来说，颍河镇的存在，在他的

---

① 墨白：《自序：我为什么而动容》，见小说集《事实真相》，四川文艺出版社，2001 年 5 月版。

② 雷霆：《对文本的探索——墨白访谈录》，原载《山花》2003 年第 6 期。

生命历程中留下了不可抹灭的痕迹。对于颍河镇来说,没有从远方流来的颍河,她也就不存在。颍河是淮河的一条支流,她们是女儿与母亲的关系,是儿子与父亲的关系,他们具有相同的血液和本质。”①颍河镇以及从小镇穿过的颍河,是墨白血脉里的文化根性,显示了他关于世界的所有认识。墨白用饱含深情的笔触描绘了颍河镇近百年来的沧桑巨变,从小镇的基本风貌,到在其间营营碌碌的生命个体,表现出了他们在大时代变迁下的欲望和命运、苦难和希望。墨白用细密和生动的文字为我们记录了一个地方的秘史,她的价值和意义远远超越了一部地方志。因为,墨白的颍河镇是充满了人文精神的,是一个地域所具备的精神史,带有极强的普遍意义和象征价值。墨白为我们贡献出的颍河镇的文化意象,将成为中国文化史上独具意味的象征体,为世界和后人考察20世纪以来中国现当代社会文化提供了很好的样本。

墨白的作品非常注重隐喻和象征,他的很多作品如《风车》《光荣院》等都像是一部部的当代寓言,充满了哲理的思索和政治权力关系的隐喻与象征,是对中国当代历史的深度观照。墨白是从“文革”时期成长起来的一代人,“文革”对于墨白的影响是深远的:“精神疾病产生的根源是权力、道德、政治、宗教、文化等等社会因素,精神疾病的存在就是对社会制度的隐喻。所以在我童年和少年经历的那个时代充满了各种不同的精神疾病,所以我童年和少年所处的社会是病态的,那种病态渗透在从那个时代过来的每一个人的精神里,这当然也包括我。所以这种病态在我的小说中呈现出来是很正常的。疾病隐喻与死亡哲学是人生的一个重要话题。”②中国当代文学当中的“文革”叙事都显得相对苍白,而且集中在20世纪80年代初期,中国人对于“文革”很容易就遗忘了,同时缺乏深度的探究和追问。一个不知反省的民族,其社会悲剧就有可能会再度重演!《光荣院》为我们提供了一个巨大的权力场,生活在其中的人都笼罩在红色政权和革命意识的光环之下,是外部的庞大的社会秩序奠定了光荣院内部的权力谱系。光荣院里的每个人都是病态的,有着独特的癖好,或者说是偏执和分裂。光荣院里的老革命们,一个个都等待着躺进早已准备好的棺材里,他们都是社会的多余人。他们的存在只是某一段社会政治权力历史的遗留物。我

① 墨白:《一个人,一座小镇和一条河流》,小说集《霍乱·后记》,群众出版社,2004年7月版。

② 龚奎林:《经验·历史·责任·创作——墨白访谈录》,载《西湖》2010年第2期。

们不妨来看看其中一段人物对白，医生和老金就老金的勋章问题展开的辩论："医生说，敌人？你认识你杀死的那些人吗？老金说，不认识。医生说，不认识你怎么知道他们是你的敌人？老金说，那是老连长说的。医生说，你们连长认识他们吗？老金说，不认识。医生说，不认识他怎么知道他们是敌人？老金生气了，他说，有你这样说话的吗？那战场上谁认识谁呀？连长说上我们就上，连长说打我们就打。医生说，说了半天你是为你们连长卖命呀。老金更加生气了，他说，你真是个混账东西！不为连长打仗哪儿来的这勋章？我告诉你，这勋章就是我们老连长发给我的，你说，要是没有这勋章，哪来的这光荣院？没有这光荣院，你会来这里享清福？医生不屑地说，这些勋章是真的吗？老金说，那还会有假！医生说，可是老钱咋说你这勋章都是假的？老金瞪着眼睛说，他敢这样说？医生说，他就是这样说的。老金的脸这会儿都气成紫色的了，他说，走，你给我一块儿去找他。"①老金行为的正当性在医生的一连串追问下显得破绽百出，作为一个事件的发生的社会依据早已不存在，当然这也是因为其本身就存在可质疑之处。《光荣院》是对于中国当代历史中的权力话语的质疑和追问，深刻地揭示了权力体系的内在本质，而老金这样的人，就是深陷其中的牺牲品，是谎言和欺骗的产物。《光荣院》里的权力体系在整个人类社会当中普遍存在，这是一部具备了广泛象征性的经典文本，就其形而上的艺术特质和后现代的思想元素来说，《光荣院》在中国当代文学史上有着独特的价值和地位。

墨白小说具有强烈的反省意识，正视人自身的欲望所带来的恶与恐惧，人性的弱点和不足。在面对文本时，墨白有着强烈的英雄意识，死亡和救赎，在面对命运时，人不可阻遏地被陷没。墨白从不掩饰自身的问题，哪里有罪恶，哪里就有救赎。墨白的文字有着来自叵测命运的焦虑、虚妄等悖谬因素所产生的巨大张力，让阅读者感受到强烈的心理震撼，以复苏人在平凡甚至卑琐的日常生活下渐趋麻木的心灵。墨白的小说艺术的表现深度是令人惊叹的，比如他的中篇小说《民间使者》通过父子两代人在不同时代踏上的对于中国民间艺术的探寻之旅的描述，最终表现了民间精神的实质——另外一种独立的世界观和生命意识。文中的主人公"我"从老辈的民间艺人传下的泥玩具和泥埙当中领悟到了不同寻常的意义，其中包含着四个层面的意义，每个层面又分别分为九个层

---

① 见《光荣院》，原载《花城》1999 年第 2 期。

次。四个层面分别为：A. 生命的死亡和生命的潜伏，土地和水，时间和空间，永恒的象征和精神的象征；B. 地狱，人间，天堂；C. 肉体存在的意义，肉体和精神的结晶，精神存在的意义；D. 阴，矛盾而同一的世界，阳。这其中蕴含着东西方文化的奥义，以及古典和现代的精神。去除了一般的权力意识，而回归到生命的本真，追问存在的终极价值和意义。其表达的主题和西方经典名著、但丁的《神曲》有着内在的一致，只是《民间使者》当中东方文明的元素更为明显。

综上所述，墨白以其恢宏的气魄和深刻的思想为中国当代文学带来了哲理的深度、介入的力度和世界的广度。墨白为中国当代小说带来的一系列的堪称典范的文本是中国当代小说创作具备了世界水准的有力佐证，墨白作品所拥有的普遍的人类文化学的价值和意义将让墨白的名字恭列于诺贝尔文学奖得主的序列当中而毫不逊色，只是这需要更多的文化交流，通过对墨白的经典小说文本大力地向外译介和推广来促使其最终完成。

（原载《山花》2010 年第 5 期）

游离于世俗化与诗意化两极之间的焦灼

——墨白小说创作浅论

高俊林

从1984年发表第一部作品开始,墨白的小说创作至今已走过了二十多年的历程。如果要给他这些年来的大部分小说寻找一个具有涵盖性的关键词,我个人以为,当以“焦灼”最为合适。随意翻看他的一篇小说,几乎都能够感受到那种低气压般的无所不在的焦灼氛围:环境的焦灼,人物的焦灼,情节的焦灼……你甚至可以体味到那种浓烈而炽热的焦灼气息扑面而来。它似乎已经渗透进了你浑身的每一个毛孔,令你感到窒息。

这种焦灼并非墨白独自一人的刻意臆造。事实上,如果仔细观察我们所置身的现实环境,你就会发现,在今天,焦灼具有某种共通性与普遍性,已成了一种时代病或社会病。除非你闭目塞听或者视而不见听而不闻,否则便无法不受到它的濡染。

对于一个写作者来说,焦灼当然不是所谓“感情零度”式的冷漠,与各种形形色色有意无意装扮出来的恬淡静穆更是相去甚远。它意味着作家对于其笔下人物与环境的深切观照,以及在此基础上所产生的个人情感上的矛盾纠葛与跌宕起伏。墨白与其他许多作家不同的地方在于,他没有奉行什么鸵鸟政策,而是敏锐地把握到了它并将之赤裸裸地表现了出来。正是在这种充满焦灼心态的观照下,我们注意到墨白的小说在两个世界——世俗化的世界与诗意化的世界——之间来回穿梭,游移不定。这两个趋于两极的世界,既相反又相成,并与时间存在着深刻的关联。如果说,世俗化的世界是直指当下体验的话,那么诗意化的世界则包含了对温馨过去的记忆与美好未来的想象。而所有这些记忆、体验与想象,都需要一个共同的具体承载的母体,于是那个名叫“颍河镇”的地方小镇便出场了。

颍河镇,是墨白绝大多数故事所发生的地域背景。在那些不同的故事里,它有时候是起点,有时候是终点,有时候只是匆匆驻留的中站。但当我们把这些零零碎碎的故事连缀在一起的时候,一个以颍河镇为中心的宏大而具有规模性的家园系列便矗立在面前。我揣测,这里面也许包含了作者在创作伊始的高度自觉。当然,这种自觉的试验已经取得了巨大的成功。

在以焦灼的心态围绕着颍河镇所展开的两个世界的描述中,我们看到,墨白对于世俗化世界的反映是一种常态:一桩桩鸡零狗碎的事件,一个个具体而微小的人物,一组组藤缠葛绕的关系。而所谓诗意化的世界,只是一个映衬性的背景或参差性的对照。具体说来,墨白笔下的诗意化描写并非那种浓得化不开的大肆渲染,而是人物在世俗化状态下精神高度紧张时的一种暂时松弛,就像一个远途跋涉者在走累了以后需要短暂休憩一样。但它并非人物自主性的自我调节或者张弛有度的特意安排,而是疲累到了极限以后迫不得已的喘息,其中隐含着一种深沉渊默的压抑。换言之,那是一座火山行将爆发前的暂时沉寂,或者一个潜水过久的人将头露出水面的偶尔透气。

无论如何,墨白的小说都是一个复杂化的存在。以下将从四个方面对之展开具体的阐述。

一、颍河镇:作为一种记忆、体验或想象

一个作家与其故乡的审美关系,是在拉开一段时间与空间距离之后的冷静观照中逐渐形成的。故乡对于大多数生于斯、长于斯的子民们来说,固然是一种客观化的物质存在,但对于一个离乡背井多年的作家而言,已经变成了一种以时间为计量单位的凝固化了的精神存在。它像琥珀一样,以过去完成时态的形式,永远地被定格在那里,折射出作者曾经有过的爱恨情仇与休戚悲欢。在时间已经将一切都过滤得波澜不惊之后,作家才有可能近距离地客观地观察它,如实地去表现它。因为这个时候的观察才最真实也最具理性,才可能既不美化也不贬低。

墨白与他笔下的"颍河镇"的关系也正是如此。他在一次访谈中讲道:"我小说里的颍河镇已经像血液流进了我的体内,来到了我的现实生活里,我的生

命已经无法和她分离。”[①]可以说，颍河镇既是墨白的生命之源，也是他在进行创作时源源不断的灵感之源。那里是世态的微观，也是风情的一角。在墨白的笔下，那里人物众多，身份各异，以浓缩的众生相，共同组成了一幅当下中国地方小镇的清明上河图。

如果我们再加以仔细地考察，就会发现，围绕着颍河镇而展开的故事共包含三个层面：

一是发生在颍河镇本土的故事，像《梦游症患者》《七步诗》《迷失者》等小说。在颍河镇本土发生的故事是最为世俗化的，不带有任何诗意色彩。因为这个时候的颍河镇可感可触，是一种现实存在。例如在《局部麻醉》里，生活在颍河镇的医师白帆因为有过短暂的南方求学的经验，所以极端厌恶这片土地，“他觉得自己和这里的人格格不入”。这片土地对他不仅没有任何诱惑，反而带来了巨大的压抑感。他以一个医生的眼光，审视着那里病态的人们——身体的病态倒在其次，心理的病态无处不在。他们浑浑噩噩，或耽于鸡零狗碎的琐事，或沉陷于粗鄙不堪的娱乐，即使痛苦到了极点，也只会以自虐的方式来进行一种奇怪的解脱。

二是颍河镇的出走者，像《欲望与恐惧》《航行与梦想》《尖叫的碎片》等作品。颍河镇见证了一代又一代人的生生不息，但对于从那里走出的人物来说却具有双重意义，就像《裸奔的年代》里谭渔所感受的那样：“她给予了我生命，也使我背上了沉重的负担。”出走意味着最初的不满与厌恶，以及最终的叛逆与决裂。在出走者的视野里，眼前的世界是一个自己极力要摆脱掉的否定性世界。所以，当后来的谭渔静观五光十色的繁华城市而蓦然想起颍河镇时，“那座肮脏的小镇在他的记忆里突然变得是那样的猥琐，在城市人的眼睛里那小镇如同一个身穿破旧棉袄蹲在阳光里取暖的老农”。这使他突然获得了安慰，有了一种“我现在也是城里人了”的身份认同的自我满足。这显示了他对于自己当初出走选择的肯定。

三是回归者和闯入者，如《雨中的墓园》《霍乱》《民间使者》等作品。对于回归者与闯入者来说，颍河镇是以一个充满诗意化的世界出现的。那里或承载着温馨的记忆，或寄托着美丽的想象。回归本质是出走者对于异地世界的另外

---

① 张晓雪：《我们应该怎样叙事——和墨白对话》，《天津文学》2008 年第 8 期。

一种逃避。颍河镇成了他们在现实中处处碰壁之后可以退守的根据地。它重新被赋予了诗意化的色彩。所以当《欲望与恐惧》中的吴西玉回到家乡以后，“那个时候我已经是一个离家漂流在外多年的游子，慢慢接近的故乡多少使我那颗终日焦虑不安的心慢慢地平静下来……我像一粒种子被安放在母体里，我渐渐地感受到了母体的温暖”。而在闯入者的期待视野里，颍河镇又成了一块类似世外桃源般的乐土。《民间使者》中的“我”一开始即是以一个近乎朝圣者的心态踏上那片土地的——“那块盛产着小麦大豆花生玉米和各种各样的植物的土地上，也同样盛产爱情故事和民间艺术家……那些充满了灰色村舍的黄土地，那回荡着船工号子和少妇捣衣的棒槌声的河道里，到处充满了灿烂的阳光”。但无论是回归者还是闯入者，他们注定都是要失望的。因为颍河镇并非凝固不变的，那里已经被现代工业文明严重污染了，变得千疮百孔、面目全非。就像吴西玉所感受的那样，那里没有了远扬的白帆与盛开的桃花，没有了捣衣少女与行脚纤夫，“那里现在已经不通航了，河里的水又黑又臭”，“河道里流着酱油一样的河水”。一旦长期扎根下来，必然会再度产生失望。诗意化的梦幻开始逐渐退去，一场世俗化戏剧的大幕正在徐徐拉开。

不管是无奈的驻守者还是决绝的出走者，以及那些最后的回归者与突然的闯入者，对于他们来说，颍河镇分别是以一种或体验或记忆或想象的方式次第出现的。感受方式的不同自然会带来感受本身的差异，而所有这一切都源于时间的加工——近乎静止的岁月会让驻守者长期安宁的栖居形似一种折磨；流动的光阴则在给闯入者带来新鲜感的同时，往往又会将归来者早年那些污秽的记忆漂洗得干干净净。

二、政治话语笼罩下的暴力、情欲与道德

和当代其他一些小说家相比，墨白很少从正面去叙写政治。宏大的历史叙事从来都不是他所关注的中心。但这并不表明墨白的作品远离政治。事实上，一个小说家只要从事创作，就不可能不涉及政治，因为政治是作品中所反映的社会生活的一个必要构成。

从本源上来说，政治是人类为了提高生存效率而群聚在一起进行自我管理的一种组织形式。它们或是依照着合理的法律契约，或是遵循着野蛮的丛林法

则。前者出于自愿能充分调动每一个个体成员的积极自主性；后者诉诸暴力则往往表现为极少数成员非分欲望的过度满足与大多数成员合理意愿的严重抑制。当政治使大多数成员的合理意愿都被严重抑制时，意味着政治的异化。而对那些极少数欲望获得过度满足的成员们来说，这种异化了的政治必然包含着暴力的极端发挥、情欲的充分宣泄与道德的完全自我优越感。在这个时候，一个人的政治身份便会大于其他一切身份。于是，获取重要的政治地位成为获取相应社会地位的最快捷径。小说《母亲的信仰》中的母亲便是这么一个角色。作为生产队里妇女队长的母亲是勤劳能干的，也是善良的，然而无所不在的强势的公共政治话语几乎将温情的家庭私人话语完全淹没。母亲已经被政治严重地异化了。她一开始在公共空间与私人领地里左支右绌，狼狈不堪。逐渐公而忘私，直至最终完全失去自我。在这个时候，政治身份与母亲身份构成了最大的反差。政治身份越是突出，母亲身份就越是单薄；最后只有当政治身份被完全剥离后，才实现了母亲身份的重新回归。

当政治遵循着丛林法则时，必然会展现出一种权力的霸气。而权力又是以暴力为基础的，是暴力的一种隐秘的高级形态。它骨子里奉行着"拳头大的是哥哥"这一世俗原则，对于人的心灵造成严重的毒害。小说《梦游症患者》即展示了在"文革"那个特殊年代里政治暴力的恐怖。三爷一家的遭遇可谓惊心动魄：夫妻反目，父子交恶，姑嫂勃谿……政治暴力将私人领地一点点地蚕食殆尽。非自然的政治压抑了本来最为自然的人性，人为酿制的阶级仇恨替代了天然的伦理亲情。

除了滥用暴力外，政治还会扭曲情欲：它既可以最大限度地满足情欲，也可以对情欲造成完全的压抑。在长篇小说《欲望与恐惧》里，吴西玉周旋于两个女人之间，一方面是妻子牛文藻，一方面是情人尹琳。双方都发挥到了极端：尹琳是欲望的极端，牛文藻是恐惧的极端。欲望并没有带来新生，恐惧却让人觉得窒息。实际上，欲望与恐惧是一体化的，就像一枚硬币的正反两面。在由传统社会向现代社会过渡并充满了道德焦虑的当下阶段，每一个欲望的背后都必然伴随着恐惧——吴西玉在面对着妻子牛文藻的人性恐惧中获得了自己政治欲望的满足，在获得了对情人尹琳的人性欲望的满足中面临着丧失政治地位的恐惧。

情欲是人与生俱来的一种本能，是一种自然的呈现。它以即时性的瞬间现实体验，持久而深刻地影响着人的精神化存在，它随时都会冲垮理智的堤坝而泛滥成灾，墨白深刻而细腻地展现了这一点。他让我们认识到，在人性固有的缺陷面前，那些所谓最自信的坚贞其实也最为脆弱。尤其是在日新月异、变动不居的当下，面对着纷至沓来的各种世俗诱惑，当空间的距离即等同于爱情的距离时，所有纯美的爱情都只是缥缈的神话与传说。就像《裸奔的年代》里谭渔所面临着的小慧的考验一样。为了证明自己的爱情，小慧找了一个做小姐的女孩对谭渔进行诱惑，而谭渔最终辜负了小慧的信任。但谁又能说小慧的考验本身就是非常正确的呢？这个本来只适合在古典社会里上演的正剧，一旦搬到了现代社会的舞台，便成了一部不折不扣的滑稽剧。

在政治年代，当政治已经完全渗透进人们的日常生活中并成为主宰性命题时，政治已经泛道德化了，或者说，道德已经泛政治化了。公与私，人与我，集体与个人，政治与亲情……这是一种非此即彼的两难选择，然而又必须做出选择。当政治发生异化时，最优秀的公共政治道德必然也同时是最劣质的私人伦理道德，反之亦然。道德仅仅成了事先的遮羞布或者事后的抹布。于是我们看到了《风车》中的队长借检查工作之名行调戏妇女之实、《梦游症患者》中的文玉以“革命”的名义打死了自己的亲生父亲。这个时候所谓的私人伦理道德只是一个事后的观察者，它永远落后于利益当前时的判断；它只是事后人物在内在压力作用下的一种自圆其说，是当事人在心灵深处为自我发放的免罪符，以达成一种自欺欺人的效果。

三、苟活者的卑贱与死亡

墨白说过：“一个作家的写作立场不是他自己决定的，而是他的命运决定的，是与他的生活经历有关的。就拿我自己来说吧，我本身就是一个生活在社会最下层的人，这本身就决定了我的写作立场，没办法改变。”[①]正是早年的底层生活阅历，使得墨白在处理底层生活题材时，显得格外驾轻就熟。

在墨白的笔下，那些生活在最底层的人们，通常都是些默默无闻的被侮辱者与受损害者。他们的生活惨淡经营，日子平淡无奇。然而在风平浪静的背

---

① 雷霆：《对文本的探索》，《山花》2003年第6期。

后，随时都有暗潮在涌动。在《寻找乐园》里，这些小人物的愿望已经降低到了无可再降的卑微："我的嘴唇干裂，嗓子里像有一团火在燃烧，看着路边的小铺门口的冰箱里的冰糕，那火燃得就更加旺盛，我想，将来我有了办法，有了钱，我非可着肚子吃一回冰糕不可！"他们是进城的农民工，怀抱着寻找乐园的梦想离开家乡。城市是他们似乎触手可及的天堂，却又是最终可望而不可即的乌托邦。有时候，为了生存他们甚至不惜铤而走险，在死亡的边缘里讨生计，像《幽玄之门》里的吴殿臣一家人不惧危险地制作摔炮。他们命悬如丝，为求生而向死。在这个时候，活着就是一切：卑微地活着，屈辱地活着，低贱地活着，"好死不如赖活着"。生命只有长度而没有厚度，只具有数量的意义而没有质量的意义。底层人的生之艰难与挣扎，在这里得到了淋漓的展示。

墨白也写到了那些小人物曾有过的辉煌理想。他们也做过瑰丽的梦幻，却最终都抵不过岁月的日渐磨砺。在《裸奔的年代》里，墨白以无情的笔墨展现了同样无情的时间与严峻的生活如何把人一步步地世俗化起来。那些昔日怀抱着纯净理想唱着甜蜜歌声的美丽女孩，那些曾令当初的少男们怦然心动、辗转反侧的安琪儿，现在已变得粗鄙至极，早已成了势利无比的市侩。她们人老珠黄，心理的皱褶与额头的皱褶一样多，言行的粗糙与皮肤的粗糙成正比，在聒耳的麻将洗牌声与放荡的嘲谑调戏声里迷失了曾经的可爱与清纯。至于那些曾有过高远志向的男人们，对于他们来说，生命一旦没有了寄托，便会日渐空壳化，最终沦为行尸走肉。那已经不是生活，而是活着；不是享受，而是忍受。于是"食色性也"的动物性本能，在这里得到了最为充分的发挥：在"食"的法则压迫下舍生忘死，在"性"的欲望支配下醉生梦死。

然而我们看到了底层人惊人的忍耐力，令人产生一种说不清的复杂感受。即使被命运逼到了墙角，他们依然在那里默默地忍受。那是一种另外意义上的忍辱负重：忍生命之辱，负生存之重。在《寻找乐园》里，已经丧夫的秋兰嫂领着小女儿梅豆四处乞讨，只是为了凑钱要回被城市扼杀了年轻生命的丈夫的尸身。于是，在小说的结尾，我们看到了令我们触目惊心的这样一幕对话：

> 秋兰嫂从一个柱子后边闪出来，我一把抓住她的手就走，一直走到广场上我才回头看她一眼，我说，走。
>
> 雨水从我们的头上飘下来，四周一片哗哗的响声。秋兰嫂哽咽着说，我得把你哥带回去呀……

那就带。

可人家火葬场里要钱……

生的偶然,死的必然,活着的茫然,以及各种灾难的不期然而然。浑浑噩噩的当事人对一切都保持着麻木。他们自在地活着,随意地死去,生与死没有了明确的界限,甚至被完全泯灭。死亡的随意性甚至令人感到荒诞,就好像一首写得太坏的乐谱中毫无理由地突然迸出来的一个休止符。因为太多的死亡并没有唤醒什么,反而使人变得更加麻木。时间照样流逝,生活依旧太平。当然,我们也许可以获得另外一种安慰,因为"死亡就是通向可能性世界的唯一通道。死亡是一种奇妙的荒谬,因为它不停地将可能性的世界开启或关闭"①。虽然对于这些底层的人们来说,死亡并不是一种自我主动选择的救赎行为,但至少也是一种被逼无奈之后的消极逃避。

四、叙事革新与语言创造

用现代、后现代的叙事手法来反映中国当下的生活是墨白小说所一直追求和探索的,也是目前中国的先锋小说家运用同样手法来反映当下社会的一个比较成功的范例。墨白从一开始就注意到了运用西方小说叙事来观照切近的历史与身边的社会现实,正如他在《梦游症患者》后记里所写的:"在叙事语言里隐含一种诗性,使整个作品隐喻着一种象征性的主题,也是我的梦想。"这种努力就将他与传统的现实主义叙事者鲜明地区别开来,并为他自己打上了一份浓厚的先锋色彩。

但与其他一些在现代、后现代叙事方式上渐行渐远以致最终脱离现实中国情境的作家不同的是,墨白一直在进行着现代主义与后现代主义的本土化努力。因为,他显然无法将欧美的后现代主义全盘移植过来,虽然在拒绝乌托邦幻想、追求大众化与否定天才理念等方面,他们有着同样的追求。但墨白的中国当代"后现代叙事文本"怎么也无法在"愉悦"、"轻松"等方面与西方对接。因为处身于当代中国已经断层化了的社会与撕裂了的现实,他的叙述语调不可能做到悠游恬淡、从容有致。现实语境中触目即是的种种荒诞,使墨白无法不

① 冯俊:《后现代主义哲学讲演录》,商务印书馆,2003年版,第168页。

形成自己独有的那份凝重而焦灼的风格。那种心魂深处的沉重感来自他脚下的土地，这必然使得他的笔触沉甸甸的。这种沉重感所带来的形式表达，主要表现为叙事革新与语言创造两个方面。

叙事的革新在墨白的作品里得到了多方面的展示，例如多重的叙事视角、几个不同叙事空间的重叠或交叉、被打乱了正常顺序的叙事时间等等。这里不再一一列举，只举一个作为参照，那就是叙事人称的瞬间转换，如长篇小说《裸奔的年代》里的一段话：

> 在谭渔的感觉里，他如同坐在一间地下室里，一种孤独凄凉的感觉油然而生。屋里很静，空气仿佛凝聚了，仿佛有许多看不见的绳子缠绕在他的身上。他挣扎了一下，伸手拉开了窗帘。通过窗子我看到西边南侧的楼房上已经亮起了许多陌生的灯光。几棵高大的法国梧桐耸立在他的窗前，桐树的枝杈上已经生长出许多淡绿色的嫩叶，由于夜色的缘故，他看不清树叶的颜色，那些淡绿色的叶子只是他的一种想象。这不一定准确。明天我一定要到楼后面仔细看一看，看一看在这个季节里的法国梧桐的叶子到底是一种什么样的颜色，还是多年前我在乡村里看到的那些树叶的颜色吗？即使在乡村，他也已经有好多年没有仔细观察过春天里的树叶的色彩了。

我们看到，在这一段文字里，有着非常频繁的人称变换，“我”与“他”交替出现。作者试图以人称的置换来暗示着观察视角的变换以及其中所包含着的时空流转。当然，在墨白这里，叙事的革新不仅仅服务于纯形式的创造，而且隐含着对于叙事对象本源的另外一种更深层次的追溯。所以墨白很喜欢通过某些不可见的带有神秘色彩的声音，来传递一种本质上的真实。就像《同胞》里神秘的女人笑声，《光荣院》里磨鱼钩的声音，《隔壁的声音》里电锯的声音……墨白的目的在于表明：所有那些外在的可见的一切都是幻象，它们有时候固然以绚丽的表面迷人心魄，而最终只落得一片空虚。真相其实被隐秘得很深，我们明明感受到了它，几乎触手可及，但苦苦追寻之后，却又渺然无踪。

现代主义与后现代主义的话语阐释既丰富了文学阐释的空间，也为当下社会的文学性解读提供了一种新鲜的解读方式，但并不是终极。正如有论者所指出的：“不能够期望任何一种文学思潮、任何一种文学社会话语会拥有永久性的价值。文学社会话语，例如现代主义和后现代主义，是暂时性的，它们必然简化了阐释世界的模式，这在某些时候和某些环境下会是有益的。它们从来都没有完全取代已陈旧了的阐释模式的地位。”[①]所以墨白在采取现代主义与后现代主义叙事手法的同时，并不完全排斥传统的叙述模式。在很多场合里，他将它们羼杂在一起，交替运用，充分显示了叙事手法的丰富性与灵活性。例如长篇小说《映在镜子里的时光》，就是这方面的一个最佳注脚。

在尝试多种叙事方式革新的同时，墨白也一直进行着艰难的语言探索。因为：“在一个不断大众化的社会，有了报纸，语言也不断标准化，便出现了工业化城市中日常语言的贬值……我们的头脑塞满了五花八门的程式化的语言。逐渐地，当我们自己以为是在表达自己的感情时，我们只不过是在使用些陈词滥调罢了。”[②]墨白有一种非常自觉的语言创造意识。我想，这是任何一个读者都要赞成的论断。他有时候大笔挥洒，积极调动多种修辞手法，看似铺排，但其实并没有多少闲笔。像《风车》里，“冬天已经来临，太阳光哆哆嗦嗦地在树影里走来走去”。这已经不是简单的传统意义上的拟人手法的运用，而更是一种象征，是一个时代氛围的一种暗示。有时候，他也大量地运用比喻。那些比喻的对象既是外在环境的一部分，也是人的内在心绪的真实展示，传达着人物或喜悦或悲凉的情感。像在《裸奔的年代》里，当谭渔从老同学吴艳灵那里得知自己以前所深爱的女友锦的死讯时，“他怔怔地望着满天乱纷纷的雪花，那些雪花仿佛某个夏季里扬散的纸钱”。在《映在镜子里的时光》里，当叶秋与丁南谈话时，丁南忽然感觉到：“她的目光就像一只温柔的小手。”这些比喻经常充满了人的物化与物的人化，既展现了人的心理，也客观地烘托了氛围。

当然有些地方，可以看出墨白的语言实验仍在继续。这体现了墨白作为一个优秀的小说家为语言革新所付出的代价。例如《告密者》里：“他一边走一边从衣兜里摸出手机来，老西看他在上面按了几个号，就把那个有鸡巴长的小黑东西放在耳朵上。”这种描述性语言诚然符合作为观察者的真实身份，但却是对于粗鄙化的过度模仿。而在《黑房间》里，也出现了“他领了一位猗猗菲菲光彩夺目的少妇”这样的类似句子，从叙述者的角度来看，又似有过于雅化之嫌。至于《黑房间》里的另外一句话“那会儿生产队里的五头黄牛四匹白马三头灰驴二

---

① 佛克马、蚁布思：《文学研究与文化参与》，北京大学出版社，1999 年版，第 115 页。

② 弗雷德里克·杰姆逊：《后现代主义与文化理论》，陕西师范大学出版社，1987 年版，第 141 页。

头骡子都懒洋洋地看着他”,这种数字上的整饬排列显然是作者刻意为之,以达成一种反讽的目的,但其真实效果可能就见仁见智了。

墨白一直在努力实现着突破,既是对文学常规的突破,也是对自我创作范式的突破,以此寻找着对于文学形式的多样性创造,因为“小说家的根本任务就是要传达对人类经验的精确印象,而耽于任何先定的形式常规只能危害其成功”①。墨白自己在一个场合里也说过,他有一个写作习惯,就是同时构思几部小说——“我不停地为这些小说积累素材,并不断地寻找着最佳的叙事方式和最佳的结构形式……写任何一部小说我都是十分用心的,至于能达到什么样的地步,那是另外一回事。每部作品都有自己的命运,就像《洛丽塔》。而一个作家所要做的是,尽自己的能力去写好它。”②基于此,我们也就有理由期待着他在以后的创作中取得更大的收获。

(原载《小说评论》2010 年第 3 期)

① 伊恩 · P. 瓦特:《小说的兴起》,生活 · 读书 · 新知三联书店,1992 年版,第 6 页。

② 刘海燕:《阅读之梦与写作之梦——与墨白对话》,《文学界》2008 年第 7 期。

置身于苦难与阳光之间

——墨白乡土小说论

刘　迎①

在评论界看来,墨白常常书写底层,尤其是底层的苦难和卑微。他自己的解释是"苦难的生活哺育了我并教育我成长,多年以来我都生活在社会最下层,至今我和那些仍然生活在苦难之中的人们,和那些无法摆脱精神苦难的最普通的劳动者生活仍然息息相通"②。这里的"底层"有其特指——中原大地的颍河镇,这是墨白的"邮票"。但是假若仅止于此,墨白只不过是在做"量"的增加工作,那样"千百倍的努力写作,而最终的结果,就是在别人写作的巢穴中踢打腾挪"③,很难在乡土写作中鹤立。因为随便拉出哪位河南作家,其创作恐怕都少不掉对底层苦难的书写。大而言之,扫视中国绝大部分乡土作家的作品,苦难也是其主要底色,不管它们是现实的或者浪漫的。问题的关键就在于:面对"陈旧"的主题,墨白能提供什么样的新鲜经验?

一、不是风景,都是病!

"在中国,真正的底层在农村。"④然而就小说而言,其实"土地里的清幽与温情,还是把黑暗的影子遮掩了。民国以来的乡间记忆,无论多么灰暗,还是残

---

① 刘迎(1983~),女,河南郑州人,文学硕士,就职于郑州大学文学院,主要从事现当代文学研究。

② 林舟、墨白:《以梦境颠覆现实——墨白书面访谈录》,《花城》2001年第5期。

③ 阎连科:《文学的"摆脱主义"——在郑州大学文学院的演讲》,《拆解与叠拼:阎连科文学演讲》,花城出版社,2008年版。

④ 蔡翔:《底层》,王晓明、薛毅编:《乡土中国与文化研究》(上),上海书店,2008年版。

留着些许温情的”,“萧红的呼兰河,爱憎相间;萧军的血色则弥漫着不安分的神往;台静农的泥土的记忆、乡愁的调子隐隐的;孙犁在苦难里还不忘美丽的打捞;赵树理的村落则由暗渐明”[①]。依靠着种种美丽的心造幻影,似乎这些农裔之子就有理由宣告:谁说“我的家乡”死水一潭?至少这是一片“生死场”——有死的沉寂和无奈,但也不乏生的希望与坚韧。熏染了现代文明的作家再回首前现代的乡村生活时,或许都是拒绝多于接受。但如同“古希腊人制造了绝望与悲剧的观念,那总是通过美制造的……而不是像现代精神那样从丑恶与平庸出发制造绝望”[②],说到底,拒绝绝望依旧是乡土小说的主导叙事,千年家园永远是作家情感的栖居地,有着层层的“光晕”(Aura)蒙罩,神圣、甜蜜、诗意、深沉,让人肃然起敬、顶礼膜拜。这样做的目的就其最简单的层面而言,表明了作为“城市异乡者”的作家企图构筑一方心灵家园,以抚慰漂泊的灵魂的苦心孤诣。但是任何一种文学都只不过是一种想象,而且“就其本质而言,想象是自我意志的显现,它以绝对的任性来表明自我的本质”[③]。如此看来,乡土小说中诗性的大地未必是农民眼中的大地,它也许只是知识分子的一厢情愿。

墨白似乎在有意解构这种“东方学”般的话语,他的地理世界是地地道道的冷色调。“噩梦中老是淫雨连绵的秋天,潮腻腻,灰暗,肮脏,窒息的腐烂的气味,像是病人临终的房间。烦恼,焦急,挣扎,全无结果,噩梦没有边际,也就无处逃避。零星的磨折,生死的苦难,在此只是无名的浪费。青春,热情,幻想,希望,都没有存身的地方。”——这是1944年傅雷先生在《论张爱玲的小说》中的话,用来描述颍河镇的“风景”,真是再也精当不过。照常理,在乡土小说中,“风景,属于物化的自然美;风景画,或曰自然景物自古以来就是诗性的栖居地”[④],但是看看颍河镇吧:“晴朗的天空突然乌云密布,狂风从西北方向浩浩荡荡而来,浓重的灰黄尘埃弥漫了镇子里的角角落落”(《过程》);“灰暗丑陋的小村庄。有一种冷冰冰的压抑感朝我袭来。……洁白的杏花被春雨蹂躏着,一片一片在空中凄泣着落离枝头”(《镜子里的画像》);“树丛黑森森的像一口常年不

① 孙郁:《日光下的魔影》,《当代作家评论》2007年第5期。

② (法)加缪:《加缪散文集》,杜小真译,上海三联书店,2007年版。

③ [德]伊瑟尔:《虚构与想象:文学人类学疆界》,陈定家、汪正龙等译,吉林人民出版社,2003年版。

④ 丁帆:《中国乡土小说史》,北京大学出版社,2007年版。

见天日的墓室，有许多狰狞可怕的眼睛隐藏在里面”（《穿过玄色的门洞》）。地方色彩是自然背景与社会背景的错综相，在这冷暗的自然背景的大幕下，有同样“精彩”的社会背景与之相符：有母亲巧杀儿子——先让孩子饿得奄奄一息，再让其食用大量粉条撑死（《寒秋》）；有教师强奸学生——“我们的偶像”涂心庆老师把12岁的牛文范奸杀在芦苇丛里（《模拟表演》）；有铁哥们儿间的尔虞我诈——山东佬与哑巴合作生意，顺便淫人妻女（《蟾蜍》）；有兄弟姊妹的暗斗明争——二大爷和我爹打架是不要命的“把抓钩就往头上锛”，哥哥朝思暮想拿妹妹换媳妇（《真相》）……以上文本解构的都是村落文化内基奠性的伦理纲常，至于祖祖辈辈共居的其他村民，那就更没有“熟人社会”惯有的礼制可言了。

不过，墨白小说却频频闪现一个意象丛：太阳，包括灯光、火焰等子意象。这种表面上明丽的色调构成了墨白小说不可或缺的布景，他还不时用《阳光下的海滩》《惜别阳光》《太阳》等直接作题。有关太阳的意象在中外文化中其实有相同的蕴涵，即象征对光明、理想、美好生活的热烈不息的追求，这也历来都是文学创作的潜规则。艾青就是典型体现，在他那些农村题材诗作中，太阳给“像雪夜一样广阔而又漫长”的苦难土地带来的是“黎明的通知”，诗人充满激情地赞叹“太阳啊，你这不朽的哲人，你把快乐带给人间，即使最不幸的看见你，也在心里感受你的安慰”（《给太阳》）。但是也许墨白不相信这种“伟大的传统”，他拒绝承认假若太阳出来了黑夜就肯定留在后面，于是颍河镇的太阳倒像团“鬼火”，像“冷面人”，像“临近死亡的老人的脸”，即使有点“阳光花花点点”的迹象，但“灰云彩的狞笑声像巨大的黑洞吞食着阳光，使阳光不敢越雷池半步”，“太阳能照亮宇宙吗”？“不能，太阳就像宇宙里的一滴水”（《灰色时光》）。这可真像里尔克的那句诗：“瞧，我们的白昼是这般委屈，夜晚呢，又充满恐惧。”那篇题目为《太阳》的小说，内容却是母亲每天刮羊肠衣，“换来一些半新不旧的纸币，然后又被儿子偷出去赌博，然后又因赌博酿成了罪祸”。母亲时时幻想着“她看到了太阳，太阳多美呀！眼前的一切都被照亮了，田野里铺着绿地毯”，等“她把手伸出去，就感觉到了太阳的温暖了”。而事实却是：“其实，没有太阳，天阴沉沉的连一片透明的地方都找不到，空气温潮而寒冷，没准，今天就会落下一场大雪来”，“她盼望着太阳出来，可太阳却偏偏不理她”。

墨白绘画出身，理解色调对主题的重要性。1948年，“中国新诗派”的辛笛坐在沪杭道中的火车上，看着窗外“比邻而居的是茅屋和田野间的坟”、“夏天的土地绿得丰饶自然”、“瘦的耕牛和更瘦的人”，得出的结论是“说不出的生疏却是一般的黯淡”，“都是病，不是风景”。时间流淌几十年，墨白扫视着颍河镇的山、水、人、事，想说的依旧是这句话。墨白在这里要表达的是：“非理性是这里的最高统治者，它衍生着欲望和疯狂，散布着恐怖和绝望，统治和奴役是这里的逻辑，恶棍和鬼魅是这里的自由民，而诚实和正义唯一的出路，只有麻醉和死亡。所以，‘颍河镇’是一个人间地狱的象征。”①

二、谁之罪？

墨白的追求是“在小说里，光有对恶的认识是不够的，还必须让读者认识到恶的来源”，这才是一种现代人的观念。人性何时是恶，何时是善，总是要给出一定的条件的，而不是仅仅给出一个说一不二的没有前提的结论。毕竟“从科学的角度讲，在某种程度上任何特性都是取决于处境的一种反应”，否则就真像“白人先把黑人贬到擦皮鞋男孩的地位，然后又据此得出结论说，黑人除了擦皮鞋什么用处也没有”了。这里的逻辑霸权是“当一个（一群）人被置于低人一等的处境，实际情况只能是他是低人一等的”，然而这恰如波伏娃的解释：“‘是’（to be）这个词在这里必须正确理解。这个词确实有黑格尔所说有变成（to have become）之类的动态意义，只有不实在的人才认为它具有静态价值。”②那么在这里需要追问的就是：到底是什么让颍河镇如此？

《记忆是蓝色的》讲的是“性”的故事：“长的很俊”的狗子与槐花相好，由于拿不出彩礼，姑娘就得嫁给曹秃子，理由是秃子“伸手就给五百块”。当我爷爷指责槐花的娘“你就这样把闺女嫁出去”、“那秃子是啥人，你不知道”的时候，“槐花妈把头勾下去，说：‘我……也没办法。’”她也确实没办法，家里需要这五百元的“巨款”，“槐花爹得了食道癌，刚死，她娘欠了一屁股债，还有四个儿子要操心，没钱是不行的”；然而槐花和狗子在秃子来娶亲时私奔了，秃子竟逼着槐花娘（和秃子的母亲年龄相当）嫁给自己。当爷爷手持铁锨对秃子吼“你是人吗”时，秃子“站在那儿，脸蜡一样地白”，却理直气壮地说：“我也不能白丢了五

① 张钧、墨白：《以个人言说方式辐射历史和现实》，《当代作家》1990 年第 1 期。

② ［法］波伏娃：《第二性》，陶铁柱译，中国书籍出版社，1998 年版。

百块钱呀?”爷爷表示把钱还给他,但他来了句:“不要钱! 就要女人!”《寒秋》讲的是“食”的故事:整篇小说的氛围可用一个“饿”字形容。开篇就是“小毛头像一只可怜的小松鼠站在门口的时候,村头刚把淀粉酵母从盆里搬出来。毛头一看见村头就扑过来,搂着他的腿说,爹,我饿”。这可怜的孩子短暂的一生终于体验到什么叫“撑得慌”了,但死神也已经开始向他招手。食色性也,好像是颍河人的大欲存焉,一辈子似乎就离不开形而下的这两件事,但也很少得到满足。归根结蒂,不为困穷宁有此? 某些“社会精英”在思考底层问题时,或者将民主、科学、平等、自由等,或者将仁、义、礼、信等视作文化原点,理论上这当然没有什么错,在人类社会前进的航程中也需要树立一套价值信仰。可是假若最基本的生存(生理)问题都没有解决,奢谈其他层次的追求好像也是天方夜谭。墨白(也包括其他像他一样的作家)的小说提醒人们思考,对于这个民族的某些群族来说,他们最需要的是什么? 毫无疑问,生存、温饱和发展仍是他们的当务之急,甚至是唯一出发点。

这样并不是说墨白的目光只是投向了形而下的问题,他应该记得“人立而后凡事举”的“五四”传统。他依旧在坚持着揭出病苦引起疗救希望的思维,希望借由“启蒙的文学”求得人性的健康与健全。在《模拟表演》里,涂心庆奸杀了牛文范,人们将其看作津津乐道的谈资:“我作为一个现场的目击者之一,就被那些好奇的大人们反反复复地问起事情的经过。”而接替涂心庆担任班主任的女教师更是把女孩的遇害当作了牛家人的耻辱标记,她在课堂上明知牛文藻是牛文范的妹妹,还问牛文藻叫什么,然后说:“哦,你就是那个小骚货的妹妹?”小女孩落泪了,这老师“伸手托住了女孩的下颌,一用力就把她的脸托了起来,她看着她说,真的哭了吗? 让我看看,看看你和那个小骚货长得一样不一样”。这样病态的民性与鲁镇人相比实在是有过之而无不及,至少鲁镇人听完祥林嫂的遭遇是男人“往往敛起笑容,没趣的走了开去;女人们却不独宽恕了她似的,脸上立刻改换了鄙薄的神气,还要陪出许多眼泪来”(《祝福》)。颍河镇人可真像《古兰经》里说的,“他们确是作恶者,但他们都不觉悟”,墨白不是伊斯兰教徒,但他相信这句话。

按照萨义德的说法,也许在某些人看来“对文学进行社会学阐释落后于对文本进行细致的技术分析的时代潮流”,但他自己却视之为“更为严肃的学术视角”①。同样,墨白的小说也不是纯粹的虚构、语言、叙事、结构的艺术,如果真这样的话,结果可能就是与大地上的苦难擦肩而过。尽管出于对艺术的热爱与执着,作家对这些技法是那么的重视,但是他没有忘记探索还有什么外在的社会条件让颍河镇如此。长期以来由于乡土社会固有的封闭性以及我们不愿谈及的其他因素,村落秩序内总是悬浮着层层的灰色力量,即便将现代性的制度强行嵌入其中,也总是遭遇这样那样的走样。在《真相》中,伯父给村里接电线时因公而死,结果只有支书代表大队送来二百块钱,把人草草埋掉;程主任的侄子仗着叔父的权力公开偷电并把人打伤,被害者向县人民政府和县电业局申诉,“寄出去的状子毫无音信,连半片回执也没有看到”;“我”得罪了小小的派出所长,再去办事让你“足足跑有一百趟”,等高考录取了去办理户口,“所长眯着眼说,查无此人”。也许墨白的本意不是揭露这些农村问题,也许读者对这些问题已经司空见惯而见怪不惊,但是这些问题确是颍河镇人不人鬼不鬼的致因。

三、怎么能这样写?

客观评价,墨白并非一个流行或“中心”作家,这或许正是他有意追求的效果,事实上知识分子也可能只有站在边缘的位置,才能保持清醒的头脑。但是问题也许不是那么简单,特别是对于卷帙浩繁的乡土叙事来说,作家、批评家和主流意识形态已固化了一套书写规则,起着一种类似过滤器的作用。墨白的“陌生化”在某种程度上挑战了传统批评话语对作品有效阐释的资源,批评界只能对其“存而不论”甚至“视而不见”。就读者而言,长期的文学教育也养成了某种懒惰的审美期待和社会文化心理,特别是在面对故乡时,我们是不“习惯”墨白的绝望的。

但是作家孤绝地这样写的合法性来自哪里?这里值得提及当年加洛蒂论述“陌生”的卡夫卡时的话:“他生活过的世界和他创造的世界是统一的”②,这基本上可以视作判断任何“陌生”的作品是否合法的法则。理解墨白对颍河镇

---

① (美)萨义德:《东方学》,王宇根译,生活·读书·新知三联书店,2007 年版。

② (法)加洛蒂:《论无边的现实主义》,吴岳添译,百花文艺出版社,2008 年版。

“恶魔化”的描述,需要与他早年的创伤性体验联系——它对作家创作主题与创作姿态所具有的决定性影响已不是新鲜话题。根据墨白的自叙:“为了生存,我幼小的年龄就学会了许多农活”,“在那座我出生的小镇上已经接受了苦难对我最初的洗礼”,可以说“童年和少年时代是在恐慌和劳苦之中度过的”;高中未毕业就开始东奔西走独自谋生,“常常寄人篱下,在别人审视的目光里生活”;师范毕业又回到了偏僻的小镇,在只有十个班级的小学一待十一年,就此墨白有理由说:“如果没有我的乡村生活经验,那也就不可能有我现在的这些小说”,“写作就是回忆”①。按照常识,假若昨日生活留给你的都是梦魇,再回首时任谁都很难对它心生好感。将其叙述成恶魔,既满足了“终于走出来了”的心有余悸和隐隐庆幸,也给这逃离寻到了正当理由,而越是夸大其恶魔性,越能凸显自己往昔的艰难,但“毕竟走出来了”的成就感,又回应了正常人都有的“自恋”(中性词语使用)情结。其实像墨白这个年龄段的农村出身者,几乎每人身上都流淌着一段苦难史,也许真的是“诗人总是比社会的平均值更小和更弱。所以他对自己在世界上的存在所受到的重压,要比其他人的感觉远为强烈和沉重”②吧,墨白的小说是对苦难、非人性和邪恶的一种怨怒、憎恶、拒绝以及审判。

同时像卡夫卡一样,墨白创造的世界和我们的世界也是统一的,至少符合我们当下的社会情绪。当墨白把颍河镇涂抹上恶魔色彩时,恐怕没有任何人像鲁迅那样有信心再说“我所记得的故乡全不如此。我的故乡好得多了”。“我的故乡在渐渐沉沦”已是世纪之交乡土小说的主潮主题,只要看看当前进城小说中的人物誓死也不回去的决绝,或者就看看那些散布在大街小巷的民工就可理解。何至于此及其合理性暂且不论,要说明的是不存在外在于现实之外的任何文学。墨白的小说是用出色的技法将现实恶魔化,读者却从中读到了恶魔现实化。这让人想起马尔克斯的独白:“在我的小说里,没有任何一行字不是建立在现实的基础上的”③。

这样的解释太过机械和简单,墨白的小说不至于沦为“真人真事”的作品或者社会学和精神分析学的注脚。作家自有雄心壮志在:他“想通过对于虚构的

① 林舟、墨白:《以梦境颠覆现实——墨白书面访谈录》,《花城》2001 年第 5 期。

② [奥]卡夫卡:《卡夫卡读本》,叶廷芳译,河北教育出版社,2000 年版。

③ 吴晓东:《从卡夫卡到昆德拉》,生活·读书·新知·三联书店,2003 年版。

颍河镇的叙述，建立一个关于人类生存和精神的隐喻场”[①]。换言之，对于颍河镇的怨怒不是简单地对具体的一事一物一时一地一境之所指，它在事实上已上升为一种对世界、对社会、对人生、对事物的基本反应和基本态度，是具备普适性的哲学范畴。墨白是个起步于20世纪80年代末的先锋作家，那时候用本土题材演绎形而上概念是创作主潮，不同的是其他先锋大将短短几年就“有的高升，有的退隐”了，只有墨白还执着于此。他甚至宣称“现实主义限制了作家在艺术上的探索。现实主义，在19世纪就已经达到高峰，我们现在到了21世纪了，我们的一些作家还在提倡现实主义，可见保守势力有多么的顽固”[②]。在某些评论者看来，乡土作家是最不适于念现代主义这本外来经了：他们多出身军队和农村，缺乏系统化的学院教育；现代主义是都市艺术，而农民尚需有发言能力的农民之子代言，乡土文学不能仅仅玩文字游戏而忽略读者。[③] 这些善意的批评不能说错，然而假若以作家缺乏理论修养就拒绝什么主义，也就忘记了鲁迅那句话：“一面克服着，一面进军着，不会做待到克服完成，然后行进那样的傻事的。”何况我们的“现实主义”何尝不是外来的经，这些年又何尝念好了呢？至于说现代主义不适于乡土题材，恰恰忽略了我们心中的现代/后现代大师正是包括马尔克斯、福克纳在内的。农民当然与现代主义是绝缘的，然而在这大众传媒时代，恐怕无论什么主义的小说，农民都不会读了吧。实际上，任何主义从根本说来都是一种思维方式和精神状态，无论把哪一种主义奉作金科玉律而形成模式，都有可能对大地的苦难视而不见。正由于此，没有必要纠缠于墨白在技法上“模仿”卡夫卡到了何种程度，任何伟大的作家都是不世出的，也是难以模仿的。实事求是地说，墨白的现代技法也难说就是绝对的欧美正宗，但最重要的是墨白对待乡土中国的态度：他用艺术暗示了世界的缺陷并呼吁超越和改变这个世界。若说什么是先锋，这或许才是骨子里的先锋。

---

① 张钧、墨白：《以个人言说方式辐射历史和现实》，《当代作家》1990年第1期。

② 刘小邃、墨白：《真正的小说，是叙事的艺术——墨白访谈录》，《文学界》2008年第8期。

③ 邵燕君：《与大地上的苦难擦肩而过——由阎连科〈受活〉看当代乡土文学现实主义传统的失落》，《文艺理论与批评》2004年第6期。

四、依旧是“地之子”

墨白的绝望多少有点让人不舒服:如果故乡都不能再寄托人类美好的情感,漂泊者将在何处寻找灵魂的归宿?但是在精神分析学上有种“反应生成”的心理无意识,即一个人对事物爱之过深就可能以憎恨它的形态表现出来。20世纪西方现代作家对“恶之花”的展现乃至赞美,其内心深处其实是对“人类善”的“绝望的热爱”。这里需要用加缪的名言理解墨白:“为了改变自然的冷漠,我置身于苦难与阳光之间。苦难阻止我把阳光下和历史中的一切都想象为美好的,而阳光使我懂得历史并非一切。改变生活,是的,但并不改变我视为神明的世界。”①也就是说人生除掉冰冷和憎恶还有温暖和爱,也就向着这“温暖”和“爱”的方面怀着永远的憧憬和追求。作家把“在地狱中寻找亮光”的执念投射在笔下人物身上,并努力扩大“非地狱”的因素。

墨白也有自己的“后花园”在。《太阳》那篇小说他引用了意大利民歌《我的太阳》的一节:“还有个太阳,比这更美!啊,我的太阳,那就是你!”那么寻求这“更美”的“太阳”的途径是什么?由小说来看是信仰,底层的精神世界是丰富多彩的,几千年来底层人民在非人的环境中能生得坚强、死得挣扎而且尽量“坚强”和“挣扎”出人的样子,主要靠的就是这种精神信仰。这或许和“迷信”“愚昧”等有牵连但绝不等同。祥林嫂从牙缝里抠钱去神庙捐献门槛,她相信这样的赎“罪”能落个干干净净的身子,她要活下去也只能如此相信。然而鲁四老爷在祭祀时的当头棒喝,也就粉碎了她卑微的精神支柱。《太阳》里的母亲相信安拉神能给她带来希望和祝福,每想及此她就“把双手拢在腹前,面向东方静静地站着,由于激动,她的面颊浮上了一丝红润。她想,太阳一定也一脸和气地看着她”。通俗地解释“生活”,也就是生下来就得活,不靠这看似虚无的信念,虽然“条条大道通罗马”,可是谁能给下层人民指明属于他们的“道”呢?

除此,墨白相信底层永远都是有爱的,而且由于这“爱”没有太多功利性,就有可能成为一种纯粹的为爱而爱。《记忆是蓝色的》中爷爷年轻时与槐花娘有一段恋情,几十年过去恋人受辱时他依旧誓死保卫。槐花娘下跪他伸手就是一

① (法)加缪:《加缪散文集》,杜小真译,上海三联书店,2007年版。

耳光，要求她像人一样“站起来”！槐花娘终于投河自尽了，爷爷也上吊自杀。同样，年青的一代也并不都是混混沌沌，狗子与槐花的私奔也就证明了他们对命运绝望的抗争。在墨白这篇小说里，出现了罕见的明丽的风景画：后莱园儿的大坑，“夏季里水面上开满了粉红的荷花，全被绿茸茸的叶托着，水墨丹青一样诱人。一阵小雨过后，蛙声四起，荷叶上闪亮着许多银色透明的水珠。坑的浅陆四处都生长着芦苇，紫色的花开在头顶，熏风轻轻一吹，就有苇叶‘哗哗’地响，芦苇海浪一样地波动，如紫雾一样荡漾，阳光下赏不尽的瑰丽，那真是一片神秘的去处”。也许唯其罕见，才值得墨白如醉如痴，同时也就表明了作家仍然是个真正的“地之子”，而且充满在土地上扎根的渴望。引李广田的诗作描述墨白：“我是生自土中/来自田间的/这大地，我的母亲/我对她有着作为人子的深情”（《地之子》）。

（原载《中州大学学报》2010 年第 6 期）

论墨白小说中的“失语者”

何学军[①]

颍河镇是墨白小说创作的灵感之源、文化之根，是其小说中挥之不去的浓重情结。“这里是他的家、是他的根、是他精神的家园、是他挥之不去的梦魇，也是他创作的源泉。”[②]墨白小说里的颍河镇是其心中乡土世界的镜像，它“既是一个物质层面上的客观现实的存在，又是一个艺术层面上的深刻的隐喻或象征”[③]。在这个充满着作者复杂情感体验的世界里，我们看到了这样一类人物形象：他们中有的少言寡语，基本上处于沉默的状态，有的甚至丧失了言语的功能；或者，即便他在言说着，但其言语实际上并非由自我支配。自我的缺席使其言说丧失了存在意义，而处于实际的“沉默”状态。笔者将墨白笔下这些处于乡村中的形象，统称为“失语者”。他们朴拙、木讷，不声不响地活着，他们代表了中国乡村的一个广大阶层——农民，是他们，构成了“颍河镇”里“沉默的大多数”。

这些“失语者”使失语成为墨白小说创作中一个饶有意味的现象。在医学上，失语指的是借助词语进行理解和表达语言符号意义的功能丧失或言语困难，是大脑皮层的语言中枢受到损害的结果。对人类社会而言，这种病理性的机制也以象征的方式广泛存在着。话语是人类社会沟通的主要方式，是人显现自我的存在的重要形式。在仍然有着等级差别的人类社会中，谁占有话语空

---

① 何学军（1969～），四川成都人，文学硕士，商丘师范学院新闻传播学院讲师，主要从事中国现当代文学及文化研究。

② 米学军：《论墨白的颍河镇情结》，《中州大学学报》第25卷，2008年第3期。

③ 李少咏：《构建一座精神的小镇——评墨白的〈梦游症患者〉和〈寻找外景地〉》，《河南社会科学》第11卷，2003年第4期。

间,谁主导着话语,也意味着他拥有更高的地位,享有更大的权力,掌握更多的社会资源。因而,人类社会中的“失语”现象,从社会学的角度出发,往往表现为强势社会阶层(话语权的主导者)对弱势社会阶层的话语权的剥夺。从文化的角度出发,它往往具体表现为一种文化对另一种文化进行压制,从而使处于弱势地位的文化处于沉默或讷言状态。所以,无论社会性的失语还是文化性的失语,其根源都在于“压制”,在于社会结构或文化结构中的矛盾冲突。处于强势的一方对于处于弱势的一方的话语空间的占有,产生了社会和文化的失语症候——不能言、不敢言、不想言、无处可言、词不达意、言不由衷。与病理性失语类似,社会与文化中出现的失语症候也往往意味着社会的病变或处身其中的人在精神、心理等方面的病变,失语以沉默或讷言的方式集中表达了这种创伤体验。因此,墨白小说中这些“失语者”形象是理解其小说意蕴的一个重要维度,是打开墨白迷离的小说之门的一把钥匙。

一、物质的“失语”与文化的“失语”

短篇小说《蟾蜍》貌似一个扑朔迷离且具有神秘意味的“捉奸复仇”的故事,但更吸引我们关注的不是故事本身,而是小说主人公哑巴所具有的深刻的隐喻性。哑巴的形象特点在于:其一,哑巴既哑又聋,表达自己思想和感情的言语方式只有一句“喔哇喔哇”。虽然哑巴可以通过书面语言实现与他人的沟通,但他只有读,不去写,所谓的沟通本质上是文字对哑巴的单向的蒙蔽与支配。其二,当哑巴通过老万书写的文字得知自己的聋哑妻子被收蟾蜍的山东佬欺侮的事情,他燃起了仇恨的怒火,但他复仇的行动却最终转化为与山东佬同醉的媾和。这里支配哑巴行动的显然是金钱的力量。在哑巴心中的天平上,自己作为男人的名誉已被弃置一旁,在天平的一头是一个月辛苦拾粪才挣到的十块钱,另一头是跟着山东佬一天十块钱的沉重砝码。这样我们看到,哑巴的隐喻性意义在于:首先,金钱(物质的)是哑巴生命中的根本性的支配力量,它由山东佬支配;其次,山东佬通过文字的书写(文化、精神的)支配哑巴;再次,在这一支配过程中,面对金钱,哑巴没有了自我,面对文字,哑巴也无以表达自我。所以,颍河镇里的哑巴可以看作是处于中国乡村社会“沉默的大多数”的一个醒目的隐喻符号,他们的失语状态主要由其在社会结构中的地位决定。在物质上,他们只能止步于活着这一生存目的,因而在文化(精神)上,也总把权利、尊严等排在"活着"之后。无论是物质还是文化的层面,均没有他们的发言权,他们不能发声,也不必发声,因为自有话语的支配者为他们"代言"。他们最满足的时候是当他们得到了物质上的实利,就像小说里的哑巴,得到了一百七十二块钱和肥阔的新冬衣,于是忘记了屈辱,展开了阿Q式的笑容,"没事偷着乐"。

墨白"颍河镇"里的这些"沉默的大多数"正是在物质和文化(精神)这两个向度上表现出他们的失语症候的。短篇小说《寒秋》让人心酸又令人心悸。这是一个恶后母虐杀继子的故事,虐杀的工具是粉条。小说中毛头的话语极简约,现按故事情节顺序全部照录如下:"我饿"、"我……"、"仿我"、"我饿"、"娘,我饿"、"吃"、"还吃"、"吃"、"中"、"好吃"、"娘,我撑得慌"、"香"、"娘,我撑得慌"、"吃"、"好吃"、"娘,我撑得慌"、"我渴"、"甜"。十八句话,三十九个字,展开了一个关于饥饿的噩梦,一个孩子由饥饿到被活活撑死的残酷过程。毛头是饥饿中的一个"失语者",他的话语中频度最高的一个词是"吃",这是来自生存本能的祈求,"食物"是它唯一的目的与归宿,除此之外,毛头的话语与外在世界隔开了一切联系。"我饿"的告白不被理解且不得辩解;说弟弟"仿我"只是一个孩子为讨得欢心,改变自己的饥饿状况的稚语,却在误解中招致了暴打;"娘,我撑得慌"更是把他引向了死亡。饥饿是物质匮乏所导致的最严重的后果,它危及的是人的生命的存活。墨白在《寒秋》中借毛头这一失语的孩子的形象隐喻了人在物质的强大挤迫下的生存本相——无力、无助、无奈、无知、无语,或者从另外一个角度说,人在物质的强大挤迫下往往会还原为如孩童般的孱弱、无语状态。

短篇小说《埋葬》以中原地区最为隆重、讲究也最为严格的礼仪形式——葬礼为背景,展现了一群被礼法及血缘牢牢绑定的"失语者"。死人的葬礼,生人的面子,这是中原地区葬礼源远流长的传统,且在母系的葬礼中表现得分外突出。于是我们看到,在《埋葬》中,舅舅成为说一不二的话语权的控制者,而孝子们成为一个个人偶,任人摆弄。娘舅家来吊丧,孝子贤孙们必须远迎跪接,一跪再跪;请舅舅烧纸,须响器开路跪请,一请再请三请;死人如何埋葬须舅舅决定。"孝子见人小三辈",孝子是没有话语权的。这是血缘和礼法的力量,古老、烦琐、沉重,于死者无益,给活人痛苦,与现代文明格格不入。而我们更应看到,小说并没有止于上述浅层的文化的批判,墨白的深刻之处在于他在丧葬文化的表现中，对传统家族文化中的话语秩序及权力机制进行了深入开掘，展现了由礼法制度和血缘关系所构成的不同的话语权力秩序层面。首先一个层面是在娘舅与孝子之间，孝子为失语者，此为大礼，不可僭越。但在小说中，由于孝子兄弟同父异母，继子为兄，亲子为弟，于是在亲子与继子之间形成了血缘的亲疏之别，形成了话语权力秩序的另外两个层面：一是在亲子与继子的两个娘舅之间，相对于亲子一方的娘舅，继子一方的娘舅感到面子不足、话语权失落，他成为了失语者；二是在兄弟之间，相对于亲子，继子虽为兄长，但一直不受继母和弟弟的待见，弟弟占有了家中的主要财产，主导了家中的话语权，因而继子哥哥成为了失语者。这时我们发现，由血缘上的亲疏造成的话语权的分配状况与礼法中的“长幼有序”出现了矛盾，这种矛盾集中爆发在出殡时由谁来摔盆上，对瓦盆争夺的实质是对家族中话语权的争夺，于是最终葬礼变成了兄与弟之间、两个娘舅所属的家族之间的血腥械斗。在《埋葬》中，揭开了中国家族文化在严格的等级贵贱秩序中弱肉强食的一面，温情的血缘、谨严的礼法不过是丛林法则的装饰。同时，墨白还揭示了在这种文化中“失语者”与话语权的拥有者角色上的相互转化。以血缘定亲疏，以礼法定高低贵贱，形成了梯级式的等级关系，在这个等级秩序中，除了最底层者，每个人既是相对于上一级的“失语者”，又是相对于下一级的话语权的控制者。这是以家族文化为基础的中国传统宗法制社会的基本秩序，《埋葬》是由处于当代的颍河镇人上演的一个古老故事，故事的主角是传统文化中的幽灵。

二、“失语”的内在机制

更深刻的是，墨白小说揭示了失语者与话语控制者的权力关系及其机制：物质权力的控制者就是话语权力的拥有者——“权力即话语”①；福柯说，话语即权力，话语权力的拥有者也最终是物质权力的控制者。此两者不可分割，它们之间形成的是共生与互动的关系，“‘即’标明了‘话语’和‘权力’的同一性，‘话语’与‘权力’不过是同一个所指的两个不同能指”②。《队长袁鳖》中颍河镇的社员们是一个“失语者”的群体，队里话语权力的占有者非队长袁鳖莫属，因

① 王小波：《沉默的大多数》，《王小波全集》第一卷，云南人民出版社，2006 年版。
② 文贵良：《话语与权力的互动生长》，《书屋》2002 年第 11 期。

为他口袋里装着工分票，拥有给社员定工分的权力。“为了挣工分，社员都听队长的话。队长说东我们不西，队长说打狗我们绝不撵鸡。”袁鳖“在张寡妇家睡一夜，张寡妇家的床头上就多了一叠子工分票。在刘寡妇家里睡一觉，刘寡妇家的床头上就多一叠子工分票”，因为对物质控制权的掌握，袁鳖俨然成为生产队这个小世界的主宰，而社员不过是失去了自我的人偶，袁鳖的话语就是他们的话语。《自来笑》一篇更细致地表现了人在这一权力机制中的“失语”的过程。《自来笑》也是一个因“吃”而死的故事。自来笑人高马大，饭量奇大，在生产队一次狂欢式的聚餐中，为了得到剩下的二十多张烙馍去举碌碡，因吃得过饱断了裤带而被碌碡压破了肚子。与毛头无知地屈从于食物的诱惑而吃死不同，一开始自来笑是清醒自知的，他知道自己“不能吃了，再吃肚皮就要破了”，当队长承诺说“你能再吃两张，这剩下的烙馍都是你的”时，自来笑仍然坚持不能再吃。可以看到，在这个时候，自来笑的话语权仍然由自己主导。但自来笑最终没有抵挡住烙馍的诱惑，他进行了选择——“我把这个碌碡举起来中不中？众人起哄道，中——自来笑不看众人，只看队长，说，中不中？队长说，中。只要你能举起来，这烙馍都是你的。”在这一段对话中，我们可以看到三个层面：一是自来笑对烙馍的渴望，他期待得到烙馍；二是烙馍的归属取决于队长，他的话语就是权力；三是要得到烙馍必须履行一个交换手续，将自我交付给权力，你给我“烙馍”，我交出“自我”。也就在这一交换中，自来笑的话语已发生了质的变化，它实际上已不再属于自己，它迎合着队长及众人找乐子的心理期待，转化为大家异口同声的语词。《自来笑》中这个“失语”的过程是隐性的，它证明了弥漫于话语空间的物质权力的控制与支配力量。你的生存离不开物质，就注定要被物质权力染指，无须咄咄逼人，它从容不迫，在不知不觉间改变你——你可以保留发声的姿态，而那声音已不是你的。

在《埋葬》中，表面的对于血缘与礼法层面的话语权的争夺实际上指向的是对物质财产的控制权的掌控。话语的威权终究会转化为物质的权力形式。福柯认为：“权力并不在话语之外，而是透过话语而运作的某种东西，话语本身是权力关系中的一个策略因素。因此，权力是通过与道德话语、知识话语相结合，通过对主体的规训来造就它所意愿的主体的。”[①]对此，中篇小说《告密者》中

① 陈嘉明：《现代性与后现代性十五讲》，北京大学出版社，2006年版。

"失语者"全成的形象有更生动的揭示。小说以抓赌事件为中心,表现了全成从被诬为"探子"到财产被掠夺的过程。在这一过程中,全成完全无声无息,只是一个不在场的"被言说"者。全成的失语首先体现在道德层面——被怀疑为抓赌事件中的告密者。于是全成被送上了民间道德法庭,这一"法庭"的特点是只有耻辱柱,没有辩护词,实质上是一场缺席审判,众口铄金,捕风捉影式的道德审判使全成无以自辩,其结果是全成在颍河镇民间话语空间中被驱逐和遗弃——他的门上被糊了屎。接下来,全成在物质层面的"失语"就顺理成章了。这是一个弱肉强食的被合谋掠夺的过程,而全成因保卫自己财产的行为反被拘拿,被铐在具有耻辱柱象征意味的大树上,供镇子里的人们品赏。我们看到,在这个充满弱者的耻辱的过程里,被掠夺者得到不是出于正义的同情,而是因"告密者"受到惩罚带来的报复的快意,掠夺者施施然立于看客们之中,享受掠夺的果实。颍河镇的民间的非理性的道德话语不仅剥夺了全成的名誉和财产,也掩盖了其中的冤屈与不公。

三、"失语者"的无奈、反抗与逃离

正因为有了这些"失语者"的存在,墨白笔下,作为作者生命与创作之源的颍河镇少了田园牧歌式的诗意,多了凄风苦雨的苍凉。墨白对于颍河镇里的这些"沉默的大多数"的书写使其小说具有了基于平民立场的锐利的批判精神。它不仅出于作者的正义之心、不平之气,更出于曾经的"颍河镇"里的"失语者"的墨白深刻的精神体验。它不仅是愤怒的、不平的,还有处于失语状态的压抑与无奈。尤其在作者主体意识较强的一些小说中,一种在生活中原生的、扎入精神深处的尖锐的刺感,使这种情感显得分外突出。

我们可以注意到,墨白以孩子的眼睛作为视角的一些小说,主要有《穿过玄色的门洞》《过程》《记忆是蓝色的》《镜子里的画像》《模拟表演》《夏日往事》等。显然,在孩子的眼睛中,我们不难发现隐藏着的作者的眼睛,他在充满忧伤地向我们回忆着颍河镇上的故事。在这里,孩子具有浓重的隐喻色彩,他们均不是故事的参与者,而纯粹只是一个"观看者",对于事件的进程与结果没有任何作用。他们柔弱、无力,默默地观看着这一出出人生剧目,这是作者主体意识中对"失语"的无力感的还原。在以第一人称"我"作为叙述角度的一些小说中，“我”的失语感更为强烈。《灰色时光》将“我”——一个乡村教师的贫穷、低微、苦苦挣扎以令人窒息的笔墨写出。他在为生计而去倒腾几十斤蒜卖的过程中遭遇了种种困厄，挨打、本钱被讹诈，被人追打、车祸……这一切都只是为了活着，而活着是屈辱的，“我”却“无能为力”。《寒秋》中的“我”亲耳听到了恶后母虐杀毛头的整个罪恶过程，但在罪行实施的进程中，“我”的四肢却“像被绳索捆住了一样，动弹不得”，在罪行的惨烈与“我”的无能为力之间充满了沉重的压抑，“我”的“动弹不得”正是作者主体意识中“失语”感的写照。

因此，在有关颍河镇的小说中，墨白所表现的小说主体意识往往是焦灼和痛苦的。颍河镇的水与土是母性的、深厚的，又是沉滞的、逼仄的，在一张张生存之网下，困缚着一个个沉默的灵魂。因而，改变“我”的失语状态成为小说主体意识的内在要求。短篇小说《真相》中，“我”的大哥因公挨打，父亲胆小怕事而欲息事宁人，而“我”坚持要讨个说法却四处碰壁。“失语者”父亲与反抗者“我”之间发生了激烈冲突。借助于“我”的同事的同学——省报通讯员，大哥的事情见报，一切都发生了逆转，大哥成了英雄，打人者被绳之以法，权贵们笑脸相向，而父亲却为了这一切去狱中感谢打人者让“我”怒发如狂。《真相》以“我”的反抗表现了“我”对话语权的渴求，另一方面表明了这片孕育无数的“失语者”的土地产生的绝望。所以，逃离成为“我”的必然选择，到另外的所在寻找自己的话语。那个地方就是“锦城”，是墨白小说中与颍河镇相对又相连的另一个隐喻性的空间。但是在那里，“我”的话语能够找到吗？颍河镇真的能一去不返吗？

需要指出的是，墨白对于颍河镇里“失语者”形象的塑造，使其小说不仅仅停留在现实生活与精神体验的层面，“失语”使墨白的这些小说成为历史与文化空间的一个隐喻，沉重又富有张力。同时它也进入人的精神世界的深层，具有深刻的对人性的洞察。这大概就是颍河镇的迷人魅力所在。

（原载《中州大学学报》2010 年第 3 期）

论墨白小说的苦难叙事

张　翼[①]

中国文学与苦难之间关系紧密，血脉相连。虽经斗转星移，岁月更替，苦难始终是一个具有普遍意义的文学主题。借助苦难所引发的思考与探索赋予了中国文学应有的深度与广度。然而，在当下的文学创作中，苦难的浓度却越来越被物质的狂欢所稀释，苦难的深度却越来越被庸常的认同所削弱，苦难的广度却越来越被喧嚣的节奏所遮蔽。是苦难已经离我们而去，还是我们已经失去了正视和探究苦难的勇气？令人欣慰的是，在这一派平和之下仍然有作家不为所扰执着地描摹和吟唱苦难。其中，小说家墨白的创作就颇为抢眼，而他艺术世界中的苦难叙事又为中国文学苦难叙事传统加添了光彩和新质。从这个意义上来说，对墨白苦难叙事的总结与剖析，既是对一个作家独特艺术世界的剖析与总结，也有可能由此开拓对于苦难与文学关系的重新理解与审视。

一、生命体验与责任感——内在驱动力

墨白对于苦难的执着是有目共睹的，从创作之初直至巅峰时期，苦难始终从未离开过他的笔端。评论者们既惊叹墨白艺术世界中所形成的独特的苦难意象与苦难表达，也困惑于如此密集的苦难叙事的内在驱动力何在。是什么使墨白如此钟情于苦难？

墨白对于苦难孜孜以求的内在驱动力首先来自最直接也最深刻的自身生

---

① 张翼（1978～），女，河南新乡人，文学博士，河南师范大学文学院副教授，主要从事现当代文学研究。

命体验。作者曾经这样表述过自己创作的动因:“……在我的颍河岸边,在那座我出生的小镇上已经接受了苦难对我最初的洗礼……我的童年和少年时代是在恐慌和劳苦之中度过的……我的青年时代是在孤独和迷茫之中开始的。苦难的生活哺育了我并教育我成长,多年以来我都生活在社会的最下层,至今我和那些仍然生活在苦难之中的人们,和那些无法摆脱精神苦难的最普通的劳动者生活仍然息息相通……”[①]由这段作者的自述中,我们可强烈地感觉到“苦难”在墨白早期甚至现时生活中的贯穿性与主导性。也许过去的种种挫折、磨难已经离作者远去,然而对苦难的体认却早已经融入他的血肉,并由此渗透进了他的文字中。促成墨白执着品格、独特艺术魅力的当然是多种因素的合力,但无法磨灭的对苦难的真切而深刻的生命体验无疑是诸多因素中更为关键的一个。就像他自己所说的那样:“有良知的小说家是受生命驱使去创作的。”[②]

从墨白的文本实践来看,苦难的生命体验首先为他的写作提供了丰富厚实的素材,在《村夫图》《灰色时光》等以第一人称创作的文本中依稀透露着作者早年生活的痕迹,在《欲望与恐惧》等以第三人称创作的文本里也仍然能够触摸到作者过往情绪、精神状态的投射。他对窘困生活遭遇、压抑精神状态的亲历,让文本中的种种苦难情状纤毫毕现,细腻可感,使其作品极具感染力。然而,更为重要的是,苦难的生命体验同时给予了墨白强烈的责任感,并由此规划了他创作的终极目标。属于作家的个体苦难经验,使他不仅仅对自我的苦难刻骨铭心,更使他对普遍存在着的社会苦难、人类苦难保持了异常敏锐的感知力,并时刻刺激着他探究和思索苦难的成因。正如墨白所言:“我们不能忽视我们自身的那些不堪忍受的凄苦的心灵,我们不能忘记人类的苦难,我们应该深刻地揭示我们人类自身的孤独和痛苦,深刻地揭示对现实生活的恐惧感和对未来的迷惘。”[③]忠实于苦难表达又不沉溺于单纯的情绪宣泄,使得墨白的小说既表现出凝重深刻,又不乏空灵韵致,却从来不会肤浅单薄。特别是当“苦难”逐渐成为了新的大众文化消费品时,墨白这种源自生命体验的苦难叙事内在驱动力,使他拥有了扎实的基础也同时获得了足够的深度。因此当越来越多的作家开始

---

① 墨白:《事实真相·自序·我为什么而动容》,四川文艺出版社,2001年版。

② 墨白:《孤独者跋·生命之体验》,河南人民出版社,1994年版。

③ 墨白:《事实真相·自序·我为什么而动容》,四川文艺出版社,2001年版。

陷于喋喋不休却又千篇一律的苦难模式时，他却能够不断地突破，并最终以《欲望与恐惧》标注了一个新的高度。

二、二元对立的表象与永恒困境的隐喻——叙事内容

苦难的烙印使得墨白的小说有着相当强烈的现实关怀，而由乡入城的生活经历以及他对农村、农民的熟悉与理解，使他在文本实践中逐渐形成了城乡二元对立的主题。在他的作品中，乡下人进城的故事占有相当大的比重。《事实真相》《寻找乐园》《从乡村到京城的路途》《进入城市》《局部麻醉》《爱情的面孔》《欲望与恐惧》等作品都讲述了乡下人对城市的向往以及他们在通过各种途径来到城市后所经历的肉体折磨与精神压迫。这些作品显然带着极强的现实指向性，通过对这些进城的乡下人的叙述，作者触及了当代中国的一个重要社会命题——城乡二元对立，并由此展开了城乡差异、农民的权利等诸多现实问题的关注与讨论。应该承认，墨白对城乡二元对立问题的探讨颇具规模，也在相当程度上与"底层"、"底层写作"等创作思潮相契合，作家本人也在反复强调自己的底层立场。文本的实践与作者的表白使我们对他的关注也会更多地集中在其对现实问题的关注上。然而，构成墨白苦难叙事的远不止于对种种现实社会问题的触及。使得墨白的底层故事没有流于苦难的简单陈列，或者温情的廉价泛滥的关键因素是，在这些社会苦难（具体表现为城乡二元对立）的表象之后的对于人性永恒困境的隐喻。

在墨白的创作体系中，除了表现城乡二元对立的作品以及与此相关的反映乡村贫瘠生活的作品之外，还存在着一些具有强烈象征意味、隐喻色彩的文本。比如墨白的早期作品《穿过玄色的门洞》，其中虽然也有一个因为地位变迁、城乡差异而造成的始乱终弃的悲剧故事，甚至还有死亡，然而这样富有矛盾冲突的情节显然并不是作者的叙事重心。在文本中弥漫着的是面对着玄色的门洞时的"恐惧与诱惑"。通过"我"的童年记忆与现实叙述之间的交叉，文本真正想要抵达的是人的欲望与追寻欲望满足时的恐惧及最终失落这一系列永恒的人性困境。因此，文本的叙述重心并没有放在对于故事的讲述上，而完全致力于呼之欲出的追逐欲望的迫切感和追逐过程中的惊惧及最终欲望的失落。在表姐与大哥的故事中，支撑恋爱过程的是欲望的压抑及最终的破毁，并最终导

致了肉体的毁灭。而在“我”的故事里，对待玄色的门洞执着地探究，以及因未知而产生的恐惧同样是对这一永恒人性困境的印证。无论是别人的故事，还是“我”的故事，都是一个又一个关于人性永恒困境的具体特例。而且在墨白的笔下，追求欲望的过程及欲望的最终失落，丝毫没有西西弗斯式的神圣感，而是充满了宿命感和神秘色彩，作者避免使用某一种具体的理论话语去阐释，而是从普遍人性的角度进行隐喻。正是有了对于人性终极的隐喻，《穿过玄色的门洞》这篇短篇小说才能够超越简单的伦理道德评价，避免落入过于明晰的爱情故事俗套。从这个意义上来说，故事所营造的隐喻要远远高于故事本身，可是这一隐喻却在很多时候被遮蔽了。正如文本中的“我”所担心的那样，作为旁观者的妻子“永远也无法理解那个玄色的门洞所带给我的恐惧和诱惑”①。很多的读者、评论者也都没有对墨白作品中关于人性永恒困境的隐喻给予足够的重视。因此也人为地减弱了墨白苦难叙事的力度。

从文本的实践看来，墨白苦难叙事内容是由城乡二元对立的表象与人性永恒困境的隐喻共同组成的。从功能上来讲，两者互为表里，互相促进，并无矛盾之处。苦难表象的存在是对人性隐喻的形象表达，使人性隐喻不至于完全成为形而上的思想的玄想和辩论；人性隐喻的提示是对现实苦难的理性思考，避免了简单的苦难复述和陈列。二者并存使墨白小说的苦难叙事内容既有丰厚的现实感，也不缺乏深刻的思想强力。

《穿过玄色的门洞》中对于城乡二元对立表象与人性永恒困境内核之间的处理、把握尚属初创，在长篇小说《欲望与恐惧》中二者之间达到了一种和谐的平衡，几乎消泯了现实与隐喻之间的界限。《欲望与恐惧》同样可以被解读为一个关于城乡二元对立的完整故事。农村青年吴西玉，由最直接的日常生活中得到了城市优于乡村的经验，并由此产生了进入城市，甚至是占领、征服城市的想法。然而，他坚持不懈地向城市的努力，表面上看起来似乎成绩卓著，实则内里却是一败涂地。妻子的变态使他的本能不能得到满足，反而因正常的欲望要求而尊严扫地。虽能从情人那里得到温存和崇拜，却又总是感到无形的道德压力、精神压抑。他所谓成功的事业，全依赖裙带关系，看似风光无限的吴西玉其实不过是个无足轻重的角色。但是，构成吴西玉城乡二元对立故事的因素又总

---

① 墨白：《穿过玄色的门洞》，《墨白作品精选》，长江文艺出版社，2007年10月版。

是蕴含着更多的意义。出现在吴西玉故事里的每一个人物都表现出面对欲望时的贪婪、对于强大欲望的恐惧和欲望的最终落空。吴西玉越努力占领城市就越感到失落，牛文藻想要报复男性却对自身造成了最大的伤害，尹琳追求理想主义的爱情然而吴西玉却绝不是她所想象的那般完美，钱大用渴望事业的成功并且具备能力和魄力最终只落得锒铛入狱，于天夫想成就功名却被癌症罚出了权力的竞技场……吴西玉、牛文藻、尹琳、钱大用、于天夫们既从各个方面叙述了现实的种种苦难，也都受到了人性永恒困境的控制。相对早期的《穿过玄色的门洞》，《欲望与恐惧》情节更加完整，逻辑更加清楚，建筑在故事之上的隐喻与故事本身的结合也因此更加无间。吴西玉既是某一个实在的个体，又成为了普遍困境的象征。

三、悲悯与审视——叙事角度

任何一个作家在进行苦难叙事时都必须要面对如何理解苦难、对待苦难这样一个原则性的问题。不同的作家也都有着各自不同的理解。而这些迥异的苦难理解，在由意识层面进入文本中时，往往就会凝聚成不同的苦难叙事角度。不同作家的苦难叙事在一定程度上要靠叙事角度来进行标志性的区分。在墨白密集的苦难叙事中，审视与悲悯交织而成的叙事角度也同样将墨白与其他作家区别开来。

墨白的苦难叙事，来自最真切的生命体验，这就使得他在叙述苦难时充满了感同身受的理解和宽容，也因此总是流露出悲悯之情。譬如《灰色时光》中对于那个被艰辛生活压榨得连尊严都不能保全的乡村代课教师的同情与可怜。然而，墨白写苦难，并不仅仅是为苦难的事件、苦难的人洒一把同情的眼泪，他还要探究苦难的成因以及苦难的救赎。因此除了与苦难平行的悲悯之外，还有超越苦难的审视。正如作家自己所讲的那样："我可能是这样一种人：对世间苦难的人类充满了同情心，或者悲悯之情。我想这应该是我的本质，一个作为具有人道主义精神的普通人应该具有的一种本质。但是当我作为一个作家出现的时候，我需要的是用另一只眼睛来正视人类真正的苦难和精神的迷惘，而不应该是一般意义上的悲悯和同情。我希望世上的每一个人都生活得很幸福，正因为这一点我的写作才正视苦难，我应该记住人类的苦难，人类肉体和精神上的苦难，并且以小说的形式使这苦难固定下来，使我们已经麻木的心灵慢慢地觉醒”①。正因为有了这种苦难观，所以在墨白的创作体系中，既有《灰色时光》式的悲天悯人，也大量存在着《寒秋》式的冷冷的审视。与《灰色时光》相似，《寒秋》中也写到了困窘的生活，然而其中墨白没有单单写对于困窘生活的同情，还冷静地描写了由贫穷而滋生的令人发指的罪恶。继母利用孩子的贪吃，不动声色地害了孩子的性命，为自己除去了眼中钉、肉中刺。

悲悯与审视交织的叙事角度，使得墨白的创作呈现出奇异的色彩。他的作品既饱蘸了深沉的同情，也不乏尖锐的剖析，共同构成了温暖与冷峻并存的苦难叙事风格。

墨白对苦难的坚持与成绩，对于当下文坛的苦难叙事来说具有某种启示意义。我们该如何对待苦难，怎么样触摸和表达苦难，也许从墨白受到生命体验与责任感驱动，通过城乡二元对立的表象和人类永恒困境的隐喻，表现出悲悯与审视交织的苦难叙事中，可以看到一些端倪。

（原载《平顶山学院学报》2010 年第 6 期）

① 墨白：《事实真相 · 自序 · 我为什么而动容》，四川文艺出版社，2001 年版。

颍河镇与中国精神镜像

——谈墨白小说中的国民性批判主题

刘宏志[①]

墨白的小说,大多数都和一个名叫颍河镇的小地方发生联系——或者故事就发生在颍河镇,或者故事的主人公出自颍河镇,到现在仍然和颍河镇发生着千丝万缕的联系,如同福克纳创作出了"约克纳帕塔法"世系一样,墨白也创作出了自己的"颍河镇世系"。颍河镇是作家虚构出来的一个小镇,但是这个小镇又是作家以自己生存、成长的小镇为原型塑造出来的,所以,这个小镇对于他来说,显然有着极为重要的意义:"颍河是从我的精神里流过的,她带给了我对外部世界太多的幻想。同时,这条河流,也是我的小说和外部世界沟通的一个重要的渠道。"[②]于是这个平平常常的地方小镇,就变成了一个人生的大舞台,生旦净末丑各类角色一应俱全。他们以多样的人生模态,共同演绎着形形色色的各类悲剧、喜剧与闹剧。事实上,我们可以这样说,颍河镇已经成了墨白观察中国生活、中国精神的一个模板,这个小镇如同邮票一样,方寸之地,却呈现着大千世界。墨白对中国生活、中国精神的认知、批判都借助于对颍河镇的叙述完成了。这样,在某种意义上说,墨白笔下的颍河镇其实就是中国典型生活的代表,那么,墨白对颍河镇的全方位的描述,也就蕴含了对中国典型生活的批判,比如说,对国民性的探讨和批判。

---

① 刘宏志(1976~),河南延津人,文学博士,郑州大学文学院副教授,主要从事中国现当代文学研究,著有《墨白小说研究》等。

② 刘海燕:《有一个叫颍河镇的地方——与墨白对话》,《莽原》2006年第3期。

一、对皇权和奴性思想的批判

早在20世纪初期,鲁迅先生小说就开了国民性批判的先河。虽然近年来由于后殖民理论的勃兴,大家对国民性批判开始有再认识,而且对国民性批判也有了某种批判的声音。比如说,有观点认为国民性批判乃是站在西方文化立场对我国文化反观的结果,这是首先肯定了西方文化的主体地位,这种观照的文化立场首先就是有问题的,因此,所谓的国民性批判也是伪命题,这种批判本身就是后殖民文化的一种表现。但是,就已有的中国文学对中国固有的文化弊端的批判来看,绝大多数的文学中的国民性批判还是深刻而切中弊端的。应该说,这种国民性批判不是什么伪命题,它对于我们汲取有价值的现代文明,摆脱固有的落后的思想文化方式具有积极的意义。就中国文学来说,鲁迅开启的这个国民性批判事实上也成了之后一代代富有民族责任感的作家一直延续下去的一个写作主题。客观而言,由于中国有着太过久远的历史传承,经历了太长的封建社会,导致了一些在封建极权社会中形成的观念和思维方式作为一种集体无意识在这个民族中传递,可以这样说,凡是有中国人的地方,都有国民劣根性的存在。所以,当墨白对他的颍河镇进行审视和批判的时候,国民性问题也就跃入了他的眼帘。

在国民性批判主题中,对皇权、奴性的批判是一个一以贯之的主题,而这个主题在墨白小说中也得到了一种延续。中国经历了几千年的封建社会,在长期的封建文化的熏陶下,“君君臣臣父父子子”在某种程度上已经成了中国人血液中的一部分,这就导致我们从现代性文明视角来看,中国人缺乏个人独立性,而只有对皇权的膜拜,对上级的奴性。新中国是一个社会主义国家,是以现代性文明为主导价值体系建立起来的国家,换言之,在新中国,传统封建的皇权意识从理论上来说应该是彻底失去其市场的。但是,借助对颍河镇的描述,墨白的小说表现出了这样一个基本的现实:虽然从国家意识形态角度,新中国已经是一个社会主义国家,已经否定了传统封建社会的皇权意识、特权思想,可这些东西,作为一种集体无意识,依然在中国人的精神中牢固地存在着。《梦游症患者》中的文玉,在参加大串联回来后,因为他收集到的挂满了整个上衣的毛主席像章,就获得了镇上人极大的尊重。镇里学校的校长临时决定停课,让学生抬着文玉游街，展示那一身的毛主席像章。而文玉的姥爷——三爷，更是对毛主席充满感情，在他看到毛主席像章之后，小说这样写道："三爷的目光看着他面前挂在空中的那个别满了毛主席像章的褂子……三爷不想说话，三爷只想着那些大大小小的毛主席像章，三爷对文玉说，去把那褂子请过来，挂在我看得见的地方。"①当一个普通的、脏兮兮的褂子上面别满了毛主席像章的时候，三爷对它的态度骤然转变，移动这个褂子，不再是拿，而是请。根据中国传统理念，只有对人才用"请"字，对物一般是不用"请"的，只有一种例外，那就是这个物是神圣的东西。在民间，甚至只有和神有关的东西才用"请"的。在这里，三爷对毛主席像章的姿态，显然已经类似于面对神圣的神的姿态了。这当然不是因为像章，而是因为毛主席，只有当毛主席在民众心中获得神一样的位置的时候，像章才可以以神的象征的姿态获得民众的膜拜。按照现代性价值立场，人都是平等的。新中国作为一个社会主义国家，是强调人人平等的，甚至人人平等也是共产党发动民众打倒国民党政权的一个基本理论号召。但是现在，新中国的农民却把新中国的领袖当神一样供奉，这显然是一个讽刺性的描写，但是这样的细节中，我们可以看到，深蕴于民众中的皇权意识并没有随着封建时代的结束而消亡，而是顽强地以另外一种变种的形式在新中国依然存在。

归根究底，皇权意识还是一种不平等的意识，即以某种价值准则（通常为权力、财富拥有的多少和出身的血统）为评判标准，把人分作三六九等，在这种价值准则下，对于那些所谓的高贵的人，自觉地顶礼膜拜，而呈现出某种奴性。《梦游症患者》中三爷以及颍河镇上的众人几乎都对毛主席顶礼膜拜，而这个膜拜的背后，其实隐含的正是一种奴性，在伟大领袖面前自觉地屈身为奴。这种在领袖面前的奴性，表现在日常生活中，就是在面对比自己地位高的人的时候，自觉地屈身为奴。作为一个从底层生活中走出来的作家，墨白对于这种奴性显然深为了解，并且深恶痛绝。于是，在他的各种类型的小说中，如长篇小说《梦游症患者》，中篇小说《寒冷》，短篇小说《真相》《丧失》等一系列作品中，墨白都表现出了对国民性的奴性、愚昧的犀利的批判。短篇小说《真相》讲述的是村里的电工高山为了维护村里的电线被邻村程主任侄子打伤了，事情发生之后，程主任象征性地表态看望了一下高山，高山的爸爸以及众亲属为之感动不已，也

① 墨白：《梦游症患者》，河南文艺出版社，2002 年版，第 100 页

不敢再追究程主任侄子的事情，而高山的弟弟则想起了十年前他的莫名其妙死去的当电工的叔叔以及被奸污后自杀的姐姐，他不想让这件事情再不了了之，于是就写了告状信，但是没有任何反响。一个偶然的机会，他的一个同学帮助他把这件事情登上了省里的日报，这就引起了县里的重视，接着乡里、村里也都改变了原本对此漠视的姿态，开始表彰高山，高山也因此成了供电局的正式职工，而结果盗窃、伤人的罪犯也都入狱。但是富有讽刺性的是，在一切获得一个好的结果之后，父亲和高山居然要去监狱看望曾经打伤过高山的囚犯，原因竟然是："要不是他们几个打你哥一顿，咱家咋会有今天?"这个小说集中表现了中国农民的奴性意识和愚昧思想。在他们的意识中，人是不同的，因为盗窃、伤人的是程主任的侄子，所以，程主任能够到病床前看望一下高山，大家就觉得已经是非常有面子了，更遑论索要赔偿，要求把打人的凶手绳之以法了。而且，这个小说在叙述这个事件的同时，富有深意地加进了二叔和姐姐之死。十年前二叔莫名其妙地死去了，父亲对二叔之死则是讳莫如深。二叔之死也许已经牵连进了某种权力的元素，而姐姐的死亡则是主人公亲眼看到的，而且也看到了凶手因为父亲的胆怯居然逍遥法外。事实上，二叔之死和姐姐之死都是和权力有关的。他们都是被权力夺去了生命，而且死后权力居然还能压制父亲这样的人使得事情的真相无法大白于天下。二叔之死、姐姐之死和小说的主要叙述事件高山被打，就事件性质而言显然具有同质性——他们都是权力压制下的牺牲品。但是，权力如果能够作威作福，任意作为，还需要有民众的配合。显然正是许许多多的父亲这样的人，使得权力从来没有遇到过抵抗性力量，于是他们也就更能够为所欲为。而导致这种状况形成的，就是奴性，愚昧的奴性。当父亲和众亲属为程主任能够到病房前看望哥哥而欢欣鼓舞深感荣幸的时候，当父亲和哥哥还要到监狱去看望当初打伤哥哥的罪犯的时候，我们可以体会到深刻的悲凉，或许正是这样愚昧的奴性产生了这样基层的极权的专制。

奴性不仅让人丧失尊严，甚至还会失去自我。墨白的短篇小说《丧失》，就塑造了这样一个完全被奴化的人。他的顶头上司由于各种原因，这几天没有出现，在他的生活中突然没有了领导，这让他深感惶惑。小说这样写道："这些天来我一直都在寻找我的顶头上司。在我的生命里我不能没有他们。上班的时候，没有他们我就不知道应该怎样来安排自己。如果没有他们的目光，我不知道自己应该去喝茶还是去看报纸；如果没有他们的语言，我不知道自己应该是坐着还是站着；如果没有他们的身影，我就会变得焦躁不安，无所适从；没有他们的脚步声的时候，我就会变成一只无头苍蝇，在白色的墙壁之间撞个不停……”[①]而且，因为没有见到顶头上司，主人公还成了色盲，世界在他眼中变成了灰色的。平心而论，这个不足二千字的小说在墨白的短篇小说中算不上上乘之作，太过于直白，但是从这些直白的语句中，我们可以看到墨白对奴性的愤怒，甚至仇恨。正如上面所说，正是中国人的不作为、不抗争，成就了基层权力的专制，导致了大家生活在权力的压抑之中。当然，墨白也点出了事情的另外一个方面，即正是权力的不受限制，在另一方面导致了奴性的加剧。短篇小说《命运》就讲述了一个权力弄人的故事。大学毕业的杨洪分配到乡镇上班，因为工作能力出众，被乡党委杨书记看中，还把他调进了乡党委，据说下届配班子，杨洪肯定是要进乡党委的。但是杨洪很快遭遇了厄运，而且荒诞的是，厄运居然源于他的姓。因为杨洪在乡党委办公室工作，下村里工作的时候，大家就叫他杨书记。杨洪能摆正自己的身份，唯恐乡党委杨书记知道了不高兴，就不敢答应，不让大家这样叫他。因为他不让大家叫他杨书记，后来大家就开玩笑似的叫他“摘帽书记”。结果，杨洪有一次和杨书记一起下村，旁人叫杨洪“摘帽书记”，即将退休的杨书记听到后非常愤怒，以为杨洪这是故意羞辱他。于是，之后杨洪就彻底失去了升迁的机会。这个小说非常形象地说明了奴性的来源。干部的升迁，或者说，普通人、底层人的命运，没有把握在自己的手中，不是说你干得好就一定可以得到应有的奖赏，而是由领导的好恶来决定。当我们的生活中充满杨书记的时候，我们每一个人就都会是杨洪，我们在杨书记面前就得唯唯诺诺，奴性十足，否则就会失去生活的资本。

当这些基层的民众成为权力的受害者的时候，我们痛感于他们的奴性，但是这些在权力面前唯唯诺诺者绝非总是受害者，或者说，这些唯唯诺诺者并非总是值得同情的。事实上，我们仔细分析这些人的行为，会发现，隐藏在其奴性背后的不仅有懦弱、胆小和善良，而且还有残酷，那是对更软弱者的残酷。墨白的中篇小说《寒冷》是由一组短篇小说组成的，这些小说从不同方面表现出了生活在底层的农民的生活状况，自然对他们的生存表达了自己的同情。与此同时，我们又可以看到墨白对表现在农民生活中的种种奴性之后的残酷表达了自

---

① 墨白：《丧失》，见《神秘电话》，吉林出版集团有限公司，2010 年版，第 158 页。

己的愤怒的批判。《饥饿》中的村头嫂，毫无疑问，在生活中仍然处于社会的下层，可是，她却残酷地把村头前妻留下的孩子毛头给撑死了；《吃大户》中的村民都知道狗蛋偷锅底的东西是不对的，但是这并不影响他们去借此大吃锅底一顿，而且吃完之后还"打着饱嗝说，这回锅底不死，也得剥他三层皮"；《杀戮》中的狗蛋，因为自己的兄弟羊蛋和自己找来的老女人发生了性关系，就愤怒地打死了羊蛋；《围困》中的清明，为了娶媳妇欠了一屁股债，他后来就把这愤怒发泄在自己的老婆花枝身上，直到把花枝打死。这些故事中的主人公毫无疑问都是值得同情的，村头嫂物质上的困窘，狗蛋、羊蛋人到壮年却娶不到媳妇等等，这些人都有值得我们同情的理由，问题在于，同样是这些懦弱的底层生活者，一方面，他们在底层生活中很痛苦地煎熬，而且还不敢去挑战压抑他们的力量；另一方面，他们对那些可能影响自己利益的更弱者，却呈现出凶恶的本相，呈现出人性的残酷。如小说《吃大户》，锅底勤劳致富，挣了几千块钱，引发的不是村人一起去劳动，寻找致富的路子，而是村民心中对他富裕的仇恨。所以，小说中的村民，都知道狗蛋偷锅底的东西是不对的，但是，当锅底打了狗蛋，羊蛋借此胁迫锅底请全村人吃饭的时候，大家还是心满意足地去了，而且尽可能地多吃，这个时候，在众村民的思想中，是没有公平正义的。对于国人的这种心理，鲁迅先生早就做过批判："我觉得中国人所蕴蓄的怨愤已经够多了，自然是受强者的蹂躏所致的。但他们却不很向强者反抗，而反在弱者身上发泄。"①"可惜中国人但对于羊显凶兽相，而对于凶兽则显羊相。"②看着鲁迅先生在百年前写下的对中国国民性的反思批判，再看着墨白当下的文字，我们只能感受到悲凉。或许，消除中国人的国民奴性，任重而道远，这也正需要一代一代作家把国民性批判这个接力棒传递下去。

二、对固执、守旧与无原则的投机的批判

从词义上讲，固执、守旧与投机似乎是无法并存的。一般而言，大凡守旧、固执者，多是固守于某种价值立场，这样的人多是有坚持的人，与投机似乎没有

---

① 鲁迅：《杂忆》，见《鲁迅杂文全集》，河南人民出版社，1994 年版，第 72 页。

② 鲁迅：《忽然想到》，见《鲁迅杂文全集》，河南人民出版社，1994 年版，第 150 页。

任何联系。但是事实上，固执、守旧与原则却是两码事。坚持原则绝不意味着就一定会固执、守旧，而固执、守旧也绝不意味着坚持原则。墨白在他的小说中就表现了中国人同时具有的守旧、固执与缺乏原则性这种看似矛盾其实让人心寒的国民劣根性。

从历史上看，与其说中国人从来就不善于变通、乐于接纳新质，毋宁说，中国人的文化根子里面，一直存在一种抱残守缺的精神，这种精神就导致了中国人的保守和固执。所以，纵观中国历史，可以发现，在中国历史上掀动变法、改革的人，多没有好的下场。鲁迅先生对中国的这种国民性的认知可谓透彻，他曾经说过，在中国，搬动一张桌子都是要流血的。墨白笔下的颍河镇人，没有脱离中国人的总的脾性，也处处体现出固执、守旧的一面。墨白的短篇小说《舞轿者》就表现了国人这种固执、守旧的精神，并对之予以了批判。颍河镇有一个传统，结婚的时候新娘子都是要坐轿子的。为了娱乐大众，轿夫并不是老老实实地把新娘子从娘家抬到婆家，他们会在人多的地方舞轿子。所谓舞轿子，就是轿夫做出各种各样的姿势，什么“雄鹰展翅”、“高台晾风”、“葵花向阳”等等，这样轿夫会很累，新娘子也会被颠簸得很难受，但是可以娱乐大众，所以就成了风俗，所有的轿夫都会舞轿子，而且舞轿子的技艺也就决定了轿夫在同伴中的地位。老铁是颍河镇的一个轿夫，而且是舞轿子技艺最好的一个轿夫，他也以此为自己的骄傲。但是，随着汽车的流行，现在颍河镇逐渐都时兴用汽车娶媳妇了，老铁的技艺有点落伍的趋势。现在，老铁的儿子要结婚了，两代人为了娶媳妇的方式发生了矛盾。儿子、媳妇要用汽车，老铁坚持要用轿子。争执的结果是，儿子只管用汽车去娶媳妇了，而老铁则一本正经地在轿子里面放了一袋粮食，然后领着一堆不明真相的轿夫抬着花轿进了镇子。在人群拥挤的地方，老铁领着轿夫舞起了轿子，而且难度越来越大，最后，老铁体力不支，从桌子上摔下来，并且当天就死了。老铁的儿子也因此落下不孝的名声，无法在颍河镇待下去了。小说中的老铁显然是一个可悲的人物，可悲的地方在于，在时代变化的时候，他依然抱残守缺，坚持着他的已经落伍的东西不放，而且他还觉得自己是正确的。事实上，正是由于老铁的坚持，使自己儿子的婚事遭遇了丧事，但是老铁在临死的时候，居然还对儿子说：“小亮……爹总算是对……对得起……你……”结婚娶媳妇的方式关乎文化，关系风俗，但是却和原则无关。而且，客观而论，虽然当下国家大力提倡国学，提倡对非物质文化的保护，但是有些传统文化,或者说所谓的国粹,却并非符合人性本身的。舞轿子是颍河镇的风俗,客观而论,此风俗在热闹婚礼等方面确有效用,但它是以牺牲舞轿者的体力和新娘子被颠得七荤八素为代价的。换言之,传统的婚礼舞轿子,对新娘子是很不人道的。至于小说中的老铁为了博取大家的认可,玩的那些甚至会殃及舞轿者生命的高难度动作,则更是无聊。虽然通过舞动这些高难度动作可以博得围观者的一笑甚至掌声,但是仔细考量,为了博取夸赞而冒生命危险,却是愚蠢的行为。在中国文化中,向来不乏对此类愚蠢行为的认可,这种认可也正是老铁对自己舞轿子技艺的坚守的后盾。老铁把自己的生命价值和舞轿子联系起来,甚至在自己的儿子不同意用轿子娶媳妇的时候,还以舞轿子的方式结束自己的生命,以身殉轿,且至死不悔,看上去似乎颇有几分悲壮色彩,但遗憾的是,这种坚守却显得过于愚蠢,且没有任何价值。问题还在于颍河镇人对老铁和他儿子的态度。老铁抱残守缺,为此而死,还把自己儿子的婚宴搞成一场丧事,但是在老铁死后,在"老铁安葬那天,一下子来了十多班子花轿,那些轿夫在老会首的带领下,一队又一队,长长地排了二里多地。满天地里都是唢呐声,十多班子唢呐对着吹,直吹得天昏地暗。老铁的儿子在家里待客,一茬又一茬,就连他自己也不知道花去了多少钱"。显然,民众通过这种方式,表达了他们对老铁这种荒唐行为的认可。在他们看来,老铁之死,绝非不识时务,而是有价值的。相反,老铁的儿子,违反风俗,在大家看来,是大逆不道的,所以,后来"老铁的儿子觉得没脸在颍河镇混下去,就要求调动,带着他新婚的妻子到外乡供职去了"。

固执、保守在某种程度上,也许并不能算是完全的不好的品质,问题是固执、保守指向的东西和价值。如果对于某种有价值的原则能够坚守,那么,这种固执就是坚持原则。问题是,在墨白笔下,我们可以见到,颍河镇人坚持的都是这种无谓的价值,而在真正应该坚持原则的时候,大家反倒没有坚守了。《光荣院》中的院长贪污公款,光荣院里的十几个老战士都知道,但是没有人站出来揭发院长。直到有一天,院长有把柄落在了光荣院里的老战士老金手中,他扬言要去告院长贪污。院长赶紧找老金道歉,认错。

> 院长也走过去,在他的身边坐下来,他说,老金,我的工作做得不好,我向你检讨,你是个老前辈,你是老战士,你是老革命,你的老连长,也是我们的民政局局长让我有事儿多向你请教……老金说,好,我说!这天兴的事儿咱就不说了,你说说,咱院里现在的伙食怎么样?你说我们这些老家伙

一个月多钱的伙食费吧？院长说，老金，现在跟过去不太一样了，那个时候我们的钱是县民政上拨过来的，可现在一切开支都是乡镇财政包干，有些事儿不好说。老金打断了院长的话，他说，那我不管，我只问你，现在我们的生活费一个人到底是多少？院长说，一百二。老金说，一百二？你自己说，这一百二到我们这些老家伙嘴里有多少？我们十三个人供一个炊事员吃饭我们认了，你顿顿吃饭不打钱我们也不说，你老婆来住个三五天吃饭不掏钱我们也忍了，可是你给我说，你三天两头请镇里的领导吃饭，那钱你从哪儿出？……老金说，这我能理解，你是为了大家，可是你总得关心关心我们这些老家伙吧？我还是那句话，要是没有了我们这些老家伙，你当的谁的院长？我们不要求别的，我们洗脸的毛巾、香皂你总得发一点吧？你说说，你有多长时间没有给我们发毛巾了？都快一年了！院长说，发，发，你看我不是忙吗？这样吧，明天我就到镇上去买，买回来后交给你，由你来发，往后去这样的事儿就由你来办了。一听这话，老金的脸就变了。有一段时间里，老金就帮着院长跑这跑那，就像他是一个副院长似的。他说，院长也不容易，院长真不容易。①

从老金的语言中我们可以清晰地看到，老金对院长的种种不符合规定的贪污行为是非常不满的，而且都有证据，并且，老金的老领导现在就是县民政局局长，他可以去找老领导告发院长。但是，在院长对他施以小恩小惠，分给他一定的小权力之后，老金的立场立刻发生了巨大的变化，由原来极端反对院长的对立派成为了院长的支持者，且自觉地在院长面前表现出了自己的奴性。在面临个人利益诱惑的时候，老金没有任何的坚守和固执，他是那么轻松、那么自如地就转换了自己的身份和立场。通过这样的细节描写，墨白指出，在中国虽然充满了抱残守缺的保守和固执，但是在中国最为缺乏的，却是这样一种对原则的坚守。当对原则的坚守这种品质匮乏的时候，投机就极为盛行，如上面所说的《光荣院》中的老金就是把原则当作了投机的敲门砖，获得了投机的机会。如果说上文所说的老金在开始尚想主持公道，一开始并不是处于投机的动机的话，更加严重的是，在很多时候，投机成了中国人任何事情的原初动机，虽然中国人往往习惯在表面上文饰以各种高尚、伟大的称号。投机成了中国人的某种本

① 墨白：《光荣院》，见《墨白作品精选》，长江文艺出版社，2007 年版，第 66 页

能。《梦游症患者》中，当"文化大革命"的风暴刮到颍河镇的时候，颍河镇立刻也成立了"二七公社"造反派组织，开始武斗。颍河镇的农民老鸡看到这似乎是改变自己命运的一个机会，立刻积极地加入了"二七公社"组织，但是后来当他看到另外一个造反派组织"八一"之后，他就后悔了，因为参加"八一"，每天搞革命的同时还有工分入账。小说这样写道：

秧子说，老鸡，你这货真傻，你参加"二七公社"有啥好？我们参加"八一"天天都有工分，"二七公社"能给你工分吗？

老鸡一听说参加"八一"还有工分，就后悔得要命。他就朝王洪涛央求道，王司令，你就叫我也参加"八一"吧。①

从中可以看到，这些所谓的革命者，本无什么坚贞的革命信念，不过是投机所谓的革命而已，所谓的工分就足够成为革命的动机和力量了。当投机成为国民灵魂中如此强烈的信念的时候，我们也可以想象中国人距离现代理性社会有多远了。

就中国文化而言，由于经历了长期的封建专制历史，以及我们遵循的儒家伦理，导致了在中国一方面奴性泛滥，另一方面投机主义盛行。国家的发展，不仅仅是一个经济发展的问题，事实上，当经济发展到一定程度的时候，制约经济继续发展的将不再是经济本身，而是国民素质。换言之，建设一个现代化的中国，需要的是具有现代社会价值准则的公民，而不是传统中国社会中匍匐在官员、帝王脚下的老百姓。现在的问题是，中国的国民劣根性已经压抑了中国公民意识的形成，制约了国家的进一步发展。墨白描写的不是中国，只是中国的一个小镇，但是这个小镇却又是非常富有代表性的小镇，所以，当墨白描写这个小镇的时候，我们又可以说，墨白就是在描写中国、分析中国，而墨白对颍河镇居民精神具体入微的展示显然也比任何空洞的大道理更有说服力，它向我们表明了，对于当下的中国文学，国民性批判应该是一个永不过时的主题。

（原载《山花》2011年第7期）

---

① 墨白：《梦游症患者》，河南文艺出版社，2002年版，第178页。

自我规训：肉体与灵魂的深度撕裂

——墨白小说《欲望与恐惧》的思想地图

刘　军[①]

墨白是中国当代极少数在进入新世纪后依然坚持先锋写作的作家之一。在高呼先锋派已经过时与认定作为文学现象的先锋写作业已退潮的今天，墨白茕茕独行的创作姿态与叙事探索，在当代小说写作的基本视野下，给予人们的不仅有注目，还有一种启示。

一、精神地理

按照评论家谢有顺的说法，选择先锋写作方式的作家，是那些对固有的写作秩序不满的人。他们一旦意识到旧有的艺术规则无法呈现自我的内心和体验，就会选择新的艺术形式来传达更高的心灵真实，在他们那里，更复杂、更幽深的现代人的内心被发现了，他们需要亮出新的艺术形式，以反抗虚伪的经验。当然，先锋绝不仅仅是技巧的炫耀或者玄学的展示，对于真正的先锋写作来说，技术只是框架，框架里装的是现代人心灵内部的碰撞和撕裂，所以，其写作"一定包含着作家此时此地的生活细节的警觉，他们的写作可以证明他们曾经很实在地生活过，并且心灵上曾经与那些生活细节有着亲密的关系"[②]。

艺术形式通变的规律，工业化进程中欲望的滋长、人心的变动、道德的轰毁与重建，以及价值理性的重估，皆构成了先锋精神丰厚的河床。那些贴近大地、

---

① 刘军(1973～)，河南商城人，河南大学文学院副教授，主要从事现当代文学研究。

② 谢有顺：《先锋就是自由》，山东文艺出版社，2004年第1版，第63页。

贴近人心写作的作家们是不会放过如此宝贵的机遇的,他们必将以笔为旗,钩沉这片河床上容易被人遗忘的隐秘的细节。在《欲望与恐惧》这部小说的后记中,墨白否认了朋友所道及的个人自传的提法,而是自我指认为精神自传性质。这个指认,可以归入生活真实与艺术真实不同的命题,更准确地归类,则是一种自我证明,证明自己的心灵与小说细节间所保持的亲密关系,于撞击与张力间,隐含着作家对更高心灵真实的追求,这种追求,恰恰就是作家贯彻先锋精神的又一结果。

从20世纪90年代初开始,墨白的创作进入喷发期,一系列引起反响的中篇小说,如《同胞》《黑房间》《幽玄之门》《重访锦城》《雨中的墓园》《风车》等,相继在国内各大名刊推出。稍后,《梦游症患者》《寻找外景地》《欲望与恐惧》等几部长篇小说也陆续被出版,这一系列作品好似一个个端点,彼此并非隔空相望,而是被一根隐约的绳索串连,这根绳索就是作家致力于构建的叙事原点,姑且可称之为颍河镇叙事。

与福克纳笔下的南方小镇,马尔克斯笔下的马孔多,莫言笔下的东北高密乡,以及苏童笔下的香椿树街一样,颍河镇成为墨白笔下巨大的能指符号,它既是作家的精神故乡、作家情结的凝聚点,也是作家文学经验的发祥地。对于作家而言,他们总是善于通过幽深的洞口,打捞那些逝去的已经板结的时间,并借助经验的手术刀,剖开时间中沉淀下来的真实的人生,无论个体的或者群体的。所以福克纳宣称:我现在不存在,我过去存在。

从某种意义上说,颍河镇既是一个物质层面上的客观现实的存在,又是一个艺术层面上的深刻的隐喻或象征,或者说其既是抽象的也是具体的。所谓具体,指的是这座纸上的故乡对应着现实的原型,作者的出生地——位于豫东平原的一座小镇,这个地理单元有其独特的自然风貌和人文景观,无论建筑形式、街道布局还是河流村庄的纵横切割,以及乡民的生活方式、风俗习惯、精神信仰等等,在作家笔下皆被细致地呈现。当然,宏大的颍河镇叙事单靠这些地理单元是远远不够的,颍河镇是墨白笔下系列人物活动的核心平台,也是无法割裂的精神维系,即使是离开与出走,如纸鸢般飞到空中,最终还是被掌线人通过或长或短的绳线拽握在手中,好比是每个人的精神故乡,无论物理距离有多么遥远,梦里山河,最深刻的心灵记忆,总是以最直接的方式与之对应。总而言之,颍河镇承载着作家最为深刻的精神记忆,也是作家借以审视和思考自我、乡土、存在本质的切口，通过作家的书写，这里既有着中原小镇个性化的自然风貌和精神生态，又有着典型中国化的文化沿袭、精神现象以及意识形态特性。因此，同为先锋小说家的李洱总结道：颍河镇是墨白笔下故园的代表。借助颍河镇叙述，墨白建构了一个独特的精神地理景观，在这里，苦难被发现，存在的荒诞被揭示，而随之发生的是作家对苦难的反抗，并试图通过文字建立一个细节丰满的精神之乡。

《欲望与恐惧》出版于2002年，这部长篇小说的一部分故事直接发生在颍河镇，这里是主人公吴西玉及其妻子牛文藻出生和成长之地，这是他们欲望被撕开和自我封闭的原初之地。而另一部分，当小说里的人物辗转于省城、锦城或其他地方之际，颍河镇作为难以抹去的背景而存在，在小说中，随着叙述的跳跃和切换，我们发现不独吴西玉使然，故事中其他几位人物，如吴西玉的情人尹琳，同班同学钱大用、于天夫、童玲玉等，皆与颍河镇产生了纠葛。就此我们不难看出，颍河镇其实是个原点，向外辐射到项县、康县、陈城、锦城以至省城，从而将主人公及其师范同学的人生和命运紧紧联结起来。对于吴西玉来说，颍河镇是其人生命运症结之所在，是一道巨大的无法抹平的伤口，而且永远在滴血，在物理意义上，自从离开后，他固然难以回去了，但颍河作为精神能指却始终牢牢地控制住他，直到小说的结尾处高速路上的车祸，才得以将那些因“原点”存在而投射出的“恐惧”切断。

二、灵魂的撕裂

《欲望与恐惧》的主体部分建基于扎实的现实叙述上，尽管也有一些意识的流动及内心独白掺杂其间，总体上看，其现实色彩还是比较浓厚的，这是一部关于欲望的压抑与反向挣破的小说。密实的现实细节支撑起人物的命运和心路历程，其中时空的切换以及场景的位移也并不具备超现实色彩或者形式试验的特征。只是在序言中作者对七个关键词处理上，注入了元小说的因素。

“元小说”一词最早出现在威廉·加斯发表于1970年的《小说和生活图案》一书中，在他看来，把小说形式当素材的小说被称为元小说。此后西方理论界在此基础上加以延展，将元小说定义为关于小说的小说，关于叙事的叙事，以强调小说关于自身叙述形式的“反身指涉”和自我意识。在元叙述的道路上墨白浅尝辄止，因为作家明白，过多的“反身指涉”无疑会导致小说艺术的困境，影响对人物内心图景的深入呈现。作为一种艺术处理，序言部分可看作是作家出于“制造情境”效应的考虑，而让主体的叙述回到深厚的现实逻辑轨道，是作家不二的选择。

小说“序言”中的七个关键词实际上又可浓缩为一个词汇，即欲望，吴西玉的欲望，在他身上存在的涌动不息的恶劣的情欲，最终导致了人物的毁灭。而欲望是什么？黑格尔在《精神现象学》中将欲望看作是自我意识的结果，后来的弗洛伊德则视欲望为人的本能，是人潜意识深处巨大的心理能量，并在《释梦》一书中提出了一个重要观点，即梦是被压抑的欲望的满足。其实早在他们之前，伦理学大师斯宾诺莎就指出：“欲望是人的本质自身——就人的本质被认作人的任何一个情感决定而发出某种行为而言。”[①]在他看来，欲望就是现实中人存在的基本形式。

毋庸置疑，《欲望与恐惧》既忠实记录了关于个体的欲望发生学，又切入了因欲望撕裂而导致的人性荒芜的地带。小说中的吴西玉有着巨大的欲望本能，在序言中，作者就给予了强烈的暗示，就在人物刚成年的当口，他在红薯地里劳作之际，一架从头顶飞过的飞机，就激发起内心无限的欲望，而且这欲望是多重的，既有着因贫困而带来的对金钱的无限渴求，又有着情欲的萌动以及权力欲的占有，尤其是后两种欲望，纠葛在一起，相互渗透。而权力和情欲也构成了整个小说叙事进程的原动力，它们明暗相间，纠缠在一起，并最终导致了吴西玉双重的焦虑和否定。不过总体观之，小说中有关权力欲望的叙述处于隐线的位置。在中国社会的历史文化情境中，呈金字塔形的权力架构对于处于塔基的底层百姓来说，永远是一架轰鸣的机器，不断刺激着人们向上攀爬和占有的欲望，“王侯将相，宁有种乎！”如此口号的呼喊即为例证。乡土出身的吴西玉对于权力有着天然的占有欲，为了进入城市，摆脱乡村小学教师的身份，他不惜与患性冷淡的牛文藻结合，以情欲的巨大受挫来换取政治投机的暂时性成功。后来他彻底摆脱农民身份，一步步顺着金字塔向上一格一格攀爬，以至进入省城的一所大学担任团委副书记一职，并以挂职副县长的身份再度回到锦城，但这些获

① 斯宾诺莎：《伦理学》，见查尔斯·范多伦编，周汉林等译：《西方思想家宝库》，中国广播电视出版社，1991年版，第271页。

取并没有抵消他内心中真正的惶惑。这期间,颍河的清清河水也曾经短暂地唤起他遥想与怀念的情绪,然而权力的陀螺一旦高速旋转,便无法停止,一旦意识到自己的政治前途基本无望,焦虑和绝望就像一场大雨般落到内心里。小说中,吴西玉数次和别人谈道,城市的大街就像一条河流,一条肮脏的欲望的河流,而他和他人则是被污染的鱼儿。这些对话不仅表征出人物的心理危机,也暗示出人物在潜意识深处将欲望看作罪恶的渊薮,而这正是其内心欲望因张力而撕裂的根由。在涉及人物心理活动的章节中,作家还捕捉到吴西玉内心意识的流动,"活得像狗一样",如此自比的背后,既包含了一个男性对自我的全面否定,也包含了自我生理欲望需要极端释放的心理意向。

与许多描写身体欲望的小说不同的是,《欲望与恐惧》重点凸显的是个体欲望的自我撕裂,欲望与现实间不可弥合的裂隙,以及人物在此裂隙中的深度沉沦。而促使这一切发生的是吴西玉不可抑制的情欲,准确地讲,是其呈畸形的情欲形式。小说中,吴西玉情欲的畸变贯穿于人物的整个心理发展史,形成逻辑严密的一个链条。小学四年级,吴西玉目睹了发生在身体近前的一个强奸现场,审判布告中书写的"强奸"一词,以排山倒海的态势冲击着他和伙伴们刚刚开始发育的性心理,使其产生了一种迷恋心理。后来发生在土产仓库的"模拟性爱表演"事件,他又亲眼目睹了成人世界中人们性欲释放后的非理性亢奋。情欲的种子也因此以地下熔岩的形式储存着,成人化的身份确定后,这些种子便以畸形的形式喷薄而出。吴西玉在小说中曾经有过几次性反常行为,其中第一次就是兽交。因黄色小说的刺激,吴西玉不可抑制地与一头母牛发生了性关系。这一次的畸变情欲经历,人物在内心里发出了对自我的永恒审判,小说中这样来描述他的心理踪迹:

> 那个雪夜的经历在我的心灵上结上了一层厚厚的冰,那冰时常在我的心里融化,那冰使我不敢正视别人的眼睛,哪怕是一匹马、一头牛,我都不敢正眼看它一眼,哪怕是一只小动物,也能使我产生内疚的感觉,使我感到羞耻,使我感到脸红,使我抬不起头来。一个和母牛干过事的人,他不是流氓是什么?在他的内心深处还有什么尊严可言?这种自卑的情结在那个雪夜里就深深地埋在了我的心里。一直到后来我才意识到,就是那种自卑一直影响着我后来的生活,影响着我的人生,那是我活得软弱的另一个根源,是那个雪夜的经历,才使我活得没有一点骨气,活得不像一个男人,我

常常深陷在悲观、沮丧和绝望之中。①

我们由此可以看到，这个事件导致了人物无法逆转的根本性自我否定，也成为人物后来不断自我否定的支点。也正是因为这个事件的无法救赎特性，才逻辑性地推演了人物畸形情欲的不断释放。吴西玉的第二次性反常行为发生在颍河镇医院内。在妻子牛文藻对他实行性惩罚，不和他发生性关系的情况下，出于洗产包老女人的引诱，和她发生了性关系。后来被妻子和父母现场捉奸，被迫写下悔过书，成了吴西玉心中另一个难以抹平的症结。如果说第一次反常性行为带给人物的是人性意义上的发生在内心世界的自我否定的话，那么这第二次反常性行为带给人物的是外在形象的彻底蒙羞，意味着他在亲人世界中尊严的丧失，这种丧失同样带有不可逆转的特性，因此也导致了吴西玉与颍河镇这个"家园"的彻底割裂。

三、情欲的规训

除此之外，《欲望与恐惧》中的吴西玉还有诸多的情欲畸形，比如他对妻子实施的强奸，他和尹琳一见面便陷入情欲的疯狂状态，他多次的手淫行为，以及在雨夜里对老同学的性侵犯等。在畸变的情欲中，一方面，吴西玉获取了突破人伦底线的快感；另一方面，伴随着快感的是心理上不断涌现的负罪感，两者交织在一起，构成了人物心理沉淀的主要内容。关于这个问题，马尔库塞在《爱欲与文明》一书中，有过精彩的论述。而这两个方面其实是一块硬币的两面，对立的两极统一在个体身上，形成巨大的张力和裂痕，对于吴西玉来说，只能在深刻的自我撕裂中不断沉沦，以至于抵达深渊，彻底迷失了自我。

19 世纪的诸多小说，描写了人物内心中不断膨胀的欲望，以及因之而带来的毁灭，作家们就此将批判的矛头对准造成人物悲剧的社会根源——工业化进程对秩序的破坏以及资本在背后的推动。与之不同的是，《欲望与恐惧》选择了不同的路向，即从社会批判转向人性悲剧的袒示，转向对人性沉沦的自我审视。吴西玉的悲剧不在于他那天生的巨大的欲望，而在于成年后的根本没有机会将欲望合理地释放，他的畸形的家庭生活（包括妻子的性惩罚以及过度规训）构成

① 墨白：《欲望与恐惧》，长江文艺出版社，2002 年版，第 114 页。

最为直接的动因，而就此上溯，我们就会发现问题的原点之所在，即发生在童年时代的强奸事件，则是潘多拉魔盒打开的瞬间。粗鄙的文化环境截断了这一创伤性记忆突围的后路，小学老师对牛文藻的鄙视与言语侮辱强化了这种创伤性记忆，而对于吴西玉来说，同伴对“强奸”一词的哄抬，同样对这次记忆起到定格的作用。这个基本文化环境的存在，来自数千年文化积淀中对身体欲望的否定和仇视，对两性关系的彻底遮蔽，以及由此而来的人们将性问题神秘化和罪恶化的后果，并最终演化为基本的文化因子，深藏在各个隐秘的角落。现代以来，这种对身体欲望的否定虽然随着民族国家的摸索和建立遭受清算，但大多停留在上层建筑层面，底层社会的基本文化颜色依然如故，只有到了20世纪的八九十年代，伴随整个中国社会的巨大变动，这些观念在底层才真正经历了挑战和颠覆。

问题的关键在于，吴西玉和他的妻子，这两位人物恰恰生活于这一历史时期，所以我们会看到，作为对立的统一，牛文藻释放情欲的方式同样是畸变的形式。不过，与吴西玉的放纵不同的是，她采取了严重封闭的自我压抑形式。小说中不仅提到她身患的性冷淡，而且还讲述了她对流产女性的无端仇视。性和生殖作为女性两个基本属性，在她那里都被完全否定了，所以，情欲在牛文藻身上同样被严重异化了。从某个意义上说，牛文藻这个形象对于吴西玉来说，既是对立的另一极，也是作为补充的另一种形式而存在。

吴西玉在骨子里依然是个“农民”，农民的意识和农民的心理，构成他心理上最为显著的精神背景。在时代大潮的催动下，他的身体走到了前面，而灵魂深处的文化观念却原地不动，身体欲望前倾的幅度愈大，那种撕裂般的痛苦就愈深。恰如刘小枫所言：“灵魂与肉身在此世相互找寻使生命变得沉重，如果他们不再相互找寻，生命就变轻。”①的确，灵魂总是让身体不安。吴西玉当然也遭受了外在环境的规训，其中有来自权力的，比如他的岳父和所在学校校长，就作为隐在的权力符号而存在；也有来自人伦的，比如他的妻子和父母，以及幼小的女儿等。对待这些外在的规训，他采取了逃避和谎言重复的方式。而造成与畸变欲望无限撕裂的规训，主要还是来自人物内心深处的自我规训，这种规训是他的“农民”式灵魂的必然。米兰·昆德拉指出：“人总是希望世界中善与恶是

---

① 刘小枫：《沉重的肉身》，上海人民出版社，1999年版，第97页。

明确区分开的,因为人有一种天生的、不可遏制的欲望,那就是在理解之前就评判。”①强大文化传统遗留下来的思维定式,使得吴西玉灵魂深处的思维观念被固定在自我羁押的状态之中,出于惯性,他率先向自我的畸形情欲下达死亡通知书,唯有这种来自自我的强大否定才彻底摧毁了个体精神性的存在,从而制约了人物悲剧的基本人性格局和冲击力量。

在《欲望与恐惧》这部小说里,墨白并没有遵循二元对立的思维模式,站在道义的高度对人物进行简单评判,而是以极大的同情心塑造出吴西玉这个沉沦于畸形情欲的有“污点”的人物,这个挣扎于爱欲与文明中的人物,这个身体与灵魂间不断撕裂的人物,并通过吴西玉这个个体,强有力地揭示了隐藏在现代人身体内部的欲望本能,以及因理性缺席而导致的欲望所具有的强大破坏力。这对每个人来说,无疑是一个深刻的警示。固然,这部小说在人物形象立体式刻画方面,诸如性格的典型性、人物命运的起承转合等,以及细节推进的严密性方面,还存在一定的缺陷,但作家的笔触却深入了人性的荒芜之地,并将身体与灵魂的错位展示得如此淋漓,而且,准确地把握住了时代脉搏的紧张跳动。凡此种种,在当代文学的坐标系中,皆是不可多得的,同样也是难能可贵的。

(原载《中州大学学报》2011 年第 5 期)

---

① 米兰·昆德拉:《小说的艺术》,上海译文出版社,2004 年第 1 版,第 8 页。

1945 年前后:主观的历史

——墨白小说中的阶级与人性的冲突

江　媛

政治的文化现实,照鉴着我们过去和现在的路。那些最初在龟背上刻字的中国人,是记录了灵肉不堪的沉重,还是记录了被累次更迭的阶级社会扭弯了的民族脊梁?权力对中国社会及百姓生活的全方位渗透及控制无处不在,阶级与人性的冲突,由此成为核心。因此,避开政治说文化,或避开文化说政治,都带有本质的虚伪或避重就轻,本文重点阐释乡村政治向意识形态、道德伦理、婚姻家庭、男性霸权、女性牺牲主义及精神异化等各个领域的渗透及作用于中国人的肉体和精神的残酷过程。

《霍乱》,性的政治烙印

《霍乱》根植于性爱,诊断出人性的痼疾,揭示了男性个体为满足私欲所借助的暴力及阴谋。性为此带上深刻的政治烙印,并经权力的暴力作用,将权欲转化成兽欲,将女人转变成私有财产。

男性霸权及物化的女性形象

小说《霍乱》以切入人性的视角刻画了几个男人在实施经济和政治阴谋的过程中,争夺女人所有权和支配权的一系列你死我活的斗争。女人在男权操纵的社会中沦为物化的形象,几个女人的悲剧命运无不由男人对权力和利益的巧取豪夺促成,她们缺乏判断,无力左右个人命运,对男人施加的暴力性侵害和占有言听计从。1945 年前后中国处于抗日战争时期,社会表现出的主要特征是占山为王的男性霸权和物化的女性形象。男性霸权无须多言,物化的女性形象则表现为男性的附属物、缺乏理性的同情心、被蹂躏的鸽子形象,被迫服从男性暴力(或权力和利益)对精神及肉体的双重统治。男性霸权对个人命运及精神毁灭的强度,直接呼应《霍乱》的隐喻。男性成为划分社会阶层的决定力量,女性则被迫转变为男性的私有财产,可以被暴力随意转移、占有或支配。《霍乱》批判了性爱角色的不平等决定了婚姻关系的不平等——占有与被占有、统治与服从、离乱与无视共同作用于以满足私欲为目标的家庭生活。女性社会能力愚弱及社会角色缺席,促使男女双方在欢爱关系中,阻隔于男性的霸权而极少发生精神交流,女性也因此成为牺牲的典范。换言之,性饥饿与权力饥饿相辅相成,全面异化着男女双方的精神世界,并与政治社会紧密契合,呈现出霸权式的社会体制。

《霍乱》中承受男性霸权并被毁灭的女性有四个:小春的母亲、米先生的太太(林夕萍的大姨妈)、林夕萍的母亲、林夕萍。她们镶嵌在森严的等级制度里,沦为男性霸权的悲剧符号。她们没有语言,只以泪水和凄婉的血肉之躯,被熔铸到男权社会的铜墙铁壁中,无声地毁灭。她们既无选择权,也缺乏理性的感知力,只能成为一个物化的无条件接受男权统治的附属品。

小春的母亲,霍乱疾病的导火索,一个下层社会的女人,以满足米先生的兽欲,换取医生对女儿疾病的治疗。她代表着命运悲剧的最大浓缩式人物,在垂死挣扎的时刻,仍要被迫接受男人的性消遣;米先生的太太,名义上是米景亮的太太,实际上是男性婚姻关系中的一个摆设,她在婚姻中已被丈夫遗弃;米先生与林夕萍的母亲偷情被谷镜虔发现,然后与之合谋杀害林夕萍父母,分其财、占其女;林夕萍,嫁给米陆阳。姑父谷镜虔的儿子谷雨暗恋她,将她当成白鸽蹂躏;青龙凤借完成一项秘密军事任务杀害了米陆阳和谷雨,占有了她。

在封建家族的铜墙铁壁内,森严的等级制度,筑起思想和肉体的囚笼,束缚着人们的思想和行动,扼杀着情感和思想。女性承担着身居基底的沉重,成为受禁锢、受摧残最深的受害者。中国封建家族的统治方式是权力统治机构的高度浓缩,也是摧残人性、限制创新的严密机构。中国社会的最高统治者正是通过对等级制度森严的无数家庭的掌控,成功地构建起封建专制统治的社会体系。

性解放

20 世纪 40 年代前后,革命的文学、革命的组织,演化出革命的性。谁革命,谁获得。被革命,不仅丧失一切,还要丢命。自由勾结着抛弃,占有定义着爱,换汤不换药的性爱观,借助革命的性,为拓展男权对性的享乐提供了更宽泛的自由。在中国,性的自由往往是指男性自由,而非女性自由,这一怪胎出生并茁壮成长,大因权势和工业化推进的繁荣,势不可挡。《霍乱》中沦为战利品的女人,不具备利益功用就要具备性的功用,才具备满足男人抑或屈从男人需要的资格。当性的功用一旦威胁到自身的利益,女人立即被男人处决。解放的性是扩大男人的性享乐特权,性的解放是要求女人满足男人的享乐。因此任何拿爱情说事,都是自欺欺人,都是借口。爱情,在中国社会,直接指向有所得,而非有所给。

私欲与兽欲珠联璧合,是《霍乱》表现出的特色鲜明的中国式男女关系——相互需要、相互满足,以获取改变困境的筹码。作为弱势的女人通过自我牺牲,获得活下去的虚假依靠,一旦灾祸来临,男人则脚底抹油,一走了之。性在中国长期沦为消费品,沦为交易对象,折射着人们的实用主义价值观。中国无妓院,又处处是妓院,妓院在每一个被权力和金钱塑造的灵魂意识深处。

《霍乱》揭示的男性霸权的主要表现形式是武力加精神暴力,它导致了精神异化,形成了畸形婚姻,成就了男权的绝对地位,导致了女性的从属身份及社会的高度不平等。女性混迹其中,宛若闪躲凄艾的活鬼,比如林夕萍的大姨妈,她目睹丈夫偷情,却一言不发,变成一具活死人。男性为所欲为,成者为王败者贼,比如米景亮和谷镜虔,合谋杀害林如海,夺财占女。爱情从未在中国存在过,权力和利益对人们意识形态的作用,早已使爱情无立锥之地。官僚化的社会体制强制一切皆要服从它的清规戒律,维护森严的等级制度,维护每一个男性灵魂深处根深蒂固的皇权意识,它对属于性灵层次的情爱一律赶尽杀绝。由此可见,中国社会的婚姻只能是高度世俗的契约性结合,而与精神性毫无关联,因此中国社会的婚姻生活集中了悲剧和反人性的因素。

如今,性解放成为消费潮流的口号,并沦为男性借助权势和财富满足私欲的淫乱宣言,在他们看来,似乎越淫荡就越性解放,越妻妾成群,就越性解放。这种本质的误解不是有意为之,就是为了满足自身享乐的借口——交易与肉欲昭然若揭,还要冠冕堂皇地宣告如此是解放女性,男女平等,其实这不过是一场实实在在的交易陷阱而已。

在中国社会,性爱这孵化人类精神的最后乐土,已经被戕害成数不清的功利性交易。在这个颂扬权力至上、物欲繁华的时代,性爱唯有通往精神之路,才具备意义,否则只能充当满足生理饥饿和物种繁衍的工具,沦为交易的角色。

女性的缺席

《霍乱》中受侮辱的有女性,反抗侮辱的无女性。悲情意味由此而来,刻意塑造的女人和社会生活中的女人,此时似乎只有前者被描绘,后者则缺席。缺席的女人和在场的男人,是意识深处的惯例。女人被拉出来在场和自觉在场,有着本质的不同。自觉在场主动,有决定权。拉出来在场,要设立一个性别平等的摆设,不许表态,或只能按照授意表态。《霍乱》中的女性符号,是社会活动的缺席者。独立和女性解放成为凌空虚蹈的假面舞会,成为流于形式的口号。

小说《霍乱》中青龙凤、谷雨对林夕萍的抢夺没有林夕萍情感的参与,她的归属,取决于男人权势较量的输赢。女人是战利品而非有血有肉有感情的人。这一时期的男性符号是霸权、性饥饿、占有、阴谋、杀戮,是对女人具有绝对支配权的暴君;女性符号则展现出被蹂躏的鸽子、疾病、婚姻中的寡居、死亡、屈从、无判断力、蠢笨、附属品、男权统治下的牺牲典范。

为满足自我对性的欲求,男人不惜加入杀戮和阴谋。女人则被男人操纵命运,身陷阴谋的核心又不自知,形成不在场却被害的悲剧。《霍乱》全文笼罩着浓重的悲情意味,男人的不择手段又加重了这种悲情意味。女人是引发男人策划阴谋的根源,女人却在阴谋的核心缺席。女人的缺席其实就是女性的智慧缺席。女人是男人的战利品,而非精神伴侣。这种现状是中国两性关系的生动再现,也是中国人无法具备美雅精神性爱的关键因素。性出现了女性的智力缺席、判断缺席、选择缺席,沦为男人单一的战利品。这不仅表现出性的严重残疾和扭曲,还突出了男人的霸权地位。残疾和扭曲的性直接作用于男人和女人,产生不了健康的两性关系,这种两性关系既无法健全人格,也无法纠正奴性。

重重禁锢下的女性符号

女性的禁锢来自社会的不平等和世俗观念的戕害。倾斜的道德观念、严格的阶级划分、掌握一切的权力及利益固然限制了女人精神的拓展和智性的提高,然而,最可怕的禁锢则来自女性自身——愚昧和放弃反抗精神。社会诸方面对女性的禁锢,让女性自身的不觉醒成为习惯,并让她们以此标准要求和判断其他女性,进一步扼杀精神成长的可能。女性的自误和误人,被愚和自愚,促使女性成为无法独立思考和处理社会问题的符号。女性自此一步步沦为性消遣或生育工具，成为一个可悲的附属品符号。反思中国社会，其漫长的发展史始终伴随着对女性愚弱的过程，即使在某一个时期出现过女性争取独立的萌芽，它又被男性掌握的官僚社会迅速扼杀了。

《霍乱》中的林夕萍有着善良的品质，却是一个缺乏判断的滥同情主义者，她身上具备的牺牲精神不仅未能消解男性的恶，反而激起了男性不可遏制的占有欲。这种兽欲的宣泄，在小说开头，米先生与小春母亲偷情的场景里已做出交代。《霍乱》中的几个女性，均无逃离的愿望。女人不反抗，不对身边的人物进行判断，甚至不哭泣。是缺乏反抗精神，还是无处可逃？是绝望，还是安居顺命？充满悬疑的故步自封，血腥的杀戮和残害，也未能让她们反抗。活着是为了什么？行尸走肉抑或活死人？这是《霍乱》带给中国女性的警示。

《霍乱》根植于政治体制的荒诞，揭示出欲望、权力、婚姻、情感之间的利益均衡过程。爱情已死，性欲犹炽。我杀故我活。《霍乱》以一种过分严密的小说结构，构成一个囚禁精神和肉体的牢狱，展示出暴力对肉体和情感残害和消灭的过程。

苦难的强度有多大，精神的强度就有多大。回顾中国，苦难的强度不亚于俄罗斯，却未能形成塑造人类灵魂的文化传统。原因何在？原因就在于中国人的实用主义价值观——借助诸如革命、为民族谋自由等躯壳攫取权力、争名夺利、满足私欲。是苦难扼杀了思想，还是中国人缺乏自由思想的能力？思想阳痿难道是必然，是不治之症？直到今天，很多人也视思想为赘物，认为娱乐式消遣有理，同情弱者与思考可笑。是谁扼杀了思想，不给心智以健全的理由？是中国人自己。

《同胞》，内部的风景

文学鉴赏是一条流动的思想河流，它借助感性推动，借助理性支撑控制。《同胞》揭示了中国社会初始的不平等源于家庭，并经由家庭的精神灌输，铭刻在每一个中国人的血肉深处。

官僚体制化的家族结构

马孝天的长子依靠偷情和谋杀，夺得家族中男权的至高地位。他与父亲的小妾偷情，害死父亲，占有三弟的心上人，谋杀二弟和三弟，占有家财。中国社会成者为王败者贼的理论，由此彰显：没有法律更没有公正，只有阴谋窃取和暴力占有，这种根深蒂固的强盗逻辑，成就了中国的历次改朝换代，由此呈现出向下的趋势，即以抢劫和权力为目标，而非谋求大多数的民族自由与幸福，换言之，这些改朝换代无法培育中国人的精神力量，反而强化了丑陋的人性。精神生活低于物质享受，精神阳痿成为必然——阴谋剥夺他人成为成就自己的手段，社会普遍堕落，维系这种剥夺弱势群体的机构小到家庭大到国家，无一不呈现出戕害人性、等级森严的阶级剥削色彩。官僚体制化的家族结构对家族内的弱势成员不仅制定了严苛的维护特权阶级的戒律，而且具有绝对剥夺权。它维持特权阶层为所欲为，剪除一切革新的萌芽，巩固陈旧僵化的思想观念，断绝一切先进元素进入思想和文化领域。究其根本，这种官僚化的家族制度阻碍了思想进步，培植了愚昧和暴力。其高度集权的官僚体制化专制家族统治结构如下：

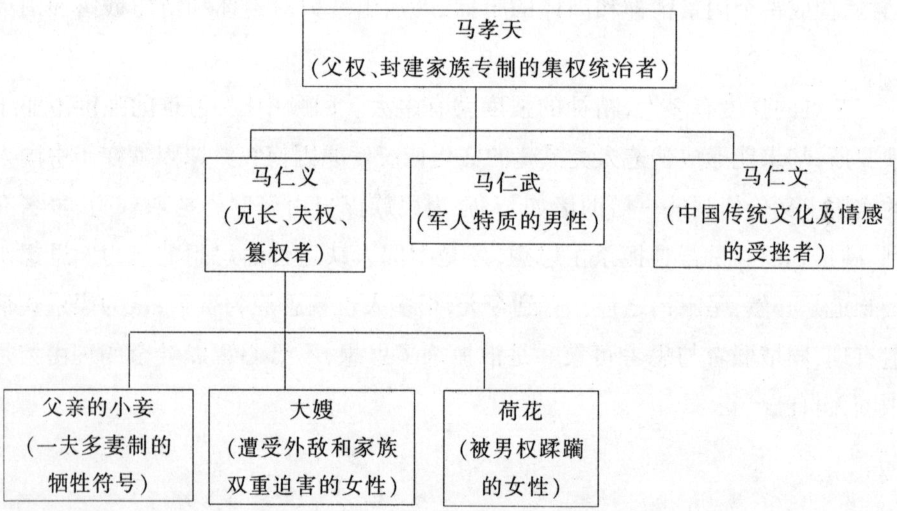

封建家族专制制度的结构自上而下分为三个层次，第一层父权，第二层包含夫权、兄权，第三层属于底层的女性。父亲具备处置家族事情内的一切权力，大儿子马仁义与父亲小妾私通害死父亲，谋取父权和兄权，继而占有了家族中的所有女性，其中包括三弟的恋人。至此，《同胞》借助封建集权统治的家族关系，揭示出中国人核心的精神本质：男权社会决定一切，阴谋及暴力篡夺合法合理，文人精神处处受挫，女性具备男权私有财产的特质。高度集权的专制家族统治对中国人精神的腐蚀作用表现在——敢于杀死侮辱荷花的日本兵的三弟马仁武也不得不屈从于长兄马仁义。这一时期,家族权力和资源的失衡,集中体现在对财富和女人的占有权上。人与人之间维持着等级森严的家族关系,未获得家族统治权的人员,不仅遭受父权、兄权及夫权的迫害,形成精神萎缩并丧失反抗精神,还要无条件地接受家族集权代表人物的深层剥削和统治。这就是中国人的精神始终无法得到科学培育和美雅强大的原因——畸形土壤培育的畸形人格。

被阉割的女性

父权、夫权的强大,是导致女性缺席的重要因素。中国自封建社会伊始,从维护和强调父权和夫权、兄权出发,设计出对女性行为和思想进行层层禁锢的封建礼教和道德规范体系,并一步步强调女性缺席的合理性和合法性。因而,中国社会的发展历史始终伴随着对女人愚弄和戕害的历史。社会及家庭等外在因素的压制,加上女性内在的愚昧,导致大多数女性甘愿在社会活动中缺席。中国女性从未能和男人平等地站在一起过,也从未能摆脱从属于男人的地位。小说《同胞》中的女人荷花由于男人的处置而缺席,并被剥夺了与昔日恋人相见的权利。女性情感被限制、选择权被剥夺是中国男权社会的罪恶。

马仁文从窗口的缝隙里看到这样的场景:“现在她面前的蜡烛已接近生命的边缘,火苗在桌面上摇曳了几下,灭了。随着烛光的消失,那笑声也戛然而止,一切都在刹那间变得无声无息……”一个遭受精神和肉体双重囚禁的女人。一个被阉割了所有情感诉求的女人。家族是谋杀她的主凶,黑夜是她的棺木。凶手你看不见,凶手从外部的社会(日本兵)转入家族内部(丈夫)。两个凶手在隐秘之处媾和,加速了她的死亡。一个缺乏同情心和怜悯心的民族,根植于根深蒂固的丑陋人性,展现在相互残害和幸灾乐祸的意识行为中。《同胞》批判了这样的社会,指出生为女人,就意味着被阉割、被束缚和被控制。这个伪善滋生的国度,对待女人,使用不尽愚昧、牺牲和剥夺的手段。因此,对这样一个戕害女性精神和肉体的民族,毫无骄傲可言。

隐喻的本质

隐喻多发生在集权社会,比如苏联作家米·布尔加科夫的《不祥的蛋》、奥地利作家卡夫卡的《变形记》、波兰作家舒尔茨的《鳄鱼街》、阿尔巴尼亚作家伊斯梅·卡达莱的《梦幻宫殿》等。隐喻就是采用曲折的方式,把事实真相附着在良知的灵魂上,不可言说的说。当现实生活扼杀了对真相的述说,隐喻既是对事实真相的不可言说的说,又是被捂住的嘴唇,将发出的声音憋回喉咙,而后进入大脑，进行隐秘性处理后，在黑暗之手勒住喉咙的情况下奋力将声音推出喉咙的说。隐喻既是对言论不自由的曲折反抗，也是高度压迫下的隐秘战斗。反抗有多种形式，只有隐喻是思想进入精神领域的反抗。《同胞》就是进入血缘深处，通过对亲缘关系进行深层观察之后，对貌似牢固却戕害人性的家族关系的尖锐批判。

马仁文大嫂的反抗是将来自社会和传统道德规范的戕害转入自身内部，以毁灭自己的方式，完成对侵略者及封建道德观念迫害女性的控诉。《同胞》这样描写这个始终没有出场的女人："在雨水的击打声里，他隐隐听到有一个女人的笑声从黑夜里传过来。"她先被日本人奸污，而后被丈夫囚禁。这种囚禁貌似关爱，实则是马仁义将日本人对自身的侮辱转移到妻子身上，进行无情报复的结果。这一处貌似描写一个女人疯癫的细节，实则是对女性处境的隐喻，即女人在被侮辱后，来自家族和社会的双重抛弃和沉重精神打击，促使她变得精神失常直至慢性死亡。

《酒神》，被压抑的人性

乱伦这一行为在中国封建大家庭中十分常见，原因何在？高度压迫的家长制统治对家族成员的压抑，超过了个人的承受强度，于是出现了乱伦式的以自我毁灭为代价的反抗。

乱伦的本质

压抑人性，是引起乱伦的根源。因此，乱伦实际上是对压抑人性的道德伦理观念的宣战，也是对压抑人性的官僚社会的反抗。《酒神》按照长幼尊卑的顺序和称谓叙述出一个令人震惊的乱伦故事，当心爱的女人被儿子占有，男人本能的欲望驱动他杀死儿子，夺回女人，当他实现这一目标之后，作为父亲身份的他又被父亲这一伦理观念所深深折磨，以至于他陪同儿子一起赴死。两种爱的结果，都以死亡收场，你不能说没有意义，这两种爱的战斗，难分胜负，通过福来和姥姥双双以火焚身，得到重新演绎。《酒神》揭示了人的记忆的滞留性：无论经过多长时光的过滤，人物记忆深处的情感始终在得不到张扬和满足的地方起着决定性作用，这作用力量强大，以至于人物不惜以死获得满足。《酒神》悲剧的根本原因在于中国社会的道德伦理、价值观念等诸多因素对人性的高度压抑,导致被压抑的人性始终没有释放的机会和形式,最终酿成了悲剧。当一个社会始终处于对人性的高度压抑状态之下时,人们的情感将会因为得不到理性的组织而采用极端的形式爆发,因而,乱伦从本质上来说是社会诸多因素所造成的,其直接受害者就是《酒神》中的人物和我们自身。怎样建立一个更加宽容的社会,让人们的情感得到理性的组织和合理的满足,一直是中国社会无法解决的难题。因此像《酒神》这样的悲剧必然还会出现,人们无法原谅《酒神》中的乱伦者,却从未意识到自己伪善的道德观念正是促成乱伦的推动力。没人愿意死,只有活不下去了,个人才会选择死。活不下去的情况有两种:一种是生活所迫;另一种则是社会道德评价的残酷性。正是这把看不见的杀人的刀,往往比生活所迫更直接地、更多地谋杀着遭受人性压抑的人。此时真正的元凶,正是构建社会道德和伦理观的每一个中国人。其实,每一个中国人都应该给《酒神》中死去的人献上一朵花,记下自己的罪愆。他们为反抗这种无情的精神牢狱而死,他们为了自己的情感自由,放弃了苟活,英勇赴死。《酒神》提示:中国人要改造丑陋的人性,首先要脱离家长式专制的依附习惯,才能为自己和他人逐渐撤去精神领域的牢狱和酷刑。

凝聚高度人性的女性所散发出的神性

“木盆里半躺着一个白发苍苍的女人,那老女人一丝不挂浑身通红,就像一条美人鱼卧在那里一动不动,鳞片似的蓝光从她的身体上不停地放射出来……”对爱的渴望,致使这位白发苍苍的女人凝聚起超越世俗禁锢的精神力量,催发肉体焕发出迷人的神采。《酒神》借外孙福来的内心活动这样描写她:“福来在恍惚之中一次又一次地去看那个眉目紧闭的老女人,在他的感觉里,那才是一位真正的酒神,那酒神以无言的形象以神秘的魔力逐日地征服这位阅世浅淡的童男。”当白发女人遇见了与亡夫相貌一样的外孙福来的时候,心灵的力量冲破了所有界限,让她不顾一切地与之实现了肉体的结合。“福来惊奇地发现她的眼睛里射出着一种奇异的光彩……那双眼睛久久地望着他,福来突然看到她从澡盆里一跃而起,像有一股神奇的力量支使着她朝他扑过来,她嘴里呼叫着一个名字把他一下子搂住了……”长期凝聚的情感借由一个与亡夫相貌相似的年轻后生爆发了。至此,凝聚高度人性的白发女人,打破一切禁忌与外孙结合,散发出神性的光芒。她照亮了年复一年沉闷的祭祀仪式和囚禁所有进入者的被死亡笼罩着的汪记酒坊大院。当福来被汪记大院秘密处决之后,白发女人爱的火焰被熊熊点燃，“就在这时有人看到一团蓝色的光从后院里滚过来，人们在惊呆里看到那光团越滚越近，最终和福来身上的大火合为一团”。火作为人性的意象出现，并经由人的内心意志推动，促成两团人性之火合二为一。白发女人不为世俗而生、不为世俗而死的形象成为《酒神》的真正形象，这一形象替代了祭祀的压抑图腾，成为敢爱敢恨、冲破一切界限的神性形象。

（原载《南方文坛》2012 年第 3 期）

诗性的缘起：墨白与赫塔·米勒比较

张延文

2010年9月到10月，由凤凰出版传媒集团推出的赫塔·米勒作品集十部正式出版上市，其中包括长篇小说《狐狸那时已是猎人》《心兽》《今天我不愿面对自己》《呼吸秋千》，短篇小说《低地》，中篇小说《人是世上的大野鸡》，诗集《托着摩卡杯的苍白男人》，散文集《镜中恶魔》《一颗热土豆是一张温馨的床》《国王鞠躬，国王杀人》。这离米勒获得2009年的诺贝尔文学奖刚刚一年，在此之前，中国读者对于这位罗马尼亚出生的德国女作家几乎是一无所知。在如此之短的时间内推出这么多的米勒作品——这也几乎是她的全部作品，在出版史上颇为罕见。在此之前，国内媒体已对此事件做了专门的报道，认为这是一个罕有的意志坚定、雄心勃勃而又规模宏大的出版行动，此前还从未有过任何一位诺贝尔文学奖得主被如此迅速、全面、集中地翻译和引进到中国，此次由一家出版商孤身所做的巨大努力，也许可被视为出版人和外国文学专家们长期忽略一位重要作家的集中补偿。

的确，出现这样的情况也是事出有因。首先，米勒的获奖出人意料，在她获奖之前，除了欧美有限的几个国家之外，她的作品传播范围非常有限，在中国大陆更是空白。而米勒的作品的确是不容忽视的，诺贝尔文学奖评审委员会如此评价这次颁奖的原委："赫塔·米勒以诗歌的精练和散文的直白，描绘了无依无靠的人群的生活图景。"①米勒用诗性的语言和阔大的思维表达了对于极权统治下的人民大众的怜悯之情，以及个人面对世界时所能够拥有的生命的自由和尊严。这对于中国的读者来说，也很容易获得亲近感。米勒就其文集在中国出版

---

① ［德］赫塔·米勒：《镜中恶魔》，丁娜等译，江苏人民出版社，2010年10月版，封底。

写的《写给中国读者》的信中说道："对于我既往的全部作品，能在世界上人口最多的国度出版发行，这无疑是一种莫大的荣幸。我相信很多中国读者对西方文学的阅读和体验，会丰富他们的当下生活，甚至会使他们对人性的省察与社会现实的感知，具有了'另一种技巧'。但我宁肯你们把我视为您身边的一个普通写作者，你们都可能是我诸多书中人物的命运共同体。我们以相似的姿势飞翔，也极可能以相同的姿势坠落。"①

在米勒富于诗意的表述当中，我们和她的陌生感似乎一下子就荡然无存了，基于两种完全不同的语境当中的作者和读者之间的关系被人性和命运这样宏大的主题涵括其中。当然，好的作品是可以超越国界的，而我们阅读米勒的作品时，那种将其视为"身边的一个普通写作者"的亲切感会油然而生的原因，自然也在于彼此相似的生存处境。事实上，在我们中国，就有一位作家和米勒在生活经历和艺术风格等方面非常接近，他就是墨白。墨白就是真正在中国读者身边的拥有米勒式精神气质的写作者。他们拥有太多的共同之处，更让我们相信了人类社会的内在本质的统一性，越是潜伏于深层的事物，就会越发趋于一致和严密。

赫塔·米勒1953年8月出生于罗马尼亚巴纳特地区亚蒂米什县的一个农民家庭，那个村庄是以德语为通用语言的少数民族聚居区。这个村庄基本上与世隔绝，村民思想保守、自大，具备德意志民族优越性的自我感觉，并因为二战时作为希特勒的纳粹主义的跟随者而遭到苏联的集体迫害。米勒15岁离开家求学，大学毕业后在一家机械厂做翻译，并因拒绝与罗马尼亚情报组织合作而被开除，受到歧视和迫害。米勒后来还做过教师，1982年出版短篇小说《低地》，1987年与丈夫移居联邦德国，获得多种德国文学奖，现常居柏林。

墨白仅比米勒小3岁，于1956年农历十月出生于河南省淮阳县新站镇的一个农民家庭，1980年毕业于淮阳师范学校。墨白当过搬运工人、漆匠、小学教师、文学编辑，1984年开始发表作品，现居郑州，为河南省文学院专业作家。墨白和米勒的年龄相仿，写作的年代大致相同，人生经历也有不少相似之处。他们都出生于农民家庭，所出生的地方具有浓烈的地域文化气息。他们的成长期都处于社会主义国家的文化专制时期，米勒生活在罗马尼亚的齐奥塞斯库时

① ［德］赫塔·米勒：《心兽》，钟慧娟译，江苏人民出版社，2010年9月版，扉页。

期,墨白的青春期正好赶上中国的“文化大革命”。这为他们的写作准备了极其一致的底色。

米勒在诺贝尔文学奖获奖演说时清楚地表达了她写作的原因以及写作的动力机制,特别强调了与极权政治的关系:“但是,无法说出来的,我们可以写下来。因为写作是一种沉默的动作,一种从头脑到手的劳作。嘴巴就跳越过去了。生活在那种制度之下,我说话说得很多,主要是因为我决定不吹军号。通常,我说的话都会带来痛苦不堪的后果。但是写作是在沉默中开始的,在工厂的那个楼梯上,在那里我不得不应付比我能大声说出的话还多得多的事情。发生的事情无法再用说话来表达。说话表达,你最多能在高度上再加点东西,可是事情本身的全部范围却不会再扩大。那只有在头脑中我才能默默地拼写出来,我用生的渴望对抗死的恐惧。这也是词语的饥渴。只有词语的漩涡可以把握我的生命状态。它拼写出嘴巴发不出声音的事物。直到有某种我不知道的东西出现。与现实平行的,是词语哑剧开始表演。它们不在乎任何现实主义的规格,把最重要的收缩起来,而把无关紧要的扩展开。突如其来,突发奇想,词语的魔圈赋予所体验到的事物一种着魔般的逻辑。”①米勒因为拒绝和极权政治的情报部门合作而遭到人为的隔离和迫害,处于极端孤独和绝望之中,甚至感觉到生命受到了威胁。我们或许可以说,正是这种失语和孤独促使米勒使用写作来对抗压迫和绝望,让她最终走上了写作的道路。

米勒的写作有着一种天然的反抗意识,对既有的社会现实的不信任,对原有的事物秩序的有意识的疏离,使得米勒的作品带有天然的陌生感。通过写作,她获得了在现实生活当中不可能体验到的个体生命的自由和尊严。“在我看来,物体不认识它们自己的制作材料,姿态手势不认识自己的感觉,词语不认识把它们说出来的嘴巴。但是为了确认我们的存在,我们需要物体,我们需要姿态手势,我们需要词语。归根结底,我们能用的词语越多,我们就越发自由。”②在米勒看来,词语还原了生活体验,个体的生命经验只有通过词语,以诚实的态度获得“词语的声音”,才能获得生命的真实,使得生存的价值和意义不至于空缺。正是这种理解和认识,让米勒的作品一直紧紧围绕着她真实的生命

---

① [德]赫塔·米勒:《低地》,续文译,江苏人民出版社,2010年9月版,第11页。

② [德]赫塔·米勒:《低地》,续文译,江苏人民出版社,2010年9月版,第12页。

体验，尤其是最为强烈的情感体验，并通过鲜明的语言和文体意识来试图寻找最为精确的语言将其表达出来。

米勒的处女作《低地》就带有强烈的自传成分。《低地》以一个小女孩的第一人称视角喃喃自语，讲述在极端封闭的环境当中生存的村民们的残酷的生活现实和日益沉沦的精神本质。《人是世上的大野鸡》《独腿旅行的人》《狐狸那时已是猎人》《心兽》等小说也都继承了这种风格，只是将视野扩展到了那个村庄之外的罗马尼亚的城市生活，以及柏林等地的西欧社会。但从根本上看无论如何改变，都只是那个狭隘的施瓦本乡村的延伸，同时也都带有齐奥塞斯库政权统治留下的烙印。正因如此，米勒的获奖受到了不同声音的质疑，认为她的写作题材局限性强，以个人的情感经历为核心，主要表现齐奥塞斯库时期的罗马尼亚，正是这种罗马尼亚的政治背景使得米勒最终获得了诺贝尔文学奖。《世界文学》副主编高兴指出："在我看来，赫塔·米勒的获奖就是文学与政治的微妙平衡。"[①]著名汉学家、德国波恩大学教授顾彬对此观点提出了反对意见，在他看来，诺贝尔文学奖的评奖除了受到"左"的政治影响之外，还有道德因素的考量，但艺术性显然更为重要，特别是作品的语言能力，而米勒作品的语言就非常优美、精确："她的德语确实很漂亮，罗马尼亚的德语和德国的德语不太一样，保留了很多古老的词汇。她的德语很有味道，仿佛让我们听到了来自另外一个时代的声音。另外就是她用词的精确。中国当代作家如莫言、苏童描写一个东西时爱用很多词，所以少一个多一个都没问题。米勒不一样，她不会多用一个词，也不会少用一个，所有的词都是恰当的，这和鲁迅很相似。另外她也和鲁迅一样，敢说，敢写。她敢于面对自己和自己的恐惧感，她曾说，害怕是最好的美学，因为害怕，所以写作。"[②]

顾彬强调了米勒作品当中的除去道德之外的元素，特别是语言，米勒精通罗马尼亚语和德语，但她以德语写作；同时，她的德语又和德国的德语有所不同，保留有古典的美。顾彬同时批评了中国当代作家在使用语言上的随意性。在这个问题上，必须强调的是，汉语言的独特性，汉语言作为象形文字，本身具有天然的模糊和朦胧美；而德语是以表音为主，精确性强。当然，除了这种语言

① 高兴、顾彬：《让文学记载历史》，2010 年 1 月 20 日《中华读书报》。

② 高兴、顾彬：《让文学记载历史》，2010 年 1 月 20 日《中华读书报》。

区别之外,还有作家本身对于语言的态度问题,这是更为重要的。顾彬就特地强调了鲁迅语言的精确,以及鲁迅作品的恐惧的美学特点,这些和米勒的作品是一样的。在这里,我们应该清醒地认识这种观点的内涵。首先,在米勒那里,语言更为本质,超越了叙述本身;其次,语言带有天然的"政治性",也就是说,语言本身必须是政治正确的,这种正确让语言本身带有强烈的历史性,语言在使用的过程当中成为了个体生命以及生命共同体所具备的独特的时空价值,是不容有任何不诚实成分的,这就要求作家必须严肃认真地对待语词的使用。这些在中国文学当中,不仅仅是鲁迅这样的现代作家具备,像墨白这样的当代作家也具备,只是说未被充分关注而已。这也说明好的文学是可以超越地域和时间限制的。

同赫塔·米勒一样,墨白作为一个中国当代文学中的代表性作家,仅仅在国内的影响力大,在国外受到的关注不多。即使在国内,墨白也很少获得过非常重要的文学奖项,他是一个被有意无意忽略的对象。应该说,墨白写作的重要性只是在中国大陆的纯文学领域里受到重视。这部分说明了中国当代文化在某些方面普遍存在着的对于文化价值关注的缺失,一种被管制的、商业的、消费的文化成为了中国当代文学的主流,以及中国当代文学在国际传播方面的严重不足。虽然这种不足也有西方文学界的责任,但更和我们国内对于中国当代文学中的优秀作品向海外推广所做的努力程度不够有关。

墨白在很多文章里指出了他的作品和颍河镇的关系,他围绕着颍河镇构筑了一个文学王国。从某种程度上来说,颍河镇就是墨白小说创作的根基,而这个虚构的"颍河镇"则是墨白故乡淮阳县新站镇。淮阳古称宛丘、陈、陈州,相传人文始祖太昊、炎帝、神农氏均在那里定都,同时还是老子的出生地,孔子也曾经多次到那里访学。淮阳可以说是中国传统文化的发祥地,无论是上古文化,还是道家和儒家,无不和这里有着渊源关系。因此,墨白笔下的颍河镇主要表现的不仅是近现代以来中国社会发展史的缩影,同时也是中国传统文化的集中代表。墨白出生的这个小镇,还是一个内陆的水运中心,有着浓郁的地域特色。正是这种独特的人文背景,使得墨白笔下的颍河镇系列小说具备了深远的文化价值。这和米勒笔下的巴纳特施瓦本乡村有着相同的本质,在这两个地方,都沉淀了深厚的文化传统,成为了两个具备东西方文化背景的作家的艺术灵感的源泉。

同时,墨白的文学作品的另外一个重要线索是“大跃进”和“文化大革命”。当然,“大跃进”和“文革”只是中国现当代社会政治文化畸形发展的极端产物,为墨白的创作主题带来了对比优势的历史参照物。而该时期这么重要的历史现实,在中国当代文学当中的表现则极为苍白无力,中国人对于历史的遗忘速度令人吃惊。墨白的中篇小说《风车》和长篇小说《梦游症患者》是迄今为止中国当代文学当中最为深入触及“大跃进”和“文革”时期历史的代表性作品。墨白作品对于中国社会底层民众的无依无靠的悲惨处境的描写入木三分,中篇小说《隔壁的声音》中描写了在一个偏远的农场生活的“四叔”和他的女儿为了沉冤昭雪进行的坚持不懈的上访,而这些上访最终都以失败告终。个人的历史在一个宏大的场景里因为渺小而显得可怜和荒谬。这是一个缺乏个人自由和个人权利的社会环境所产生的政治悲剧,人的主体性被扭曲和异化,人的生存处境艰难,个人的尊严被忽略。这同时也是赫塔·米勒作品想要突出的在特殊的社会政治文化语境当中,人的生存困境以及个体所能维护的生命尊严和所能实现的精神自由问题。

和米勒一样,墨白的文学作品的重要美学特质之一也是恐惧的美学。这种恐惧的美学出现的原因大概如下:(一)作者所处时代的社会环境。(二)对于艺术真实性的追求。(三)介入社会政治生活的勇气。(四)对于自我的批判。(五)对于人性局限的超越。墨白的作品有着鲜明的批判意识和怀疑精神,以及大胆介入的勇气和深入思索的智慧。敢于直接面对社会现实的不公正及人性内部深层的丑恶,还有揭露沉淀于文化传统当中的民族劣根性。这些主题在米勒的作品当中也普遍存在。比如墨白的长篇小说《欲望与恐惧》就是从大的社会背景下艰难生存的个体欲望的角度来做出的自我批判和自我反省。这种深刻的内省意识让作品产生了强烈的撕裂感,能让读者感受到巨大的艺术感染力。总的来说,对于崇高的人性的追求是墨白和米勒文学作品当中恐惧美学的根源。

墨白的小说语言富于诗性,简洁、准确、精练,善于在叙述当中创造意象,广泛地使用隐喻和象征的手法,使得作品主题显得丰富、多元。墨白还经常在小说的篇头或者中间引用诗句。和米勒一样,墨白也是一个诗人,在小说创造之外,墨白还写了大量的诗歌作品。米勒的诗歌别具一格,喜欢使用新鲜的创作方法和奇异的意象。墨白的诗歌作品很少公开发表,只是在部分小说作品当中会有使用。墨白引用的诗句(包括他自己创作的)沉实有力,直击要害,这和米勒的作品风格有所不同。两人的小说语言都非常重视使用语词的精确性,这种诗性的叙述方式应该说主要来源于对事物内部因素的重视,以及叙事者的个人情感的深度介入。抛开纷繁芜杂的事物表象,直接进入到核心部位,也就是说突出精神化的现实,编制出一系列有关灵魂的寓言和象征物。在米勒的部分作品里,故事情节被淡化,是诗体的小说。墨白的作品故事性都比较强,这也是必须指出的区别。这种区别和东西方小说家的叙事习惯有关,同时还有一个接受者的文化背景问题,也就是说,叙述者有时候必须关注阅读者的接受心理和阅读习惯。

墨白和米勒作品的相同之处还有对于第一人称内视角的广泛应用,以及作品形式感的追求和创新。他们的作品在艺术性上都臻于完美。在主题上,墨白和米勒都注重社会化的宏大主题,同时这些追求是以个体的日常现实为基础的,最为难能可贵的是,他们都在某种程度上实现了对于单一的人道主义和普世情怀的超越,建立了区别于普遍价值的个体主义的向度,同时又能对单纯的个人自由和权利产生警惕和戒备。这集中体现在他们对于记忆因素的重视,也就是说,在叙事当中,尽量恢复记忆的真实性和首要性,同时又尽量避免个体情绪化对于记忆的误导,并尽量使得个体记忆和集体记忆划清界限。米勒最近的长篇小说是《呼吸秋千》,这部小说和她之前的那些小说描写个人隐秘的内心世界不同,是有关另外一个人物的事情,故事的场景也移到了苏联的劳改营。在处理这些矛盾时,米勒小心翼翼地避开那些不熟悉的事物的细节,尽量使用大胆的想象来丰富语言的诗性,甚至创造出新鲜的语词来表达陌生的场景。这也说明了米勒对于保持记忆原貌的重视。对于个人来说,忠实于自己的记忆,这恐怕是忠实于个体生命的最为有效的手段,它能留存生命存在的真实过程,也是历史得以发生并留存的第一现场。

米勒:“就这方面来说,我的一个写作层面是那个巴纳特施瓦本的村落和我的童年。我搬到城市以后的那些来访者也是非常重要的。后来,是那个极权主义国家罗马尼亚。这个国家让一切经历都保留着自己的本身,因为权力的视线可以超越一切。在某种意义上可以说,我后来称之为‘极权主义’和‘国家’的东西,只是一个偏远的可以被忽略的村落的延伸。”①

墨白:“对于一个出生在颍河镇的人来说,颍河镇的存在,在他的生命历程中留下了不可抹灭的痕迹。对于颍河镇来说,没有从远方流来的颍河,她也就不存在。颍河是淮河的一条支流,她们是女儿与母亲的关系,是儿子与父亲的关系,他们具有相同的血液和本质。”②

米勒和墨白用几乎完全一致的口吻叙述了他们创作的源泉和动力,这显然并非一种简单的巧合,他们还原记忆的努力在一个时空日益虚化的时代背景下有着夸父逐日的悲壮和精卫填海式的虚妄。在一个文字的传播功能和地位日渐式微的信息社会里,基于个体记忆的文学叙事对于世界的构型作用仍然不容忽视。相反,文字的第一性,也就是文字对于人类文化母体的天然的亲近和原初性更是当代文化不可或缺的精神价值向度的守护者。墨白和米勒饱含热情勾出的,正是人类文明得以赓续的血脉和根性,也是充满理想主义的灵魂之华光!

(原载《中州大学学报》2012 年第 5 期)

---

① [德]赫塔·米勒:《镜中恶魔》,丁娜译,江苏人民出版社,2010 年 10 月版,第 194 页。

② 墨白:《一个人,一座小镇和一条河流》,《霍乱·后记》,群众出版社,2004 年 7 月版。

墨白小说叙事里的并置结构

——对《失踪》文本世界的肢解

苏常青[1]

序文

抗日战争作为历史，已成为昨天，但作为文学表现的永恒主题，它却成为作家多角度观照的对象。墨白的《失踪》正是打着那一时代烙印的短篇小说。当我们拿着自己的心贴近它时，无时不发现作者的情感闪光，感受到作品的内在韵律和飘逸的情绪，从中体会那个时代的苦涩、悲怆和污辱。毋庸置疑，作品深远悠长的意味还不仅限于此，作为历史性的悲剧，随着人类的进步、文化的超越，它的历史越是漫长，它的悲怆意义也就越浓厚，并以时间的距离和积淀使读者对侵略和掠夺进行再次的审视与批判，在审美领域孳生出让邪恶与侵略永远埋葬于沼泽，让这个历史永远成为过去的心理情结，从而在创造世界时赋予世界及人类以优美、和谐的生存方式。

结构范式

传统小说是以情节为结构中心的范式，"文似看山喜不平"可看作是这一结构范式的审美注脚。这里我无意拿20世纪的小说观来观照中国古代小说范式，但有一点是不容置疑的事实：情节结构小说由于采用连贯叙述的方式，讲究有头有尾，首尾相照，使得读者在审美过程中无以介入作品，读者与作品中的人物不能融契，而仅以局外人的身份不做任何情感介入的消极欣赏，这无疑会形成一种心理定式，养成审美的惰性。当然，情节结构小说也有其优势，故事的险奇曲折可以对读者的欣赏心理造成现时性的共鸣，《失踪》的结构范式避开了这

---

① 作者不详。

种传统的形式,代之以潜在的、内涵的情绪结构,以情绪统辖故事,而情节则成了文本中情绪的载体。

若按正常的情节结构来叙述,《失踪》至少可以设置几处惊心动魄的场面,从而形成情节发展中的"闪光点",制造出振聋发聩的情节效果,如三藏法师、许木匠之父及许木匠的死。但叙述者却在十分节制的节奏中叙述了这些人的壮举,血的残酷仅以两片"红光"与"一道紫色的血"表露出来,看似简约平淡,却在我们的心理场上唤起绵绵不尽的感喟与浩叹,引发出情绪的波动。在叙述中,叙述者设置了故事的双向选择方式:外在的方向,以山川丘对中国的施虐与对经书的掠夺来作外在情节线,意在揭露侵略者的贪婪与残酷;内在的方向,是通过外在情节的催化,引发出觉生和尚的情绪流动,使他在外在情节的发展中逐渐感受并外化,最后以自己肉体的毁灭完成了作为一个具有民族气节的人所具有的独立人格的使命。

若对墨白20世纪90年代初创作的小说作宏观透视,就会发现情绪统辖情节的结构,成了他约定俗成的选择,如《黑房间》《红房间》《同胞》等无不属于这一范畴,作品虽也有情节可寻,但更能得到审美体验的仍是情绪,都是以情绪作为内在结构的小说。

在这一结构范式的营造中,《失踪》的意象结构组合也从属于情绪结构,我们可称之为"情绪意象体系",如红光、紫色、沼泽、藏经楼、灰色砖塔、墓穴等无不带有死亡的情绪信码。这些无情之物,在叙述主体觉生和尚的情绪流动中,经过情感的浸润,产生心理移情,注入情绪,由于这些意象符号与叙述主体是通过中间渠道沟通起来的,因而整个作品结构规整,浑然一体。

视角选择的对称性与自觉性

文本中结构范式的特点使得叙述者的叙述视角是与主体人物等同的内视角。一般来说,情绪浓厚的小说其视角选择多倾向于内视角;反之,内视角运用得比较成熟的作家,多具有主观抒情的特性。他们所选择题材的生活容量和涵盖面不大,人物不多,线索单一,情绪较浓,具体到情绪结构的小说,其表现形式与内视角的选择具有对称性与自觉性。

就《失踪》的叙述视角而言,叙述者选择了主要人物的固定性内视角,即以作品中的主人公觉生和尚作为视点的叙述。他既是故事围绕的中心,又是叙述的焦点;他既能观照别人在故事中的种种行为,同时又能叙述自己幽暗的内心世界、自己的情绪，甚至自己的无意识（梦）。他的视点既是流动的，又是不变的。法国结构主义文学批评家热拉尔·热奈特在谈到小说的视点时认为：一丝不苟地运用我们称之为内聚焦的情况十分罕见。墨白是个注重技巧的小说家，他对视角的统一要求很严格，尤其是文中的内心独白和追忆，更是运用了纯熟的内视角，在面临一些难以处理的场景时，他则采取了一些保持视角统一的技巧。

小说家助托词

当叙述者对某些视域外（包括次要人物的心理感受）的聚焦对象模糊或不甚明了时，叙述者就以假设的形式，运用表态性词组，如好像、仿佛、混沌等模态语码表述，马塞尔·米勒尔称之为"小说家的托词"。如："觉生好像看到一群带了面具的村人在火光里舞蹈，好像看到了许木匠那驼着的背。"这是带有主观性的内视角，既可视为幻象，又可视为实际行为。墨白正是运用这种模棱两可的视角来掩盖内视角使用时的一些不足，并以这隐蔽扭曲的模糊视角来发挥内视角所具有的功用。

信息预叙

在《失踪》中，小说家为了提供较多的信息量，并给予作品以暗示，有时采用预叙的手法。由于这种叙述手法提供的是隐含的、暗示的信息，因而仍应称之为不严格意义的内视角。三藏法师画给山川丘的去龙泉寺的地图，已为后来的觉生和尚领日寇进入沼泽作了预告。而觉生和尚的梦，这一潜意识的心理活动，也预示了主人公的结局将要在血的溅喷中消灭侵略者。但叙述者是极其狡黠的，他为了内视角的统一，也为了预叙得更加隐秘，又故意伪装为这超自然的梦并非现实的刻板，它不可能准确预示人的未来，所以将梦中觉生和尚插入山川丘背后的刀异化为现实中山川丘插入主人公背上的刀。这预叙信息的错位，使读者意识到所谓超自然能力的梦实质上是受觉生和尚的认知能力限制的，它同样无法超越现实。这种预叙，拉开了叙述者与人物的距离，使我们看到叙述者是超过主人公的认知能力的；但另一方面，又感到这种叙述信息还是来源于人物后来的行动，所以他们在不严格意义上还应该是统一的。

情绪语言

《失踪》在墨白悒郁负重的视野里，染上了历史的悲怆色彩。开篇"日落时分"的叙述就给作品定下了悲怆、苍凉的基调，是与作品的结构与基调相伴相生的，也是叙述者语言选择的情绪化特征。

我们以往对文学语言的评论，总是把它放在文学的从属地位。我们在给文学下定义时说的是"语言的艺术"，如果有人胆敢说"文学是艺术化的语言"，那简直是大逆不道的。语言是一种文化形式，是具有独立个性的文化物，任何一种文化现象都必须进入语言的殿堂才能得到印证与传播，语言与文学成了互相占有的协同关系，语言是文学生存的世界，没有语言，就不可能有文学。这样就得出一个结论：作家的情感体验，先诉诸的是语言而非文学，文学的语言在形成文本之前，已具有了它独特的个性。情绪结构小说，作为一种独特的小说文体，它也就自然具有自己独特的语言肌质。

文本是具有潜在意义的语言实体，读者对于文本的接受首先意味着对于文本语码的破译。因此，在文本与读者之间存在着语言距离，而这种距离又取决于各种语言表现方式之间的差异。小说语言作为转述语言，在形成文本的过程中，叙述者的转述语式选择是具有内在的律动性与一定的必然性的。

《失踪》中所采用的转述语式，多为描述式转述语、直接引语式转述语、间接自由式转述语。

描述式转述语

因其包含的信息量相对丰富和语言信息传递的相对复杂而更容易接近读者，又因《失踪》中描述性词汇选择多具色彩性、感情性，所以这种描述也就成了情绪描述，如：

> 他们（就）看到（有灰红色的）光从（漆黑的）岸上的村子里发出来，那光（越来越亮）冒出一股（滚滚的黑）烟，许木匠手中的桨停住了，他（呆了半刻不由得惊）叫了一句，"爹——"（就）跳下水朝岸上游去。

作一粗疏的比较，若画去括号内的文字，就成了陈述语言形态。这种语句只能让读者获得一个事件过程的客观印象，而难以就这一事件过程进行价值判断，更难以透出情绪，发生感情交流，因为这里读者得到的信息量很少，而且面对的是一个没有任何情感的叙述者。若补足括号内富有情绪色彩的词汇，读者得到的信息就有了不同，就可以进入叙述者在作品基调中设置的氛围。当然，仅是这种比较，文本选择的语言方式仍无法显示，但通过这一手段，却能让我们比较清晰地看出带情绪的语言与不带情绪的陈述语言之不同。

直接引语式转述语

主要体现在对话中。它是带引号的直接引语，是直接记录人物语言（因此说话人在这种语式中自称“我”），具有直观、明晰的特点。它一方面是人物语言的直录，是独立于叙述者之外的；另一方面，它是被转述的对象，服从于叙述结构的总的要求，因此在叙述者控制范围之内，它有利于说话人性格的显现，并通过言辞、语调、语境传达出人物的情绪。

“觉生的牙齿磕打了一下：‘没有钥匙……’”（不情愿而又无奈，既畏怯又不愿屈从，后面的省略号是被山川丘武断地打断了的表述）

间接自由式转述语

主要运用于追忆、幻想与梦境中。由于表述这些现象时主要采用间接内心独白手法，所以在句式选择上也以间接自由式转述语为主。叙述者在叙述中又将这种句式与正常的叙述语流融洽地混合在一起。由于不必加引号，所以叙述语流很顺畅地滑入正常叙述，而不给人叙述中断的感觉，这种间接自由式的转述语因其是凭借叙述者调控的，所以仍被赋予了叙述者的情绪，并应和于叙述基调。它不受制于时间和空间的限制，只要切合人物的心理状态，符合特定的叙述基调和人物的情绪，便可插上想象的翅膀。因此，它不像直接内心独白那样模糊和晦涩，而是具有情绪流动的逻辑性。这种情绪语言还带有随机性和非线性的特点，如觉生和尚在看到竹叶时，就联想到淡淡的清香，并以此为契机进入到回忆中，使心理时空发生转换与调节，并产生怀恋法师的情绪。

综上所述，《失踪》的情绪语言是一种充满情感，包容着理性与非理性、意识与潜意识的语言。

众所周知，撇开语言环境，孤立地分析语言特征是比竹篮打水容易不了多少的事。正如“杭育杭育”的喊叫声，孤立地看它仅是一个拟声词，无任何情感附丽；但若将其放在热火朝天的劳动场面中，则寄予了一种亢奋的情绪。这就是语境的作用。具体来说，它包括两方面：人物语言与产生人物语言的具体社会历史环境。《失踪》很注重语境的营造，每当人物的对话出现时，总配合以特定的语境态势，使人物的情绪流露出来。

“我出生在奉天，一直在那儿长到九岁，而后跟着家父到国清寺一住就是三年。你是佛门弟子，特别是法师的门徒，应该知道国清寺不但是中国佛教天台宗的发源地，而且是天皇帝国佛教天台宗的祖庭，所以，在我一走进这座寺院的时候,就有一种亲切的感觉。”山川丘说完又拍了一下觉生的肩,而后一边走一边舞动着手说,“这大雄宝殿,这藏经楼,太相似了。”

乍看起来,这段话似乎是山川丘与觉生和尚在探究两国佛教文化的渊源,而且山川丘对中国佛学文化颇有造诣并具有一种崇尚之心。但时代历史的环境是日本帝国主义不仅进行了领土的侵占,而且还进行着文化的掠夺,山川丘则是这掠夺者中的代表符号,而觉生和尚则是作为一个被奴役、被掠夺、被侵略的对象出现在这一语境中的。这就使我们不难看出山川丘作为一个侵略者的阴险、狡猾、贪婪的本性。

《失踪》最初发表于《人民文学》1991 年第 9 期,尽管属于墨白小说的前期创作,但现在读来,小说里各种叙事手法的并置仍然让我们感到新鲜。《失踪》里各种叙事手法的并置,对墨白后来的小说创作在文本上有着导向作用,而这个导向对墨白小说叙事风格的形成是一次最重要的实践。

（原载《中州大学学报》2012 年第 5 期）

先锋的形式与历史的创伤

——墨白长篇小说《梦游症患者》论

苗变丽①

从题材上看，墨白的长篇小说《梦游症患者》是一部“文革”痛史——“文革”期间，由于受反常识和反人性的意识形态和权力话语的蛊惑，在狂热情感的驱使下“三爷”的一个几十口人的大家庭内部派别分裂，亲情人伦丧失殆尽，兄弟相残、父子反目、兄嫂乱伦，最终陷于分崩离析的死灭状态。据小说后记言，该小说写于1996年，这一年是“文革”发动三十周年，结束二十周年。我们知道，对“文革”这一历史的本身理解过程因时代文化的变迁、主体心灵的复杂而不断地复杂化。我们已经拥有很多的“文革”反省和反思，包括政治、社会、人性、文化不同层面的反思。作者重写这样一部题材和主题都有所重复的小说的理由是什么呢？该小说又在哪些方面有所超越和创新？小说吸引我的不是题材，而是作者透视题材的新颖角度和技巧手法，以及由此带来的高超立意和深厚内涵。

作为一个先锋作家，墨白一贯的先锋性形式革命在小说叙事中仍得以运用。在这篇小说中其独特的先锋叙述策略主要体现在叙述主体模式——叙述人称、叙述视角和叙述声音的独特运用上。从叙述的主体模式上看，小说既有全知视角又有限定视角进行交替叙述，叙述视角的多样化是一个醒目的标志。从行文来看，叙述的主体大多采用的是限定视角。我们知道，限定视角是叙事者等于人物，这种叙述视角可以用第一人称，也可以用第三人称。在这篇小说

---

① 苗变丽（1977～），女，河南开封人，文学博士，就职于河南大学民生学院，主要从事现当代文学研究。

中，作者运用的是一种多重第一人称的限定视角，叙述者存在于众多角色人物之中，每一个“我”都在一定程度上集作者、叙事人和人物的身份于一身，在作品中起着支配故事的作用。第一人称的主体自叙也具有主观色彩和视野局限，墨白显然对此心知肚明，多重主体自叙的多视角的轮流坐庄有效地弥补了单一的第一人称叙述对小说结构完整性的破坏作用。这种多重的叙述角度是一种自由的方式，具有放射性和聚合性，可以通过众多人物角色的眼睛见到那纷繁的世态百相。这是“文革”时期“群众心理”的一次集中体现。

另外，作者在进行叙述时除第一人称人物限知视角外，还采用了第三人称全知视角作为补充，对人物叙述者的感知范围以外的历史存在进行必要的补叙，以提供足够的叙述信息，确保故事内容的完整性。

在分别对视角人物进行阐释之前，还需先来分析一下人物发生学意义上的情感逻辑起点。小说故事发生的前奏是：穷苦农民“三爷”的三个儿子斗垮了地主雷九少并分取了他的浮财，把家从小乡村迁到了颍河镇，实现了“三爷”祖上几代人的夙愿。更为根本的变化是，“三爷”一家攫取了颍河镇的主要权力资源：大儿子王洪良是颍河镇中学校长，二儿子王洪民是颍河镇酒厂厂长，三儿子王洪涛是颍河镇民兵营长。至此“三爷”一家的生活可谓发生了翻天覆地的变化，确立起了历史主体的身份。也正是这种“翻身农奴得解放”的个人际遇，“三爷”及其儿子们内心有着对政治的绝对崇拜和疯狂热爱，这种政治狂热情感在“文革”当中又转化为对领袖的个人迷信。小说故事开始于“文革”爆发时，此刻在真正的叙事发生时人物角色的性格已经完成，精神世界已经完成自我建构——无论父或子，他们均沉醉在一种激进的“革命理论”和政治意识形态中，长期以来被奉为历史寓象的领袖神话在这些人物命运中起着主导性的作用。也就是说，“三爷”和儿子们都是认同这场“文革”的，或者反过来说，认同这场“文革”就是认同他们的身份。小说叙事恰是抓住人物情感逻辑的起点——偏执、混乱、盲动和狂妄的政治意识。有了这样的情感逻辑起点，他们都迷幻式地投入到这场邪恶的“文革”中，后来发生的一些反人性事件就顺理成章了。

视角人物王洪良

王洪良是子一代的代表性政治人物。他手里的收音机是其身份上最重要的文化符号，这部收音机携带的“革命”的政治意识是他内心镜像的延伸。“在这所学校里，他以固执己见而闻名。而他对问题和世事的思考全部来源于那部与他朝夕相处的收音机，在和他相处的日子里很少能有人看到他的笑脸，他的面容如同一幅永久性的木刻版画。”“多听听新闻”，这成了王校长闻名于世的口头禅，也成了他思考问题的准则。可以说，王洪良自身的存在就是政治宣言的存在，来自政治上的驱动力和关系浸泡着他每天的生活。为了庆贺文玉成功收集到众多毛主席像章这一重大的象征性“革命”事件，王洪良率领镇中学的师生冒雨游行，把“革命”变成了一首街道“即兴诗”。其二弟王洪民为了补足这种节日般的“革命”高潮气氛以打火铳助威，却不幸操作失误以身殉葬，沸锅式的热闹随之变成了一场“惨剧”。而接下来更离奇的是王洪良认为弟弟王洪民是红色革命烈士，不能躺在黑色的棺材里而只能躺在“红色的棺材”里。

由于革命意识的不同，王洪良及其三弟王洪涛分别组建了自己的“战斗队”。两个“战斗队”从“批判的武器”逐渐上升到“武器的批判”，一如“革命”总是以破坏性和摧毁性为目的，“战斗队”从文斗到武斗，人物也变成了一个个疯狂的党徒，最终落了个死伤的、暴力的血腥结局。丰收死了，小明死了。为了向党效忠，丰收把自己的身体作为祭品献于“革命”的祭坛之上，死亡被其视作信仰准则受到检验后的应当结果，死亡的高潮体验是他政治“升华”的必要途径。出于对这场“武斗”的迷惑，王洪良去异地军区寻访一位高级将领解惑，最终却客死异乡，至死也没有从这场政治迷雾中清醒过来。

视角人物文玉

文玉是孙一代的代表性政治人物。为了向党组织效忠，他向父母步步紧迫索逼所谓的“变天账”，他审判右派分子父亲刘嘉生的方式——命其跪在碎玻璃碴儿上，火烧其下体的阴毛和阳具——无不令人发指、切齿。但在叙述这一切的时候，叙述者并没有表现出第三人称一种情绪上的激愤，而是用第一叙事人称的一种平静而飘忽的语调将处于酷刑中的身体体验和对身心互动、回忆与现在、现实与梦幻的玄思表达得淋漓尽致，诗一般的语言描述了人物的身体、灵魂惨遭毁灭的哀情。确实，只有在这种抒情式的词句里，人性变异的全部恐惧才会变得明晰起来，呈露出一份令人恐怖的真实。这一切使人目接心悸，读来有一种痛彻心扉的苦痛与震撼。文玉在折磨死父亲之后，母亲上吊自杀，而他仍然在自己家里掘地三尺寻找父母的罪状“变天账”，最后只能自我埋葬在地洞中，永无再见天日之时。

“文革”期间，人们淹没在一种社会角色中的集体主义里面，支配其行动的不是一个自觉的主体，而是一个巨大的意识形态谎言，他们的一切都是在"革命"行为合法性下进行的。从角色本身来讲，他们是很真诚的，而在这虚幻的真诚境界中又有着多少谵妄的执迷，疯狂的狠毒行为中又含有多少人心的蒙蔽。小说题目"梦游症患者"在最浅显的意义上指的应该是"文宝"吧。但是具有反讽意味的是，小说中所有中蛊者如"三爷"、"王洪良"、"文玉"等不都是梦游症患者吗？并且至死也没有从这一场噩梦中苏醒，无以救赎。"三爷"在家破人亡之后出走颍河镇时身上还佩戴着文玉收集来的毛主席像章，岂不是一个最大的政治反讽？完全可以说，墨白对那些"革命"年代的人被"革命"愚弄的实质看得非常清楚。

视角人物老鸡

老鸡属于这场"革命"中另一股民众力量，其成员还有汪麻子、新民、秧子、涂二等。与前述激进力量的那种疯狂政治理念不同，这股力量是出于种种情欲和自私动机才参加了这场疯狂的"革命"的。如果说前者还不乏假想的政治乌托邦信仰和畸形发展的"革命"热情，后者则更多地指涉卑劣的欲望、低贱的人性。鲁迅先生曾一针见血地指出中国人的信仰方式有两种：一是"信"和"从"，二是"怕"和"利用"。老鸡先是想参加王洪涛的"八一兵团"，不料被拒，后害怕被"革命"淘汰无奈之下参加了王洪良的"二七公社"。汪麻子、新民、秧子、涂二等人出于自身的私利——可以挣到工分——而参加了"八一兵团"。在这里参加所谓"革命"的行为动机是和私心欲念而不是和信仰关联在一起的，欲望成为"革命"的内驱力。在一个一切都失序的疯狂年代，种种欲望便会趁机出行。比如说老鸡，"眼下这种特殊的气氛引诱着他体内的一种欲望，一种潜伏在人体之内像动物兽性的欲望，那欲望在火光的引诱下慢慢地滋长。从空中辐射过来的红色光亮照着他们兴奋而紧张的脸庞，一种近似疯狂的热情被那红光燃烧起来了"。人性的卑劣与疯狂的时代文化联系在一起便会酿成生活的恶果。老鸡在身体欲望的驱使下，如狼一般扑向目标。在一个月白风清的"革命"日子里，老鸡强暴了大燕等四个"嫩笋"般的"革命"少女，摧残了她们如花的青春岁月。

视角人物文宝

在所有的第一人称（"三爷"、"文宝"、"文玉"、"老鸡"、"刘嘉生"、"王洪良"、"渔夫"等）的叙述中，叙述人"文宝"的那些内在化的主观叙述有着更耐人寻味的语码内涵，从中我们可以看出，他不但不傻而且是大智若愚，否则他不可能有那样的观察力,能够看出整个时代的荒谬。作为一个梦游症患者和精神错乱者,“文宝”一直处于一种介于幻觉和现实的飘忽不定的状态,遐想波动起伏,意识跳跃颠簸。这一切把他从意识的日常世界里牵引出来,使他像一个幽灵那样从他熟悉的地方掠过,现实在这样的意识面前是陌生的。这样一来这种观察历史的眼光就成为一次视野上的有效解放,最大地实现了陌生化的叙述效果,对小说的事实造成了一种隔离效应。由于感觉的敞开,真实与幻觉获得双向转换的自由促使文本开放,构成了一种独特的叙述张力,更具体地呈现出那个疯狂时代的体验内在的真实图景。

另外,从小说结构的整体拼合图式来看,“文宝”叙述的章节大都是用粗黑字体镶嵌其中,它们以跳跃的姿态撒播在小说的纹理经脉中。一般而言,文学作品是通过诉诸“所指”而达到表现其目的的。然而,借助文字物质层面的“能指”,同样可以增强它们的表现力,这一般大多是表现在诗歌的结构形式上。但在这部小说中,作者同样巧妙地运用了这种语言文字的“能指”来增强其艺术表现力。这些显著的字体往往是叙述中的燃烧点,说出了一些在故事、细节中未能表达的思索的深刻,促使读者不受叙述激流的左右而停顿下来,思考其深层的意蕴。在这里多种叙述的转换与人称视角的转换,作者辗转腾挪起来舒展从容,并始终流淌出良好的艺术感觉,这需要作者具有深湛的艺术功力和艺术禀赋。但诚如张闳所言:“墨白最初是以‘先锋派’的面貌出现的,但他并不属于当时(20世纪80年代中后期)的‘先锋派’主流,他的形式感与现实感的一致性,与先锋小说注重叙事方式的写作主流有所不同。”是的,墨白对叙事艺术形式的探索其实是为了对人的生存世界的探索,为发现、理解和表达现实世界的生存经验提供更加丰富的可能性的空间而已。这部小说运用多种叙事视角和叙事声音的交织,是有着其深切的情感寄托和道德关怀的。

其一是叙述的标度。由于是个人内心的而不是公共话语性质的,所以更容易看出人物内心的桎梏、窒息、扭曲、碎裂、紊乱和疯狂,在那个疯了的时代幕布上就叠映出一个个扭曲怪异的灵魂。

其二是历史批判中悲悯情怀的彰显。从接受效果上看,第一人称人物叙述以见证人的权威视角建构其虚构的真实,故事内人物对其自身经历的叙述拉近了叙述与故事的距离,它具有着亲炙实在、逼真可信的情感表现力和艺术感染力,读者同情的产生呈现于人物与其语境之中。这部有着强烈批判锋芒的作品，由于在叙述上主要采取了第一人称的叙述形式，并由一个个叙事人物来讲述其历史记忆，当我们立足于每位视角人物时，更深植了一种感同身受的悲剧，表现出一种极为宽容的人性悲悯情怀。

完全可以说，历史的批判和人性的悲悯所构成的张力，赋予了这部小说特殊的声音和魅力。关于这一点，还体现在小说的结尾安排上。这些视角人物大多命运惨烈，死亡的死亡，逃离的逃离，最后的出逃者是“三爷”，历史与人的风景线上最后飘摇着的是“三爷”令人悲悯的孱弱身影。“三爷就那样一直沿着河道往前走，他胸前的那些像章在风中不停地叮当作响。”无论死亡还是逃离，它们的姿态都宣告着主人公们生命的无助和徒劳，并为之逐一画上句号。可以说小说故事至此收束了一个齐整的结，将所有的线条都收拢在一起，所有的人物都得到了交代。但是这并不是小说的结尾，小说最后一章是一个概括了许多年的尾声，作者用以收束故事的技巧是改变时间尺度——三十年后。这里的尾声缺少严格意义上的封闭：不是终止故事并收束所有松散的头绪，而是让故事流入未来。小说讲述的是历史事件，而且毫无疑问，事件在叙述之时已是过去，但是在这里叙述的角度却是指向未来的，对未来充满了开放性。它使作品所揭示的历史批判不仅停留在这一特定的历史时代，同时又开放向未来。三十年后来颍河镇寻访的那个陌生男人完全是以历史沉思者的形象引导我们于生命况味的深层品咂和人类进程的深度思考，感慨自在其中。那些历史中的极端、极权革命化浪潮曾激荡出激动人心的乌托邦向往，最终却不可避免地演变成各种各样使个体深受创伤的历史经验。在对历史价值论的判断中还充盈着一份为批判遮掩着的悲悯之情，历史令人思索，而个人令人悲悯，在对历史价值的批判中悲悯着众生的“谜而愚”的无奈感喟。

通过以上对文本叙事的阐释分析，可以发现，作者打破了惯有的审美思维定式而选取先锋性叙事，以至于实现了对历史的反思性洞见和作品的内在机锋，在其历史观的深度和广度上，在其道德的想象力和政治的领悟力上，以及在其心理的敏感程度和洞见上都具有极大的创建。反之，也可以说这种深邃的思考通过巧妙的艺术形式得到了最强烈的表达。从某种意义上，正是对历史的深度思考使《梦游症患者》高于其他的同类小说，成为批判历史的一个先锋维度。

（原载《红豆》2012 年第 6 期）

颠覆与消解

——评墨白长篇小说《手的十种语言》

王春林[1]

《手的十种语言》是墨白新近创作的一部具有强烈实验色彩的先锋小说。如同既往,这部小说的故事依然与某种意义上已经成为墨白小说标签的颍河镇存在着密切关系。熟悉墨白小说的读者都知道,他的小说故事差不多全部发生在颍河镇。只不过这一次,墨白所借用的是一种侦探小说的外壳。叙述者"我"名为方立言,是锦城市公安局刑侦支队的支队长,小说开始的时候,他正在负责勘察侦破一件杀人焚尸案。就在此时,一桩新的命案发生,死者是在当地很有名气的画家黄秋雨,由于他不但是锦城教育界、艺术界的名人,而且是市政协委员,身份地位非同一般,所以局里立刻决定,把方立言抽调回来负责黄秋雨命案的侦破工作。就这样,对于这一命案的调查侦破就成为了小说叙事展开的过程。然而,需要引起我们高度关注的是,对于墨白来说,他并不想把自己的小说变成一部真正意义上的侦探小说,因为到了小说结尾处,我们不仅没有看到案件真相大白,读者反而如堕入迷雾中,越发显得扑朔迷离莫衷一是了。不容忽视的是,按照方立言他们的调查结果,黄秋雨的命案似乎与身为锦城市市委书记的陆浦岩存在着难以被忽略的密切关系。如果换了另外一个对于中国社会现实问题有着强烈兴趣的作家,肯定会沿着这样的一条叙事脉络,把作品演绎为一部具有社会批判色彩的官场小说或者社会问题小说。由一桩命案的侦破而引发出重大的社会问题,本就是我们许多作家一种自觉或者不自觉的艺术思

① 王春林(1966~),山西文水人,文学评论家、山西大学文学院教授,主要著作有《话语、历史与意识形态》《思想在人生边上》《新世纪长篇小说研究》等。

维方式。但墨白却并不属于这样一种对于小说的社会学意义保持浓烈兴趣的作家。对于墨白而言,以小说的形式对于人性世界或者说对于现代人复杂深邃的精神世界进行深入探究,很显然是更有吸引力的一件事情。

在侦破黄秋雨命案的过程中,一些与黄秋雨关系密切的人物渐次地浮出水面。首先是黄秋雨的两位学生情人。一个名叫米慧,另一个是粟楠。毕业于大学中文系的米慧,不仅温柔多情,而且还极有文学才华。作为与黄秋雨年龄相差达25岁的情人,她内心里狂热地爱着黄秋雨。这一点,自有她写给黄秋雨的那些情书与情诗为证。粟楠的出现,要早于米慧。从她写给黄秋雨的信件判断,粟楠同样非常狂热地爱着黄秋雨。两个情人的共同遭遇,一是都曾经为黄秋雨怀过孩子,二是都曾经试图与黄秋雨结合而未成。但是,相比较而言,粟楠的命运要比米慧凄惨许多。粟楠不仅最后被送进了精神病院,而且根据黄秋雨的好朋友作家谭渔的说法,粟楠在自己所怀的孩子流产的那一年,因为遭遇车祸而变成了植物人,而这也正是黄秋雨长期给粟楠汇款的根本原因所在。然后,是黄秋雨的另一个情人林桂舒。按照黄秋雨留在自己若干本图书字里行间的倾诉文字来看,黄秋雨对于这位现任市委书记的夫人有着极深的感情。从故事情节发展过程中露出的一些蛛丝马迹判断,或许正是因为市委书记早就察觉到了这一情感的存在,所以才会有这次黄秋雨命案的形成。在这里,我们必须注意到小说中的这样一种暗示性描写:“夜里,我失眠了。一个又一个与黄秋雨命案有关的线索从我的脑海里闪过,胡中德?胡中德……难道,这两个案子有着相同的因素?陆浦岩?不能确定,要有证据,证据!”这里提到的胡中德,正是小说一开始另一桩命案的杀人者。因为怀疑被杀者强奸了自己的妻子,所以胡中德才最终杀人焚尸。此处方立言所谓“两个案子有着相同因素”的怀疑,所强烈暗示出的正是陆浦岩存在着谋杀的可能。

这样,一个不容回避的问题自然也就浮现在我们心头。那就是,黄秋雨为什么会前后有好多个情人呢?难道说黄秋雨是一个现代的唐璜、现代的花花公子么?黄秋雨的天生多情,一方面固然是原因之一;但另一方面,也只有在接触了他的妻子金婉之后,我们才能够理解黄秋雨为什么会执意在自己的婚姻之外寻找来自异性的感情慰藉。尽管只是与方立言之间并不太长的一席对话,但市民女子金婉的俗不可耐就已经跃然纸上了。黄秋雨是知名画家,是读书人,不断地购买书与画对他来说是非常必要的事情。尽管已经结婚多年,但身为妻子的金婉却根本就没有弄明白这一点。单这一个细节，就已经充分地凸显出了他们之间深深的精神隔膜。而且，从语言的运用层面来看，与小说其他部分的典雅形成鲜明对比的，就是金婉语言的粗俗不堪。那样一种音气声口，活脱脱就是一个市民女子的口吻。除上述几个女性之外，与黄秋雨关系密切的还有一个男性形象，即他的老朋友作家谭渔。从小说叙事与人物塑造的角度来看，谭渔的存在价值，更多的是要以一种见证者的身份，给读者介绍黄秋雨的基本成长历程。在谭渔的理解中，黄秋雨是一位精神灵魂的极端孤独者，是绘画艺术的不懈追求者。当然，除了这些相关人物之外，与黄秋雨的死亡脱不了干系的还有他自己其实已经很糟糕的身体状况。他所服用的药物、尸体解剖的结果，以及他那总是头疼不已的身体症状，都说明他确实已经罹患不治之症。

然而，到底黄秋雨的死因如何，小说终归还是没有做出明确的交代。尽管说命案最终以黄秋雨绝望自杀而作结，但这样的一种结论很显然是不可靠的，是某种权势强力影响的结果。从叙事层面来说，作为一部借用侦探小说外壳的作品，黄秋雨的真实死因一直是推动故事情节演进的根本动力。米慧以及米慧曾经的恋人罗旗、父亲米食堂，还有那位后来被车撞死的陆军以及市委书记陆浦岩，也都有着谋杀的可能。自然，身受疾病折磨的黄秋雨自己，也不能说就没有一点儿自杀的可能。尽管说黄秋雨的命案最终被定性为自杀，但实际上，拥有丰富侦探经验的方立言，却对这个结论有着强烈怀疑："因为在黄秋雨的命案中，还有太多的疑问，没有找到准确的答案。比如陆军手机的来处，并非像他妻子所说那样简单，还有黄秋雨被盗的日记，至今仍没有下落，那才是黄秋雨命案最关键的线索。"显然，墨白在《手的十种语言》中所采用的是一种以建构的方式解构的叙事模式。所谓"以建构的方式解构"，就是说叙述者方立言一方面确实在不断地进行一种建构的工作，在不断地设定黄秋雨的死因；但在另一方面他又处在一种不断自我否定的状态之中，不断地以一种自我解构的方式否定自己此前的自我建构。以至于关于黄秋雨的真实死因，到最后也还是一团解不开的迷雾。在我看来，墨白《手的十种语言》的先锋性，最突出地体现在"以建构的方式解构"这样一种基本叙事方式的熟练运用上。其实，认真地想一想，小说中给读者留下的待解谜团，确实很多很多。这里且以米慧为例略加分析。其一，在黄秋雨留下的手稿中，曾经提及米慧是一个身负命案的女孩子。其二，米慧在信中曾经一再强调自己要自杀。其三，按照谭渔的说法，米慧其实并没有死，而是独身前往深圳了。正因为如此,他的父亲米食堂才会去千里寻女。那么,米慧到底有无命案在身?她最后到底是自杀身亡,还是远走深圳了呢?诸如此类的叙事谜团,叙述者在文本中都没有给出明确的交代。有一点不容忽视的是,墨白通篇所采用的,实际上都可以被理解为一种不可靠叙述。细读文本,不难发现,无论是黄秋雨留下的手稿,还是相关当事人的叙述,从根本上说,也都只是立此存照有此一说而已。这些关于事实真相的言说,究竟哪些是真实的,哪些是虚假的,叙述者均无交代。或者说叙述者方立言的侦探身份本身,就决定着他不可能给读者提供一种可靠的信息。我们之所以断言墨白的小说不是真正意义上的侦探小说,根本原因正在于此。因为他只是若干蛛丝马迹的观察与发现者,至于这些蛛丝马迹最后能不能被证实或者证伪,显然还需要再加以特别的叙述交代。假若是真正意义上的侦探小说,到最后都是要把这些疑团交代清楚的。但墨白的志趣却显然并不在此。墨白所一力坚执的先锋小说,乃是要反其道而行之,小说本身愈模糊愈具有艺术层面上的开放性,小说的先锋性也就愈强。

实际上,墨白这部长篇小说的真正艺术聚焦点,并不在所谓黄秋雨的命案本身。借助于对黄秋雨命案的勘探侦破,极其有效地切入到黄秋雨复杂的精神世界之中,对于黄秋雨的精神世界做出深度的挖掘与表现,恐怕才是墨白最根本的创作意图所在。从这个意义上,与其说叙述者方立言在侦破黄秋雨的命案,莫若说他是在深入探究表现着知识分子黄秋雨的精神世界。应该注意到小说中谈论黄秋雨的绘画作品“手的十种语言”时的这样一句话:“他之所以这样,就是要让人们明白,他这是对于人类精神的探索,是要进入人的灵魂。”这样的话语显然是墨白的一种夫子自道,他之所以要用黄秋雨系列画作的名字来为自己的这部长篇小说命名,根本原因显然也是要探索人类精神,“要进入人的灵魂”。探究谁的精神世界呢?最主要的,当然还是小说的主人公黄秋雨。那么,黄秋雨究竟是怎样的一个现代知识分子形象呢?是一个情圣还是花花公子?是一个艺术的殉道者还是一个功利之徒?是一个欲望的狂热迷恋者还是一个精神的痛苦探求者?都可能是也都可能不是。是有是的道理,不是更有不是的道理。在小说后记中,墨白曾经这样谈论过黄秋雨这个人物形象:“当我面对黄秋雨留下的文字时,我就像看到了一个精神病患者,一个神秘幻想者,一个精神流浪者,一个现实生活的梦游者,一个癌症病患者,而更多的时候,他是一个有着痛苦的灵魂、有着非凡创造力的艺术家……”墨白对于黄秋雨的说法，是不是就可以被当作黄秋雨精神世界的最终定位呢？答案显然是否定的。道理说来其实也非常简单，对墨白这样的先锋作家来说，反对一种定于一的终极结论，是他们更为根本的艺术理念。从某种意义上，我们甚至可以认为，墨白所有的先锋小说创作，都在致力于对定于一这样一种思维习惯的颠覆与消解。既然如此，我们也就只能把墨白自己的说法作为众多的理解之一种来看待。事实上，正如墨白所采用的那样一种以建构的方式解构的叙事策略一样，关于知识分子黄秋雨精神世界的理解与判断，我们到最后也不会得出一种定于一的明确结论。假若说黄秋雨的生命历程本就是一种生命展开的过程，那么，我们对于黄秋雨这一形象的阐释与解读，恐怕也在一种永远的过程之中。

墨白《手的十种语言》艺术先锋性另外一个突出的特征，就是对于多种艺术形式的积极征用与有机整合。这里面既有黄秋雨遗留下的手稿、信件，也有相关当事人写给黄秋雨的信件；既有谭渔的深情回忆文章，也有黄秋雨留存下来的汇款单据；既有黄秋雨与相关当事人的诗歌，也有别人对于这些诗歌的评论文章；既有新闻报道，也有新闻报道的相关资料。面对如此一种具有后现代拼贴艺术效果的艺术审美景观，墨白说，自己已经“迷失在了具体的文本语境之中”。实际上，文本语境的迷失者又何止墨白自己呢？从某种意义上说，我们这些所有试图进入墨白小说世界的人们，也都可以被看作是墨白自己所建构的小说艺术迷宫中的自觉迷失者。

（原载 2012 年 6 月 27 日《中华读书报》）

从“气韵神境”论墨白与卡夫卡

孙青瑜[①]

中国古典文艺理论总是将“天地有大美无法言说”的东西，归于“气韵神境”的范围。东方文论和鉴赏心理不同于西方，东方人倡“虚”，西方人讲“实”。“实”好讲，“虚”难论，宋代的郭若虚在论气韵时曾说过：“默契神会，不知然而然也。”就是在说“气韵”不好论，因为它属于鉴赏心理学，只能意会，难以言传。这也是我研究墨白小说多年，一直无法落笔成文的一个重要原因和障碍。

“气韵神境”是中国古典文艺理论的精髓，却一直在绘画的地界里转悠，或者说，只有绘画艺术才能将古老的“气韵神境说”发展到最高境界。尤其是到了王维、梁楷之后，“气韵神境”更成了国画之根本，画不在“命根子”的“线”上，而是求神境于“线”外。

中国文学的“神”和“境”多是以“实”求“虚”的，而非以“虚”求“实”的。以小说为例，一般小说引发的文外妙思，多是利用故事的力量，而不是语言的力量。当然我并不是在否定故事的价值，而是在说除去故事之外，语言同样有能力达到这种文外妙思。

在我们的阅读视野里，能布控这种高层气韵的作家少之又少，最具代表性的作家就是卡夫卡和墨白。

卡夫卡对世界的文学贡献就是他的叙事，他不是在讲故事，而是在梦语，他在展示人类生存状态的时候，依赖的不全是故事，还有他梦幻般的叙事构置出来的那个虚境。他的《城堡》，每每读来，总是让人跟着 K 陷入他梦幻般的生存

---

① 孙青瑜(1979 ~)，女，河南淮阳人，主要从事文学理论研究以及小说创作。小说与评论作品散见于《钟山》《作品》《南方文坛》《文艺评论》等刊，著有评论集《小说叙事的差异性》。

境域。

可是从现实主义小说的审美标准来说，卡夫卡完全可以说是一个还不成熟的小说家。从他的整体小说创作来看，靠故事力量说话的小说很少（最成功的大概就是《变形记》，而且《变形记》还被很多人贬为他最次的一篇），他小说里的故事要么是走到最后无法再走下去，给世界文坛留下一个又一个“半截头”，要么就是编得不甚好，故事一直处在力不从心的状态。作为一个写作者，迷失了故事走向，小说自然无法再写完，也很难再靠故事的选材和走向来完成形而上的思考。或者说，作为一个作家，连最起码的故事关都没过，那卡夫卡是靠什么风靡世界文坛的？又是靠什么力量将一个又一个写不动的“半截头”变成了世界经典？答案就是他依靠的是“气韵”。卡夫卡靠引发读者对生存状态思考的气韵，完成了他一个又一个“半截头”小说的精神建构。

小说中的故事犹如以线为命的国画一样，属于小说艺术的命根子。缺失了虚构故事能力，写作者就缺失了“技”。我个人觉得卡夫卡是幸运的，在众人没有能力窥出他小说中真正艺术价值的时候，恰逢了一股弥漫世界文坛的“现代派”，解构或抛弃故事的呼声让很多被“故事关”卡得半死不活的写作者奉为神旨，卡夫卡的小说便在这种风潮下风靡全球，被奉为经典。尤其是《城堡》，单从卡夫卡的细节选择来看，如果还用现实主义小说的审美眼光来看，他还有一关没过，那就是将生活变成艺术的关卡。通篇读来，《城堡》大有“流水账”的嫌疑。但是从现代派小说的审美视野来说，从他的那篇让人拍案叫绝的《变形记》一文的构思来看，他绝对不是没过“从生活到艺术”的关卡，而是思维的大反叛。他选择的细节不是生活的，而是梦境的；他不是戴着放大镜在看生活，而是戴着放大镜在看“梦”遇，这就与现实主义小说精编故事、深挖细节的老传统彻底决裂了，形成了故事的陌生化。

除了《城堡》，卡夫卡的其他小说里的思维、眼界和笔触仍然属于生活的，他在那些小说里一直着力想把他心中变异的世界和噩梦般的生活表达得淋漓尽致，一直想穷极这一主题思考，可他却一直力不从心。因为那时候，他依然没有突破靠生活和故事说话的现实主义的窠臼。再加上卡夫卡的确不是一个故事天才，除去《变形记》之外，在其他小说中编出的故事和细节总是无法和他眼中那个变异的世界、那个“噩梦”的主题思考“浑然天成”。因为那时候，他受现实主义小说的影响依然很大，除去《城堡》之外，卡夫卡的小说，包括《变形记》，描写的仍属于生活的细节,而不是梦幻的细节。从这个意义上来说,同样写这一噩梦主题的《审判》,就是失败的,或者说是他实验过程中的习作。

世界上,一生都在写同一主题的作家不少,卡夫卡就是一个例子。他们之所以揪着一个母体思考不丢,着实是因为他们觉得写出来的小说还没有达到他们心中所想的高度,还无法穷极或“绝笔”(陈师曾语《中国绘画史》)他们心中的母体思考。直到卡夫卡去世,他可能还在这种自我怀疑和苦闷中徘徊。可能连他自己都没有意识到,他的《城堡》已经把他思考了一辈子的文学母体推到了极致,或者说用故事之外的东西冠绝并闭合了他思考了一辈子的文学母体和中国那句“人生如梦”的谛悟。

“K到村子的时候,已经是后半夜了。村子深深地陷在雪地里。城堡所在的那个山冈笼罩在雾霭和夜色里看不见了……K站在一座从大路通向村子的木桥上,对着他头上那一片空洞虚无的幻境,凝视了好一会儿。”《城堡》的开篇,用中国传统的比兴手法来看,其实已经在告诉读者他在“虚”取梦境,而不是现实生活,或者说不是艺术化后的生活。整个《城堡》的描述从始至终都飘散着一种梦域感,随着目光的游动,读到的不是引人入胜的故事,而是卡夫卡制造的梦境。比如“他走呀走的……皑皑的白雪,没有一个人影儿——可是最后他到底挣脱了这条迷宫似的大街,逃进了一条巷……”以及后面,他误入一户人家,又被人家赶出来。这些细节,若是现实主义小说家肯定会弃之不要的,滞缓故事行进的一切可有可无的内容都会被现实主义小说家视为累赘。但是对于《城堡》,对于卡夫卡,对于“人生如梦”的古老格言,这些细节却具有血液意义!又比如“在大路转弯的地方,K认出来他们已经离客栈很近了,看到暮色已经降临,他感到非常惊奇。难道他跑了一整天了吗?照他的估计,那至多不过一两个钟头……”再比如“他们往前走着,可是K不知道是往哪儿去,他什么都辨认不出来,甚至连他们已经走过了那所教堂都不知道……他们不是在朝着目的地走,而是漫无目的地跑……他们到了什么地方了?这儿就是路的尽头了吗”,这些在现实主义小说中看似多余的累赘和朦胧的细节,直应开篇“他头上那一片空洞虚无的幻境”,是属于梦幻的,是非生活的。这些朦胧的细节带着梦的特征被卡夫卡直接搬入小说。这对于卡夫卡头脑里涌动的世界观太重要了,在一切形而下的生活细节描述和故事选材都无力穷极、冠绝他所想的时候,在写《城堡》时,他于极度苦闷中辟出的一条故事之外的道路:用“梦”表达“梦”,来直抵那个悠远的、噩梦般的深境。很多人读《城堡》都会有一种深陷梦幻的感觉，原因就是卡夫卡不只是在用文字单纯地描述梦境，他还在着力引领读者的身心进入一场由他构置的梦境，这就是他“统文”“统道”的大气韵。这股子引发形而上学思考的大气韵从头弥漫到尾，和他笔下散漫的梦境融为一体，达到了让读者陷入一场“生存梦域”的旅行和反思的效果，盖为神品！

可是，卡夫卡小说里那团能引发形而上学思考（生存梦境）的气韵，并不能排除翻译所致。当然，我并不是在否定卡夫卡小说里的“以梦穷梦”的小说新技法和他噩梦般的母体思考的浑然天成，着实是因为中国流行着“美文不可译”一说。译者的语言功力千差万别，千本译文中，让人拍案叫好的译本也难见一二。也就是说，如果译者的文字功力不深厚，反而能造成一种生涩、拙笨和梦境般的现象，这也是很有可能的。

如果卡夫卡小说语言上飘漫的上层气韵真因翻译所致，或者说纯属无心插柳所为，在他选择梦幻细节的时候，于无意识间造成了阅读重构的梦幻感，那么从艺术系毕业的墨白作为老子的乡党，便成了当今文坛气韵派的开山作家，他将中国古老的“诗画一律”引进了小说创作。

墨白曾说过：“真正的小说是语言的艺术，比如我们能称为作家的人很多，能称为语言大师的作家就很少。”（墨白访谈《小说是语言的艺术》）这话说得不假。因为除去故事，文字本身也有一个很大的“投机”空间，这就是阅读重构。在理性无力穿透的部分，作家应该和画家一样学会利用空白的力量，学会留白，用空白给读者构建出一片“此地无声胜有声”的妙境。说白了，就是要有老子的那股子“玄”劲儿！说一半，留一半，说出来的一半好达到，留下的这一半就见功夫了。再说，艺术留白处就是要学会跟着老子一块儿卖“玄”，将无法穷尽之处，散布出一团子“只能意会不可言传”的“玄气”，让读者不由自主地跟着一块品味“文外之妙”和“线外之妙”。

说到这里，就不得不牵引“境”的问题了。

古典文学理论中的“神、气、韵、境”是相互联系、相互滋生的，形成一个空间，形成一个象外，形成一个只可意会不可言传的虚境，展示着对宇宙、对人生的某种形而上学的生命体悟，从而达到悟“道”的妙境，说白了就是以虚求实、以空求实，这才是“气、韵、神、境”的最高境界。它们看似在象中、意中、言中，实则又在象外、意外、言外，属于感性的东西，属于阅读重构和鉴赏心理学的范畴，同时也是文字给作家们留下的延伸空间。

清代诗人冯舒说过："大抵诗言志，志者，心所之也，未可直陈，则托为虚无惝恍之词，以寄幽忧骚之意。"可以说每一个小说家和诗人想达到他心中涌动的思想，都需采用九曲十八弯的迂回之策，这在文学创作中属于最根本的"技"法问题。心中有"道"不一定和得了"技"，有了"技"也不一定能和得了"道"。艺术难就难在这里，因为它后面有一个"大美不能言"的审美高标，不能直接概念化地推理导论，也不能直接"写生"，这就要求艺术家必须得想法生点把"妙"寄于文外，将"技"浑然天成地进乎于"道"，才能直抵"巧夺天工"的高境。

墨白曾经说过："能不能用文字之外的空间与读者说话，是衡量一个作家是否优秀的基本标准。"在我看来，墨白所说的这个"文字之外的空间"与"道"一样是没有外延的，它能形成一股子不可抵制的力量把读者拉向一个看不见的高度，用"虚"和"空"构建出一片形而上学的天地。卡夫卡之所以能为世界文学开辟一片文学天地，就在于他反叛了故事的力量，反叛了以实求实的叙事传统，用"虚""空"搭建了一片体悟生存现状的场域。他不是在用文字说话，而是在用文字之外的"空白"说话。他的小说看似写得很"满"、很梦幻，将许多现实主义小说根本无法入眼的琐碎细节统统搬了进去，其实他是留了白的，他的留白处不是在文字内部，而是在文字的外部，形成一个象外之象，牵引着读者进入一场又一场生存状态的大反思。当然，这是不是因为他在构置梦幻细节时于无意间打造出了这一上层气韵，也有待进一步研究。

墨白自觉的语言实验，也和卡夫卡噩梦的主题实验一样，并不是一蹴而就的。从他的《讨债者》《风车》《光荣院》等一系列佳作来看，那时候的墨白与卡夫卡一样，仍然没有完全摆脱现实主义小说的大网，仍然是在用故事的力量直抵着"虚境"，而不是文字本身。像《讨债者》，作者在时代大背景下对讨债者悲惨命运的沉痛揭示，靠的依然是故事的走向。那时候，他的文字气韵仍然还是"小气"。虽然那时候，墨白就有意识地追寻语言的陌生化，却还没有"陌生化"成功，小说里的叙事语言依然带着音乐般的节奏起伏，润化着读者的心胸和眼目，在顺滑行进。就连那个一度让我拍案叫绝的《风车》，也和《讨债者》一样，依然没有摆脱这种尴尬，依然和现实主义的铁网处在似分未分状，依然运用着很多现实主义小说的传统价值因子。在面对民族的痛苦和荒谬，面对我们曾经的疯狂和残酷时，《风车》却运用诙谐幽默的语言带着音乐般的节奏起伏的语流，让我们看得心胸激荡，一气读完。也就是说，那时候的墨白在向我们再现戏剧性和荒谬存在，靠的依然是艺术化了的生活细节和人物塑造等诸多传统手法。比如，在强大的“集体合作化”面前，老穆以死来捍卫自己的私有财产；理论家这个疯狂年代普遍存在的滑稽小丑所做出的唐吉诃德式的行为，他伟大的“共产主义”理论和丧失的人性所构成的矛盾对立，在对畜牲和人的情感处理上出现的偏差，再现了那个时代的本质，成为那个到处充斥着悖谬社会的象征，当那场大火把一切都烧毁之后，理论家“看到那霞光把眼前的一切都弄得迷迷茫茫”……小说中这个“迷迷茫茫”的虚境，其实是非常明晰的，因为现实主义的故事力量、人性深层的真实以及细节的设置在这部小说里依然还起着决定性作用。正是因为现实主义的力量还在，小说并没有在更高的意义上完成理论家“迷迷茫茫”的生存反思，也没有从更高的意义上穷极“痛苦”“疯狂”“残酷”的人性反思。但是，从现实主义小说的角度来看，我们又不能否定《风车》是一部携有很多经典因子的小说。但是，对行走在语言自觉实验大道上的墨白却是很不满意的，因为他还没有找到他自己，所以他的语言实验行进的步伐一刻也不敢放慢。

墨白在小说集《事实真相》的自序中说过：“我们使用语言和文字是为了让记忆和幻想变成某种画面或情绪直接呈现在读者面前……我们需要独立的人格和诗性的叙事。在技术上，现在我们所面临的重要问题就是叙事。我所说的叙事当然不是单单去讲述一个故事，绝对不是。故事只是使读者进入回忆内部的一种手段，叙事的灵魂应该是一座巨大的宫殿，一座迷失在时间和历史之中的宫殿……”后来他又在《墨白作品精选》一书的后序中说：“语言来自思想，来自灵魂深处，那是生命里所经历的东西，是一种真诚。”

从墨白一次又一次有关语言的自白中，我们可以清晰地看到他要捕捉的是什么，那就是他绘画老本行上的“墨外之境”！这么多年，曾经的美术老师墨白先生，一直在他的小说里彰显着种种“画境”，一直在用他小说的语言努力捕捉着“墨”外之妙的效果。他一直在着力而自觉地将绘画艺术的精华理念移入小说创作中，用单纯的“墨”或者说文字建构着有别于任何人的“巨大宫殿”，一座让读者随同“迷失在时间和历史之中的宫殿……”从而来穷极他心中所思，以此来冠绝和闭合种种文学母体。

墨白的不少小说都是在写“在路上”的主题，这个主题里包括“寻找”与“逃离”，像《重访锦城》《寻找旧书的主人》《雨中的墓园》《错误之境》《月光的墓园》……寻找的过程是痛苦而迷茫的，正如墨白曾在他的长篇小说《映在镜子里的时光》的开场白中所说：“我们世间的每一个活着的人，都是受了死神的旨意，踏行在时间的迷途之上。”也许我们每一个活着的人都像墨白一样，在有意或无意地追寻着自己的生命价值。人的生命到底有没有意义？存在有没有价值？这是我们人类一再探寻的哲学命题。从个人的寻找和逃离，到对普遍生存状态的关怀，让墨白在《重访锦城》的自序中染上了“甘洒热血写春秋”的牺牲精神：“我用我的亲历和感受来剖析我所看到的一切，这种剖析是真诚的，我把刀子首先对准自己的胸膛。”其实，这种直接性的哲学追思并不是墨白小说的最大价值所在，或者说，墨白笔下一个又一个迷茫寻找的故事，只是他借用气韵说话的载体。大有醉翁之意不在酒，而在于意取“文外之妙”，来完成他的哲学追问。

也正是这些“寻找”主题的小说，迎来了墨白文字建构史上的一次大换血。这时候他的小说虽然还没有完全脱离故事和细节的传统技法，但作者已经有意识开始加大文字的阅读阻力。比如有头无尾或有尾无头的片段性细节、大量自言自语的内心独白，以及闪跳的意识流的运用……出现在他小说里的这些叙事手段，造成了一种叙事和阅读的混沌、生涩，混沌的叙事继而又造成了焦躁、烦闷、兜火、隔膜以及茫然的阅读情绪。这种阅读重组的情绪，就是墨白故意在文字中设置的阅读障碍，或者说他故意在文字之外散布的“迷魂药”，让你不得不在兜火、烦躁甚至痛苦的阅读中一次又一次停顿下来，来一次生存状态的反思。

墨白21世纪前后的作品像《街道》《欲望与恐惧》《映在镜子里的时光》《光荣院》《尖叫的碎片》《隔壁的声音》等更是明显。在这些小说里，他一反《讨债者》和《风车》用故事说话的传统写作手法，几乎已经完全颠覆了让故事和细节说话的传统，有意用放大镜将“寻找路上”的茫然、无聊、焦躁、无病呻吟、痛苦的细节放大扩展，语言上更是背离了润滑的因子，在看似很“满”的文字之外，留下一个“象外之象”，引领读者一次又一次进入寻找的征途，刺激着读者对当下生存状态进行反思和追问。

如果说在“实”文化浸淫下的卡夫卡，他作品中的象外之象属于无心插柳（当然也不排除翻译所致）之作的话，那么被中国传统文化“熏”出来的墨白则是从一开始便是有意而为之的。

深谙绘画艺术理论的墨白像简笔画大师梁楷戏墨一般，一直在建筑着他的语言大厦,一直在用文字之外的“空白”来表现“在路上”的茫然、烦躁、孤独、隔膜、痛苦等生存思考。用西方的理论来说,就是“文学不仅仅是由语言构成;它还是进行比喻的意志,是对尼采曾经定义‘渴望与众不同’的隐喻追求”(哈罗德·布鲁姆语)。从墨白中后期的大量作品里,我们随处可见那些意象丛生的“自由意识”,随处可见那些象征着人类为了生存所产生的疯狂与病态行为的隐喻,不可遏制的动物的本能和原始性的人性残酷像潮水一样汹涌而出……“我们要对这种困境有所认识,我们首先应该理解和认识我们的生活,然后才是文学。”(墨白谈话录《对文本的探索》)正是持以对苦难的深刻体验,使墨白认识到现实主义小说中无论多么绝妙的故事和细节,都无法淋漓尽致地展示人的生存状态与精神世界。当现实主义小说的一切技法都无法穷尽他这一社会学思考时,墨白开始逃离翻译语言——就是那种在中国文坛曾一度风行起的所谓的“陌生化”文字。

在《寻找旧书的主人》里,寻找昔日情人的过程和墨白的其他小说里的寻找一样,充满了焦虑、痛苦,烦闷、兜火、迷茫等因素。从某种意义上来说,它们不是人的生存实在,而是一种生存情绪。这种生存情绪很难用传统技法的故事和细节淋漓尽致地表达,因为它本身就是一种难以捕捉的心绪,是虚的,属于心理学的,却又是社会学的。换句话说,这就像卡夫卡的《城堡》一样,当很难再用传统的生活细节闭合那个“噩梦”母体时,必须反其道而行之,来个以毒攻毒,以梦解梦。同理,墨白在一切形而下的手段无法冠绝、穷极他众多生存情绪的思考时,也来了个以毒攻毒,在具有阅读重构功能的文字上展开实验,开始在他许多小说中大量涉及“自由联想”这一主题,当然,这只是他阻碍阅读顺畅的其中一招。除此之外,墨白还运用极度理念化的语言与口语化的小说叙事决裂,用一个个有头无尾或者有尾无头的片段化细节与线性前进的传统小说决裂,用闪跳的意识流或者说“混乱”的“自由联想”与明晰的现实主义小说决裂,用不再押韵的句子与讲究韵律美的中国小说拜拜……从而给顺滑的阅读铺设成堆的障碍物,无形中让阅读陷入一种烦躁、兜火、茫然不知所云的状态或情绪里,从而达到引发读者进入焦躁、烦闷、兜火、隔膜乃至痛苦的生存反思。尤其到了后期的作品,比如《街道》《欲望与恐惧》《映在镜子里的时光》,这种能引发哲思的上层气韵,已被墨白运用得十分娴熟,可以说随意点染即成。以短篇小说《街道》为例,这篇小说完全是主人公在重会昔日情人路上的所看所思,细节琐碎,“自由联想"随处都是,几乎没有故事。也就是说,作者意不在故事载道,也不在刻画人物,而在极力用文字之外的空白载道,用无法捕捉的气韵搭建一片体悟同样难以捕捉的生存情绪的大场域。因为这篇小说里几乎没有故事(如果说有故事,也都被作者推到了结尾处,大概只占整篇小说的五分之一),只是在文字之上建构了一个象外之象。用"文字之外的空间"形成一种不可抵制的力量。

这种用"大气韵"说话的成功的例子,在墨白后期的小说里比比皆是,可以说篇篇都穷尽了他小说中的母体思考,冠绝了有关"生存情绪"的这一大文学母体,它比故事的力量更大,比细节引发的妙思更无穷。让我们不由得反思:原来在故事和细节之外,还存在另一片广阔的文学天地。

(原载《中州大学学报》2013 年第 3 期)

第三辑

墨白印象记

十字架下的墨白

古　箫①

墨白在《小小说选刊》主办的全国小小说评奖中连续三度(1989~1990《秋夜》、1991~1992《洗产包的老人》、《1993~1994《风景》)金榜有名,这不能不使我们对这位注重文体实验的先锋小说家在小小说创作上刮目相看了。

墨白的小小说写得并不多,大概有三十几篇,全都收在他最近结集出版的《孤独者》里,这跟他发表的中篇小说的数量很相近。有关这位时常处于沉默状态的小说家我觉得有很多的话题要说,比如他的创作(我认为这应该留给评论家们),比如他艰难的人生道路和创作道路(我认为这应该留给熟悉他的人或者他自己),比如他生活中的种种轶事(我认为这应该留给众多的晚报或者小报的记者们),我在这里只想探视一下灵魂深处的墨白,那个站在地狱之门与天国之路的交界处的作家墨白。

墨白的人生道路十分艰辛,他当过装卸工人,拉过长途运输,采过石头,烧过石灰,当过漆匠,在学了两年的专业绘画之后又在一个偏僻的乡村小学当过十一年教师,现在是一名为人做嫁衣的编辑(这都不是一句话,这些词比如工人、漆匠之类都让他付出了巨大的生命热量)。墨白说,上帝让他来到这个世上就是要他来受尽磨难的。墨白在孤独与忧郁中写他自我心灵的创伤与慰藉,于是便有了《洗产包的老人》的《画像》,有了《孤独者》的《心声》,有了《面目全非》的《龙》和《鹅魂》,有了《鼠王》和《精神病患者》对《现实的颠覆》……十字架的阴影无处不在,墨白的忧郁也无处不在。进入墨白的小说世界最多的意象是死亡。你见到的墨白总是那副罗丹的“思想者”一般让人困惑、让人迷惘,也

① 笔名,作者本名李少咏。

让人于神秘的思悟中肃然起敬的形象。那时你别问他在想什么,只需读他的小说。读了你就会明白,是对于生存与死亡关系的无穷追思使他陷入了一种狂热的恍惚与痴迷状态之中,他以自己的灵魂与死亡约会,时常体验那种《飘失》的过程,最终则如堂吉诃德先生一样挥动起幻想的长矛要对现实实行最后的颠覆。死亡的阴影就像那无处不在的《神秘电话》一样始终萦绕在墨白的意识和潜意识中,构成了一幅幅独特的艺术景观。

即便如此,忧郁与孤独仍无法解脱,它们已渗入墨白的血液与灵魂,所以连人的生命的终极归宿死亡也无法隔断它们。唯一能做的,是通过不断与死亡约会来进行对受伤的灵魂的祭祀。

与对死亡的恐惧与悲怆的感慨相对应的,是对于爱的永恒渴望与献身的真诚。他见不得世间的柔弱,尤其见不得女人的眼泪。这时候,他的眼泪,真诚的眼泪会比女人的眼泪流淌得更快、更汹涌,某种献身的冲动会像野牛一般在他心灵中激烈冲撞起来,这时的墨白既是一个传统道德的叛徒,又是一个最高尚、最神圣的殉道者与拯救者。在这里我不知道哪一个墨白更真实,我却从中看到了另一个更有价值的墨白,一个真正具有超拔于世俗的天空之上的艺术家气质的灵魂。

记不清哪位大师或凡人说过(也许就是我说过吧),伟大的艺术家首先应该是至性至情的伟人,他们情感欲望的强烈与深广,他们责任感与同情心的专注与博大,都是一般俗众所无法比拟也难以理解的,而这也正是他们最强大、最神秘的创造力之所在。

我无意替墨白做广告。我想多情的墨白、背着沉重的灵魂十字架的墨白是不会让我失望的。

(原载《小小说选刊》1995 年第 10 期)

受雇于记忆的人

蓝　蓝[①]

老墨不老。

老墨这个昵称最早是李洱开始叫的。李洱比李耳多了些水,要是没有这三点水,他就是老子了,而老墨差不多也就成了墨子了。

这两个人很厉害。不是说老子或者墨子,而是说老墨和李洱。在河南文学院比较年轻一点儿的作家里,他们就是灿烂的双子座,光芒耀眼。跟善谈的李洱相反,老墨沉静寡言,大家在一起神采飞扬侃侃而谈的时候,他若有所思盯着不知什么地方出神,良久,突然有人醒悟过来,叫道:老墨,你也说说。众人刷地扭过头,眼睛里就有了一些歉意,似乎为忘了老墨的存在而不好意思。老墨憨憨一笑,并不在意,大家越发赧然。这点歉意和赧然常常在我等闲散、懒惰之人读到老墨的新作时更甚。

老墨,就是墨白。这名字真好,好在它的真实,从它这个矛盾的缺口上能看到事物深处的本质。墨白户口本上的名字是孙郁。他有个不用笔名的哥哥,是小小说界大名鼎鼎的孙方友。他太有名,这里就不用说了。十几年前,河南作家协会召开一次文学颁奖大会,听主席台上叫墨白的名字,会场里人们纷纷东张西望地找,都想看看这个只闻其名不见其人、不断有人赞佩议论的到底是谁,却见我前面坐着的人慢腾腾站起来,哎地应了一声又坐下来。

墨白,大家都不认识,因为他不是省城的作者。按照傲慢的巴黎人对除巴黎之外的地方统称“外省”的做法,墨白就是郑州的“外省人”了。那时的墨白

① 蓝蓝(1967～),女,山东烟台人,当代诗人,主要诗集有《内心生活》《睡梦,睡梦》《从这里,到这里》《蓝蓝诗选》等。

年轻英俊,但有着与他的年龄不符的稳重老成,坐在角落里一言不发,双眼却炯炯有神,就像暗夜中的一点星光。

那是第一次见到墨白。我们只是打了个招呼,知道他在河南一个叫周口的地区工作。看他作品前的简介,知道他当过农民、搬运工、漆匠、小学教师,后来上大学,再后来在大学当美术教师、刊物编辑;又过了几年,他调到了河南省文学院。

这仅仅是一些毫无感情的词汇的罗列,但凡有点想象力的人,都可以从这些词汇中猜测出少年和青年时期的墨白辛酸清贫的生活经历。当了专业作家的墨白依旧是纯朴的"外省人",牛仔裤,夏天就是圆领的T恤,冬天就是一件深色的棉衣。一个人走在路上,背着挎包,看上去就是年轻的学生。他是那种到了一定的年龄容貌就不再发生变化的人。如果说这世界上真有什么能够驻颜的神丹妙药,对于墨白,我想大概就是他内心的活力和对艺术的痴情吧。

跟他有限的接触,慢慢感觉出他的诗人气质。一次会议上,很多人说起农民的苦,我吃惊地发现坐在一旁的墨白眼圈红了。那么多人中,只有他流了眼泪。他给我打电话,无论什么事情,最后都要问一问我的孩子怎么样,使我这个做母亲的人感慨不已。他曾专门到我家,像民工一样扛着一箱水果吭哧吭哧爬到六楼,只是为一个常年病痛缠身的文学爱好者讨要一本诗集……偶尔,他也会跟人争论,脸红脖子粗的,率直、执拗,肯定是为了他不能放弃的某些原则,当然,这样的时候很少,而且基本上最后是以他的嘿嘿一笑结束。

要是不看他的作品,真的难以想象他内心极度的敏感和聪慧。我说聪慧,是觉得聪明这个词不属于墨白。他的作品并不精致玲珑,或者说结构上是有缺欠的,但我欣喜于这种缺欠,欣喜于它的跳荡和携带着生活本来面目的粗糙。在我本人看来,一篇好作品不需要完美无缺的平衡,或曰不需要过于圆熟的技术,一篇杰出的作品里如果解决了技巧所不能解决的问题,那就足够了。这并不等于说墨白不注意形式、技巧上的创新,早在几年前他就说过:"只有先注重形式和技巧,才能更好地表达你的思想。当然,一个作家在写作之初他可能很注重技巧,到了成熟的时候他可能不太注意这些了,但你不能说小说里形式和技巧就不重要了。我认为形式和技巧是一个作家认识世界的方法,形式的不同就是视角的不同,一种新的形式就是为人类提供一种新的认识世界的方式。"问题在于,墨白并不囿于技巧,他不是一个聪明的技术主义者,他是一个聪慧、悲惘的经验主义者。或者，种种的“主义”（包括我自己）都是言说者简单的“类”的划分，而墨白却是“个别”。

评论家张闳曾列出过关于墨白创作的几个关键词：游离性、颍河镇、民工和偶然性命运。从墨白游离于主流的“不合时宜”的创作，到他不断通过回忆和书写返回精神上的“颍河”故乡；从对具有意味深长的民工这个身份和处境的描述，到生存的痛苦和荒诞命运在具体文本中的重现，都印证了墨白对人类命运深切关注的一贯性。除了张闳先生列举的这些关键词外，我以为还有两点需要补充。

在墨白的小说中，欲望与恐惧也是他书写和思考的一个命题，他有部小说就叫《欲望与恐惧》。人的痛苦来源于欲望，没有欲望也无所谓痛苦，欲望越多痛苦越深。从某种程度上讲，欲望的实现即自我肯定的实现，当然，欲望的实现也意味着欲望的消失。我们知道，伴随着勇气的欲望是自我肯定的先决条件，而伴随着恐惧的欲望却是导致精神分裂的根源。这里，所谓勇气有着伦理学和本体论的两种含义。首先，勇气是人的行为或评价对象；其次，勇气是作为人存在的一种自我肯定。在哲学家阿奎那那里，勇气被定义为：“心灵所具有的力量，能够征服凡对我们获得至善有威胁的任何东西。”按照这种理解，勇气被纳入美德之中，与我们平常所说的勇气有了本质的差别。

在《欲望与恐惧》这部作品中，主人公吴西玉对人生、社会、女性的各种欲望得到了淋漓尽致的展现。譬如他对“杨贵妃”的欲望，因其对社会无形的“身份等级”造成的自卑，催化了他强烈的报复心，欲望虽然最后得以实现，但实现的同时也是欲望丧失的时刻。那一刻他对自己充满了厌恶。他对女性的欲望在童年时就伴随着暴力、无情、惨无人道的影响，以至于扭曲了他的天性。当他真正得到了尹琳的爱情时，却因这爱情得不到完全的实现而焦虑、恐惧。他的偷偷摸摸的“勇气”伴随着更多的恐惧，加剧了内心的分裂，最后导致精神崩溃。萨特说：绝望没有出口。但是，就吴西玉的恐惧来讲，并不是真的没有出口，而是因为他自身的懦弱、强大的社会压力，因为另一个比他更可悲、更可怜的女人牛文藻歇斯底里地对男人的报复，最终因为对厄运的无力感，对自我的怀疑直至否定，使得他最终走向了毁灭，也伤害了该书中一个形象健康的、令人喜爱的女性尹琳。

再一点就是“神秘”。“神秘”也是解读墨白小说的一个“暗道”。

许多评论都提到墨白的小说中有扑朔迷离的神秘色彩，而这些神秘的人物、事件往往具有让人不寒而栗的感觉。“神秘”是通往作者内心的一条隐秘的小径。互不相识的两个人会在一夜晚变成恍若隔世的情人，而平日的亲人也会在一个瞬间成为真正的陌生人。一个事件似乎永无结局地处在不断出人意料的变化之中，仿佛让读者进入了一个没有出口的迷宫。我愿意这样理解他的作品，那就是人与人之间存在愈来愈多的隔离、陌生，就像一道玻璃墙一样，虽然彼此都能看到，但却永远无法交流和沟通，人的孤独、无助和绝望触目皆是。诸多不可知的因素构成了人物的命运，看似毫不相干的事件却导致另一个事件必然的结局。这一切貌似荒诞不经，但往往揭示了人与世界、命运复杂的本来面目。

墨白的作品行文是较传统的，但他是以自己独特的方式加入这个传统并留下影响的。“传统”一词虽然被强加上了许多意识形态的重负，但一个没有传统的人就像一个没有来历的人一样是可疑的。在他的作品中，往往看不到令人眼花缭乱的“炫技”，直接进入读者视野的都是他还带着体温、带着想象力露珠的经验和挂着霜雪的记忆的文本。墨白的“传统”就像一条河流，我信任他是因为他有源头。

多年以来，我经常会半开玩笑地向他讨要他的画作。听人讲，他的油画情感浓烈，但笔法恬淡克制，可惜至今难偿夙愿。但作为诗友，我倒是拜读过他的一些漂亮的诗歌。如果说墨白的小说是一条溪水，那么他的诗歌就像是一颗颗透明的泪珠，折射着他心灵的闪光。

墨白低调，但应了古人的那句“大音希声”。你想啊，墨之白，是多么耀眼！

我愿以特朗斯特罗姆这位墨白也喜欢的诗人的诗句来结束这篇小文：

我来了，那隐形人。也许受雇于一个
伟大的记忆。为生活在现在……

（原载《山花》2004 年第 4 期）

为墨白描白

田中禾

那年冬天,我们在周口开了一个河南青年作家研讨会,墨白是研讨的主要对象。到周口的第二天下了雪,大家冒雪到乡下去参观一个村办小厂。中巴在豫东的乡野间奔驰,农舍零落,树影萧索,雪落在村路上,变成泥泞浊水。踏过村庄里的烂泥,走进几间大房子,看到一些女孩坐在缝纫机旁为剪裁好的白棉布镶边、绣花。这些床单、枕套都是出口产品,当老外们享用的时候,可知道它们是这些乡村女孩在没有暖气、没有煤火甚至没有门窗的寒气逼人的大房子里缝制出来的?不知是因为一天能挣几元钱,还是因为能在寒冬里聚在一起开心,她们一边干活,一边说笑,屋子里充满淳厚、乐观的气氛。那次冒雪到乡下去的印象能够长久地留在我的记忆里,不只因为豫东平原的质朴,更因为墨白作品里的氛围使我真切地感受到了乡土那令人感动、令人牵挂的情怀。墨白在这儿出生,在这儿长大,在这儿经历了人生最宝贵的少年时光,他是豫东平原乡野的儿子,血液里流动着与生俱来的执着、坚韧和自尊。在周口的两天,我更加理解墨白的作品和他的忧患感,也算真正和他相识。在此之前,我对他的了解只限于作品和会议上的发言。近距离的私下交谈,使我洞察到这个豫东小伙子内心世界异常丰富,对文学充满了激情。听他操着一口地道的豫东乡音,讲起文学慷慨激昂,充满理想主义和远大志向,评价作品使用着世界经典的标尺。那时候,他那淳朴的外表与他作品中表现出的强烈的探索精神和谈吐不凡的文学观形成一种反差,让我内心涌出无法压抑的惊喜。我经常不遗余力地抨击河南文学观念的保守、俚俗,曾经不无偏激地提出:“只有农民军退出舞台,文学才有希望。”说真的,我对农民意识对中国文化的破坏深恶痛绝,多年来,我们崇尚的所谓农民作家、乡土文学,其实是在不断地对文学进行庸俗化、实用化的改造,使它背离文学的基本精神,扼杀作家以独立人格去发现和思考,从而扼杀艺术个性。现在,这片农民意识深厚、农民军依然占据文学的主流平台的可爱而又可怕的乡土上,居然生长出一个有追求、有底蕴、有个性的作者,他的思想和创作已经从乡土走向人性,我有理由对他寄托更多的期待。

此后我一直关注他的创作,几乎他发表的每篇作品我都读了。在家乡的背景中,他更像一个地道的、淳朴的豫东人,而在他的作品里,我看到的是一个知识者、思想者面对生活的严肃思考,语言的文化气息和形式的现代追求使他的作品展示出一种广博的胸怀和开放的视野,墨白在自觉地进行着知识分子的写作,有着自己的哲学和文学观。最可贵的是,他执着于自己的内心,不去投合潮流。对于一个初露头角的作者,能不赶热闹,坚守自己,在这个时代,除非对文学抱着赤诚的信仰,对自己的追求充满信心,否则是难以做到的。

他从家乡调入省城已经将近十年,如果说从前我和他相距几百里路,现在我与他只隔着几个社区,步行十几分钟就能到。虽然平时依然相聚不多,但心灵上沆瀣一气。文学也罢,处世也罢,性格也罢,多有相像。而今的墨白,已经卓有成就,从被指导的角色转换成指导别人的角色。偶尔参加作品讨论会,起初好像还如当初一样内向、低调、谦虚,不肯抢先发言,等到会议接近尾声,美丽的语言编织出的美丽喜剧即将达到高潮的时候,他腼腆地笑一下开始说话。几句之后,露出峥嵘本色,把持不住说真话的冲动,慷慨激切,犀利雄辩,不遮不盖,往往语惊四座,使场面上庸俗的东西一下子显露出尴尬。说真的,墨白有点迂,他与吹吹拍拍、拉拉拢拢的世风格格不入。不知道有没有人在私下里劝告他,我可是常被人劝告,被人诟笑,不是想让大家来捧捧场嘛,那么认真干吗呀?好像人一认真就显得幼稚可笑。墨白在这方面表现出的单纯绝不意味着他的智慧和他对处世哲学的领悟比别人差,只是他对文学的虔诚和骨子里的清高使他不愿做随波逐流的庸常之辈。即使大煞别人风景,他也不屑于说违心的鬼话。其实说鬼话比说真话容易多了,甚至连书都不必读,信口开河,信手掏一叠高帽出来,瞎说一气,皆大欢喜,何乐而不为?既讨好了别人,也省去了自己智慧的浪费。然而我相信墨白的哲学,既然荒废了半天时间不在屋里写作,就必须说点真东西,以免浪费自己和别人的生命,玷污文学的圣洁。帮助传播虚伪,是一种罪恶。

从与墨白相识,到相互成为朋友,他的沉稳、不事声张、坐得住、守得住真让我羡慕，无论什么时间打电话，总能听见他那舒缓、柔和的回应，证明着他一直坐在桌边，过着平静的日子。他的声音给人以安详、自适的感觉，反映出怡然自得的心态。交往这么多年，从没见他流露过烦恼，总是一副乐乐呵呵的样子，好像只要有文学，生活就很称心。时下文人不仅难以安于寂寞，更不肯安于不做官。我不幸做了几天官，尽管并不自愿，说到文人的官瘾还是有点碍口。我很遗憾，在任时没为墨白谋得一官半职，还常劝他，啥也别管，只管写你的东西。然而墨白好像并不介意，看着别人很在意官呀，位呀，话语权呀，座次、名次呀，他不但一点不动心，反而好像更笃定。我发现，这个文学上很现代的人，心灵上守持的却是中国传统文人的傲骨。正直、正派，有气节，有抱负，这是中国传统文人的品格。说他是性情中人也好，耿介也好，他自己都不在意。我行我素，自得其乐。他比我强，我做了几天官，出污泥而有染，有时候还很入世，墨白却是对文学之外的事情没一点儿兴趣，因而他的心灵更纯净，处世也更宁静、淡泊。反映在他近几年的创作上，作品里固有的筋骨感更强，多了些练达、超脱，形式和语言也都更见境界了。

（原载2005年9月8日《文学报》）

优雅，色彩及比喻丛丛

——墨白印象

刘　恪①

一

又是一个黄叶飘落的日子，一阵风卷着昏黄的尘土，雾一般地从马路牙子上掀起，掠过正在修建的高楼，一段马路刚刚填平，又一段马路被挖断了。我行走在这个永不停歇而被挖掘的城市中，时常被那些漆得或蓝或黄的栅栏阻断。“哟，刘恪。”我被一个声音当面喝住，几乎和墨白撞个满怀，他去三联书店，去我刚离开的地方。我知道他去淘书。在我的印象中墨白总是骑一个山地车跑，从这个城市的彼端到此端，有一件惹眼的红衣服，他的“宝马”不是停在这个书店，便是停在那个做文学的朋友的公寓，当然也可能停在某个女士的香宅，小小的聚会，或激愤，或高谈阔论，或交流一些阅读的看法。墨白的人缘好，在这个城市有一个圈层结构，老者有田中禾，年轻的有八月天，相近者有汪淏，似乎还有慵懒与浪漫的不同层次的女性，她们热爱文学，企望有些声气相投的朋友，构成一种准沙龙状态。我一到河南也被融入了这个体系，经常坐在一块儿清谈的是墨白和海燕。

关于书籍是我们一个长盛不衰的主题。某年春节我去他家看到他的书房和客厅，惊奇于他的图书整洁而高雅，他几乎搜括了国内全部的外国文学的个

① 刘恪（1953～），湖南岳阳人，当代小说家、文艺理论家，河南大学文学院教授。主要著作有长篇小说《城与市》《蓝色雨季》，理论著作有《词语诗学·空声》《词语诗学·复眼》等。

人文集和全集，他说，仅差一个尤瑟纳尔。我用眼睛抚摸了一遍漂亮的书柜和精装本套书，很肯定地说，包在我身上。第二年我在北京的万圣书园、风入松、国林风给他凑齐了一套。他说有外国人日日夜夜地陪伴着并吸入他们的气息与味道，而将国内小说家和各类杂色书籍在客厅里待着，整整一面大墙，所有图书拔地而起最后封顶，同时我们的作家在这里客气而彼此有距离地交谈。墨白很宽厚，他能大部分地认同这些作家，并且很认真地阅读了他们。由于学科的研究我也有三年被他们折磨着，最后带给我的是绝望。在郑州农业路上的三联书店向东二百米有一个小书吧，小资情调，有很多品种是过去发生时，刚刚有一本新书：《小说的语言和叙事》，南非布林克写的，他得意洋洋地向我推荐："新书，我刚巧碰上，送给你吧。"我抓住时机，赶紧说："好啊。"在他来不及反悔时已落入了我的书包。时间是2010年12月2日，墨白的墨迹未干便已被劫。当然我也常带一些我认为的好书给他和海燕。

墨白的图书观：读书，快乐。我们的精神食粮，治疗我们的心灵，使我们免于更多的伤害。还有，阅读是我们认知世界的方式，我们是在阅读中获得世界的事物与人，而不是我们的行动拥有世界，因为行为是不可到达边际的。

墨白习惯于行走在这座城市如同他行走于颍河岸边。我常常把他想象为巴黎的戈蒂耶，为雨果的戏剧在巴黎大戏院上演，他充当了浪漫主义文学的拉拉队队长，踩着人头爬进剧场，那件耀眼的红马甲便成为巴黎的先锋事件，一个为文学献身了全部优雅的人。不同的是墨白缺少一点唯美主义的颓废，眼里也不显示那些孤独和忧郁，却将这些所有精美的元素深藏于他的文本的深处，荡溢着如星灿般蓝色的幽光。

二

墨白作为小说家是个好色之徒，色彩在他那儿毕尽光华。这倒是非常切近于这个视觉的读图时代，因而他是一个视觉中心主义者。《红房间》《幽玄之门》《白色病室》《黑房间》，在这一串色彩的书单中赫然写着一个个颜色的名字：墨白。如此强烈的对比构成个人称代的符号，这不仅是一个身份标示，如果是，他完全可用原名孙郁。它透露的是个人的文化意识与文本取向，从语义学上又有其深层的象征表述，暗示为个体行为的性格表现。我取样《白色病室》将其词汇依样排列……白色……空空……白灰……苍白……冬日……残雪……白麻……白房子……尸体……白血……梦境……白大褂……白单子……白布……寒日……白沙漠……白帷幔……这是从苏警已的视角去布置的一个环境。这个环境占有开头一章,差不多有两千字。难道这仅仅是医院环境布置？不！它还是一个梦境,一次死亡事件。是回忆也是现实。从墨白的书写目的看,他在这一片白色笼罩中用着重号标出了"蓝色",但蓝色之上依旧是白梅花。蓝,被这浩大的白侵略着,背景显示为一种坚定不移的白色。白色是一种悲怆与恐怖之色,是一种终极之色。它是一种环境细节的书写,但更重要的是一种世界本质的状态。严格来说世界只能分为白与黑,显示为世界最准确的本相,而其他七种颜色不过是光谱变化的结果。所以白色是存在的底座,因而马列维奇用《白色的白色》对传统做颠覆。如果按照巴迪欧对20世纪历史的分析,一切极端的恐怖事件均已在这个世纪展开了,恐怖是20世纪持久而不衰退的符号,我们便有理由称这是一个白色的世纪,不仅在它的象征语义上,还在其事件的性质上,更重要的是白色所表述的存在的共通性。苏警已从死亡事件开始实际上就已把存在置于白色之中了。白冰雪最后落下死亡的帷幕更呼应了这种存在的底气。《白色病室》是普通生活中的细节,或者是日常生活中发生的事件,但它组织的是生命形式里死亡的多重表演,不管责任归谁,谋杀是这个世纪一只看不见的手,包括自我异化的精神病,怎样一步步变成异已的因素与力量仍是一种个体的自杀表相。所以20世纪的罪恶是匿名的,它会产生最真实、最细微的效果,死亡是存在中的一次断裂。苏警已一开始目睹的便是不可挽回的生命,这表明他将这种多重死亡形式一次又一次地置于空的边缘,它必然在断裂中消散,存在的底色仍然是白色。白色暗含着否定与取消生命,这是20世纪发生最多的存在性事件,这真是一个生病的世纪。白色,是世界纯无的记录。白色在断裂中构成对传统的反抗。

墨白是一个爱写房间的作家:红房间、黑房间、白房间、蓝房间。因而门与窗便成了他的取景框。那个谭渔一双眼睛不停地滞留在门与窗之中,室内景一件一件如风云卷动,房间标明了写作空间,他在家永不停歇地寻找空间,空间是缤纷多彩的、奇异的,这些门、窗、洞、镜框都充满了隐喻意义:欲望。在空间里寻找欲望。欲望是发散性的、偶然的、随机的,他去信阳寻找小慧,却在反复的寻觅中获得小红的欲望。这时"面孔"也成了空间。空间则是欲望的隐喻。我不明白的是，他为什么把黑房间安排在他的故乡颍河镇？如果是一种写实，那是自然主义的；如果是文本尾部的几口棺材，那则是一种宿命，抑或写一种乡亲故里的沉重。《幽玄之门》仍布置在乡村叙事之中，臭不断地出入门洞，不断地观察门洞，人们生活在各种各样的门里门外，还有生命之门、生死之门、艰难之门、神秘之门，“门”的意象空间是幻化奇异的，现实与虚幻交融了这一门洞概念，使之提升到某种性质的意象。我们不得其门而又出入其门，这成了我们生活终极的一种悖论。

三

我们来看看墨白文本的句子。墨白不是一个写实的反映论者，而是一个描写的表现论者。生活在他的大多数文本里不是依照本来面目被模仿的，而是依照情感、情绪、感觉被描写的和被表现的。

《梦游症患者》是他的一部长篇力作。第一章写“梦中的乡村”，基本句型：白帆是什么？姥爷的陈述是描写性的，这构成了他修辞性文本的深层结构：白帆是什么？是一系列由比喻套生的宾语。白帆是白色。白帆是那种颜色，白帆是冬天的积雪，姥爷长衫……白绒绒……高高的桅杆……吃满了苍劲的秋风……还有河岸，还有丛林，水鸟……一切都是“我”沉溺的幻想。转接第二章时，还是用“文宝从梦中醒来”。连接着黄土墙已是一系列的套生比喻。第七章缺席者中的渔夫基本沉浸在他的想象中，句型的基本结构为：渔夫……想（干、做、走、说、看）等一系列状态中，渔夫状态均是描写性的，而且是用一个接一个的长句描写，想象作为一种内心独白的语言。凡以文宝、文玉为驱动的视角都会是一种想象性描写。第二十九章一、二节开头便是文玉的一系列想象性比喻：……明柱……霞光……纱布……一个人的脸……黑锅底……想……他睡了……还有那不断复现的唢呐。唢呐是一种声音，文本中始终飘荡在两岸，在水面，在船上，和一系列景物相关，是木排移动着唢呐，于是唢呐变成了非声音的象征性器具，那是一种苍老的色调，是一种悲怆的情绪，水意象和唢呐意象交融在一起，与人和环境相互构成套生性的比喻关系。那条河、那个木排以及雨水都构成了深度的象征隐喻关系，它如此渗透到人的身体与社会时代，渗透到整个人物的精神世界。我们可以说整个《梦游症患者》就是一个比喻丛生的文本。

墨白的长句已经成为他文本的惯例，这种长句的特点：一是连珠式的，一个从句接一个从句。二是分句之间互相缠绕着，纠结为撕缠不清的滚动。三是长句一定在一种底色中运动，或红或黑，或白或蓝，大抵显示为忧郁之色。四是用多种比喻重叠，浸染，刻意地展示为一种复合式意象。这种长句的优势，发挥着能指的符号特征，或并置，或交错，或变形，这样的系列性长句就造成了整个文本的某种巴洛克风格，具有繁复、错综、细密、浑厚的文体特征。

应该说墨白为文是从容的，犹如水袖长鞭地驱遣文字，他发誓也要给文本描绘出一种画面感，这与他作为一个美术工作者不无关系，但也不尽如此。绘画的人多如牛毛，但其文本并无画质，某种画质必须与意蕴相连，所谓诗意化的写作。墨白的诗意化很内在，这一点与他的心理特质和内在情韵是相连的，他为人有许多温文尔雅的东西，这与他内心强大的博爱有关。一个在细节上关照好女性的人，他的动作与言辞一定是优雅的。某次聚会他会带上葡萄，某次相约他会带上红酒。他的语言总是春风细雨，温情绵软，于是他的身上便散发出人性的诗意与画质。一如他照样骑着山地车从郑州的东边移到西边，这次也许不是谈文学了，而是去会他的几个麻友，有汪淏，有耿占春的弟弟，还有一个是谁呢？可以在桌上拼杀一天，放松放松，吃一大碗郑州烩面，放浪而归。不过，最近应该换上汽车了，他当了河南省文学院的副院长，终于有了一次仕途跨越，我当然不希望他因此而改变其文学的观念，先锋永远是一个孤独的坚守者。

我在祝贺他时正在帮他编辑一个作品小集，在另一个平台为他鼓吹呢。

（原载《时代文学》2012 年第 3 期）

小说家墨白

杨晓敏[①]

由于工作关系，每个男人总会有几个能称兄道弟的朋友，时常在一起聊聊天、喝喝酒什么的，我和墨白就有这种缘分。

二十多年前，我刚接手《小小说选刊》《百花园》的编务工作，一次去周口公干，顺便向孙方友约稿。那时孙方友的"陈州笔记"系列小小说崭露头角，其《捉鳖大王》《邮差》《女匪》等已广为流传。就这样，我见到了孙方友的胞弟墨白——文静若书生，他也写小说，当时还刚刚出道，只能算是"文学青年"。在墨白新居闲聊，随手翻到了他的几本"创作笔记"——像李贺诗囊那样的"素材大全"。里面密匝地记着他平时搜集、构思的诸多故事框架、人物言行，字迹工整，一目了然，题名为"自珍集"，并注明为××出版社出版发行。我暗自思忖，此子对文学如此虔诚，假以时日，其前途一定未可限量。

二十年过去了，数家出版社竞相为墨白出版了十多部长、中、短篇作品集，他在文学创作上所取得的艺术成就和产生的影响力，已经得到社会各界愈来愈多的专家、评论家和读者的认同。慨然回首，他早年的文学梦已变成了现实。

在墨白胞兄孙方友的笔下，颍河水流过的陈州府（当下的陈州已成了文化意义上的区域）弥漫着神秘氛围和传奇色彩。其三教九流、风物人情、历史掌故，纷至沓来，次第涌入笔端。他自觉不自觉地构建着一座地域性的文学艺术殿堂，以精短的篇章，编织出社会生活的浮世绘，把一个又一个活灵活现的艺术典型请进人物画廊。孙方友以洋洋洒洒数百篇笔记体小小说，串缀成了独树一

---

① 杨晓敏（1956～），河南获嘉县人，当代作家、评论家、《百花园》杂志社总编辑。主要著作有《清水塘祭》《我的喜玛拉雅》《小小说是平民艺术》《小小说阅读札记》等。

帜的“陈州系列”。

墨白早期也写小小说，对这个新兴文体亦曾投入过巨大热情，有着浓厚兴趣。《秋夜》《洗产包的老人》《怀念拥有阳光的日子》《风景》等，曾连续获得过全国性奖项，至今还一再被选入各种精华本。后来意犹未尽，还专门编选了一套“中国当代名家小小说自选集”，遴选了冯骥才、阿成、聂鑫森、野莽、许行、孙方友等人的单本集。即使放到当下专事小小说写作的同行里，墨白所能达到的艺术水准也堪称一流。只因他的胞兄孙方友在多年的小小说写作中独树一帜，名声大噪，其光芒多少遮盖了大家对墨白小小说的关注。

后来，墨白自觉选择以写中、长篇小说为主，经过数十年的努力，同样也营造出了属于自己的“颍河镇”，成为他魂牵梦萦的精神生活的栖息地。他在这方土地里悄然种植下某种图腾。他耕耘播种，灌溉施肥，剪枝修叶，洒下汗水并收获喜悦。如今的“颍河镇”早已人声鼎沸，车马喧哗，日渐丰饶。作为一个优秀的小说家，他对于这方生于斯长于斯的土地可谓用情甚深，有刻骨铭心之爱，在进行文学创作时态度严谨且倾注了巨大热情。

尽管当下的文学圈很庞杂、很纠结，各色人等带着多种动机，在诱惑重重的文学阵营里混营生。但是，墨白的读书与写作，尤其是在文本的坚守与探索上令人感动，一直坚持着一种类乎“卫道士”“守望者”似的精神。他在多年的笔耕中所付出的巨大努力以及取得的成功早已被人瞩目。可以这么说，墨白是当今文坛能把先锋实验与传统叙事融会贯通，并以熟稔的小说手段来演绎故事的少数作家之一。难能可贵的是，墨白还能在严肃的现实生活与虚拟的艺术空间里，打通一条坦途来，既能理性地表达对真实人生的诠释，又能无限地挑战文学写作的想象力。

正因为墨白多年坚守着特立独行的读书写作姿态，所以他发表的五百多万字的作品，才能够把精英写作、大众写作甚至通俗写作的不同质地进行兼容并蓄，把西方哲理思辨的、东方物化感性的不同特色巧妙合理地糅合在一起，并在思想内涵、故事结构、人物塑造、叙事视角、语言表达等方面每有新意。他尤其看重那种令人诧异的思维方式，顺向或逆向，立体或多维，讲究谋篇布局，体现语言张力，追逐精致，无论长短，几乎每一篇作品都自觉携带一些阅读诱因乃至宗教般的神秘色彩。墨白对小说结构迷恋且陶醉，能把一部作品设计得像迷宫或者魔方一样令人着迷，通过形式和内容的相映成趣，潜移默化地直抵阅读者心灵。因为只有那种在艺术创造上的“百变高手”，才能充满朝气、活力和勇气，令人不断产生意外惊喜。

墨白青少年时期是在乡下度过的，所以他的创作有着浓郁的乡土情结。其农村题材小说中的人物大多有着质朴的平凡人生，普通得在我们身边触目可见。但这些人物的内心世界却是丰富的、可感的。即使写城市生活，墨白也很少把关注点放在官场或上流社会的人群中。他一直保持着质疑的、充满期待的“具有良知的写作姿态”（胡平语）。对弱势群体生存状态的关注，对爱情的礼赞，对社会病态的诸种困惑，对人类精神生活的疑虑等，无不流露出写作者真诚的呐喊，使他的作品一如既往地洋溢着悲天悯人的情怀。哪怕写一篇小小说，也显得言近旨远，意味悠长。

生活中的墨白，虽已年过半百，两鬓渐白，但文学的涵养似乎早已让他脱胎换骨，愈发显得气质脱俗，举止儒雅，在纷扰的生活中张扬着成熟的魅力。作为朋友，近年来我也常为墨白“鸣不平”，觉得诸多国内大奖常与这位实力派作家擦肩而过似有不公。虽然当下的评奖活动愈来愈成为某种话语权内的一种怪圈，但起码还含有某种鼓励性质吧。后见墨白倒是不甚介怀，一点儿也不受其影响，不为所动，依然笔耕不止，我反倒说不出一句安慰话了。假若有一天小说家墨白突然大红大紫了，我一点儿也不会感到奇怪，天道酬勤，深山有宝藏，那本是应有之义。何况他正处在人生盛年、创作盛期，有什么阻力能扼制住他潜流涌动的上升势头呢。不过，我还是希望墨白一直这样潜心写作着，一点一滴地开掘着自己丰厚的创作资源，不任意挥霍素材，剥茧抽丝一般、极有节制地把它们一个个雕琢成玲珑剔透的工艺品，让颍河镇的故事水银泄地一样，流传到更远的地方。

在长期的创作中，孙氏兄弟形成了完全不一样的艺术追求和作品风格：方友在创作中以现实题材为主，其作品以塑造人物见长，以人物传精神；而墨白则是以现代题材为主，其作品以解构生活见长，以精神显人物。在同一地域，兄弟俩竟会用两种完全迥异的写作方式、两种不同的笔墨，分别构建出各具特色的地域文化示范田，可谓殊途同归。风格互补，相得益彰，孙氏兄弟的文学活动注定会成为文坛的一段佳话。

生活中朴实内敛、达观洒脱、沉稳寡言的墨白，与创作中厚积薄发、胸有成竹、才气纵横的墨白完全不同。他不是那种一边写着文字，一边又满脑子蓄满

"名利驱动"的人。在诸多热闹场合,他会很投入地唱一首抑扬顿挫的俄罗斯民歌,也会选择一种沉默寡言的方式来逃避。但时不时地在一些低俗或浅薄的言行面前,墨白的眼睛一亮,会不经意间投射出一些讥讽揶揄的味道来,算是一种颇具个性的反应态度吧。

黑与白,这两种矛盾的颜色在墨白身上同流却并不合污,所呈现出来的竟是一副黑白分明的太极图模样。

(原载《小小说选刊》2012 年第 4 期)

一个人的别墅

陈峻峰[①]

进入鸡公山景区大门，往左大约两百米，路左边有一个院落，穿过院落斜坡上去是生满苔藓的石台阶，等你登完六十八级，又是左手，有栋房屋便是墨白租居的编号为“十八号”的别墅。别墅是一位从美国来的传教士在一百多年前建造的，面积不算大，一百多平方米，造型平实，粗粝的基石厚实沉稳，但表层已经显现出了时间的风蚀，当初斧砧钢凿打削出的刻痕仿如当年的人世场景，想来也是很模糊了。别墅一侧的几棵高大的枫杨树，依然丰华青苍，绿荫如盖，然而内心的年轮不知掩藏着一部怎样的史记读图。廊台朝东偏南，自然是向阳的设计，几蓬绣球花，从廊台外侧长上来，你不在此居住，不过偶然的拜访，便以为它从来都是那么茂盛，叶子大团大团的墨绿，花大团大团的粉紫，代表着灿烂的阳光，也代表着忧郁的雨水。绣球花是草本植物，一岁一枯荣，生命的悲苦与欢欣都短暂地呈现于此时彼时，错过了，就是一生。

有七八年了吧，每年的夏天，墨白都来这里避暑、写作，像一只反季节的候鸟。时间一长我就觉得，每年墨白说是来这里避暑、写作，其实到了后来，他就单单为来这里居住。继续臆想，兴许并不是他一定要来此居住，他在哪儿都能避暑、写作，而是他的情感要来，墨白不能自已，陪着它来，一起住在这栋编号为“十八号”的别墅里，包括微暗的客厅、逼仄的卧室、木地板、木藤椅、粉红色或者乳白色的方凳、简陋的厨房和洗漱间，而这一切在墨白那里多么好；还有，那个向阳的廊台，多么好，宽阔、敞朗，石头的廊柱、护栏、台阶，一侧

---

① 陈峻峰（1954～），河南固始县人，当代作家、诗人，主要著作有长篇小说《我在两千年前混来混去》、长篇文化散文《三炷香》等。

通往山后的斜坡的石级，多么好！无论是在廊台上品茶、读书、清谈，还是早晚从那石级上下，去后山散步，去赶山里的露水集，都是很优雅的。这都是来自想象，除了墨白，我们都不在此居住，就像偶然一次登临，想象那些远山的薄暮、林间的青岚、断崖的飞瀑、云端的鸟鸣，以及百年的时光沧桑，间或生出渺远的幽思和矫情。

鸡公山在我们信阳境内，民国时即和庐山、北戴河、莫干山并称后为中国四大避暑胜地。地接湖北，豫鄂交界，因称“青分楚豫，气压嵩衡”。不过“气压嵩衡”肯定是古汉语句式类型的夸张，不可认真，我倒以为，恰是它的江南丘陵的青色玲珑成就了它的特色，而青色玲珑、杂花生树间，再有百年前二十四个国家建起的五百余座风格各异的洋房别墅成一派万国建筑博览，自然与人文就都蔚然有了一山的景色和景观。因此墨白开始选择来鸡公山避暑，是感染于鸡公山的清新自然；选择来鸡公山写作，是感受于鸡公山的历史人文；当然后来再来，就纯粹是情感上的，来他的那栋“十八号”别墅了。在他的情感认知里，那栋别墅不再有租居的意义，不再有客居的意义，它已经属于墨白。即使每年从初夏挨至中秋他终归要迟迟离开时，他也要那般深情地细细检点房间，归拢器具，关好门窗，把钥匙交还给别墅本来的主人，那样子更像是一个托付，让人家替他看管。

最早动议来鸡公山避暑写作的不是墨白一个人，和他一起吵嚷着要来的有好几位作家、艺术家。头趟上山“勘查”“选房”的就满满一车人，记得有作家田中禾、杨晓敏等，我陪他们上山，山前山后跑了很多地方，山顶山脚看了很多房子，结果他们选定了这栋不大的“十八号”别墅，已不知究竟是谁的主张；而另一个结果是真正来居住的只有墨白和田中禾。那年夏天和之后的几个夏天，他俩都携了夫人上山，夫人为他们做饭，他们关了门写他们的小说。后来我们看到的田中禾的长篇小说《父亲和她们》《十七岁》，墨白的长篇小说《裸奔的年代》和将要出版的《别人的房间》，以及近年发表的诸多中篇小说、文论，还有编就的六卷本《墨白文集》等，很大一部分都是在鸡公山上完成的，准确地说是在那栋“十八号”别墅里完成的。留存在房间里的作家的思维的身影和文字的气息，从窄窄打开的木格小窗里乳汁一样流动着，像山中的雾气和白云。

信阳地处淮南，夏季多雨，在鸡公山上居住，享受一个清凉世界时，潮湿也成了生活中最困扰不堪的事情。被褥吸纳了充足的水分，重得两手都提不起来，他们上山时甚至带着电热毯来，两位夫人身上还起了湿疹，叫苦不迭，不断向两位作家抗议，要回郑州。那年碰上连阴天，持续了半个月，仍不见一点放晴的样子，只好打电话给我，接他们下山。我说凯旋？夫人们说永别。后来，夫人们就真的不来了，田中禾去了太行山，也不来了，就剩下墨白。于是这几年，他来时我送他上山，他走时我接他下山；其间想着他的孤独，我便上山和他喝酒，喝完酒我再下山，然后留下他一个人和他一个人的别墅。

这使我想到他坚持的先锋写作——其实我不想做这样的联系，但我们这七八年来每次见面只谈论这一个话题，及其围绕后现代、围绕先锋写作的诸多理论与观念不容置疑地辨析和鉴定，譬如生活、记忆、时间、叙事、语言、隐喻、文本、虚构、想象等。我们在山上的谈话大多都在那个廊台上，他经常是坐在靠墙的藤椅上，我则在护栏的一侧，我们都各自对着自己视野里的风景。除了主题，谈话是自由的，但他有时依然激愤，甚或怒不可遏，“不容置疑”让他的脸都涨红了；语言锋利，没有原谅，操着他的豫东口音，像是要拿词语的利刃划开一个时代文学的假面和伪装。而那时正好有几团云雾从石级下涌上来，曼妙如轻纱浣洗，看着它绕过树丛，漫过绣球花，漫过我们的两脚和双膝，爬上窗台，流进房间里，墨白就不说话了，眼睛有异样的神采，闪着点点的泪光。那时，他可能想到了他故乡的河流、庄稼，可能想到了他远方的亲人、友人，或者一个朴素的单词和句子。

那会儿，我们都不说话，生怕美妙自然中的幸福时光会有一丝惊扰。记忆。虚构、真实、幻觉、时间、空间，这使我仍然想到他的坚持——其实我真的不想做这样的联系，然而，几十年下来，环顾中国作家和作品，一大批曾经的“先锋”作家几乎都不见了踪影，要么向威权政治屈膝，要么向世俗功利缴械，要么向“现实主义”投降，要么腐朽，要么沦丧，要么堕落，连同知识分子的价值和文学精神、文化品格、文人操守。那么还剩下谁？如果说还有一个人，那个人可能就是墨白——这仍然不过是一个比喻，所谓先锋写作，并不判定表征，而是文本；并不排斥传统，而是价值；并不拒绝现实，而是理想；并不说明优劣，而是敏锐。因此我们从不强调“主义”“颠覆”和“解构”，目的唯一，这便是书写的真诚和表达的真实。

墨白如此认定着，坚持着，坚守着，五百万字的作品把他自己突兀成一座空山，垒砌成一座空城，就像在鸡公山上剩下他一个人。当平庸与浮华的时代过去，我们在未来时间的回望里，一切都会巍然独立起来，那是一个人的文学的高地和料峭，一个人的精神孤独和寒冷，一个人的山，一个人的别墅。

（原载 2012 年 1 月 12 日《文学报》）

墨·白

——墨白印象

何　弘①

还是寸头,头发鲁迅般直直地立着,成为孤傲的标志。只是似乎在忽然间,许多白发冒了出来,印象中满头的黑发只剩一部分零星地藏在白发间,成为带有某种寓意的陪衬。墨白,头顶是名副其实的"墨白"了。

于是发现,印象中的青年作家墨白其实并不年轻了;但是,先锋作家墨白依然先锋着。

掐指算来,认识墨白真是很有些年头了,读他的作品还要更早,应该超过二十年了吧。从那时起,关于颍河镇、关于寻找、关于人性、关于欲望的书写不断进入我的视野,一直持续到今天。

尽管早就读过墨白的作品,也在一些场合见过,但真正熟悉墨白是在1997年。那时,省里已经下文,将我所在的文艺理论研究室(创作研究室)和文学创作室、当代人报社合并,成立河南省文学院。墨白当时在周口文联一个文学期刊做编辑并写着小说。那一年,我们张罗着给河南的五位青年作家李洱、墨白、行者、韩向阳、陈铁军等在密县(今新密市)开个研讨会,会期有好几天,其中大部分时间都是在正儿八经地开会。这次会议选择的五位作家,当时在国内都是初露锋芒,在叙事上很有特点,特别是李洱、墨白、行者更以写作的先锋性为文坛所瞩目。当时,先锋写作在全国实际上已开始进入尾声,但在一向"慢半拍"的河南,还是有些人看不顺眼,以至于有位到会的老同志在会上公然质疑:这次

---

① 何弘(1967~),河南新野人,当代评论家,供职于河南省文学院,著有评论集《生存的革命》《探险者》等。

会议选择的研讨对象都是些什么人？老子（李洱）、墨子（墨白）、孙悟空（行者），一个比一个名字起得牛。然后还有什么不食人间烟火、作品就是不让大家看懂云云。对于这番质疑与会者大都一笑置之，其最大的影响就是让大家更好地记住了这三位作家。其实，那次会议所讨论的话题是广泛而深入的，具有很高的学术价值，对几位研讨对象的创作和成长也产生了重要的意义和深刻的影响。会后不久，李洱、墨白、行者一起被调到河南省文学院从事专业创作。只是，行者去而复返，很快回到南阳做了文联主席；李洱不久前刚刚调往中国作协现代文学馆；只有墨白还在文学院，和我做着搭档。

在文学院从事专业创作的十几年间，墨白继续着他此前的方向，固执地反复书写着他的颍河镇，并使颍河镇如福克纳笔下的约克纳帕塔法一样，成为一个文学之镇、精神之乡。颍河镇的原型大约就是河南省淮阳县的新站镇，墨白出生并长期生活在那里。像他这样有着长时间乡村生活经历的作家河南有很多，描写乡村生活并以乡土文学创作在文坛崭露头角，是他们相同或相似的成长模式。农村的生活经历同样是墨白写作的重要资源，但相对河南大多数作家而言，墨白差不多是一个异数。长期的农村生活经历，由农村进入城市的人生轨迹，会使作家对中国特有的城乡二元对立结构——正如黑与白的二元对立——有着深刻的认识。河南的绝大多数作家对此都有着切身的体验，并把他们的这种经验、体验、认识带到了文学作品中。墨白也不例外，并因此使其作品有着深刻的现实感。但墨白又在努力寻找进入这种现实经验的全新视角。墨白早年曾经学习过绘画，这没能使他成为一个画家，但也许潜在地促成了他异常重视作品形式感的倾向。现实感和形式感的共存，或者说乡土经验、社会现实和先锋表达、文本实验的结合，使墨白的小说既不同于传统的乡土文学，又与大多数先锋作家拉开了距离。换句话说，他的写作是把一般意义上相互对立的二元——如黑与白——糅合在了一起，这使他的笔名墨白有了一些实在的意味。

关注现实一直是河南作家的一个优秀传统，以先锋写作闻名的李洱和墨白同样如此。如今，先锋写作早已退潮，许多曾经的先锋小说家都回归了传统，重新津津乐道地讲起了故事，回到了把生活故事化、人物性格化的老路上。但是，李洱、墨白却依然保持着他们固有的写作姿态，不断有成功的作品问世，并能得到广泛的认可。这与他们在注重叙事探索的同时坚定关注现实、保持对作品意义和价值的追求这样的创作观念是密不可分的。墨白在小说特别是中篇小说创作中，对形式实验、叙事探索有种近乎偏执的热衷，他期望通过叙事策略营造一种荒诞、神秘的氛围，以象征或隐喻的方式来表现人类的生存困境和人性异化的现实，揭示人性的本质和生命的实相。在他近来的长篇小说写作中，形式探索的意味不再那么外露，但其内在的精神实质却始终未变。从形式上讲，注重叙事，注重结构；从内容上讲，注重人性，注重精神。这是墨白一贯注重的文学元素。

对于墨白及其作品，已有很多评论文章、作家专论乃至专著广泛论及。为避免把这篇印象记写成作家论，还是说说在一些场合、一些事件中墨白留给我的印象。

墨白现在已五十有五，年过半百的年纪和他留给我以及文学界的印象很不相称。至今，墨白在研讨会及各种谈论文学的场合，一定还会谈到语言或叙事问题，谈到生命或人性问题，而且一定还有青年般的慷慨激昂。我曾多次在一些青年作者的研讨会上，听到他不留情面地批评研讨对象的作品依然停留在对故事的简单叙述上，根本没有进入叙事；批评他们所关注的只是社会或政治层面的问题，没有从与社会的相互关系中理解个体生命的价值，没有对生命本质的思考，没有对人性的深入探究。这样的态度和做派使墨白在文学上、在精神上显示出了一种高贵的派头。

曾有作家和我谈起，墨白与青年作者的谈话、研讨会上的发言都有大师状。我觉得，是否真的成了大师暂且不谈，但墨白关于诸如文学叙事问题、精神价值问题、人性本质问题、生命意义问题的思考，确实是真正大师应有的思考，有这样的思考，即使还未成为大师，应该离大师也不远了。

（原载《时代文学》2012 年第 3 期）

书写墨白

汪 淏[①]

墨白,这个透着书卷气息,乃至泼洒着诗性和画意的名字,早在20世纪我就熟识了,算起来已有二十多个春秋了。那时候,我在郑州大学读研,在幽静的中文系资料室里,作为挚爱小说的文艺理论研究生,多次看见过作家墨白的名字时常出现在我所喜欢的《花城》《收获》这些大型文学刊物上。实话说,一看到墨白这个名字,我便觉得有趣,而心生喜欢,当然也很喜欢墨白那些先锋意味浓郁的小说。后来得知,这个名字和作品都很特别的小说家墨白,就生活在豫东周口市,于是一个念头便油然而生了,或者干脆说那是我个人的一种愿望吧:终有一天,我定要跟这个墨白相识的。

等我毕了业,做了某杂志社编辑之后不久,便以约稿的名义,坐长途汽车,从郑州跑到了周口,去看望了我念想已久的作家墨白。没错儿,一见如故,客套和寒暄是没有的,畅谈、深谈到夜半,所谈的当然是我们心中的文学,是我们所喜欢的小说,而这些正是我想象中的我想要的那种情景。然而,我未能想到的是,叙事那么讲究、作品那么后现代的墨白,却是那样的淳朴、那样的诚恳,甚至还有些憨厚,就像我家乡的那些农民老大哥一样。还有一点也是我没想到的,当时看我们的交谈和夜色都已经足够深了,我想我该去旅店休息了,其实我是想让墨白休息了,所谓客走主人安嘛,墨白却朗声笑道:“说什么呀兄弟,你都到家了,怎么能让你去外面住宿呢?新被褥,我早就让你嫂子预备好了。”这事儿,看来我得听他的。听了他如此温暖、如此家常的话语,那时候我就在心底里认

① 汪淏(1964~),河南虞城人,当代小说家、批评家,主要著作有《隔壁情人》《我和她们——贾宝玉自白书》《王蒙小说语言论》等。

定了，墨白不仅仅是个难得的朋友，更是一个可亲的兄长。

之后，墨白兄有事来郑州，我们当然是要相见的，在我的居所里，就像在他家的那个夜晚一样，我们照旧是畅谈、深谈到大半夜，所谈的还是我们心中的文学，是我们所喜欢的小说，乃至具体而微妙的小说写作艺术。那时候，我已不知深浅地踏上了小说写作的征途，免不了要向早已是硕果累累的小说家墨白兄求教，他则像个认真而细致的老师那样（墨白先前就做过多年小学教师），阅读了我的习作片段，然后将很有分寸的肯定和更多的鼓励，给了一旁听候审判而惴惴不安的我。此外，他还提了些建议，很谨慎的，他把自己的意见说成了建议，那显然是墨白兄怕挫伤了我的自尊和信心。要知道，其实我深深地知道，来自你所尊敬的作家的肯定和鼓励、建议或者意见，对于一个初涉小说之路的写作者而言，那是何等的宝贵，而墨白却是在无意间或许是发自内心的，把这些宝贵建议给予了我。他很可能并不知道，那一切之于我此生的写作道路究竟意味着什么，我也从未跟他明说过，但心里却是深深感激的，并且一直记得多年之前的那个夜晚，那个文学的夜晚，那个友情的夜晚。那天夜晚，墨白住在了我的居室里，此后，兄弟般的友情便驻在了我们的心间。

后来，每当看到我的小说在刊物上露面时，远在周口的墨白兄就会打来电话，向我表示祝贺什么的，对于他的祝贺和关注，我是深表感谢的。同样，看见他的新作问世，我也会给他打去电话祝贺。那时候，我们在一次次的长途电话里，谈论的主题依然是文学，是小说。那是我们一开始的话题，也将是我们永远的话题。

再后来，墨白由于创作成就斐然，被调到了郑州，成了一位专业作家。我很为他而高兴，如此一来，他就能更多、更好地写作了，这是他应该得到的。同时，我也为自己高兴，和一位真正的文学挚友同在一座城市，而时常相聚，想聚就聚，在我，当是一种人生意义上的莫大慰藉。

这么多的"后来"之后，二十年光景就闪过去了。在过去的这些年里，我和墨白早已是生活中的挚友、情感上的兄弟、写作上的同志（我不想说是什么同行，我在意的是真正的志同道合）。关于作家墨白，关于我所知道的墨白兄，关于我和墨白之间的故事，可说的，可写的，当然是太多太多了，如果有必要的话，我至少可以写成一部中篇小说。是啊，为什么不呢？我不妨干脆就写一部主人公就是墨白的小说，名字暂定为"我的兄长墨白"，节俭着写，字数可控制在四万左右。我想，那应该会是一篇相当有味道的好故事。不过，这可能是若干年以后的事情了，也许就在不久之后。

我想，关于作家墨白，以及他那么多长篇、中篇、短篇小说的解读与阐释什么的，就留给那些既有眼力又有心力的评论家们去做吧——据我所知，有关墨白的评论文章，早已超过墨白迄今为止写出的好几百万字作品的字数了。

此时，我再次凝视着“墨白”这两个很有意思的汉字，猛然悟觉到，墨白，就是白纸黑字呀，而白纸黑字就是书嘛，作家墨白爱书，他如此爱书，那是他的名字就定下的，更是他命中注定了的。

（原载《时代文学》2012 年第 3 期，有删改）

第四辑

附录

墨白研究论文、资料目录索引

一、研究论文

《一位老人的一生——读墨白小说〈洗产包的老人〉》，王保民，《小小说选刊》1991年第4期，另载《小小说读者》2004年第8期。

《〈失踪〉文本世界的肢解》，苏常青，《颍水》1991年第4期。

《墨白的话题》，张宇，《颍水》1992年第1期。

《浓墨白纸著华章——访青年作家墨白》，华中，1992年3月16日《周口声屏报》。

《各显命脉各精神》，李少咏，《颍水》1992年第1期，收入《没有人看见草生长》，河南人民出版社，1994年版。

《面对粗鄙而热辣的人生》，曹增谕，《莽原》1992年第3期，收入《刚性的或柔性的凝视》，长江文艺出版社，2003年10月版。

《〈风车〉的寓言》，陈辉平，《当代作家》1993年第2期。

《此情深处红笺无色——读墨白的〈重朔花瓶〉》，李少咏，1993年2月26日《周口日报》，收入《没有人看见草生长》，河南人民出版社，1994年版。

《没有人看见草生长——读墨白的〈最后的午餐〉》，李少咏，1993年6月4日《周口日报》，收入《没有人看见草生长》，河南人民出版社，1994年版。

《〈失踪〉的叙事特色》，王彪，收入《新历史小说选》，浙江文艺出版社，1993年版。

《文坛孙氏两兄弟》，金城，1993年7月3日《周口日报》，另载《当代人》1994年第2期。

《矛盾困惑中的灵魂——读墨白的〈进入城市〉》，杨萍，1993年12月3日《周口日报》。

《〈同胞〉的四维结构》，李少咏，《周口师专学报》1993年第2期，收入《没有人看见草生长》，河南人民出版社，1994年版。

《人性与写实》，田中禾，《文学自由谈》1993年第2期。

《心是孤独的猎人——读墨白〈三月三日祭〉》，古箫，1994 年 6 月 3 日《周口日报》。

《墨白小说札记》，闻峰，《未来》1994 年第 5 期。

《孤独的漂泊者的悲歌——读墨白小说〈进入城市〉》，李少咏，收入《没有人看见草生长》，河南人民出版社，1994 年版。

《门后面的世界——读墨白的小说〈穿过玄色的门洞〉》，杨雅萍，1994 年 11 月 25 日《周口日报》。

《渗透与重建——墨白小小说语义分析》，李少咏，收入《没有人看见草生长》，河南人民出版社，1994 年版。

《穿越历史的地表》，李少咏，收入《没有人看见草生长》，河南人民出版社，1994 年版。

《评〈鼠王〉、〈孤独者〉、〈现实的颠覆〉》，王干，《山花》1995 年第 2 期。

《或许写作刚刚开始——记青年作家墨白 》，纯儿，1995 年 3 月 23 日《文学报》。

《十字架下的墨白》，古箫，《小小说选刊》1995 年第 10 期。

《重建梦中的宫殿——谈墨白小说的创新意义》，李少咏，《百花园》1995 年第 10 期。

《语言的诱惑——〈风景〉赏析》，伊水，《小小说选刊》1995 年增刊。

《墨白印象》，松喜，1995 年 10 月 11 日《洛阳广播电视报》。

《在梦境中寻找现实——读墨白小说》，田中禾，《鸭绿江》1996 年第 12 期。

《心态情绪与象征叙述——墨白小说创作论》，陈子秋、刘海涛，《百花园》1996 年第 4 期。

《与墨白相交》，金锐，《太阳》1996 年第 6 期。

《他们，或四个四重奏》，王鸿生，《漓江》1996 年第 3 期，收入《态度的承诺》，学林出版社，1998 年 11 月版；另收《无神的庙宇》，上海人民出版社，2001 年版。

《平淡最难——读墨白的〈飞翔〉、〈蜡烛〉》，吴雁，《微型小说选刊》1997 年第 12 期，收入《微型小说三百篇》，百花洲文艺出版社，1999 年 9 月版。

《奇妙的"结构"——读墨白的〈结构〉》，裴仁伟，1997 年 9 月 24 日《钦州湾报》。

《〈船家〉戏里戏外》,王春燕,《当代电视》1997 年第 10 期。

《梦游者永在旅途》,何向阳,《小说评论》1998 年第 1 期,收入《肩上是风》,中原农民出版社,1999 年 8 月版。

《清醒的梦游者——墨白访谈录》,张钧,1998 年 10 月 1 日《作家报》。

《走近墨白》,杨玉,1998 年 9 月 2 日《南方都市报》。

《一个丧失精神自我的年代——读墨白长篇小说〈梦游症患者〉》,杨玉,1998 年 11 月 21 日《周口日报》,1998 年 12 月 3 日《读书人报》,载 1998 年 12 月 17 日《作家报》。

《永远真诚——访作家墨白》,于刚,1998 年 9 月 14 日《教育周刊》。

《以个人的言说方式辐射历史与现实——墨白访谈录》,张钧,《当代作家》1999 年第 1 期,收入《爱情的面孔》,花山文艺出版社,2000 年版,再收入《小说的立场——新生代作家访谈录》,广西师范大学出版社,2002 年版。

《墨白捧出新作〈寻找外景地〉——作家专访》,奚同发,1999 年 8 月 24 日《河南工人报》,另载 1999 年 11 月 7 日《郑州晚报》。

《豫三条》,王干,《时代文学》1999 年第 6 期。

《千里之外的声音》,东西,《广西文学》2000 年第 4 期。

《不是为了游戏文学——略谈青年作家墨白及其创作 》,王虹昭,《读书人报》2000 年 2 月 18 日。

《墨白的艺术迷宫与"神秘房间"——墨白小说论》,郝雨,《山花》2001 年第 11 期。

《论墨白的小说艺术风格》,黄轶,《郑州大学学报》2001 年第 6 期。

《坚硬的写作》,唐宋元,《南方文坛》2001 年第 5 期。

《关于墨白小说的几个关键词》,张闳,2001 年 7 月号《浙江作家报》,收入《事实真相》,四川文艺出版社,2001 年版。

《从〈事实真相〉到〈孤独与激情〉》,姚建斌,2001 年 8 月 23 日《中国图书商报》。

《以梦境颠覆现实——墨白访谈录》,林舟,《花城》2001 年第 5 期,另载《当代作家评论》2002 年第 1 期。

《精神探索和叙述实验者墨白》,何弘,《莽原》2001 年第 4 期,另载 2001 年 8 月 23 日《中国图书商报》书评周刊 · 刊林掠影。

《在同一块土地上生长起来的两种声音》，皖之骥，《河南画报》（时政版）2001 年第 6 期。

《墨白的黑白世界》，奚同发，2001 年 5 月 1 日《河南新闻出版报》，《南风》2001 年第 4 期。

《现实主义？现代主义？——墨白作品研讨会在郑召开》，赵立功，载 2001 年 3 月 24 日《大河报》。

《风景这边美妙》，李新华，《全国新书目》2001 年第 2 期。

《对精神与叙事的探索——墨白作品研讨会纪要》，奚同发整理，《河南作家通讯》2001 年第 1 期，另载 2001 年 3 月 24 日《河南工人报》。

《诉说不平》，艾云，收入《艺术与生存的一致性》，河北教育出版社，2001 年版。

《游走在痛苦和忧郁中——访青年作家墨白》，郭昕，2001 年 1 月 4 日《东方家庭报》。

《墨白:艺术的探索者》，赵立功，2001 年 1 月 1 日《周口声屏报》，另载 2001 年 1 月 28 日《郑州晚报》，又载 2001 年 3 月 24 日《河南工人报》。

《阳光与生命》，唐宋元，《创作》2002 年第 2 期。

《生存图式的还原——墨白早期小说演绎》，何海滨，《平顶山师专学报》2002 年第 4 期。

《墨白小说论》，郝雨，《平顶山师专学报》2002 年第 4 期。

《试论墨白前期的小说创作》，王永盛，《平顶山师专学报》2002 年第 6 期。

《沉浮在荒诞与隐秘之痛中的真实——墨白长篇小说的魅力》，孙桂荣，《平顶山师专学报》2002 年第 6 期，另载《牡丹》2003 年第 3 期，又载《石河子大学学报》2003 年第 3 期。

《文本探索者——访谈墨白》，杨家慧、雷霆，2002 年 1 月 30 日《中华工商时报》，另见 2002 年 6 月 14 日《河南新闻出版报》。

《在欲望驱动下的“神秘的房间”——评墨白长篇小说〈欲望与恐惧〉》，郝雨，2002 年 2 月 27 日《中华读书报》。

《现实的焦虑与救赎的渴望》，林舟，2002 年 4 月 25 日《大河报》，另载 2002 年 6 月 17 日《郑州晚报》。

《解读〈欲望与恐惧〉》，奚同发，2002 年 3 月 14 日《河南工人报》。另载

2002年4月22日《郑州晚报》。

《在夜色里开放的花朵——读墨白新作〈欲望与恐惧〉》，琼子，2002年3月1日《河南新闻出版报》，另载2002年3月14日《河南工人报》。

《建立起内心更高的秩序——读墨白长篇小说〈欲望与恐惧〉》，刘海燕，2002年5月9日《南国早报》，另载2002年7月19日《河南日报》，又载2002年7月25日《羊城晚报》。

《两个豫军"先锋"南北各受批评》，赵立功，2002年6月4日《大河报》。

《一面是欲望，一面是恐惧》，于火，2002年8月16日《教育时报》。

《逃离与穿越——墨白中篇小说论》，曹怀明，《中州大学学报》2003年第1期。

《墨白小说的社会学》，张宁，《中州大学学报》2003年第1期，另载2003年5月30日《河南日报》。

《寻找"事实真相"》，贺玉高，《中州大学学报》2003年第1期。

《无处逃循的边缘人——关于〈欲望与恐惧〉》，张军府，《中州大学学报》2003年第1期。

《墨白：平行于生活现实的文学叙事》，孙燕，《中州大学学报》2003年第1期。

《人离自己究竟有多远——由墨白的"喃喃叙语"谈起》，梁艳芳，《中州大学学报》2003年第1期。

《"我什么时候能醒"——关于〈梦游症患者〉》，刘满华，《中州大学学报》2003年第1期。

《在嬗变中不断突破自我——墨白早期作品纵横观》，梁伦润，《文苑》2003年第3期。

《从墨白的小小说说起》，刘海燕，《百花园》2003年第2期，另载2003年4月11日《河南新闻出版报》。

《墨白：教书生涯是我写作的坚强后盾》，于刚，2003年4月25日《教育时报》。

《对文本的探索——墨白访谈录》，雷霆，《山花》2003年第6期。

《写作是通过现实表达精神的过程——关于墨白小说的对话》，张宁、刘海燕等，收入《来访的陌生人》，河南文艺出版社，2003年6月版。

《构建一座精神的小镇——评墨白的〈梦游症患者〉和〈寻找外景地〉》,李少咏,《河南社会科学》2003 年第 4 期,另载《当代文坛》2003 年第 6 期。

《简论墨白的小说世界》,张宁,《河北大学学报》2004 年第 2 期。

《受雇于记忆的人》,蓝蓝,《山花》2004 年第 4 期,又载《河南文艺界》2005 年第 3 期。

《影像"原乡"与民间叙事——墨白小说漫谈》, 聂伟,《莽原》2004 年第 3 期。

《隐含在欢悦生命中的忧伤——访先锋小说家墨白》,曹丽萍、梁艳萍,2004 年 8 月 6 日《漯河内陆特区报》,又载 2004 年 7 月 8 日《河南新闻出版报》。

《文学的地域性与文学的个性》,孙青瑜,2004 年 8 月 12 日《河南新闻出版报》。

《墨白现象和墨白小说的隐含意义》,刘海燕,《红豆》2004 年第 8 期,收入《理智之年的叙事》,作家出版社,2007 年 5 月版。

《不确定的存在——简评墨白〈映在镜子里的时光〉》,蓝蓝,2004 年 12 月 9 日《文化时报》,另载 2005 年 3 月 31 日《大河报》。

《文坛"独行客"观照地域文化》,孙青瑜,2004 年 9 月 20 日《北京日报》。

《光荣的隐退与生命的责问——对墨白小说〈光荣院〉的个案分析》,夏敏,《山花》2005 年第 5 期。

《写作是思考生命的过程》,郑长春,2005 年 4 月 5 日《追梦人》。

《信念的力量无法估量》,纳米,2005 年 3 月 22 日《文艺报》。

《为墨白描白》,田中禾,2005 年 9 月 8 日《文学报》。

《墨白的悲悯情怀》,李宏永,2005 年 5 月 24 日《文化时报》。

《评〈父亲的黄昏〉》,刘晓南,收入《2004 年最佳小说选 · 点评本》,北京大学出版社,2005 年 5 月版。

《评〈母亲的信仰〉》,邵燕君,2005 年 5 月 26 日《文学报》,另载《北京文学 · 中篇小说月报》2005 年第 5 期。

《乡土理念的嬗变与持守:话语 · 价值 · 权力》,李丹梦,《上海文学》2005 年第 2 期。

《批评与争鸣 · 关于"两仪文舍"》,孙青瑜、李丹梦,《上海文学》2005 年第 4 期。

《墨白:走进农民的内心世界》,陈炜、冻凤秋,2005年9月6日《河南日报》。

《雪的飘落塑造风景——读墨白小说〈风景〉》,张莉莉,收入《轻风的月夜》,九州出版社,2005年8月版。

《评〈七步诗〉》,赵晖,2005年9月15日《文学报》。

《表象与意象的结合》,于德北,载《小小说选刊》2005年第23期。

《人性扭曲的悲剧——读墨白小说〈谋杀案〉》,刘彬荣,收入《66个纯情唯美故事》,漓江出版社,2005年10月版。

《嬉戏:〈局部麻醉〉读后感》,无名氏,《大河文学》2005年第3期。

《对苦难的反抗,或者对家园的建立》,汪淏,《大河文学》2005年第3期,另载2005年12月27日《文化时报》。

《有一个叫颍河镇的地方——与墨白对话》,刘海燕,《莽原》2006年第3期,收入《理智之年的叙事》,作家出版社2007年5月版。

《苦涩而甜蜜——读墨白的〈父亲的黄昏〉》,钟平,2006年2月28日《文化时报》。

《评〈母亲的信仰〉》,赵晖,收入《2005年最佳小说选·点评本》,北京大学出版社,2006年3月版。

《墨白小说里的颍河镇——读墨白小说集〈霍乱〉》,宋云龙,2006年6月30日《教育时报》,另载《牧野》2006年第3期。

《感悟人生的"错误之境"——评墨白小说集〈重访锦城〉》,郝雨,《大河文学》2006年第2期。

《永无结果的"行走"与"寻找"——读墨白小说集〈爱情的面孔〉》,郝雨,《大河文学》2006年第2期。

《人在历史激流中的迷狂——读墨白小说〈梦游症患者〉》,郝雨,《牧野》2006年第3期。

《玲珑小制说七家》,聂耶,2006年4月20日《文化时报》,另载2006年6月13日《文学报》。

《水晶所映照的世界》,孙青瑜,2006年4月20日《文化时报》。

《毫无诗意的逃离——对墨白小说〈同胞〉的个案分析》,何海滨,《三门峡文艺》2006年第4期。

《他开启了我的艺术之门——记作家墨白》，车治俊，2006 年 9 月 22 日《教育时报》。

《白墨黑墨写出文章就是好墨》，野莽，《辽河》2006 年第 10 期，收入《墨客——目睹三十年之文坛现状》，中国工人出版社，2008 年 9 月版。

《墨白荣获"飞天奖"优秀编剧》，董焕琳，2006 年《河南年鉴》。

《墨白复调小小说艺术简论》，高军，收入《小小说内外》，天马出版有限公司 2006 年 5 月版，另收入《神秘电话》，吉林出版集团有限责任公司，2010 年 5 月版。

《有关墨白小说评论的断片》，孙青瑜，《报晓》2006 年第 5 期，收入《神秘电话》，吉林出版集团有限责任公司，2010 年 5 月版。

《文学豫军的主体精神图像——关于农民叙事的伦理学的探讨》(《第六章·墨白》)，李丹梦，春风文艺出版社，2006 年 8 月版。

《最短的，最好的》，曾小娟，2006 年 5 月 17 日《中华读书报》。

《我们应该怎样叙事——和墨白对话》，张晓雪，《天津文学》2008 年第 8 期，另收入《墨白作品精选》，长江文艺出版社，2007 年 10 月版。

《墨白小说论》，刘宏志，《河南文学史·当代卷》，郑州大学出版社，2011 年 2 月版。

《艺术迷宫:墨白小说的结构技巧》，李喜民，《当代小说》2007 年第 8 期。

《真正的小说，是叙事的艺术——墨白访谈》，刘小逡，2007 年 10 月 24 日《东方今报》，另收《文学界》2008 年第 8 期。

《痛苦的拷问:墨白小说的审美聚集》，李喜民，《时代文学》2007 年第 5 期。

《颍河镇:墨白小说的隐喻场》，李喜民，《新闻爱好者》2007 年第 16 期。

《神秘寻找:墨白小说的情节模式》，李喜民，《时代文学》(理论学术版) 2007 年第 8 期。

《颍河镇——人类的精神载体——读〈墨白作品精选〉》，孙萍，2007 年 12 月 17 日《大河报》。

《形式的伦理意义——墨白论》，李丹梦，《文学评论丛刊》第九卷第 2 期，2007 年 8 月版。

《关于墨白小说评论的语录》，孙青瑜整理，《躬耕》2007 年第 12 期。

《"灵"的挣扎与"思"的独立——由〈红房间〉谈墨白的小说》，黄轶，《文学界》2008 年第 8 期。

《疯狂史章的颍河变奏——论墨白的〈梦游症患者〉》，方向真，《文学界》2008 年第 8 期。

《墨白老师》，戴来，《文学界》2008 年第 8 期。

《阅读之梦与写作之梦》，刘海燕，《文学界》2008 年第 8 期。

《读此书，犹如听蓝调音乐》，秦淮，2008 年 3 月 12 日《东方今报》。

《墨白城乡二元对立的叙事模式》，米学军，《新闻爱好者》2008 年第 2 期（上半月）。

《人性的异化，疾病的隐喻与历史的宿命》，龚奎林，《平顶山师院学报》2008 年第 3 期。

《创伤性体验对墨白小说创作的影响》，米学军，《平顶山师院学报》2008 年第 3 期。

《梦中的天堂——论墨白小说中的城乡二元对立》，刘宏志，《平顶山师院学报》2008 年第 3 期。

《游走在传统与现代之间的叙事——墨白中篇小说中的叛逆者形象及其塑造》，张舟子，《平顶山师院学报》2008 年第 4 期。

《记忆的碎片与语词的密林——论墨白的〈来访的陌生人〉》，高俊林，《平顶山师院学报》2008 年第 4 期。

《墨白小小说创作浅论——读〈怀念拥有阳光的日子〉》，刘天平，《躬耕》2008 年第 12 期。

《梦里不知身是客》，王中明，《牧野》2008 年第 4 期。

《论墨白的颍河镇情节》，米学军，《中州大学学报》2008 年第 4 期。

《墨白是否应继续抒写苦难?》，米学军，《大河文学》2008 年第 3 期。

《人性的异化，疾病的隐喻与历史的宿命——墨白小说论》，龚奎林，《山花》2008 年第 7 期。

《"形"的执著与"思"的独立——由〈红房间〉谈墨白的小说》，黄轶，《平顶山师院学报》2008 年第 3 期。

《文学的底层叙事》，张鸿声、刘宏志，2008 年 10 月 31 日《光明日报》。

《墨白：底层民众的偶然性命运》，张闳，收入《声音的诗学》，中国人民大学出版社，2003 年 10 月版；另收入《感官王国——先锋小说叙事艺术研究》，同济大学出版社,2008 年 3 月版。

《论后现代小说的形式意识——从墨白的小说谈小说的叙事艺术》,张晓雪,《中州大学学报》2009 年第 4 期。

《欲望与蜕变——读墨白长篇小说〈裸奔的年代〉》,龚奎林,2009 年 3 月 12 日《郑州晚报》。

《沉重的欲望之旅——读墨白新作〈裸奔的年代〉》,方向真,2009 年 3 月 19 日《郑州日报》。

《欲望穿越后的空虚》,王丽杰,2009 年 3 月 31 日《文艺报》。

《关于〈别人的房间〉的通信》,刘星、《芙蓉》编辑部,《芙蓉》2009 年第 3 期。

《现代主义精神的弥散——试论墨白小说叙事的风格》,康宁,《平顶山学院学报》2009 年第 1 期;另载《绿洲》2009 年第 7 期。

《我们为什么总是在对抗中迷失——读墨白的长篇小说〈裸奔的年代〉》,高军,2009 年 5 月 19 日《中国图书商报》。

《对传统历史观的颠覆与解构——读墨白小说〈雨中的墓园〉》,米学军,《新闻爱好者》2009 年第 4 期。

《疾病的隐喻与生存的困境——墨白小说论》,龚奎林,《莽原》2009 年第 4 期。

《道德的焦虑与生命的迷惘——与墨白对话》,黄轶,《广州文艺》2009 年第 6 期,收入《裸奔的年代》,花城出版社,2009 年 2 月版。

《墨白小说中的历史观》,米学军,《河南经贸职业学院学报》2009 年第 2 期。

《记忆生根——墨白印象》,江媛,《牧野》2009 年第 1 ~ 2 期合刊。

《批注、点评〈某种自杀的方法〉》,野莽,《莽原》2009 年第 4 期。

《墨白小说叙事美学的人生维度》,王庆杰,《河南经贸职业学院学报》2009 年第 2 期,收入《灵魂孤筏的泅渡》,中国戏剧出版社,2009 年 10 月版。

《因为平凡,所以超然——墨白印象》,付娟,《报晓》2009 年第 6 期。

《颍河镇的作家们》,王剑,《报晓》2010 年第 4 期。

《复杂的人性和人生的苦难——关于墨白小说的人性与苦难叙事》,刘宏志,《芙蓉》2009 年第 6 期。

《无边的压抑——谈墨白笔下麻木的灵魂与病态生活》，刘宏志，《红豆》2009年第10期。

《无法抗拒的宿命：在前现代、现代与后现代之间穿行——谈墨白新世纪以来的小说创作》，高俊林，《山花》2009年第9期。

《精神之根与审美之境 ——墨白小说“颍河镇”意象的文化学阐释》，王庆杰，《河南经贸职业学院学报》2009年第3期。

《现实精神与深远意味——读墨白的长篇小说〈裸奔的年代〉》，高军，《躬耕》2009年第10期。

《经验·历史·责任·创作——墨白访谈录》，龚奎林，《西湖》2010年第2期。

《关于墨白小说的九个词条》，高军，《绿洲》2010年第4期。

《人性的挣扎与欲望的蜕变——读墨白长篇小说〈裸奔的年代〉》，龚奎林，《平顶山学院学报》2010年第6期。

《论墨白小说的苦难叙事》，张翼，《平顶山学院学报》2010年第6期。

《“裸奔的年代”与“欲望与恐惧”》，井延凤，《平顶山学院学报》2010年第6期。

《让渡的灵魂之旅——解读墨白的〈重访锦城〉》，张延文，《平顶山学院学报》2010年第6期。

《游离于世俗化与诗意化两极之间的焦灼》，高俊林，《小说评论》2010年第3期。

《精神自由与人格独立——墨白访谈录》，高俊林，《小说评论》2010年第2期。

《小说家档案——主持人的话》，於可训，《小说评论》2010年第2期。

《置身于苦难与阳光之间——墨白乡土小说论》，刘迎，《中州大学学报》2010年第6期。

《墨白小说：中国当代文学的“国家声音”》，张延文，《山花》2010年第5期。

《论墨白小说中的“失语者”》，何学军，《中州大学学报》2010年第3期。

《浅析墨白小说中的几个关键词》，赵凯，《语文知识》2010年第4期。

《从希望到绝望——〈裸奔的年代〉的叙事解读》，胡洪春，《语文知识》2010年第4期。

《治疗脓包中心的平静——读墨白的中篇小说》,高俊林,《语文知识》2010年第4期。

《孙氏兄弟》,王庆杰,收入《社会的空位——王庆杰文化批评随笔集》,线装书局,2010年3月版。

《〈天河之恋〉:纯真的情感,诗化的表述》,杨春生,《电影文学》2010年第11期。

《裸奔的年代,色彩的人生——墨白〈裸奔的年代〉中的色彩解读》,胡洪春,《中州大学学报》2010年第6期。

《历史在"行走"中"沉没"——从三个视角透视〈梦游症患者〉》,龚自强,《中州大学学报》2010年第6期。

《人文环境与文学精神——墨白访谈录》,张延文,《山花》2010年第10期。

《寻找有意味的形式——墨白小说印象》,李瑞华,《新闻爱好者》2010年第22期。

《浅析墨白的颍河镇情节》,郑凯,《河南经贸职业学院学报》2010年第4期。

《论墨白小说中的人性书写》,肖昉,《河南经贸职业学院学报》2010年第4期。

《墨白小小说的意义》,李少咏,收入《神秘电话》,吉林出版集团有限责任公司,2010年5月版。

《对自我的审判——墨白长篇小说〈欲望与恐惧〉浅析》,刘宏志,《牡丹》2010年第10期。

《从语言的陌生化看"气韵神境"》,孙青瑜,《文艺评论》2010年第3期。

《墨白的远景与近影》,田中禾,《阳光》2010年第12期,收入《在自己心中迷失》,河南大学出版社,2012年3月版。

《可叹吴西玉——〈欲望与恐惧〉读后感》,何长青,《大河文学》2010年第4期。

《读〈梦游症患者〉有感》,曾燕,《大河文学》2010年第4期。

《有感〈来访的陌生人〉》,乐建建,《大河文学》2010年第4期。

《敲击喧嚣的孤独——由〈梦游症患者〉构成的思想史》,江媛,《莽原》2011年第1期。

《墨白小说中女性形象探析》,张明华,《红豆》2011 年第 2 期。

《良知的声音——井冈山大学部分读者关于墨白小说作品的认识》,龚奎林,《河南经贸职业学院学报》2011 年第 1 期。

《读〈映在镜子里的时光〉》,李鹏飞,《河南经贸职业学院学报》2011 年第 1 期。

《故事里的我们怎样行走——读墨白〈来访的陌生人〉》,黄珍珍,《河南经贸职业学院学报》2011 年第 1 期。

《读〈梦游症患者〉》,陈梅,《河南经贸职业学院学报》2011 年第 1 期。

《〈重访锦城〉读后感》,高剑娣,《河南经贸职业学院学报》2011 年第 2 期。

《读〈裸奔的年代〉有感》,傅雪,《河南经贸职业学院学报》2011 年第 2 期。

《读墨白〈梦游症患者〉之感》,朱群,《河南经贸职业学院学报》2011 年第 2 期。

《读墨白小说〈风车〉有感》,魏燕,《河南经贸职业学院学报》2011 年第 2 期。

《以革命的名义》,刘宏志,《扬子江评论》2011 年第 2 期。

《颍河镇与中国精神意象》,刘宏志,《山花》2011 年第 7 期。

《先知的意义:墨白与巴尔加斯·略萨比较》,张延文,《作品》2011 年第 6 期。

《无法确定的生活——谈墨白小说一种哲学意义的表达》,刘宏志,《大地文学》2011 年第 5 期。

《论墨白小说的语言结构及风格》,刘宏志,《豫军论坛文集》,河南文艺出版社,2011 年 8 月版。

《爱与欲的徘徊——试析墨白小说〈爱情的面孔〉的人生隐喻》,张明华,《中州大学学报》2011 年第 5 期。

《阳光下的神秘——谈墨白小说叙事中的未知因素》,刘宏志,《中州大学学报》2011 年第 5 期。

《自我规训:肉体与灵魂的深度撕裂——墨白小说〈欲望与恐惧〉的思想地图》,刘军,《中州大学学报》2011 年第 5 期。

《本色的生命质地——浅论墨白小说的生命图景》,王庆杰,《河南经贸职业学院学报》2011 年第 3 期。

《悬疑，是小说永远的时尚——从墨白〈神秘电话〉说起》，孟庆革，《河南经贸职业学院学报》2011 年第 3 期。

《小世界里大乾坤——墨白小小说赏读》，张延文，《河南经贸职业学院学报》2011 年第 3 期。

《生命的颍河镇——墨白小说中地域文化意义探寻》，王庆杰，《河南经贸职业学院学报》2011 年第 4 期。

《悲凉底色下的偶然命运——谈墨白小说〈夏日往事〉》，刘宏志，《彩虹》2011 年第 4 期。

《小说的多维镜像——墨白访谈录》，江媛，《时代文学》上半月 · 2012 年第 3 期。

《墨白笔下的自显世界》，孙青瑜，《时代文学》上半月 · 2012 年第 3 期。

《主持人的话》，何镇邦，《时代文学》上半月 · 2012 年第 3 期。

《优雅，色彩及比喻丛丛——墨白印象》，刘恪，《时代文学》上半月 · 2012 年第 3 期。

《墨 · 白——墨白印象》，何弘，《时代文学》上半月 · 2012 年第 3 期。

《小说家墨白》，杨晓敏，《小小说选刊》2012 年第 4 期；另载《时代文学》上半月 · 2012 年第 3 期；又载《中原侨声》2012 年 8 月号。

《书写墨白》，汪淏，《时代文学》上半月 · 2012 年第 3 期。

《一个人的别墅》，陈峻峰，2012 年 1 月 12 日《文学报》；另载《时代文学》上半月 · 2012 年第 3 期。

《文本建构与精神迷失——从墨白小说目录论述其叙事风格》，李瑞华，《语文知识》2012 年第 1 期。

《叙事的核心：时间与记忆——墨白访谈录》，苗梅玲，《东京文学》2012 年第 2 期。

《墨白小说的深度——短篇小说〈纪念〉细读》，刘涛，《东京文学》2012 年第 2 期。

《〈纪念〉编后语》，刘恪，《东京文学》2012 年第 2 期。

《墨白小说对人性革命化的反思》，江媛，《大河文学》2012 年第 1 期。

《1945 年前后：主观的历史——墨白小说中的阶级与人性的冲突》，江媛，《南方文坛》2012 年第 3 期。

《评〈手的十种语言〉》,王春林,2012 年 5 月 11 日《大众日报》。

《墨白长篇小说〈手的十种语言〉叙事艺术的新探索》,张延文,2012 年 5 月 21 日《文艺报》。

《墨白完成"欲望三部曲"》,张体义,2012 年 5 月 21 日《大河报》。

《我们破碎的内心世界——读墨白长篇新作〈手的十种语言〉》,刘宏志,2012 年 6 月 1 日《文汇读书周报》。

《复调的发生与转换——阅读墨白的〈手的十种语言〉》,张延文,2012 年 5 月 24 日《文学报》。

《颠覆与消解——评墨白长篇新作〈手的十种语言〉》,王春林,2012 年 6 月 27 日《中华读书报》。

《先锋的形式与历史的创伤——墨白长篇小说〈梦游症患者〉论》,苗变丽,《红豆》2012 年第 6 期。

《多重视角下的叙事与隐喻——读墨白长篇小说新作〈手的十种语言〉》,高俊林,2012 年 7 月 7 日《郑州日报》。

《"落叶归根"的中国文化传统与现代的"空心人"——墨白小说〈回家,我们从清晨一直走到黄昏〉的主题浅析》,子不语,《牧野》2012 年第 1 ~2 期合刊。

《手的现实隐喻——读墨白的〈手的十种语言〉》,蓝蓝,2012 年 9 月 16 日《郑州日报》。

《墨白:先锋小说为人类认识提供新途径》(访谈录),史靖,2012 年 9 月 11 日新华网。

《谁都可以找到我》,安昌河,2012 年 8 月 24 日《文艺报》。

《新生代作家墨白完成"欲望三部曲"》,舒晋瑜,2012 年 7 月 18 日《中华读书报》。

《墨白小说〈手的十种语言〉在郑研讨》,奚同发,2012 年 7 月 12 日《文学报》。

《墨白:用记忆为故乡着色》(访谈录),范得,2012 年 9 月 7 日《文艺报》。

《新站镇走出来孙氏兄弟》,舒晋瑜,2012 年 8 月 30 日《中华读书报》。

《苦难精神世界折射下的人性关怀——浅析墨白小说中的"紫霞"意象》,叶静、龚奎林,《中州大学学报》2012 年第 5 期。

《诗性的缘起:墨白与赫塔·米勒比较》,张延文,《中州大学学报》2012 年第 5 期。

《墨白小说叙事里的并转结构——对〈失踪〉文本世界的肢解》，苏常青，《中州大学学报》2012 年第 5 期。

《底层关怀与文体意识——论墨白的中篇小说叙事特点》，张舟子，《语文知识》2012 年第 3 期。

《对墨白长篇小说〈手的十种语言〉的文本解读》，江媛，《河南经贸职业学院学报》2012 年第 1、2 期。

《无招胜有招的写作方式——墨白小说〈偶然〉浅析》，李颂颂，《河南经贸职业学院学报》2012 年第 1 期。

《墨白的新历史主义小说书写》，龚奎林，《河南经贸职业学院学报》2012 年第 3 期。

《迷宫式的艺术建造与文本样式》，郝雨，《河南经贸职业学院学报》2012 年第 3 期。

《梦想与现实——以〈航行与梦想〉为例谈墨白小说中的梦想叙事》，刘宏志，《河南经贸职业学院学报》2012 年第 3 期。

《平静下面的湍流——墨白小小说的叙事艺术》，王庆杰，《河南经贸职业学院学报》2012 年第 4 期。

《饥饿与病变——墨白小说人物的价值观解读》，江媛，《河南经贸职业学院学报》2012 年第 4 期。

《〈流放地〉——墨白小说叙事新征程》，孟庆革，《报晓》2012 年第 4 期。

《墨白，小说叙事的探索者》，郑积梅，《河南作家》2012 年第 3 期。

《现实与真实——从墨白小说〈现实的颠覆〉说起》，郭浩波，《语文知识》2012 年第 3 期。

《欲望的水晶球——评墨白长篇小说〈手的十种语言〉》，补发慧，《郑州师范教育》2012 年第 5 期。

《人的不可认知性与命运的不确定性》，刘宏志，《躬耕》2012 年第 11 期。

《复调格局下的狂欢化叙事——墨白的长篇小说新著〈手的十种语言〉之解析》，高俊林，《平顶山学院学报》2012 年第 6 期。

《墨白：小说叙事的百变高手》，杨晓敏，《东京文学》2012 年第 6 期，收入《当代小小说百家论》，河南文艺出版社，2012 年 12 月版；另载《百花园》2013 年第 3 期。

《梦想与现实——以〈航行与梦想〉为例谈墨白小说中的梦想叙事》,刘宏志,《郑州师范教育》2013年第1期。

《被重重阉割的诉求——墨白小说〈讨债者〉解读》,江媛,《郑州师范教育》2013年第1期。

《〈风车〉权力与欲望的病态隐喻》,张延文,《郑州师范教育》2013年第1期。

《复调的发生与转换——阅读墨白的〈手的十种语言〉》,张延文,《平顶山学院学报》2013年第1期。

《精神与肉体的双重异化——由墨白小说展现的21世纪被扭曲的情欲》,江媛,《东京文学》2013年第1、2期。

《小说叙事与阅读的差异性——墨白访谈录》,孙青瑜,2013年3月14日《文学报》。

《从"气韵神境"论墨白与卡夫卡》,孙青瑜,《中州大学学报》2013年第3期。

《叙事时间的形式和价值》,张延文,《创作与评论》2013年第12期。

《先锋从来就没有退场——墨白访谈录》,孔会侠,《创作与评论》2013年第12期。

《最小的面积,最大量的思想——墨白小说〈手的十种语言〉阅读札记》,刘军,《小说评论》2013年第3期。

二、研究资料汇编

墨白主要作品目录,《寻找外景地》,长江文艺出版社,1996年6月版。

墨白主要作品目录,《爱情的面孔》,花山文艺出版社,2002年2月版。

墨白主要作品目录,《重访锦城》,长江文艺出版社,2000年10月版。

墨白主要作品目录,《事实真相》,四川文艺出版社,2001年5月版。

墨白主要作品目录索引,2004年7月8日《河南新闻出版报·读书时间》。

有关墨白作品评论目录索引(部分),2004年7月8日《河南新闻出版报·读书时间》。

有关墨白作品评论文章的索引(部分),《莽原》2004年第3期。

墨白主要作品目录,《红豆》2004 年第 8 期。

墨白出版著作目录,《墨白作品精选》,长江文艺出版社,2007 年版。

墨白著作目录,《文学界》2008 年第 8 期。

墨白主要作品目录,《时代文学》上半月 · 2012 年第 3 期。

墨白创作年表,《神秘电话》,吉林出版集团有限责任公司,2010 年 5 月版。

（资料整理:孙青瑜)

墨白作品目录索引

一、短篇小说

《画像》(1984 年作),1984 年 1 月 15 日《南风》。

《远行》(1984 年作),《个旧文艺》1984 年第 1 期。

《模特儿》(1984 年作),《百花园》1984 年第 8 期。

《尹先生》(1985 年作),收入《孤独者》,河南人民出版社,1994 年 1 月版。

《绿色邮车》(1985 年作),《广州文艺》1985 年第 6 期。

《复苏》(1985 年作),《百花园》1985 年第 8 期。

《摆脱》(1985 年作),《躬耕》1985 年第 3、4 期合刊。

《命运》(1985 年作),《百花园》1985 年第 11 期。

《命的船》(1985 年作),《奔流》1985 年第 12 期。

《油菜花飘香的季节》(1986 年作),《淮河》1986 年 5、6 月号。

《苗林中的红房子》(1986 年作),《淮河》1986 年 11、12 月号。

《冬暖》(1987 年作),《辽河》1987 年第 3 期。

《光》(1986 年作),《朔方》1987 年第 5 期。

《红月亮》(1986 年作),《朔方》1987 年第 5 期。

《受害者》(1987 年作),《东京文学》1987 年第 5 期。

《岸的影》(1986 年作),《河北文学》1987 年第 6 期。

《祝寿》(1987 年作),《辽河》1988 年第 1 期。

《埋葬》(1987 年作),《奔流》1988 年第 6 期。

《真相》(1987 年作),《山西文学》1988 年第 10 期。

《灾难》(1987 年作),《飞天》1988 年第 10 期。

《老篾匠》(1988 年作),1988 年 12 月 2 日《社会保障报》。

《鹅魂》(1988 年作),《百花园》1989 年第 1 期。

《红陶》(1987 年作),《希望》1989 年第 1 期。

《狂犬》(1986 年作),《百花园》1989 年第 2 期。

《流行死亡》(1988 年作),《山东文学》1989 年第 7 期。

《寒秋》(1988 年作),《钟山》1989 年第 4 期。

《灰色时光》(1989 年作),《作家》1990 年第 4 期。

《过程》(1989 年作),《小说林》1990 年第 3 期。

《秋夜》(1989 年作),《百花园》1990 年第 5 期。

《舞轿者》(1989 年作),《百花园》1990 年第 5 期。

《蟾蜍》(1989 年作),《百花园》1990 年第 8 期。

《秋日辉煌》(1990 年作),《萌芽》1991 年第 1 期。

《等待》(1986 年作),《百花园》1991 年第 2 期。

《六十年间》(1990 年作),《百花园》1991 年第 2 期。

《洗产包的老人》(1990 年作),《百花园》1991 年第 2 期。

《内科大夫》(1991 年作),《百花园》1991 年第 2 期。

《魔术师》(1991 年作),《星火》1991 年第 5 期。

《红色作坊》(1990 年作),《莽原》1991 年第 6 期。

《蜡烛》(1991 年作),《百花园》1991 年第 7 期。

《失踪》(1990 年作),《人民文学》1991 第 9 期。

《太阳》(1991 年作),《延河》1992 年第 2 期。

《冬景》(1992 年作),《百花园》1992 年第 7 期。

《井》(1992 年作),《百花园》1992 年第 9 期。

《异地》(1992 年作),《太湖》1992 年第 11 期。

《偶然》(1991 年作),《太湖》1993 年第 11 期。

《母亲》(1985 年作),收入《孤独者》,河南人民出版社,1994 年 1 月版。

《老蚌生珠》(1986 年作),收入《孤独者》,河南人民出版社,1994 年 1 月版。

《最后》(1993 年作),《萌芽》1994 年第 1 期。

《风景》(1991 年),《小小说选刊》1994 年第 2 期。

《酒神》(1989 年作),《小说林》1994 年第 3 期。

《穿过玄色的门洞》(1989 年作),《小说林》1994 年第 3 期。

《哑巴》(1993 年作),《萌芽》1994 年第 5 期。

《精神病患者》(1987 年作),《延河》1994 年第 11 期。

《面临黄昏》(1987 年作),《延河》1994 年第 11 期。

《透明框架里的画像》(1989 年作),《小说林》1995 年第 1 期。

《鼠王》(1993 年作),《山花》1995 年第 2 期。

《孤独者》(1993 年作),《山花》1995 年第 2 期。

《现实的颠覆》(1993 年作),《山花》1995 年第 2 期。

《记忆是蓝色的》(1987 年作),《金潮》1995 年第 3 期。

《怀念拥有阳光的日子》(1995 年作),1995 年 10 月 6 日《中国红十字报》。

《神秘电话》(1992 年作),《太阳》1996 年第 6 期。

《街道》(1995 年作),《漓江》1996 年第 3 期。

《纪念》(1996 年作),《飞天》1996 年第 7 期。

《终点》(1996 年作),《天津文学》1996 年第 10 期。

《飞翔》(1996 年作),《天津文学》1996 年第 10 期。

《嚎叫》(1996 年作),《天津文学》1996 年第 10 期。

《寻找》(1996 年作),《天津文学》1996 年第 10 期。

《夜游症患者》(1989 年作),《小小说月报》1996 年第 12 期。

《琳的现实及其以后的生活》(1991 年作),《鸭绿江》1996 年第 12 期。

《丧失》(1997 年作),《天津文学》1998 年第 1 期。

《结构》(1997 年作),《天津文学》1998 年第 1 期。

《惜别阳光》(1996 年作),《小说林》1998 年第 1 期。

《阳台》(1998 年作),《广州文艺》1998 年第 12 期。

《米兰》(1998 年作),《广州文艺》1998 年第 12 期。

《阳光》(1996 年作),《天津文学》1999 年第 2 期。

《打赌》(1998 年作),《天津文学》1999 年第 2 期。

《门》(1998 年作),《天津文学》1999 年第 2 期。

《夏日往事》(1996 年作),《时代文学》1999 年第 6 期。

《谋杀案》(1989 年作),《短篇小说》1999 年第 11 期。

《村夫图》(1999 年作),《大家》2000 年第 1、2 期。

《模拟表演》(1999 年作),《广西文学》2000 年第 4 期。

《老鼠》(1995 年作),《创作》2001 年第 11 期。

《飘失》(1993 年作),《延河》2004 年第 3 期。

《恐惧》(1995 年作),《延河》2004 年第 3 期。

《红雨伞》(1989 年作),《延河》2004 年第 8 期。

《影子》(1988 年作),《花城》2004 年第 4 期。

《寒冷》(1992 年作),《红豆》2004 年第 8 期。

《某种自杀的方法》(1994 年作),《花城》2005 年第 4 期。

《最后一节车箱》(2006 年作),《花城》2006 年第 5 期。

《阳光下的海滩》(2007 年作),《山花》2008 年第 1 期。

《重逢》(2004 年作),《百花园》2008 年第 12 期。

《声音》(1985 年作),收入《神秘电话》,吉林出版集团有限责任公司,2010 年 5 月版。

《信仰》(1985 年作),收入《神秘电话》,吉林出版集团有限责任公司,2010 年 5 月版。

《一个做梦的人》(2010 年作),《花城》2011 年第 2 期。

《天使》(2011 年作),《时代文学》2012 年第 3 期。

《大师》(2011 年作),《时代文学》2012 年第 3 期。

《真相》(2011 年作),《时代文学》2012 年第 3 期。

《老酸奶》(2012 年作),《花城》2013 年第 1 期。

《葬礼》(2012 年作),《花城》2013 年第 1 期。

《胡杨林》(2012 年作),《花城》2013 年第 1 期。

《银匠》(2012 年作),《花城》2013 年第 1 期。

《寻找歌手》(2012 年作),《花城》2013 年第 1 期。

《行为艺术》(2012 年作),《花城》2013 年第 1 期。

《首长》(2012 年作),《作品》2013 年第 3 期。

《按摩师》(2012 年作),《作品》2013 年第 3 期。

《赌玉》(2012 年作),《作品》2013 年第 3 期。

《纪念牌》(2012 年作),《作品》2013 年第 3 期。

《流放地》(2012 年作),《作品》2013 年第 3 期。

《追捕者》(2012 年作),《作品》2013 年第 3 期。

《诗人》(2012 年作),《作品》2013 年第 3 期。

二、中篇小说

《兽医、屠夫和牛》(1987 年作),《清明》1989 年第 3 期。

《黑房间》(1988 年作),《收获》1989 年第 5 期。

《红房间》(1988 年作),《花城》1991 年第 2 期。

《情与仇》(1987 年作),《百花洲》1990 年第 4 期。

《蒙难记》(1989 年作),《清明》1990 年第 5 期。

《同胞》(1990 年作),《收获》1991 年第 1 期。

《爱神与颅骨》(1990 年作),《莽原》1991 年第 2 期。

《月光的墓园》(1988 年作),《当代作家》1991 年第 6 期。

《苦涩的旅程》(1989 年作),《长城》1991 年第 3 期。

《仲夏小调》(1990 年作),《莽原》1992 年第 3 期。

《幽玄之门》(1991 年作),《收获》1992 年第 5 期。

《逃亡者》(1990 年作),《百花园》1992 年第 11 期。

《寻找乐园》(1990 年作),《山西文学》1992 年第 11 期。

《白色病室》(1991 年作),《花城》1993 年第 2 期。

《进入城市》(1992 年作),《峨眉》1993 年第 4 期。

《民间使者》(1993 年作),《江南》1994 年第 4 期。

《俄式别墅》(1992 年作),《花城》1994 年第 5 期。

《重访锦城》(1994 年作),《收获》1995 年第 1 期。

《航行与梦想》(1994 年作),《钟山》1995 年第 5 期。

《寻找旧书的主人》(1995 年作),《作品》1996 年第 9 期。

《迷失者》(1995 年作),《四川文学》1997 年第 6 期。

《错误之境》(1995 年作),《漓江》1997 年第 6 期。

《讨债者》(1996 年作),《花城》1997 年第 3 期。

《局部麻醉》(1995 年作),《花城》1998 年第 1 期。

《一夜风流》(1997 年作),《广州文艺》1998 年第 5 期。

《光荣院》(1998 年作),《花城》1999 年第 2 期。

《事实真相》(1999 年作),《花城》1999 年第 6 期。

《爱情的面孔》(1999年作),《东海》1999年第12期。

《从乡村到京城的路途》(1995年作),《江南》1999年第6期。

《告密者》(2000年作),《收获》2001年第2期。

《雨中的墓园》(1993年作),《山花》2001年第11期。

《谋杀者》(2001年作),《传奇故事》2001年第12期。

《胡言乱语》(2001年作),《电影·电视·文学》2002年第1期。

《风车》(1991年作),《花城》2002年第1期。

《霍乱》(1995年作),《花城》2003年第6期。

《父亲的黄昏》(1992年作),《山花》2004年第4期。

《母亲的信仰》(1991年作),《上海文学》2005年第2期。

《七步诗》(1989年作),《山花》2005年第5期。

《隔壁的声音》(2007年作),《山花》2007年第10期。

《别人的房间》(2000年作),《芙蓉》2009年第1期。

《尖叫的碎片》(2009年作),《山花》2009年第5期。

《苍凉之旅》(1989年作),《山花》2011年第7期。

三、长篇小说

《梦游症患者》(1996年作),《大家》1998年第6期。

《寻找外景地》(1997年作,后更名《映在镜子里的时光》),长江文艺出版社,1999年6月版。

《谁是幕后人》(后更名《来访的陌生人》),《特区文学》2001年第4期。

《欲望与恐惧》(2000年写完),长江文艺出版社,2002年1月版。

《梦游症患者》,河南文艺出版社,2002年3月版。

《来访的陌生人》,河南文艺出版社,2003年7月版。

《映在镜子里的时光》,群众出版社,2004年1月版。

《裸奔的年代》,《十月·长篇小说》2007年第6期。

《裸奔的年代》,花城出版社,2009年1月版。

《手的十种语言》(2011年写完),作家出版社,2012年4月版。

《欲望》(三部曲),湖南文艺出版社,2013年4月版。

四、中、短篇小说集

《孤独者》(短篇小说集),河南人民出版社,1994 年 1 月版。

《油菜花飘香的季节》(短篇小说集),河南人民出版社,1994 年 1 月版。

《爱情的面孔》(中篇小说集 · 突围丛书),花山文艺出版社,2000 年 2 月版。

《重访锦城》(中篇小说集 · 橄榄树丛书),长江文艺出版社,2000 年 11 月版。

《事实真相》(中、短篇小说集 · 公牛丛书),四川文艺出版社,2001 年 5 月版。

《霍乱》(中篇小说集 · 地域小说丛书),群众出版社,2004 年 7 月版。

《中国当代名家小小说精粹 · 怀念拥有阳光的日子》(短篇小说集),河南文艺出版社,2006 年 4 月版。

《墨白作品精选》(中、短篇小说集 · 跨世纪文丛精选),长江文艺出版社,2007 年 10 月版。

《神秘电话》(短篇小说集),吉林出版集团有限责任公司,2010 年 5 月版。

《六十年间》(短篇小说集),四川文艺出版社,2012 年 4 月版。

五、散文与随笔

《生命之体验》(1994 年作),收入《小小说百家创作谈》,河南人民出版社,1992 年版。

《人性与写实》(1993 年作),《文学自由谈》1993 年第 2 期。

《画匠 · 艺术家》(1994 年作),收入《孤独者》,河南人民出版社,1994 年 1 月版。

《挂在树枝上的烙馍》(1993 年作),《小小说研究报》1995 年第 5 期。

《回忆某段时光》(1995 年作),《短篇小说》1995 年第 12 期 。

《倾听一种声音》(1996 年作),1996 年 1 月 15 日《周口日报》。

《语言的权力》(1996 年作),《小小说选刊》1996 年第 1 期。

《怀念小人书》(1998 年作),1998 年 9 月 2 日《南方都市报》。

《我们为什么而动容》(1998 年作),《作家》1998 年第 11 期。

《我为什么写作》(1998 年作),《小小说选刊》1998 年第 21 期。

《创作札记》(1999 年作),《短篇小说》1999 年第 1 期。

《我的大哥孙方友》,《短篇小说》1999 年第 9、10 期。

《面对死亡》(2000 年作),2000 年 1 月 7 日《大河报》。

《第二百九十六封是祭文》(1994 年作),《短篇小说》2000 年第 2 期。

《书架的变迁》(2000 年作),《时代文学》2000 年第 3 期。

《读与写》(2000 年作),《青年文学》2000 年第 7 期。

《自序·与本书相关的几个词语》(序言),收入《重访锦城》,长江文艺出版社,2000 年 11 月版。

《梦中的乡村》(1997 年作),《青年文学》2000 年第 12 期。

《复调》(1997 年作),《青年文学》2000 年第 12 期。

《穿越时空的力量》(1999 年作),《青年文学》2000 年第 12 期。

《与写作有关的几个片段》,《青年文学》2000 年第 12 期。

《自序·我为什么而动容》(序言),收入《事实真相》,四川文艺出版社,2001 年 5 月版。

《民间美食》(2001 年作),收入《平民百姓的宴席情节》,学苑出版社,2001 年 10 月版。

《吴尔夫批评散文》(2002 年作),2002 年 2 月 21 日《大河报》。

《〈梦游症患者〉·后记》(2000 年作),收入《梦游症患者》,河南文艺出版社,2002 年 3 月版。

《〈来访的陌生人〉后记》(2002 年作),收入《来访的陌生人》,河南文艺出版社,2003 年 7 月版。

《鸟与梦飞行》(2004 年作),收入《中国作家教子报告》,新世纪出版社,2004 年 4 月版。

《回家,我们从清晨一直走到黄昏》(2002 年作),《莽原》2004 年第 3 期。

《一个人,一座小镇和一条河流》,收入《霍乱》,群众出版社,2004 年 7 月版。

《精神的家园》(2004 年作),《红豆》2004 年第 8 期。

《写在前面》(中国当代名家小小说自选集序言)收入2005年1月河南文艺出版社版《冯骥才自选集》《许行自选集》《阿成自选集》;2006年4月河南文艺出版社版《美人展》《紫绡帘》《黑夜的老拳击手》《怀念拥有阳光的日子》。

《一面穿透历史和人性的镜子》(2006年作),2005年4月28日《文化时报》。

《梦境·幻想与记忆》(2005年作),《山花》2005年第5期。

《关于电视剧〈当家人〉的写作》(2005年作),《首播》2005年第7期。

《残雪小说的后现代特征》(2005年作),《莽原》2005年第4期。

《〈怀念拥有阳光的日子〉后记》,收入《怀念拥有阳光的日子》,河南文艺出版社,2006年5月版。

《三个内容相关的梦境》(2006年作),《世界文学》2006年第2期。

《梦想是我们人类的翅膀》(2006年作),2006年10月26日《大河报》。

《〈生命在时间里燃烧〉后记》(2006年作),《莽原》2012年第5期。

《旅欧散记》(2006年作),《莽原》2007年第2期。

《〈陈州笔记〉序言》,收入《陈州笔记》(八卷本),河南文艺出版社,2008年1月版。

《〈洛丽塔〉的灵与肉》(2007年作),《莽原》2008年第3期。

《〈姐姐的村庄〉点评与点评后记》(2008年作),《莽原》2008年第5期。

《〈小镇人物〉序言》(2009年作),收入《小镇人物》(六卷本),河南文艺出版社,2008年8月、10月版。

《历史的真相》(2009年作),2009年3月17日《中国图书商报》。

《答〈芙蓉〉杂志读者信》(2009年作),《芙蓉》2009年第3期。

《铜山湖记》(2006年作),《山花》(下半月)2009年第9期。

《大伾山摩崖石佛记》(2006年作),《山花》(下半月)2009年第9期。

《廊台上的风景》(2007年作),《山花》(下半月)2009年第9期。

《〈灵魂孤筏的泅渡〉序》,收入《灵魂孤筏的泅渡》,中国戏剧出版社,2009年10月版。

《梦中之梦》(2008年作),《山花》(下半月)2009年第12期。

《博尔赫斯的宫殿》(2009年作),《花城》2010年第1期。

《生日快乐》(2009年作),《中学生阅读》2010年第4期。

《〈墙上的鱼耳朵〉点评与点评后记》(2010年作),《莽原》2010年第2期。

《颍河镇地图》(2009年作),《小说评论》2010年第3期。

《书的孤本》(1999年作),2011年4月20日《中华读书报》。

《写作的精神实质》(2003年作),《作品》2011年第6期。

《小说的叙事语言》(2000年作),《作品》2011年第6期。

《写作与历史的关系》(2004年作),《作品》2011年第6期。

《关于〈怀念拥有阳光的日子〉》(2011年作),《小小说选刊》2011年第15期。

《罗镜泉绘画中的荷》(2011年作),2011年9月27日《大河报》。

《〈三炷香〉序》(2000年作),收入《历史行色与他乡叙事·三炷香》新华出版社,2011年10月版。

《书的诱惑》(1999年作),2011年11月23日《中华读书报》。

《〈曙光〉序言》(2011年作),收入《曙光》,河南文艺出版社,2011年12月版。

《逛旧书摊》(2000年作),2012年1月11日《中华读书报》。

《汪曾祺的淡泊》(1993年作),2012年2月1日《中华读书报》。

《欲望和因欲望而产生的蜕变》(2011年作),2012年5月21日《文艺报》。

《对短篇小说写作的训练》(2004年作),《莽原》2012年第5期。

《精神蜕变与人格尊严》(2000年作),《莽原》2012年第5期。

《颍河镇与世界的关系》(2000年作),《莽原》2012年第5期。

《重现的时光之影》(2000年作),《莽原》2012年第5期。

《游子心中的故乡》(《〈喀什诗稿·序》,2012年作),收入《喀什诗稿》,光明日报出版社,2013年3月版。

六、电影、电视剧本。

《船家现代情仇录》(21集电视连续剧·1996年作),河南电视台拍摄,1996年9月在河南周口开机。

《特案A组》(20集电视连续剧·1997年作),河南电视台拍摄,1997年3月在郑州开机。

《特警110》(18集电视连续剧·1998年)河南电视台拍摄,1998年5月在郑州开机 。

《刘佑全》(4集电视连续剧·2001年作),河南电视台拍摄,2001年8月在河南夏邑开机。

《当家人》(8集电视连续剧·2002年作),中央电视台、河南电视台拍摄,2002年10月在河南濮阳开机。

《与陌生人同行》(26集电视连续剧),2004年8月完成。

《有话想说》(26集电视连续剧),2005年10月完成。

《黄河人家》(20集电视连续剧),2006年9月完成。

《老二黑结婚》(电影剧本),中央电视台电影频道,2006年10月在吉林通化拍摄。

《家园》(21集电视连续剧),2007年10月完成,中央电视台中国电视制作中心拍摄,2008年4月12日在河北省保定市开机。

《没过门的媳妇》(30集电视连续剧),2008年7月完成。

《天河之恋》(电影剧本·1997年作),长春电影制片厂,2009年6月在河南新乡拍摄。

不同时期的颍河镇地图

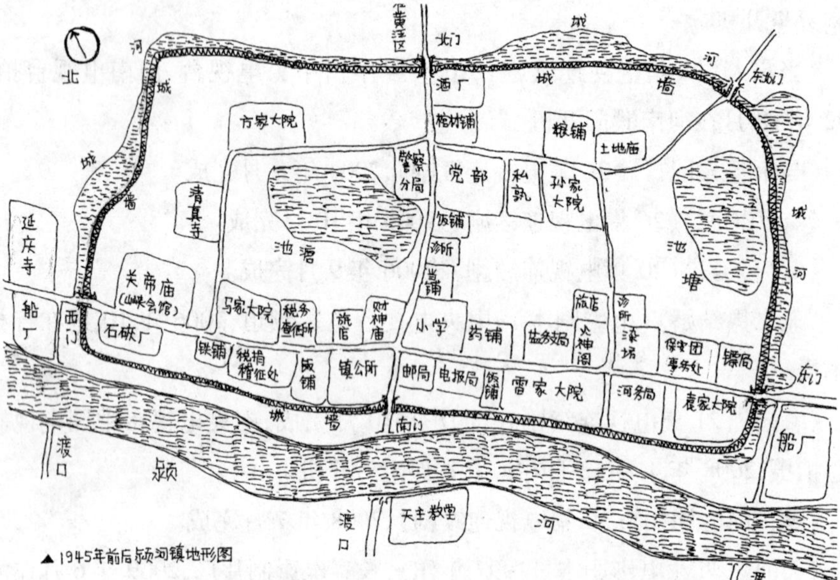

1945 年前后颍河镇地形图

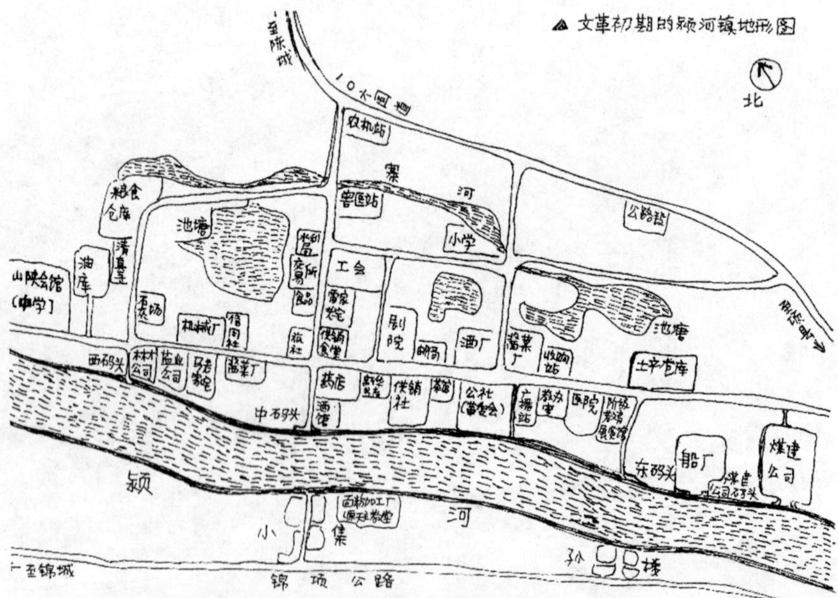

“文革”初期的颍河镇地形图

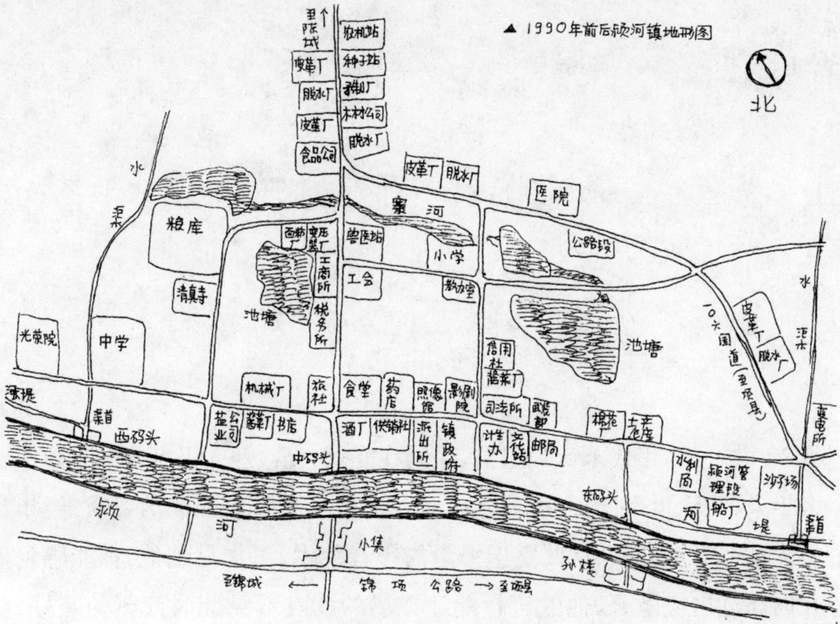

1990 年前后颍河镇地形图

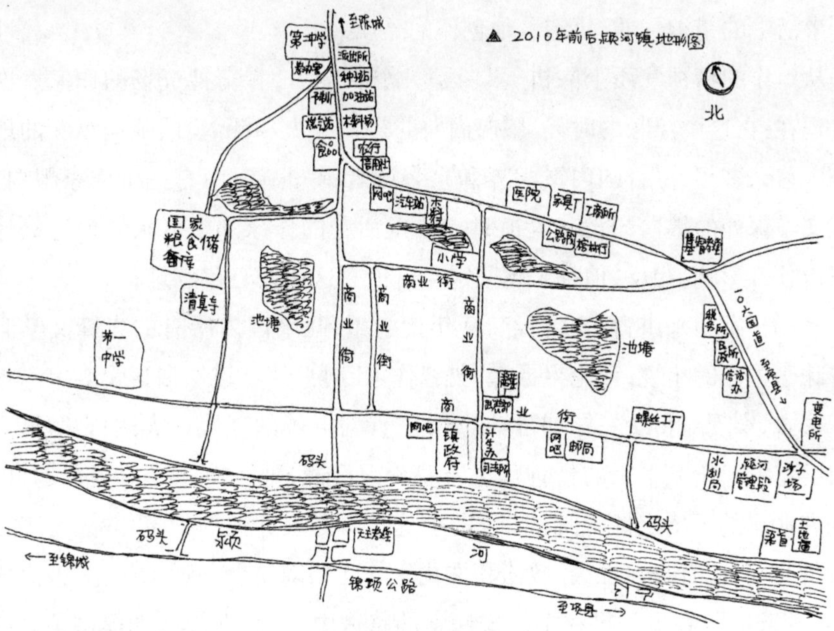

2010 年前后颍河镇地形图

（墨白绘制）

编者后记

刘海燕

从20世纪90年代末认识墨白,又同在一城,至今已十几年了。

多年来,无论世事怎样变幻,墨白一直保持着高强度阅读的习惯,经年与世界上最优秀的书籍会面,同时赏遍海量的影音艺术,每次见到他,都能感到他的内心在向高远之境敞开,他的言行能让在场的朋友看见此时此刻的美好,获得在公共语境中难得的好心情。当今时代,已属少见,触动我心。我一直感到,作家在生活中的精神气质,决定着他创作的品质。

从写作的精神气质上来讲,墨白是一个有定力、有精神气场的作家。这定力表现在:在这个浮躁的时代,墨白面向的是长历史和深入性,他向纵深的地方用心。这么多年,尽管国内文学界和众多读者都知道河南有一个作家墨白,但潜在文学深处的墨白却没有紧抓时代热点话题的作家那么红火。但这好像对墨白没什么影响,相反,他越来越坚定与自信。这让人心存敬意。

从创作实绩来讲,自20世纪90年代初始,几乎国内所有的先锋文学刊物都青睐于墨白的小说,评论界提起"先锋作家"时总绕不过墨白这个名字。他以先锋形式,实现对传统主题如苦难、城乡二元对立等的现代性表达;他写城乡转换、社会转型,给人带来的精神焦虑及身份混乱感;他还有一个寻找母题,即对人物和命运的不确定性、神秘性的表达,这个母题贯穿他的很多作品,有来自人自身的神秘性,有来自社会、政治和文化等外在的隐秘性。近十年来,他完成的"欲望三部曲",在他一贯注重形式探索的路途中,又为当代文学提供了新的文本话题。强烈的文体意识,使他与只注重讲故事的作家区分开来,显示出一个作家的艺术品位。这也是不少高校的研究生选择研究墨白的部分因由。

从可能性上来讲,墨白是一个写作路数很宽的作家,他从乡土到城市的命运历程，与中国社会几十年的变迁同步，他既能写现实土壤，写他的根——故乡“颍河镇”，又能写城市人的精神蜕变。尤其是无论写什么，他都有一种现代的眼光：墨白拥有同时代人所没有的活力，这使他的创作生命力会更长久。这些都让人期待墨白的巅峰之作还在未来。有关墨白的话题，也将源源不断地展开。

基于此，编辑这部墨白研究资料，希望为以后关注墨白的同仁朋友们提供一些史料帮助，也希望与读者朋友共享心灵之间互解的历程，大而言之，希望为中国当代文学留一份立此存照的作家精神档案。

虽早已知道不少有文学情结的年轻学者，多年来跟踪研究墨白，有的还写出了洋洋几十万字的专著“墨白论”，但在收集整理资料的过程中，发现有那么多熟悉的或陌生的作者写了那么多有关墨白的文字，其数量之多，还是让我感到意外！歉意于不能全部编入。这里的选文本着对墨白的创作历程、创作个性、作品蕴涵、精神气质等方面有新的发现和独到阐述为准则，依文章发表时间的先后为编排顺序。选文共分为三个部分：

一、访谈、对话录。这部分集中表现作家内心成长的轨迹，作家的创作观、美学思想及对各种文化现象等的看法，尤其是作家对自己创作历程的反省，对自己作品的阐述、即兴情景下的反应等，都是鲜活和本源的珍贵资料。

二、研究论文选。这是本书的主干部分，大致分为两种类型——对墨白创作的总体性论述和个案研究，这些评论文章或从社会心理、制度问题、人性人格等方面，或从叙事学方面，对墨白小说中的精神蕴涵和形式创新，做了整体或细致的分析与描述。这些研究成果，不仅让我们详细了解到墨白个人的创作状况，也让我们了解到墨白在同时代作家中的状况，及当代中国文学的一些状况。

三、墨白印象记。这部分是朋友们视阈中的墨白，让我们从侧面了解到生活中的作家。这些文字都是有温度的，有的还有着深深的激情，写出了文学之旅中彼此的陪伴、照耀与珍惜。这些有内心温热的文字，验证着文学依然在构成生命之间的深度理解，也验证着一个作家为人的美好。

后面附录部分，包括墨白研究论文、资料索引，墨白作品索引及墨白本人所绘制的不同时期的颍河镇地图，以期为以后的研究者提供更全面的有关作家的信息。

在编辑这些文字的过程中，我欣喜地感到：虽然网络时代，纸质文学再也不可能重现20世纪80年代的文学盛期，但来自作家个人的魅力，依然在影响着接触到他和他的作品的每一个人；墨白的文字像蒲公英的种子一样，已飞到很远的地方，在很多心灵里扎下了根，验证了他曾经告诉过我的一句话，也可以说是多年来墨白作为一个作家的幸福密码，“文字是有翅膀的”。也希望你我在文字中找到超越荣耀的幸福感。

鉴于编者的种种局限，不妥之处，敬请翻开此书的您指正。

2013年五一假日于郑州

图书在版编目(CIP)数据

墨白研究/刘海燕编.—郑州:大象出版社,2013.10
(中国当代作家研究丛刊)
ISBN 978-7-5347-7851-3

Ⅰ.①墨… Ⅱ.①刘… Ⅲ.①墨白—文学研究
Ⅳ.①I206.7

中国版本图书馆 CIP 数据核字(2013)第 240109 号

中国当代作家研究丛刊
墨白研究
刘海燕 编

出 版 人 王刘纯
责任编辑 谢景和
责任校对 钟 骄
书籍设计 美 霖

出版发行 大象出版社(郑州市开元路 18 号 邮政编码 450044)
发行科 0371-63863551 总编室 0371-63863572
网　　址 www.daxiang.cn
印　　刷 辉县市文教印务有限公司
经　　销 各地新华书店经销
开　　本 787×1092 1/16
印　　张 26.75
字　　数 448 千字
版　　次 2013 年 10 月第 1 版 2013 年 10 月第 1 次印刷
定　　价 68.00 元

若发现印、装质量问题,影响阅读,请与承印厂联系调换。
印厂地址 辉县市东外环教师进修学校后面
邮政编码 453600 电话 (0373)6208218